JEANNE D'ARC

Sainte ou sorcière

JEANNE D'ARC

Sainte ou sorcière

par Laurent Hablot
Maître de conférences en histoire médiévale
à l'université de Poitiers

ILS ONT FAIT LA FRANCE

Une collection dirigée par

Max Gallo

de l'Académie française

L'ambition de la collection « Ils ont fait la France », dirigée par Max Gallo, est de présenter les grandes figures de notre histoire.
Personnages d'exception, à la fois légendaires et terriblement humains, ils ont inspiré historiens, écrivains, penseurs et journalistes… Bâtisseurs, législateurs, héros mythiques ou chefs de guerre, leur empreinte reste encore vive dans la France d'aujourd'hui.

Directeurs scientifiques :
Martin Aurell, Didier Le Fur, Guy-François Le Thiec.

Crédit couverture : © Alfredo Dagli Orti/ The Art Archive/ Corbis.
Crédits illustrations intérieures : p. 14 Tapisserie dite d'Azeghio, p. 18 Illustration pour un vitrail de la cathédrale d'Orléans par Lechevallier-Chevignard : © Rue des Archives/ Mary Evans ; p. 16 Enluminure anonyme (v. 1460), p. 23, p. 50 Gravure d'après E. Lenepveu : © The Granger Collection NYC/ Rue des Archives ; p. 24 et p. 32 Enluminure extraite des Vigiles de Charles VII de Martial d'Auvergne, p 26, p. 29 Enluminure extraite du livre Procès de la condamnation de Jeanne d'Arc, p. 59 : © Rue des Archives/ Tal ; p. 43, p. 44, p. 70, p. 72, p. 80 : DR ; p. 66 Carte réalisée par Lézarts Création ; p. 38 Tableau de D.-L. Papety, p. 61, p. 69 : © Photos.com/ Getty Images ; p. 57 : © Hemera Technologies/ Getty Images.

Les textes présentés ici sont retranscrits dans des éditions originales, pouvant comporter d'anciennes graphies.

Projet développé par :
Le Figaro et *L'Express*

ISBN : 978-2-8105-0410-7 (collection)
ISBN : 978-2-8105-0413-8 (volume III)

Préface
de
Max Gallo

Et si Jeanne d'Arc, « la bonne Lorraine/ Qu'Anglais brûlèrent à Rouen[1] », était l'un des personnages les plus importants de notre histoire ?

Les Anglais et leurs alliés bourguignons voulaient, en ce début de XVe siècle, une « France anglaise ».
Leurs garnisons sont à Paris et à Rouen. Ils dominent la Normandie et la Guyenne. L'Université de Paris, ses théologiens et ses inquisiteurs, les soutiennent. L'enfant Henri VI, roi d'Angleterre, peut légitimement depuis le traité de Troyes (1420) réclamer la couronne de France. Le royaume de France n'est plus qu'un territoire lacéré et le dauphin Charles VII n'a pas été sacré à Reims. Ses partisans sont peu nombreux. Une ville ici, une province là.
Les troupes anglaises assiègent Orléans. Si la ville tombe, la route du Sud – vers la Guyenne – est ouverte aux Anglais. Ils ont, en 1415, à Azincourt, décimé la chevalerie française, et Charles d'Orléans est leur prisonnier. Qui peut sauver le royaume de France ?

Jeanne est née en 1412 à Domrémy dans la châtellenie de Vaucouleurs, dont le capitaine Robert de Baudricourt résiste aux Anglo-Bourguignons qui contrôlent toute la région. En 1428, ils assiègent en vain Vaucouleurs et une trêve de fait est conclue. Réfugiés à Vaucouleurs, les habitants de Domrémy peuvent enfin regagner leur village.
Jeanne d'Arc a 16 ans. Depuis trois ou quatre ans, elle entend des voix.

---

1. François Villon, *Ballade des dames du temps jadis*.

Faut-il le croire, se perdre dans le labyrinthe des interprétations ? Chacun peut forger des hypothèses mais la sagesse consiste à s'en tenir aux faits historiques : Jeanne *dit* qu'elle entend des voix. Cette perception la conduit à agir et ses actes modifient la situation des forces en présence.
Et dès lors, en retour, il faut prêter attention à ce que dit Jeanne car les paroles qu'elle entend sont devenues – bien qu'elle soit la seule à les entendre – des faits historiques.

Écoutons Jeanne « la bonne Lorraine » : « Quand j'eus l'âge d'environ treize ans, j'eus une voix de Dieu pour m'aider à me gouverner. Et la première fois j'eus grand peur. J'ai promis de conserver ma virginité aussi longtemps qu'il plairait à Dieu… Après que j'ai entendu trois fois cette voix, j'ai connu que c'était la voix d'un ange. » [...] « Cette voix me disait que je m'en aille et que je vienne en France. »

Jeanne apprend par sa mère que son père a rêvé que « moi, Jeanne, sa fille, je m'en irai avec des gens d'armes ».
Le père disait aux frères de Jeanne : « Vraiment si je savais que cette chose dût arriver [...], j'aimerais mieux que vous la noyiez et, si vous ne le faisiez pas, je la noierais moi-même. »

Les voix – saint Michel ? sainte Catherine ? sainte Marguerite ? – se font plus précises : « Elles me disaient que je lèverai le siège d'Orléans… Et l'ange me disait la pitié qui était au royaume de France. »
Ce qui frappe, c'est la détermination de Jeanne, le choix éminemment politique de ses objectifs. Qui lui donne cette intelligence de la situation ? On peut jouer avec les hypothèses une fois encore. Retenons les faits indiscutables. Elle obtient le soutien de Baudricourt, qui l'aide à se rendre auprès du dauphin. « Il n'y a en effet personne au monde, ni roi, ni duc, ni fille du roi d'Écosse ou autre qui puisse recouvrer le royaume de France et [le dauphin] n'aura secours que de moi », dit-elle à Baudricourt.
À Charles VII, le 25 février 1429, elle déclare : « Très noble seigneur dauphin, je suis ici envoyée par Notre Seigneur pour porter secours à vous et au royaume. »

Aux habitants d'Orléans, aux Anglais, elle répète : « Je suis ici envoyée par Dieu, le roi du Ciel, corps pour corps, pour combattre les Anglais et les bouter hors de France. »
Le dimanche 8 mai 1429, ils lèvent le siège d'Orléans, après avoir été battus par Jeanne d'Arc, chef de guerre. Elle mène campagne dans les pays de la Loire et, après la victoire de Patay (18 juin 1429), elle dit au dauphin : « Noble dauphin, ne tenez pas de si grands et prolixes conseils mais venez plus tôt à Reims pour prendre digne couronne. »
Charles VII est sacré à Reims le dimanche 17 juillet 1429. Le voici vraiment roi légitime.

Jeanne a « restauré » le royaume de France. Commence le temps des manœuvres de Charles VII, qui n'est plus celui de l'héroïsme mais des négociations avec les Bourguignons. Jeanne est abandonnée, prisonnière des Anglais, jugée par un tribunal d'Inquisition. Les Anglais veulent qu'elle soit brûlée vive comme hérétique, sorcière, de manière à brûler avec elle la légitimité de Charles VII. Quand aux inquisiteurs, ils doivent punir cette fille qui, revêtue d'habits d'homme, a prétendu ignorer l'Église et être, sans l'aide des prêtres, en relation avec les anges, les saints, et obéir directement à Dieu.
Jeanne sera brûlée le 30 mai 1431, place du Vieux-Marché à Rouen. Elle avait dit après le sacre : « Je durerai un an, guère plus. »

Le temps passe… La sentence de 1431 est effacée par un nouveau procès en 1456. Le 16 mai 1920, Jeanne est canonisée et le gouvernement décrète que « la République française célébrera annuellement, le 8 mai, la fête de Jeanne d'Arc, fête du patriotisme ».

Cette unanimité n'est qu'apparente. Si on n'ose plus écrire comme l'a fait Voltaire dans sa *Pucelle* (1672) que Jeanne est « une idiote hardie qui se croyait une inspirée », elle dérange. Elle ne se laisse pas annexer à un camp. Sainte ? Mais brûlée vive par l'Inquisition. Fille du peuple mais elle écoute Dieu et s'agenouille devant le dauphin. Patriote ? Mais icône de la droite nationaliste (Charles Maurras). On la célèbre donc timidement : la nation a mauvaise presse parmi

les élites – historiens, politiciens… Que faire d'elle, qu'on ne peut réduire à un jugement sommaire ?
Heureusement, il y a les poètes, de Christine de Pisan – sa contemporaine, morte en 1430 – à Péguy et Claudel. Ceux-là ont retrouvé l'unité de Jeanne.
Mais c'est Michelet qui a le mieux exprimé la singularité de la plus grande des héroïnes nationales : « Elle est la simple fille des campagnes, du pauvre peuple de France car il y eut un peuple, il y eut une France… En elle apparurent à la fois la Vierge et déjà la Patrie », écrit-il.

On peut récuser le romantisme de Michelet. Il reste qu'au moment peut-être le plus dramatique de l'histoire de France, quand s'entrelacent guerre civile et guerre étrangère, une inconnue a surgi et a conduit le roi à Reims. « Vivante énigme, mystérieuse créature », écrit Michelet de la Pucelle. C'est « Jeanne la bonne Lorraine/ Qu'Anglais brûlèrent à Rouen ».
Elle avait 19 ans.
Quand on oublie de la célébrer, c'est que la France doute d'elle-même.

Max Gallo

Sommaire

Choix de textes (extraits)

Jeanne d'Arc, faits et dates

Le soir du 23 février 1429, une jeune fille de moins de 20 ans pénètre dans la grande salle du château de Chinon. Elle vient y rencontrer Charles de Valois, dauphin de Viennois et prétendant à la succession du roi Charles VI, son père mort sept ans plus tôt. Parvenue devant le prince, elle se jette à ses genoux et déclare : « Très illustre dauphin, je suis venue, envoyée par Dieu, pour vous porter secours à vous et au royaume. » Cherchant à la tromper pour s'assurer de sa probité, le roi lui répond : « Ce ne suis-je pas qui suis roi, Jeanne » ; à quoi elle rétorque : « Ah non, gentil prince, ceste vous et non autre. » Proclamation dont Charles VII fut, selon le chroniqueur bourguignon Jean Chartier, « bien émerveillé ».

Même s'il passe aujourd'hui pour apocryphe, ce célèbre épisode de la première rencontre entre le « roi de Bourges » et Jeanne la Pucelle est bien connu. Non sans raison car il initie à proprement parler la mission de Jeanne d'Arc – envoyée par Dieu – et formalise ses rapports avec le prince qu'elle prétend conduire à la tête du royaume des lis : une dévote liberté de ton pour l'homme, un incommensurable respect pour la fonction.

Cette rencontre de Chinon ouvre l'épopée de Jeanne d'Arc, qui appartient incontestablement au patrimoine de la grande comme de la petite histoire nationale.

Placée au tournant décisif des cent ans de guerre qui ravagent épisodiquement le plus riche royaume d'Europe entre 1337 et 1453, l'intervention de Jeanne d'Arc s'inscrit également dans la redéfinition du pouvoir royal. Riche des acquis symboliques et religieux du Moyen Âge, l'autorité du roi de France sort paradoxalement grandie des drames du règne de Charles VI (1380-1422) et achève sa mutation vers la modernité marquée par la naissance de l'État, le développement du sentiment national, l'apparition des armées permanentes, le développement corollaire de la fiscalité.

Au cœur de ces bouleversements de l'histoire, une « humble bergère », se disant inspirée par Dieu et ses voix, vient sauver son roi et son royaume, rappelant à tous que l'entretien du bien commun n'est pas le privilège des grands et que la « Bonne Nouvelle » s'adresse d'abord aux faibles et aux petits. Sa témérité devant ses juges autant que son courage au combat, les innombrables anecdotes à son sujet comme l'étonnante mobilité de son parcours contribuent à rendre proche de chacun, en tous temps et presque en tous lieux, cette personnalité surprenante.

Et pourtant cette aventure n'aura duré que vingt-cinq mois (12 février 1429-30 mai 1431), et le rôle de cette jeune fille des marches de Lorraine, même s'il fait basculer temporairement le sort des armes en faveur du prince qu'elle sert, n'est pas franchement essentiel dans les grandes évolutions historiques mentionnées.

Comment expliquer alors qu'aujourd'hui encore Jeanne est sans aucun doute le personnage le mieux connu de cette fin du Moyen Âge ? Celui sur lequel on a le plus écrit, glosé, disputé et sur lequel les productions médiatiques en tout genre ne cessent de croître – on compte aujourd'hui près de 13 500 ouvrages « connus » consacrés à la Pucelle ? Comment justifier que cette modeste jeune fille, d'humble condition, de peu de culture, sans atout particulier ait pu à ce point animer les plus ferventes passions, devenant tour à tour l'objet d'un culte national sans précédent dans la France du début du XXe siècle, un sujet privilégié de l'érudition libérale et, aujourd'hui encore, le centre de débats passionnés entre universitaires de renom et journalistes férus de vulgarisation à sensation.

Comme nous allons le voir, ce qui fait l'originalité de l'épopée de Jeanne d'Arc tient avant tout aux circonstances mêmes de son intervention, aux heures les plus sombres de l'histoire de France, faisant du même coup de cette aventure un magnifique message d'espérance que l'on ne manquera pas de réactiver dans les périodes de crise nationale jusqu'à l'aube du XXIe siècle.

Son épopée militaire, depuis le départ de Vaucouleurs jusqu'aux portes de Compiègne, témoigne de ses exceptionnelles qualités de chef de guerre, non pas tant dans l'exercice de la stratégie que dans celui de l'audace, du compagnonnage, de la fidélité, du courage. Alors que la chevalerie s'efface devant les armes et les armées nouvelles, Jeanne en incarne éternellement les valeurs et le prestige.

Les conditions de sa disparition concourent enfin à faire de Jeanne un être d'exception. Soupçonnée de magie et de sorcellerie, elle est condamnée pour hérésie par les Anglo-Bourguignons, dans le but avoué de discréditer la dimension mystique de son action. Jeanne d'Arc se révèle, au cours de son procès, comme une humble fille du peuple, pleine du bon sens et de la saine et sainte piété des campagnes. Capable de désarçonner les plus brillants docteurs de la « mère des études », du « soleil de la chrétienté », c'est-à-dire de l'université de Paris, Jeanne se dévoile au fil des interrogatoires telle qu'on la connaîtra désormais : un modèle de foi, un exemple de courage, une figure de modestie et surtout une prophétesse, l'incarnation convaincue de l'attention particulière du Ciel pour la France. Elle nous apparaît également fragile, hésitante, butée et pleine de ces travers qui loin de la déprécier ne font que la rendre plus humaine encore. La dimension proprement christologique de sa « Passion » contribue à amplifier l'écho de sa fugace existence.

Cet épisode de l'histoire, en dépit de sa brièveté, intéresse depuis longtemps déjà les historiens. Après un relatif oubli entre le XVIe et le XVIIIe siècle, les érudits au service des idées si contrastées du XIXe siècle s'emparent, bord contre bord, du « dossier Jeanne d'Arc » et, paradoxalement, le travail de l'érudition libérale – représentée par Michelet et Quicherat – contribue, bien plus que les publications catholiques et royalistes, à la canonisation, par le pape Benoît XV, de la Pucelle le 24 juin 1920.

Aujourd'hui, en dehors des débats passionnés, dont le principal enjeu reste la captation de l'audimat davantage que l'épanouissement de la vérité historique, les questionnements renouvelés de la science historique ont permis de relire les multiples enseignements de cet événement exceptionnellement documenté et tellement caractéristique des flamboyances de la période gothique.

Jeanne, chef de guerre

Quand Jeanne arrive à Chinon, ce soir du 23 février 1429, le prince qu'elle vient défendre se trouve dans une bien fragile position. Replié dans son royaume de Bourges, au sud de la Loire, roi autoproclamé, contesté par un compétiteur validé par le droit et ses propres parents, Charles VII est dominé par une cour d'intrigants et de favoris. Seuls ses capitaines semblent portés par l'idéal d'une nation libérée, mais leurs compagnies accumulent les défaites et, à Orléans, l'Anglais menace de franchir la Loire.

Tapisserie, dite d'Azeghio, représentant l'arrivée de Jeanne d'Arc à Chinon.

L'entrevue de Chinon ne suffit pas à elle seule à décider le roi d'accorder sa confiance et ses moyens à Jeanne d'Arc. Envoyée à Poitiers dès le lendemain – elle y arrive le 25 février 1429 –, Jeanne est examinée et interrogée jusqu'au 22 mars par des matrones et des docteurs en théologie. L'orthodoxie de sa mission ayant été validée et sa virginité attestée, elle est de retour à Chinon fin mars et voit sa mission confirmée solennellement par une mise en scène à l'occasion de laquelle elle présente au roi une couronne. Jeanne se rend ensuite à Tours le 5 avril et commence, avec l'accord et les deniers du roi, à former sa maison militaire.

Comme tout homme d'armes, Jeanne doit être assistée d'un écuyer, ce sera Jean d'Aulon, nommé par Charles VII, et d'un page, ce sera Louis de Coutes. Ils s'ajoutent aux deux fidèles hommes d'armes qui l'ont conduite depuis Vaucouleurs : Jean de Metz et Bertrand de Poulengy. Elle doit également s'armer et les questions des juges de Rouen nous renseignent, parfois de façon fort détaillée, sur cet équipement de chevalier.

Charles VII lui avait proposé de lui offrir une épée mais Jeanne refuse au profit de l'épée de Fierbois. La Pucelle était passée dans la chapelle de Sainte-Catherine-de-Fierbois le 22 février. Elle y avait entendu trois messes et écrit au roi pour lui réclamer l'entrevue qui aura lieu à Chinon le lendemain. C'est très probablement à cette occasion qu'elle avait « trouvé », dans un coffret enterré devant l'autel, une épée. Celle-ci faisait partie de ces nombreuses armes déposées en ex-voto après Azincourt dans cette chapelle dédiée à la patronne des chevaliers. Jeanne accepte en revanche l'armure de plates, ou « harnois blanc », que lui offre son roi. Confectionnée à Tours, cette armure coûta 125 livres tournois[2] à Charles VII, ce qui est le prix moyen d'une bonne armure à cette époque. Jeanne l'offrira d'ailleurs en ex-voto à l'abbatiale de Saint-Denis après l'échec de l'assaut sur Paris et l'échangera contre une armure prise sur un Bourguignon. Le roi lui offre également des chevaux, destrier pour la guerre et sommier pour les campagnes. Comme tout capitaine, Jeanne doit être pourvue d'un chapelain, ses frères lui amèneront frère Jean Pasquerel, de l'ordre des Augustins, rencontré lors d'un pèlerinage au Puy-Notre-Dame, près de Saumur. Pour guider ses troupes, Jeanne doit encore disposer d'un étendard et d'un bâton de commandement qu'elle surnomme son « martin ».

C'est donc ainsi, « vêtue de blanc », c'est-à-dire en armure de plates, sans casque, les cheveux courts, parée de son étendard déployé, synonyme de bataille, son épée au côté et son *martin* à la main, que Jeanne apparaît aux troupes que lui « confie » Charles. Cette image est singulière dans un temps qui n'imagine pas de laisser porter les armes à une femme et encore moins de la travestir en homme. Ce comportement outrepasse divers interdits de l'Église autant que de la société, même s'il renvoie, pour les plus savants exégètes de l'époque, à la figure de Déborah conduisant derrière son étendard les troupes

2. Monnaie de compte utilisée sous l'Ancien Régime.

de Baraq à la bataille du mont Tabor, ainsi qu'à celle de Judith. Ou encore, pour les plus cultivés, à Minerve ou enfin, pour ceux versés dans le roman chevaleresque, à la preuse Penthésilée.

Enluminure du XVe siècle figurant Jeanne d'Arc en armure avec son étendard.

En réalité, Jeanne n'est pas exactement le capitaine de ces hommes. Différents chefs de guerre, capitaines confirmés et souvent condottieres des « routiers » qu'ils encadrent, comme Dunois, Gilles de Rais, La Hire ou Xaintrailles, placent à la demande expresse du roi leurs troupes à la disposition de la Pucelle. Ainsi, après la campagne d'Orléans, l'armée est confiée à Jean, duc d'Alençon, pour : « prendre aucunes places étant sur Loire… [le roi] fit son lieutenant général Jean, duc d'Alençon… et mit en sa compagnie la Pucelle, lui commandant expressément qu'il usât et fît entièrement par le conseil d'elle. » Cette ambiguïté dans la chaîne de commandement explique en partie les nombreux quiproquos et même les disputes qui émaillèrent les campagnes de Jeanne d'Arc.

La troupe que Jeanne « commande » est faite en partie d'hommes de sac et de corde[3]. Or, investie par le roi du Ciel d'une sainte mission,

3. Malfaiteurs, truands…

Jeanne s'efforce de christianiser ces butors et de les convertir à la loi de Dieu pour assurer leur salut et garantir son œuvre. Elle s'attache notamment à purifier leurs mœurs en chassant, à grands coups de plat de son épée (à Auxerre et à Château-Thierry) ces prostituées qui accompagnent ordinairement les armées en campagne. Elle brisera notamment l'épée de Fierbois sur le dos de l'une d'entre elles à Saint-Denis, durant la campagne de Paris, au grand dam de Charles VII, qui s'était réjoui de l'aura dont bénéficiait cette épée « miraculeuse ». Plusieurs y voient, comme le roi, un très mauvais présage.

Première campagne

La première campagne de Jeanne devant Orléans pose d'emblée les conditions de son action militaire. Arrivée devant Orléans le 29 avril, après être partie de Blois quelques jours plus tôt, Jeanne pense mener aussitôt l'attaque des assiégeants. Lorsqu'elle apprend que les capitaines – Gilles de Rais, commandant en chef de l'expédition française, et le bâtard d'Orléans, défenseur de la place – lui ont fait contourner prudemment les bastilles[4] anglaises pour garantir l'arrivée des vivres dans la ville, Jeanne est folle de rage. Si le bâtard voit d'abord la nécessité de sa ville et la raison militaire, la Pucelle ne voit que l'exécution des volontés de Dieu qui lui sont données à connaître par « son conseil » et contre lesquelles ne prévalent ni stratégie ni raison. Le plus étonnant est que, pour autant que l'on (le roi, ses conseillers, les capitaines) laisse Jeanne agir, elle obtient toujours les résultats qu'elle annonce. Ainsi ce même jour à Orléans, les barges qui devaient convoyer les vivres dans la ville sont immobilisées par un très inhabituel vent d'est. Aux conseils des capitaines, Jeanne propose au futur Dunois d'opposer le sien… et le vent repasse aussitôt à l'ouest, laissant le lieutenant du roi fort impressionné. De ce jour il considérera Jeanne avec le respect dû aux faiseurs de miracles.
Ce n'est d'ailleurs pas le premier miracle que Jeanne réalise dans cette campagne. Au contraire, les miracles semblent même se succéder comme pour révéler aux hommes le bien-fondé de la mission dont elle

4. Ouvrage de fortification, de défense à l'entrée d'une ville.

se prétend investie. L'entrée de Jeanne dans Orléans, au soir du 29 avril, documentée par une quinzaine de sources, se déroule presque comme une entrée royale pour ce qui est des ovations de la foule. On la presse même de si près qu'une torche brûle son « petit étendard ». Précédée par sa légende en construction, Jeanne est honorée, et cette exaltation ranime l'ardeur militaire de la garnison renforcée par les hommes de Gilles de Rais. Garnison d'ailleurs très cosmopolite puisque s'y trouvent des Écossais, des Italiens, des Espagnols, des Bretons. Alors que les « Anglais » d'en face comptent autant si ce n'est plus de Normands et d'Aquitains, vassaux d'Henry VI, que de Grands-Bretons. Preuve s'il en faut que la guerre de Cent Ans est bien une guerre européenne.

Illustration pour un vitrail de la cathédrale d'Orléans.

En vue de l'attaque du contingent anglais, Jeanne adresse, à son arrivée à Orléans, une deuxième sommation à la garnison ennemie, répétition de la *Lettre aux Anglais* envoyée de Poitiers. Ce nouveau message est porté par le héraut *Guyenne* dont le titre d'office est à lui seul une provocation, la Guyenne étant anglaise depuis le début de la guerre de Cent Ans. Que ce soit en raison de cette pique ou du ton de la lettre, le pauvre *Guyenne* est, contrairement aux usages de la guerre, retenu captif par les Anglais. La troisième sommation de Jeanne est donc « postée » avec prudence, enroulée autour d'une flèche !

Confortablement installée chez le trésorier du duc d'Orléans, Jeanne prend son mal en patience quelques jours, durant lesquels elle a l'occasion de se faire agonir d'injures par la garnison anglaise. Le retour du contingent français le 4 mai enclenche les hostilités à la bastille Saint-Loup, sans Jeanne, qui n'est ni consultée ni sollicitée. Dès qu'elle entend la rumeur de bataille, elle secoue son page, Louis de Coutes, sollicite ses hôtes pour s'armer – ce n'est pas une mince affaire que de revêtir une armure de plates ! – et se précipite au combat, se faisant même passer son étendard par la fenêtre pour gagner du temps. Lorsqu'elle parvient sur les lieux du combat, relativement bien engagé mais en passe de s'essouffler, elle galvanise les Français et emporte la place.

Le 6 mai, ce sont deux bastilles à l'est de la ville qui sont prises – celle de Saint-Jean-le-Blanc et celle des Augustins enlevée dans la foulée de la contre-attaque anglaise. Les rescapés ennemis se réfugient aux Tourelles, attaquées dès le lendemain par Jeanne et ses troupes. La Pucelle y reçoit une flèche qui lui perce l'épaule. Après quelques plaintes et moult larmes, un peu d'huile d'olive et une compresse de lard suffisent à la remettre en selle. L'assaut piétine pourtant et Jeanne ne parvient pas à convaincre les capitaines, aussi éreintés que leurs troupes, à tenter un dernier assaut. Elle promet pourtant que quand la queue de son étendard tournera vers la forteresse, celle-ci tombera. Cet étendard est alors aux mains d'un homme d'armes nommé Le Basque. En tentant de lui reprendre son étendard, Jeanne agite l'enseigne et la pousse à toucher la muraille, signal usuel de l'assaut. C'est en tout cas ce que comprennent ses troupes, qui, dans un ultime effort, emportent la place à un ennemi exténué. Les Tourelles, imprenable verrou d'Orléans, sont tombées !

Le lendemain, les troupes se confrontent en batailles à l'ouest de la ville. Mais, en ce dimanche 8 mai, Jeanne hésite à prendre les armes par respect pour cette trêve de Dieu dominicale toujours en usage depuis le XIIe siècle. De dépit, les Anglais, qui espèrent en vain le brutal assaut irréfléchi habituel aux Français pour les percer de leurs flèches, renoncent au combat et abandonnent le champ de bataille en même temps que leurs prisonniers, leurs vivres et surtout leur artillerie. En huit jours, Jeanne a levé un siège de plusieurs mois, et le roi, aussitôt informé, l'anoblit en retour. Les villes fidèles à Charles VII reçoivent elles aussi, dès le 10 mai, des lettres proclamant la fameuse nouvelle.

Vers Reims

L'heureux résultat de la libération d'Orléans enthousiasme les Français. Quand Jeanne rejoint Charles VII à Loches, vers la mi-mai, les avis divergent pourtant sur la façon d'exploiter la victoire : enchaîner sur la conquête de la Normandie – ressort économique et militaire de la double monarchie issue du traité de Troyes – ou en profiter pour conduire sacrer le roi à Reims, en prenant ville à ville la frontière de Loire. Comme on le sait, la deuxième option emporte les suffrages avec pour objectifs premiers les garnisons ennemies de Jargeau, Meung et Beaugency.

L'ost[5] alors rassemblé par le roi compte près de 1 200 lances, soit près de 3 600 combattants. Le premier objectif est Jargeau, qui menace encore Orléans. L'armée y arrive le 11 juin 1429 et, après y avoir essuyé une contre-attaque anglaise, prend position au pied de la ville. Le lendemain Jeanne conseille, à son habitude, d'attaquer tout de suite. Alençon, le chef d'armée en titre, hésite, mais la Pucelle le tance : « En avant, gentil duc, en avant… N'ayez doute, l'heure est prête quand il plaît à Dieu… ah, gentil duc, craindrais-tu ? » Dunois, La Hire et Florent d'Illiers poussent au combat avec une fougue qui, faute de laisser aux Anglais le temps de se rendre, les contraint à une défense acharnée. Jeanne à l'échellade reçoit une pierre sur son casque mais repart de plus belle, au grand effroi d'Alençon. La place prise, les Anglais se replient sur le pont fortifié mais sont acculés avant d'avoir pu s'y enfermer. Le comte de Suffolk se rend à Guillaume Regnault, noble écuyer qu'il adoube sur-le-champ afin de remettre sa foi à un

5. L'armée en campagne.

chevalier. Les élégances du code chevaleresque s'arrêtent là. La ville est pillée pour garantir la solde des troupes et, faute de pouvoir répartir les rançons, la plupart des prisonniers anglais sont égorgés.
L'enthousiasme de l'armée du roi ne s'interrompt pas. Après Jargeau, c'est Meung qui est prise puis Beaugency, où se produit un événement inattendu : l'arrivée du connétable de Richemont. Ce dernier, frère cadet du duc de Bretagne Jean V, avait été imposé comme connétable (1425) au fragile dauphin par le duc, avec le soutien de Yolande d'Aragon, comme gage du ralliement des Bretons. Arthur de Richemont n'avait eu de cesse de multiplier les intrigues. Supplanté par son fidèle Georges de La Trémoille, qu'il avait introduit dans l'entourage du roi, il est disgracié en 1428 avec interdiction de reparaître à la cour. Son arrivée impromptue à Beaugency suscite la méfiance de Jeanne, prête à le combattre. Mais elle est amenée à la conciliation par ses capitaines, dont plusieurs se trouvent être les proches parents du connétable.
Le 18 juin, l'armée française rejoint à Patay les troupes anglaises de Falstaff et de Talbot, qui, récemment réunies, avaient vainement tenté de reprendre Meung. Prenant la fuite devant les troupes royales, les Anglais sont rapidement talonnés. Leurs archers se positionnent dans des taillis pour surprendre et ralentir l'avant-garde française mais un cerf – emblème royal – sort du bois et se jette dans leurs rangs, les signalant aux Français, qui les acculent. Falstoff se précipite alors à Patay pour rallier son avant-garde, qui, le voyant arriver en furie, croit à une retraite et fuit à son tour. Les archers sont massacrés, Talbot est prisonnier, 2000 ennemis sont tués, 200 capturés tandis que moins de trois Français manquent à l'appel. Près de quatorze ans plus tard, l'affront d'Azincourt est lavé à Patay et Paris s'empresse de se mettre en défense. Concrètement, l'armée française a décimé le contingent ennemi, le rendant quasiment incapable de sa politique militaire d'occupation, de défense et d'offensive et ouvrant par-là même la route de Reims.

Le sacre

Jeanne rejoint le roi à Gien, où Charles VII lui fait fête avant de l'enjoindre de se reposer. Durant dix jours, Jeanne doit patienter et finit, pour marquer son mécontentement, par « prendre les champs », c'est-à-dire par aller monter ses tentes en pleine campagne pour décider le roi au départ. L'envoi de l'armée vers Reims à compter du 29 juin est pourtant un défi au bon sens. Parti sans ravitaillement et sans artillerie, l'ost royal ne peut compter que sur l'« effet Jeanne d'Arc » ou sur l'écho de Patay pour voir les villes s'ouvrir. Après les atermoiements d'Auxerre, la résistance de Troyes manque d'ailleurs de gripper d'emblée cette belle mécanique, en dépit des promesses d'amnistie du roi.

La garnison anglo-bourguignonne de Troyes comptait près de 500 défenseurs, de quoi tenir le siège pendant plusieurs mois face à une armée de plusieurs milliers d'hommes sans canon ni vivre. Le conseil royal, prêt à renoncer après quelques jours de siège, se plie pourtant à l'avis de Robert le Maçon, fidèle parmi les fidèles de Charles VII : demander l'opinion de Jeanne. Cette dernière promet alors que la ville tombera en deux jours. À peine sortie du conseil, Jeanne met l'armée en branle et stupéfie jusqu'aux Troyens persuadés du repli français. Les bourgeois lui envoient alors frère Richard, prédicateur franciscain récemment exilé de Paris pour ses prêches terrifiants et venu convertir les « égarés » de Troyes. Celui-ci approche Jeanne avec force jets d'eau bénite et signes de croix, ce qui amuse la Pucelle : « Approchez hardiment, je ne m'envolerai pas ! » Conquis par Jeanne, frère Richard convainc la ville de négocier, de laisser partir la garnison anglo-bourguignonne et d'accueillir le roi légitime Charles VII. Troyes est tombée et ouvre la voie aux villes de Champagne, Châlons puis Reims. Jeanne rassure le roi inquiet : « N'ayez crainte les gens de Reims viendront au-devant de vous. »

L'armée arrivée à Reims le 12 juillet, le sacre s'organise. Il y manque beaucoup pour en faire une redite du sacre de Charles VI en 1380. La plupart des pairs sont absents, ennemis ou captifs, les *regalia*[6] sont aux mains des Anglais à Saint-Denis. Mais la sainte ampoule[7] et le symbole sont là. Le duc de Bourgogne, invité au sacre, négocie et… accepte de Bedford la charge de capitaine de Paris. Jeanne, parmi les princes et courtisans choisis pour « jouer » les pairs laïcs, est présente, son étendard à la main : « Il avait été à la peine, c'était bien raison qu'il fut à l'honneur », dira-t-elle au procès. Le roi sacré, Jeanne le

6. Ensemble d'objets symboliques de la royauté.
7. Fiole contenant une huile sacrée qui aurait servi lors du baptême de Clovis.

prend aux genoux et s'exclame : « Gentil roi, ores est exécuté le plaisir de Dieu qui voulait que je vous amène en cette cité de Reims recevoir votre saint sacre en montrant que vous êtes vrai roi et celui auquel le royaume doit appartenir. »

Portrait de Charles VII, par Jean Fouquet.

Le sacre accompli, Charles VII n'est pas plus roi qu'avant pour les partisans de la double monarchie, pas plus d'ailleurs qu'au regard de ses propres conseillers. Depuis plus d'un siècle, les spécialistes du droit romain ont établi l'idée que le sang suffit à faire le roi et que le sacre ne vient que valider un état de fait. Il n'empêche qu'aux yeux des Français, qu'il s'agisse des « bons Français », des hésitants ou des ralliés à la cause d'Henry VI, le sacre procure au prince une aura mystique qui coïncide à merveille avec la dimension spirituelle et presque eschatologique que Jeanne donne à la reconquête du royaume. Le 21 juillet, Charles VII est, sur la route du retour, à Corbény pour y toucher les écrouelles et exercer le pouvoir thaumaturgique dont tout roi de France sacré est investi. Reste, pour faire de lui le roi de France, à lui restituer la nécropole de ses aïeux, Saint-Denis, et surtout sa capitale, Paris.

La campagne de Paris

Entre Reims et Dammartin-en-Goëlle, soit entre le 20 juillet et le 13 août, la campagne vers Paris est une promenade. Les villes tombent comme des fruits mûrs : Laon le 22 juillet, Soissons, Château-Thierry, Provins, Coulommiers, Crécy-en-Brie du 23 au 26. C'est toute la Champagne bourguignonne qui se rend au roi. On attend en vain l'armée ennemie annoncée le samedi 6 août au pied de la motte de Nangis. Les premiers accrochages ont lieu le 13 à Dammartin puis le 14 et le 15, jour de l'Assomption, à Montépilloy, près de Senlis, où les armées restent face à face avant de regagner leurs positions : Crépy pour les royaux, Senlis pour les Anglais. Quelques jours plus tard, l'essentiel des armées anglo-bourguignonnes se regroupe dans Paris. On y compte alors près de 2 000 combattants, dont près de 400 hommes d'armes. Compiègne se rend au roi le 17, Senlis le 18, Beauvais le 25 août.
Le duc d'Alençon et Jeanne laissent le roi à Compiègne et foncent à l'assaut de la capitale. Le 7 septembre, l'armée est sous les murs de Paris. Le système de fortifications repris par Charles V et poursuivi sous Charles VI est efficace, notamment la double ligne du dos-d'âne avec fossé sec et fossé en eau. Le 8 septembre, fête de la Nativité de la Vierge, Jeanne conduit un assaut furieux à la porte Saint-Honoré,

Enluminure, extraite des *Vigiles de Charles VII*, illustrant le siège de Paris par Jeanne d'Arc.

mais reçoit un carreau d'arbalète dans la cuisse tandis qu'un de ses pages, Raymond, meurt à ses côtés. Le lendemain parvient un ordre du roi, porté par René d'Anjou, récemment rallié à son beau-frère Charles VII. Il confirme l'opinion de Perceval de Cagny selon lequel le roi « semblait conseillé au contraire du vouloir de la Pucelle, du duc d'Alençon et ceux de leur compagnie ». Charles VII ordonne en effet l'arrêt des combats et le retrait des troupes vers Saint-Denis. Le 21 l'armée du sacre est dissoute, renvoyée sans solde, et le roi se retire dans son château de Mehun-sur-Yèvre, le chef-d'œuvre de Jean de Berry dont il a hérité.
Paris était-il prenable ? Les avis des historiens diffèrent et le fait que la fougue de Jeanne ait parfois suffi à réussir l'impossible permet à certains d'affirmer que Charles VII a empêché la réalisation de la mission de Jeanne. Mission qui ne s'arrêtait pas à Reims. D'autres, plus prosaïques (Bouzy), soulignent que les fortifications de la capitale, bien pensées, bien entretenues, bien défendues, rendaient impossible tout assaut.

Capture de Jeanne

La défaite de Paris n'entame pas pour autant la confiance placée en Jeanne par ses soldats. Son ardeur à « bouter les Anglois hors du royaume » contrarie même en partie les tentatives de négociations que multiplient Charles VII et son conseil. Saint-Pierre-Le-Moûtier est prise en novembre 1429 et Melun tombe au printemps 1430. L'échec du siège de La Charité-sur-Loire conduit Jeanne à passer l'hiver entre le château de Sully-sur-Loire, où l'accueille son prétendu rival Georges de La Trémoille, et Orléans.
Les négociations avec Philippe le Bon piétinent et ce dernier semble même sur le point d'organiser une nouvelle offensive, trahissant les trêves consenties par Charles VII. Au printemps, l'est de la région parisienne et la capitale elle-même secouent les chaînes de la soumission. Saint-Denis et Melun chassent leurs garnisons bourguignonnes et anglaises alors qu'à Paris un complot contre Bedford est déjoué et conduit à l'échafaud six bourgeois de la ville. C'est à cette période que se situe l'épisode de Lagny, seul miracle officiellement attribué à Jeanne. Arrivée dans la ville, elle est priée de venir assister un nouveau-né entre la vie et la mort depuis trois jours. « Il était noir comme ma cotte »,

dira la Pucelle. Les prières de Jeanne lui redonnent vie le temps de lui administrer le baptême et de sauver son âme.
Philippe le Bon lance la contre-offensive attendue en vue de reprendre les villes tombées l'année précédente, comme Saint-Maur-des-Fossés ou Compiègne. Il est soutenu par une brillante équipe de capitaines dont un certain nombre a le privilège d'appartenir à son nouvel ordre de la Toison d'or : Jean de Luxembourg, comte de Ligny, Hue de Lannoy, les frères de Croy, le sire de Créquy, le sire de Brimeu. Une revue, passée le 24 mai, décompte près de 3 600 combattants au service du duc. En face, la garnison de Compiègne, à laquelle Jeanne ajoute les routiers de Bartolomeo Barreta, qu'elle solde sur ses propres deniers, compte 500 combattants.

Portrait de Philippe Le Bon,
par Rogier Van der Weyden.

Le 23 mai 1430, au petit jour, Jeanne emmène sa troupe à l'assaut d'une bastille bourguignonne positionnée à Margny, au nord de la ville. L'attaque conduite jusque dans l'après-midi, prête à réussir, peine toutefois à prendre la place quand le tumulte alerte les contingents voisins, Bourguignons de Clairvoix et Anglais de Venette. Les Français font retraite vers la ville, Jeanne en arrière-garde. Mais

les portes de Compiègne se ferment avant que la Pucelle n'ait pu s'y réfugier. Jeanne est rattrapée, désarçonnée et prise.
A-t-elle été trahie comme l'écriront plus tard de nombreux commentateurs ? Il semblerait que non. Le capitaine de Compiègne, qui fait fermer les portes au nez de Jeanne, Jean de Flavy, a en effet une sulfureuse réputation de voleur et de violeur. Mais il tiendra héroïquement la ville jusqu'en octobre et conservera son titre jusqu'à sa mort – il est assassiné par sa femme excédée de ses violences – en 1449. Jeanne avait semble-t-il eu une prémonition de cet événement. Aux gens de son village croisés à Reims elle affirmait : « Je ne crains rien tant que la trahison » ; et quelques semaines avant : « Je durerai qu'un an, guère plus. »
Après une rencontre avec Philippe le Bon, le duc de Bourgogne diffuse la nouvelle de sa capture, « criée » dans Paris le 25 mai. L'Université réclame à Philippe le Bon son procès pour hérésie et sa remise à l'inquisiteur de France.
Jeanne est enfermée au château de Beaulieu puis transférée au château de Jean de Luxembourg à Beaurevoir, dont elle tente de s'échapper au péril de sa vie. Après quatre mois de captivité, Jean de Luxembourg, pressé de toutes parts, se décide à vendre Jeanne aux Anglais, qui la réclament par l'intermédiaire de Pierre Cauchon, évêque de Beauvais exilé à Rouen, et détenteur de la justice ecclésiastique dans le ressort de laquelle Jeanne a été capturée. À la fin du mois de novembre Jeanne est remise aux Anglais contre la somme de dix mille livres et est incarcérée à Rouen au château du Bouvreuil, où elle arrive aux environs de Noël 1430.
Conformément à la requête de l'Université de Paris, un procès pour hérésie est intenté à l'encontre de Jeanne, sous la conduite de l'évêque justicier, Pierre Cauchon, et de l'inquisiteur de France, Jean Graverent.

L'organisation du procès

C'est de l'autorité directe du roi d'Angleterre[8] que s'ouvre le procès pour hérésie à l'encontre de Jeanne d'Arc et qu'il est confié à Pierre

8. Rescrit du 3 janvier 1431. Les autorités laïques resteront très en retrait durant le procès. Jean de Bedford quitte Rouen dès le 13 janvier pour Paris, où il reste durant toute la durée du procès. Les Anglais restent pourtant actifs en sous-main dans le procès à travers le cardinal de Winchester – grand-oncle d'Henry VI –, l'évêque d'York, Richard Beauchamp – comte de Warwick, gouverneur de Rouen – et le comte de Stafford.

Cauchon, à qui l'on remet la prisonnière, qui l'accepte avec pour seule réserve « de la reprendre si ainsi était qu'elle ne fût convaincue d'aucun cas regardant la foi ».
Ce choix d'Henry VI et de ses conseillers de déléguer à l'autorité ecclésiastique le jugement de Jeanne s'explique parfaitement. En dehors de ses victoires militaires, le cœur de l'action de la Pucelle se trouve dans le soutien spirituel et divin qu'elle a apporté à la cause du dauphin, par l'intermédiaire du sacre notamment. Mettre en cause son orthodoxie est assurément le meilleur moyen de fragiliser la légitimité de Charles VII, dont il convient de prouver qu'il a été porté au pouvoir par une hérétique[9]. Depuis le début du XIIIe siècle, une juridiction ecclésiastique extraordinaire, le tribunal de l'Inquisition, est chargée de la répression des hérésies, c'est donc cette institution qui est sollicitée par les autorités compétentes.
Suivant l'organisation légale du procès d'inquisition, deux juges sont investis : l'évêque du lieu du délit, Pierre Cauchon, bénéficiant ici d'une délégation de territoire, et le dominicain Jean Lemaître, délégué par l'inquisiteur de France Jean Graverent. Comme dans tout procès de ce type les juges sont assistés d'assesseurs et d'avocats de l'officialité locale à voix consultative. Pourtant, de façon exceptionnelle, au lieu des quelques chanoines convoqués d'ordinaire dans ce cas, Pierre Cauchon sollicite plus d'une centaine d'assesseurs, cent vingt et un exactement, qui participent tour à tour aux séances, dont une dizaine d'universitaires parisiens, un grand nombre de prélats, évêques et abbés, normands ou en exil politique dans cette région, des chanoines et prêtres de Rouen, des avocats du tribunal ecclésiastique[10]. Pierre Cauchon est assisté d'un commissaire, Jean de La Fontaine, de deux notaires, Guillaume Colles et Guillaume Manchon, d'un procureur, « promoteur de la cause », son fidèle Jean d'Estivet, chanoine de

9. Ce fait sera rappelé lors de l'abjuration de Jeanne le 24 mai 1431 où dans son prêche, Guillaume Erard déclare que Charles VII s'est déshonoré en s'attachant une hérétique. Ce à quoi Jeanne répond : « Ne parle point de mon roi, il est bon chrétien. »
10. Olivier Bouzy (*Jeanne d'Arc, mythes et réalités*, Atelier de l'Arche, Paris, 1999) analyse dans le détail ce groupe des assesseurs. Il relève l'importance des séculiers sur les réguliers, le haut niveau général de formation universitaire (dix-huit docteurs, cinquante-trois licenciés), la prédominance des légistes (en droit canon) sur les théologiens, la présence massive du haut-clergé (un cardinal, cinq évêques, onze abbés, trente-deux chanoines).

Beauvais en exil comme son évêque et ouvertement hostile à la Pucelle et au choix politique qu'elle incarne, et d'un huissier, Jean Massieu. Jean Lemaître est accompagné de son vicaire, Guillaume Duval, et de deux dominicains Martin Ladvenu et Isambard de la Pierre.

Enluminure représentant le procès de Jeanne d'Arc.

Le procès adopte en revanche les phases usuelles du procès d'inquisition : un *procès d'office*, sorte d'instruction, d'examen d'orthodoxie où se concentrent les enquêtes et interrogatoires (9 janvier-26 mars) ; un *procès ordinaire* (27 mars-24 mai), avant lequel la pénitence est d'abord proposée à l'accusé par des exhortations, ou *admonitions charitables*. À ce stade et s'il y a preuve d'hérésie, peut être appliquée la torture permettant de pousser les aveux, peine qui ne sera jamais imposée à Jeanne. Jeanne est ensuite interrogée sur les soixante-dix articles synthétisant le *procès d'office* avec le devoir de répondre à ces assertions en les avouant, les réfutant ou en renvoyant à ses réponses précédentes. Jeanne refuse alors toute assistance d'un avocat comme il lui avait été proposé. À l'issue de ce *procès d'office* est énoncée la *sentence* qui résume en douze articles les crimes reprochés à Jeanne en matière de foi[11]. Elle est alors sommée de renier ces crimes, d'abjurer, ou d'en payer la conséquence, mortelle pour trois des douze articles. Dans son cas, le procès s'achève par un *procès de relapse* (28 et 29 mai), Jeanne étant prétendument retombée dans ses « erreurs » en revêtant l'habit masculin, faute qu'elle avait abjurée parmi les douze articles. Cet état de relapse la condamne au bûcher, peine exécutée par le « bras séculier », la justice civile.

Même si certains historiens ont parfois souligné les « irrégularités majeures » du procès de Jeanne d'Arc (Régine Pernoud), il semble bien pourtant que Pierre Cauchon ait obtenu le « beau procès », c'est-à-dire, sans vices de forme ni de procédure, qu'il prétendait tenir (Olivier Bouzy). C'est plutôt la nature politique du procès qui pourrait lui être reprochée et mettre en cause l'intention du tribunal d'Inquisition. En effet le sort de Jeanne est fixé d'emblée par la réserve stipulée par Henry VI de « ravoir » la Pucelle au cas où l'Église ne la condamnerait pas : « Toutesvoies, c'est notre entencion de ravoir et reprendre revers nous icelle Jehanne, se ainsi estoit qu'elle ne fust convaincue ou actainte des cas dessusdiz, ou d'aucun d'eulx ou d'autre touchans ou regardans nostredicte foy. »

Ce contexte explique d'ailleurs autant les réticences de l'inquisiteur Jean Lemaître, qu'il faut contraindre par ordre à remplir son rôle, que la prudence des assesseurs qui exigent des lettres de garantie pour justifier leur présence à ce procès ou encore l'éviction de Jean de Saint-Avit, évêque d'Avranches, doyen des évêques de Normandie.

Il n'empêche que les historiens s'accordent aujourd'hui à reconnaître, à l'instar de plusieurs assesseurs interrogés lors du procès de réhabilitation de 1456, que Pierre Cauchon ne souhaitait pas la

11. Ces griefs sont exposés à Jeanne le 23 mai 1431 par Pierre Maurice, qui lui reproche ses erreurs en douze articles : les apparitions, le signe donné au roi, les conseils des anges, les prophéties, l'habit d'homme, les lettres menaçantes aux Anglais, le départ de Domrémy, le saut de la tour de Beaurevoir, l'assurance d'aller au paradis, l'assurance que Dieu était pour Charles VII, l'idolâtrie envers les apparitions, le refus de se soumettre à l'autorité de l'Église. Ces erreurs amènent à considérer Jeanne comme mensongère, pernicieuse, corruptrice, présomptueuse, errante en la foi, superstitieuse, blasphématrice, traîtresse, fourbe, cruelle, factieuse, scandaleuse, téméraire, invocatrice des démons, idolâtre, schismatique et apostate, trois accusations conduisant au bûcher sans abjuration ou en cas de relapse.

mort de Jeanne. En témoigne l'épisode survenu lors de la séance d'abjuration du 24 mai 1431. Après la troisième lecture de la cédule d'abjuration à Jeanne et devant son obstination, un chapelain du cardinal de Winchester déclare à Cauchon : « Dépêchez-vous, vous êtes trop favorable. » Intervention qui entraîne une colère furieuse de l'évêque, qui exige aussitôt des excuses[12]. Cette intervention contredit en partie le témoignage de Martin Ladvenu, qui, en 1456, évoque la réaction de Pierre Cauchon au matin du 28 mais après le constat de relapse de Jeanne : « Cauchon avisa le comte de Warwick et grande multitude d'Anglais autour de lui, auxquels, en riant, il dit à haute voix : "Farewell, farewell, faites bonne chère, c'est fait !" »

La mort de Jeanne

Jeanne est conduite au bûcher le 30 mai 1431 après avoir reçu dans sa prison Martin Ladevnu, Nicolas Loiselleur et Pierre Maurice venu l'exhorter à bien mourir, et ses juges, Pierre Cauchon et Jean Lemaître. Ayant obtenu un ultime reniement de Jeanne, L'évêque de Beauvais lui accorda de communier et de se confesser, sacrements que lui délivra Martin Ladvenu[13].

Jeanne d'Arc fut ensuite conduite sur la place du Vieux-Marché de Rouen, coiffée comme de coutume d'une mitre portant par écrit les motifs de son exécution : hérétique, schismatique, apostate et idolâtre. À l'issue d'une harangue prononcée par Nicolas Midi, Jeanne est livrée au bras séculier qui, seul, peut exécuter la sentence de mort prononcée par le tribunal ecclésiastique. Ce pouvoir est en l'occurrence incarné par le bailli de la ville de Rouen, un officier anglais, qui expédie son transfert par ces mots lapidaires : « Menez, Menez ! » au grand dam des autorités ecclésiastiques.

12. O. Bouzy, *op. cit.*, p. 126.

13. Certaines de ces informations sont extraites d'un document connu sous le nom d'« information posthume » qui fut rédigé le 7 juin à la demande de Pierre Cauchon. Il s'agit du compte rendu d'une dernière visite qu'il aurait rendue à la Pucelle, au matin du 30 mai, avant son départ pour le bûcher avec quelques membres de la cour qui témoignèrent ensuite sous serment. Jeanne se serait à nouveau rétractée à cette occasion. Les notaires du procès refusèrent toutefois de le contresigner et d'intégrer au dossier du procès.

Le bûcher de Jeanne est surélevé pour que son exécution soit notoire. De ce fait, elle ne pourra être discrètement étranglée par le bourreau comme l'usage commence alors à s'en imposer, fait dont ce dernier se repentira par la suite. Sans doute à la demande des autorités, le bourreau s'efforcera en revanche d'écarter les fagots, lorsque le feu aura dévêtu Jeanne, pour faire constater qu'elle est effectivement femme. Sur l'ordre du cardinal de Winchester, les restes de Jeanne, son cœur et ses entrailles qui ne s'étaient pas consumés, sont jetés dans la Seine.

Enluminure, extraite des *Vigiles de Charles VII*, représentant Jeanne d'Arc sur le bûcher.

La nouvelle de la mort de Jeanne est très rapidement relayée par les Anglo-Bourguignons comme en témoignent le *Journal du bourgeois de Paris* ou la lettre que, le 8 juin, Henry VI adresse aux princes de la chrétienté.

Le procès de réhabilitation

S'il est souvent reproché à Charles VII de n'être jamais intervenu en faveur de la libération de Jeanne, force est de constater, qu'à peine

dégagé des campagnes de reconquête il ordonne une enquête en vue de l'absolution de Jeanne d'Arc « pour savoir la vérité dudit procès et la manière selon laquelle il a été conduit et procédé ».
Ce travail est confié le 15 février 1450 à son conseiller Guillaume Bouillé, qui rédige alors un *codicille* fondé sur les témoignages d'acteurs du procès de condamnation : Isambard de La Pierre, Jean Toumouillé, Martin Ladvenu, Guillaume Duval, Guillaume Manchon, Jean Massieu et Jean Beaupère. Ce texte souligne la nécessité d'un nouveau procès en vue de la réhabilitation de la Pucelle.
Cette démarche, calcul politique ou reconnaissance royale, est très inhabituelle du point de vue du droit canon, qui ne prévoit pas de procédure d'appel pour les condamnations de l'Inquisition. Elle s'inscrit part ailleurs dans un contexte tendu entre la cour de France et Rome autour de la question de la pragmatique sanction, et le cardinal d'Estouteville, chargé par le pape des négociations avec le roi, se sert de la révision du procès de Jeanne comme outil diplomatique.
Ce *codicille* donne lieu à deux autres enquêtes en 1452 et 1453 qui conduisent à la réouverture du procès d'Inquisition au début de l'année 1455 sur la foi, entre autres arguments, du rejet illégal de l'appel au pape fait par Jeanne à l'occasion du procès en condamnation[14]. Ce procès est introduit par une séance solennelle à Notre-Dame de Paris à l'occasion de laquelle la mère de Jeanne, Isabelle Romée, alors accueillie par la ville d'Orléans, dépose sa plainte. Cette procédure résulte, semble-t-il, d'un calcul qui permet au roi de conserver une certaine distance avec cette révision. Le 7 novembre 1456, le procès s'ouvre à Paris avec pour ambition, non pas de réhabiliter Jeanne, mais de casser le jugement précédent sans pour autant discuter de l'orthodoxie des assertions de Jeanne. Il s'agit donc d'un procès de nullité de la condamnation. Commence alors l'interrogatoire des témoins de l'enfance de Jeanne, des acteurs du procès et de divers acteurs de l'épopée de Jeanne, soit

14. Comme le souligne Olivier Bouzy (*op. cit.*, p. 119), cette procédure est en réalité interdite dans un procès d'inquisition sauf en cas de vice de procédure en matière de défense ou de torture, deux cas qui ne concernent pas Jeanne. Dans un procès ecclésiastique, ce type d'appel, autorisé, n'envoie pas l'accusée à Rome mais doit conduire le juge à corriger sa procédure pour la rendre conforme au droit canon.

en tout cent onze témoins. Le procès se clôt le 7 juillet 1456 par la destruction publique de la minute en français et un des cinq exemplaires latins ; « lesdits procès et les sentences contenant dol, calomnie, contradiction et erreur manifeste de droit et de fait, ainsi que la susdite abjuration, l'exécution et toutes les suites, furent et sont nuls, invalides, sans effet et sans valeur[15] ».

15. P. Duparc, *Procès en nullité de la condamnation de Jeanne d'Arc*, t. IV, Paris, 1986, p. 229.

Jeanne, sainte ou sorcière

Un prophète parmi d'autres

L'avènement de Jeanne dans le paysage politique et religieux des années 1430 est, pour beaucoup de ses contemporains, la matérialisation de l'action divine au cœur des tribulations de son peuple élu. Jeanne est en fait un prophète parmi d'autres. Comme pour beaucoup d'entre eux, Dieu s'adresse à elle par des voix et lui enjoint une mission dont le but ultime est la conversion des égarés. En l'occurrence, il s'agit de ramener dans le giron du vrai roi de France – celui dont la lignée a de toute éternité été choisie par le roi du Ciel pour gouverner la France – les enfants fourvoyés du royaume des lis et de chasser les ennemis anglais de la nouvelle terre promise qu'est le royaume de France.
C'est à ce titre que Jeanne d'Arc prend la route avec l'assentiment – certes contraint – de Robert de Baudricourt. C'est pour cette raison que Charles VII la reçoit à Chinon et fait le pari fou de lui confier son armée. Avant elle, après elle et même durant les deux années de sa mission, les malheurs et dissensions du siècle ont suscité de nombreuses voix inspirées, venues trouver le roi pour lui faire partager leurs révélations. C'est le cas de Catherine de La Rochelle reçue par Charles VII ou de Pierrone La Bretonne que rencontrera Jeanne et qu'elle renverra d'ailleurs s'occuper de son foyer ou encore d'un berger du Gévaudan qui lui succédera brièvement à la cour. Ces prophètes font en effet partie intégrante de l'univers spirituel médiéval – d'autant plus pour l'autorité royale, qui n'oublie jamais qu'elle tient son pouvoir de Dieu, et se doit donc de rester à l'écoute de son message.
Jeanne profite même paradoxalement de tous les stéréotypes du genre : elle est femme, jeune, vierge, d'humble naissance, bergère originaire des confins du royaume. En ce temps où la voix de Dieu est ordinairement relayée par des hommes, membres du clergé, puissants, de prestigieuse naissance et proches du pouvoir, elle est la preuve vivante, par effet de contraste, qu'à Dieu rien n'est impossible et que sa parole, cachée aux riches et aux savants, se révèle aux humbles et aux petits.

L'analyse plus fine du milieu d'origine de Jeanne révèle en fait que, si elle pouvait conduire occasionnellement le troupeau de son père à la pâture, elle n'était en rien la bergère que l'on se plaît à imaginer dès cette époque. Cette identité la rattache alors au modèle biblique des bergers de la crèche ou encore aux capacités de divination et de sagesse que l'on prête au Moyen Âge à ce groupe marginal. La marginalité de Jeanne est d'abord géographique. Si elle est bien française, elle est aussi fille des marches[16], zone nécessairement davantage politisée que le reste du royaume. Sa fidélité politique est le résultat d'un véritable choix payé à de multiples reprises par la guerre et l'insécurité.

Elle réunit donc toutes les conditions pour être crédible, sous réserve de « passer sous les fourches Caudines » de l'expertise cléricale, désormais experte à identifier les faux prophètes annonciateurs des temps d'apocalypse. C'est dans ce but que Jeanne subit à Poitiers durant plus de trois semaines (25 février-22 mars 1429) l'examen des docteurs, prêtres, femmes et prud'hommes, dont la conclusion, prudente, valide toutefois sa mission : « Le roi attendu nécessité de lui et de son royaume et considéré les continues prières de son pauvre peuple envers Dieu et tous les autres aimants paix et justice, ne doit point débouter ne déjeter la pucelle, envoyée de par Dieu pour lui donner secours, nonobstant que ses promesses soient seules œuvres humaines. » Les plus grands théologiens du moment, Jean Gerson ou Jacques Gelu, jusqu'alors méfiants, s'expriment favorablement sur son fait. Et c'est dans cette même fibre que s'exprime Christine de Pisan dans sa *Ditié de Jeanne d'Arc*. Leurs écrits confirment d'ailleurs la circulation d'un « dossier » diffusé par le conseil royal et destiné à la publicité de l'événement.

L'attente d'un signe

Jeanne ayant été reconnue vierge et de bonnes mœurs, on attend encore d'elle un signe « preuve » de sa mission divine.

16. Provinces frontières.

Cette dernière est confirmée par une prophétie ancienne annonçant que « la France serait détruite par une femme – allusion au rôle d'Isabeau de Bavière dans la signature du traité de Troyes – et restaurée par une Pucelle des marches de Lorraine ». Cette lecture rédemptrice, sur le thème de la nouvelle Ève, est inspirée par les prophéties de la mystique sainte Brigitte de Suède (morte en 1373). Celle-ci avait vu dans le mariage de Richard II et d'Isabelle de France en 1396 le rachat de fautes de la mère d'Édouard III, Isabelle de France, en partie à l'origine de la guerre de Cent Ans, et la fin des tribulations du royaume. Cette mise en cause indirecte de la mère du roi impose de trouver d'autres textes. Les docteurs de Poitiers en dénicheront six, insistant en particulier sur une prophétie de Merlin tirée de l'*Histoire des rois de Bretagne,* où il est dit qu'« une vierge venue de la forêt de chênes chevauchera contre le dos des archers et tiendra secrète la fleur de sa virginité et chassera les ennemis du royaume ». Le docteur en théologie Jean Erault, un des premiers partisans de Jeanne, avait quant à lui reconnu en elle la femme en armes de la prophétie de Marie Robine, mystique recluse en Avignon et présentée à Isabeau de Bavière en 1398.

Reste le signe que Jeanne doit donner. Selon elle, il s'agit d'un signe à venir : la délivrance d'Orléans, première étape de sa mission. À moins que la révélation faite à Charles VII à Chinon puisse être considérée comme *le* signe. Ce jour-là, prenant le roi à l'écart, Jeanne l'aurait convaincu en lui révélant un secret. Que pouvait-il être ? Les historiens s'accordent aujourd'hui pour rejeter la question de la pseudo-bâtardise qui aurait fragilisé le jeune roi et au sujet de laquelle Jeanne l'aurait rassuré (Charles aurait craint d'être né d'une liaison adultère entre Isabeau de Bavière et Louis d'Orléans). La première victime de cette invention de la propagande bourguignonne, effectivement très vite relayée par les Anglais, se trouve être la reine bien plus que le dauphin. La responsabilité de Charles VII dans le meurtre de Jean sans Peur avait davantage de raisons d'inquiéter le prince sur le salut de son âme. C'est peut-être sur ce sujet que Jeanne l'a rassuré en lui garantissant la miséricorde divine. Diverses sources affirment en revanche que le roi fut convaincu de la dimension sacrée de l'action de Jeanne lorsqu'elle lui répéta une prière qu'il avait formulée secrètement lors de ses oraisons quelque temps auparavant.

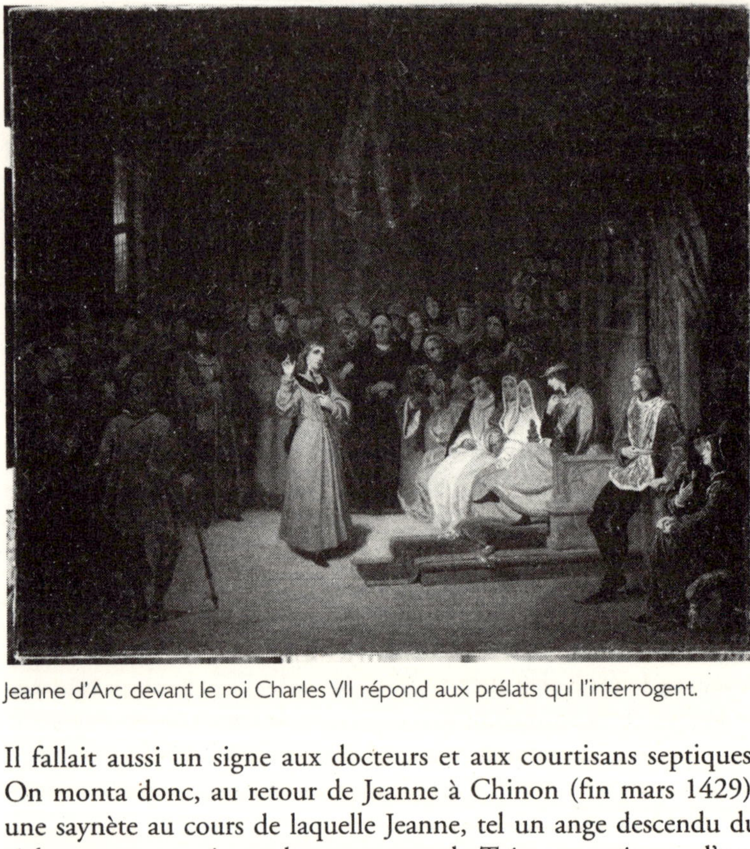

Jeanne d'Arc devant le roi Charles VII répond aux prélats qui l'interrogent.

Il fallait aussi un signe aux docteurs et aux courtisans septiques. On monta donc, au retour de Jeanne à Chinon (fin mars 1429), une saynète au cours de laquelle Jeanne, tel un ange descendu du ciel, apporta au roi une des couronnes du Trésor en présence d'une nombreuse assistance et de l'archevêque de Reims. Cet épisode sera plusieurs fois mentionné par les juges du procès comme preuve de la nature artificielle de la mission de Jeanne.
Quelques mois plus tard, le véritable signe – la délivrance d'Orléans – s'accomplit. En plus des signes et des symboles dont se pare Jeanne, la *Lettre aux Anglais* expose clairement la dimension prophétique de son action. La guerre que mène la Pucelle, toujours après avoir proposé la paix comme le recommande l'Écriture, est une guerre à outrance, un jugement de Dieu. Ce doit donc être une guerre de chevaliers purs et sans reproche, dont elle se donne pour exemple en pratiquant régulièrement les sacrements et en invitant ses compagnons à

s'abstenir de toute faute avant le combat. La témérité de ses objectifs (délivrance d'Orléans, sacre de Reims, libération de Paris) affirme la dimension prophétique de son action, scandale pour les hommes et folie pour les siens.

La série de succès qui l'accompagne, de façon souvent fortuite et en dépit des nombreuses contraintes que lui imposent jusqu'à ses partisans et celui qu'elle sert, confirme aux yeux des hommes du temps, y compris de ses ennemis, la véracité de sa mission et le parti pris de Dieu en faveur de la France des lis. Les soldats anglais douteront, semble-t-il beaucoup moins que leurs adversaires, de la nature prophétique de Jeanne. Quand Jean de Bedford tire devant Henry VI le bilan de son échec en France, il s'explique par ces termes : « Il arriva par la main de Dieu, comme il semble, un grand coup sur votre peuple [...] causé en grande partie, comme je le pense, par une faute et erreur consistant en fausses croyances et crainte non fondée qu'ils [les Anglais] eurent d'un disciple et suppôt du diable appelé la Pucelle. »

Prophète parmi d'autres, Jeanne est aussi une exception dans la mesure où elle participe directement à la réalisation de son message et transgresse pour ce faire les normes sociales voulues par Dieu en devenant femme chevalier. Jacques Gelu et Jean Gerson s'étaient arrangés de ces contradictions en regard de la loi divine, justifiant ses cheveux coupés, ses habits d'hommes et ses armes par les nécessités de sa juste cause. Charles VII, suivant leur conseil, avait même donné à Jeanne les outils de ce travestissement.

Une bonne chrétienne

C'est pourtant cette femme se prétendant envoyée par Dieu et informée par Lui, travestie en homme et exerçant le métier des armes avec toute la violence et l'orgueil qu'il implique qui est « publiquement desclamée » et conduite au procès d'hérésie par l'évêque de Beauvais Pierre Cauchon le 9 janvier 1431. L'orthodoxie de la foi que professe Jeanne était-elle en cause ?

À l'issue de l'examen de Poitiers, Jeanne est décrite comme une fille simple, sobre, qui se confesse chaque jour et communie chaque semaine, pleure aussi facilement qu'elle rit et est une amie des oiseaux à la manière de saint François. Une bonne chrétienne donc. C'est précisément le point que révèlent les procès de Jeanne. En effet, en dépit de la crise majeure dont peine à se relever l'Église – le grand schisme d'Occident qui depuis 1378 la divise en deux, voire trois obédiences et qui tend à s'achever depuis le concile de Constance et l'élection de Martin V en 1417 –, une fille de laboureur des marches de Lorraine garde comme un trésor l'instruction religieuse dont elle a bénéficié.

Malgré la complexité des concepts et la profondeur des mystères, la foi de Jeanne est droite et limpide même si elle reste marquée par les tendances spirituelles du temps, la piété franciscaine notamment. Comme ses contemporains, Jeanne est portée, par les nouvelles aspirations de la *devotio moderna,* à une vie spirituelle plus intériorisée, à une éducation de sa conscience par la pratique de l'introspection et celle du sacrement de la confession. Sa foi est plus que jamais centrée sur la figure du Christ incarné dont la Passion fait prendre conscience à chacun de l'humanité de Dieu et de sa compassion aux malheurs, alors nombreux, des hommes. Ce Christ exemple auquel se conforme la vie de Jeanne et à qui elle se consacre par la virginité est aussi celui du Jugement dernier que la Pucelle fait représenter sur son étendard. La fin tragique de Jeanne se décalque d'ailleurs sur celle du Seigneur. Bafouée et humiliée, tentée par le reniement, pardonnant à ses ennemis, elle se sacrifie tout entière pour le salut d'un peuple, pratiquant jusqu'au bout cette *imitatio Christi* mise alors au goût du jour par l'œuvre de Thomas a Kempis. Jeanne voue également une fervente dévotion à Marie soutenue par la spiritualité de son temps. Elle est invoquée par son nom, aux côtés de celui de son Fils, sur cet anneau que porte Jeanne et dont elle reprendra les mentions dans son mot : JÉSUS MARIA.

Cette foi chrétienne, Jeanne la partage depuis son plus jeune âge avec les siens, son père Jacques et sa mère Isabelle Romée, ses quatre frères et sœurs. De sa mère elle apprit le Notre Père, le Je vous salue Marie et le Credo en français. Elle fréquente la messe dominicale, communie régulièrement, va en pèlerinage et pratique l'aumône. On sait encore que Jeanne est, plus que d'autres, assidue à l'office. La paroisse de Domrémy étant une dépendance de celle du village voisin de Greux, la messe n'y est célébrée que le dimanche et, exceptionnellement, pour les enterrements, les obits (messes anniversaires des défunts), les fondations. Le marguillier de l'église sonne alors les cloches pour inviter les fidèles à l'office et Jeanne est toujours une des premières à y arriver, s'offrant même à faire une généreuse aumône de galettes au sonneur « pour qu'il sonne bien les cloches ».

Une foi active

Ce faisant, Jeanne d'Arc passe la pratique normale d'obligation pour entrer dans la dévotion. Les témoignages du procès de réhabilitation confirmeront qu'elle n'était pas tout à fait une paroissienne comme les autres et qu'elle pratiquait une foi active dont ses amies se moquaient parfois. Baptisée à Domrémy, confirmée des mains de l'évêque de Toul, elle se confessait et communiait à Pâques, comme l'exige alors la pratique canonique, qui n'encourage ni la confession régulière – sauf pour les clercs et les princes – ni la communion fréquente, « remplacée » par la distribution de pain bénit à l'issue de la messe et « compensée » par la vénération accrue à l'hostie consacrée. Jeanne réclame pourtant un accès plus fréquent aux sacrements. Avant de quitter Domrémy, Jeanne se confessait déjà « très volontiers », « plus d'une fois par an », presque tous les mois, semble-t-il. Lorsque sa mission sera engagée, cette pratique de la communion et de la confession sera quasi quotidienne, en tout cas aussi fréquente que possible. Le refus des juges de lui délivrer les sacrements tant qu'elle n'aura pas reconnu ses erreurs sera un des arguments qui déstabilisera le plus la Pucelle lors de son procès. Il est d'ailleurs fort possible que ce soit pour ce motif d'abord qu'elle ait accepté d'abjurer au cimetière Saint-Ouen (24 mai 1431) puis le matin de sa mort selon l'Information posthume.

Si l'Église administre parcimonieusement les sacrements aux fidèles, plus particulièrement aux femmes, elle encadre moins étroitement en revanche les pratiques de dévotion, pour lesquelles l'autonomie des laïcs est plus grande. L'accès à l'église est libre et chacun peut s'y rendre pour prier quand il le souhaite ou le peut. Les statues des saints sont d'importants supports de dévotion. À Domrémy, l'église est placée sous le vocable de saint Remi, et Jeanne a certainement eu l'occasion d'entendre au prône le rôle joué par le saint évêque de Reims dans la consécration du lignage royal. Son attachement au sacre, sentiment désormais plus populaire que légaliste – pour les juristes le sang suffit à faire le roi –, vient peut-être en partie de cette dévotion locale. On sait également que Jeanne se recueille souvent aux pieds de la statue de la Vierge, qu'elle habille de guirlandes de fleurs et illumine de cierges. Toutes les fois qu'elle peut, elle se rend à l'église réciter des *Ave Maria*. Elle ne manque pas de s'agenouiller lorsqu'elle entend sonner l'angélus et monte parfois le samedi en pèlerinage à la chapelle de Bermont, fondation du XIe siècle qui accueille une statue de la Vierge réputée miraculeuse – ensemble de pratiques caractéristiques des dévotions du temps.

Les voix

Cette foi vive mais somme toute ordinaire va toutefois véritablement transformer sa vie à partir de ce premier appel entendu à l'âge « d'environ treize ans » (1425), à l'heure de midi, dans le jardin de son père, « du côté droit de l'église » : les fameuses voix de Jeanne. Ces voix ordonnent la vie de la jeune fille, qui les qualifie souvent du terme « mon conseil ». Jamais Jeanne ne doute qu'il ne s'agisse d'un message divin et ses contemporains ne remettent pas non plus en cause l'existence de ces voix. Ce n'est pas la première fois dans l'histoire des hommes que Dieu s'adresse ainsi à son peuple. Il le fait même assez régulièrement ! Mais les juges de Jeanne, chacun selon leur camp, s'inquiètent ou non de l'origine, divine ou diabolique, de ces voix. On n'en saura d'ailleurs pas grand-chose avant que les juges, de Poitiers d'abord, puis surtout ceux de Rouen, ne cherchent à lui faire préciser leur nature pour la croire ou pour la perdre. Ce sont en tout cas ces voix, souvent accompagnées d'une grande clarté, comme des papillons de lumière, parfois portées par le son des cloches, d'abord effrayantes puis bientôt rassurantes et même attendues, qui invitent Jeanne, deux ou trois fois la semaine, où qu'elle se trouve, à se conformer à une vie sainte et pieuse, à se garder du péché puis à prier pour la France, à œuvrer elle-même pour son salut.

Ces voix conseillent à Jeanne de se consacrer à Dieu par la continence. Ce vœu, demeuré secret suscita un quiproquo avec ses parents, qui l'engagèrent auprès d'un fiancé. Jeanne, ayant dénoncé cette union, fut citée au tribunal de l'officialité de Toul en 1428 et gagna le procès, même si les juges de 1431 estimèrent que le fiancé avait rompu avec Jeanne compte tenu de sa mauvaise réputation !

Jeanne d'Arc écoutant ses voix. (Statue de François Rude.)

Jamais ou presque ce conseil ne délaissera la Pucelle, qui, même au fond de son cachot, trouvera dans ses voix le réconfort nécessaire pour faire face à ses juges. Elle les entend alors jusqu'à trois fois par jour. En revanche, Jeanne pense devoir être en état de grâce pour les entendre et ne parvient pas toujours à saisir ce qu'elles disent.
Questionnée à ce sujet par le tribunal de Rouen, elle qualifiera d'« apparitions » ces voix – c'est-à-dire prenant forme matérielle et parfois humaine, ce qui est beaucoup plus sulfureux d'un point de vue dogmatique – et les dira « parfois en multitude et en très petites dimensions et en très petites choses », parfois singulières. C'est à cette même occasion qu'elle nomme ses conseils : saint Michel, sainte

Marguerite, sainte Catherine. Cette trilogie, trinitaire comme Dieu, souvent retenue, ignore saint Gabriel, que Jeanne nomme également et qui figurera sur son étendard. On ne sait si cette identification correspond réellement aux êtres qui s'adressaient à Jeanne ou bien si elle est avant tout le reflet de l'univers mental dans lequel elle évoluait, elle et ses juges.

Saint Michel, dont les premiers Valois avaient renouvelé le culte jusqu'à en faire l'alter ego de saint Georges disputé par les Anglais, est devenu avec Charles VII le saint patron des armées royales. Le mont du même nom est une des rares places normandes restées fidèles en dépit d'un siège de quatre ans entre 1424 et 1428. Charles VII avait d'ailleurs retenu Michel comme principal emblème ornant son étendard de guerre remplaçant utilement l'oriflamme restée à Saint-Denis aux mains des Anglais. On sait encore qu'une statue de saint Michel se trouvait dans l'église de Domrémy.

Charles VII et ses fils sous la forme de cerfs ailés, emblème royal, gardant le royaume des léopards anglais. L'étendard de guerre figure saint Michel, patron des armées royales, et le soleil rayonnant, autre emblème du souverain.

Sainte Marguerite, également désignée comme une des voix de Jeanne, connaît à la fin du Moyen Âge un culte important et son nom est très fréquemment donné, dans la noblesse en particulier. Cette sainte, vierge martyre du IVe siècle, originaire d'Antioche, est particulièrement vénérée par la maison d'Orléans. Fille d'un prêtre païen, elle se déclare chrétienne. Son père l'envoie alors garder les troupeaux et, comme Jeanne, la promet à un parti, en l'occurrence le préfet Olibrius. Marguerite ayant fait le choix de se consacrer à Dieu, le préfet la soumet aux questions d'un tribunal et la martyrise. Le diable lui apparaît sous la forme d'un dragon, qu'elle chasse à l'aide de sa croix.

Quant à sainte Catherine, elle est, au tournant du XVe siècle, une des patronnes de la chevalerie et une des saintes les plus vénérées du temps. Si la propre sœur de la Pucelle portait ce prénom, le culte dont sainte Catherine d'Alexandrie, martyre du IVe siècle, fait l'objet dans l'aristocratie chevaleresque justifie sans doute davantage encore ce choix. Fille de roi ayant consacré sa virginité au Christ, sainte Catherine est confrontée à cinquante philosophes, auxquels elle prêche sa foi avant d'être emprisonnée, soutenue par des anges, puis martyrisée, notamment au moyen d'une roue parée de lames. Les parallèles avec l'histoire de Jeanne sont évidents, auxquels et déjà relevés par ses contemporains. Sainte-Catherine du Mont-Sinaï reste une destination incontournable des nobles croisés et beaucoup d'entre eux, rentrés sains et saufs d'expéditions diverses, consacrent leurs armes en ex-voto dans les églises placées sous ce vocable, celle de Sainte-Catherine-de-Fierbois, près de Chinon, en particulier. C'est là que Jeanne trouvera son épée, un des attributs de sainte Catherine dans l'iconographie, et son lien avec la sainte associe inévitablement la mission de Jeanne avec l'objectif ultime de la croisade, comme le développe la *Ditié* de Christine de Pizan. Mais Catherine est aussi la fiancée mystique du Christ et peut à ce titre avoir inspiré Jeanne. Elle devient d'ailleurs un de ses soutiens permanents, l'avertissant des dangers (à Orléans), la guérissant (à Beaurevoir), la soutenant (à Rouen).

Suspicions

La mutation spirituelle de Jeanne, depuis un ensemble de pratiques de dévotion intenses mais orthodoxes vers une vie inspirée par des voix, des prémonitions et une mission confiée par Dieu, ne manque pas d'inquiéter les juges et de les conduire à rechercher chez la Pucelle les signes de pratiques magiques, démoniaques ou de sorcellerie qui nourriraient une inculpation d'hérésie.

Si la grande chasse aux sorcières ne débute véritablement qu'au XVIe siècle, l'Église surveille et condamne depuis longtemps déjà toutes les pratiques parallèles liées aux rites païens et les invocations diverses qui octroient à certains des pouvoirs surnaturels, auxquels on croit alors fermement. La politique de répression des pratiques occultes par les clercs tend même à s'accélérer depuis le tournant du XIVe siècle. On distingue encore dans ce domaine la magie, art de savants, et la pratique des sortilèges, ou sorcellerie, qui tient des superstitions teintées de paganisme propres aux ruraux. Philippe de Mézières, le précepteur de Charles VI, comme Jean Gerson condamnent fermement la mode aristocratique de l'astrologie, de la nigromancie (magie noire, c'est-à-dire faisant intervenir des démons) et des talismans. En 1398 l'Université de Paris, dirigée alors par Gerson, envoie au bûcher maître Jean de Bar, nigromancien au service de Philippe le Hardi sollicité pour soigner, en vain, la folie du roi. Le texte de cette condamnation, la *Détermination*, fit jurisprudence en matière de chasse aux sorciers et près de la moitié des articles de la condamnation de Jean de Bar furent reprochés à Jeanne par ses juges, tous formés à cette école : pacte avec les démons, port de vêtements consacrés en leur honneur, embrassade avec les démons, enfermement de démons dans un objet magique, utilisation de mots sacrés, utilisation d'images consacrées pour contraindre les démons. La guerre civile emploiera fréquemment l'accusation de sorcellerie pour dénigrer le camp adverse, et Louis d'Orléans et son épouse, l'Italienne Valentine Visconti, sont les premiers à en faire les frais avant 1400. Les liens entre magie et politique sont donc familiers des juges de Rouen en 1431 et de ceux de l'Inquisition en général. Ainsi, en 1440, Gilles de Rais, compagnon d'armes de Jeanne d'Arc, est brûlé à Nantes pour avoir sacrifié des enfants à des tentatives de pacte avec le diable en vue d'obtenir richesse et pouvoir – et en même temps satisfaire ses appétits sexuels.

Ce sont pourtant les femmes qui sont de plus en plus systématiquement associées à ces pratiques et les campagnes désignées comme les lieux habituels de résurgences de paganisme. Lors du procès, trois « dossiers » intriguent les juges de Rouen et leur laissent espérer qu'ils peuvent condamner Jeanne pour magie ou sorcellerie, pratiques qui expliqueraient ses pouvoirs de « devineresse » : l'Arbre aux fées, la mandragore et l'anneau.

L'Arbre aux fées

L'Arbre aux fées est un vieux hêtre plusieurs fois centenaire, visible depuis la maison de Jeanne et situé en lisière de la forêt – le « Bois chenu ». Ses branches basses retombant au sol forment des sortes d'abris (des loges), au pied desquelles sourd une fontaine. Les seigneurs de Bourlémont en font, sur le modèle de la légende du *Roman de Mélusine* – récemment publié par Jean d'Arras (1392) pour Marie de France, duchesse de Bar –, le lieu d'origine légendaire de leur lignage, issu de l'union d'un chevalier et d'une fée.

Lieu magique et sacré, si ce n'est sacralisé, cet « Arbre aux Dames » est l'objet de rites plus ou moins christianisés, dont une fête le dimanche de Laetare (dimanche de la mi-carême où est lu l'évangile de la multiplication des pains). Durant ces festivités, on suspend aux branches des guirlandes de fleurs en même temps qu'on les offre à la statue de la Vierge dans l'église et que l'on danse en ronde autour de l'arbre. Puis on boit successivement aux fontaines qui délimitent le finage du village, en commençant par celle des fiévreux placée sous l'arbre… Les villageois de Domrémy ont-ils conscience d'entretenir là des pratiques païennes immémoriales liées à des rites de fertilité ? Une fête identique a lieu le 1er mai, où l'on célèbre l'avènement du printemps par un ensemble de rites, comme d'ailleurs dans l'ensemble du royaume et jusqu'à la cour – Charles VI fera même de la branche de hêtre, le mai, l'un de ses emblèmes. De même, encore, à l'occasion des Rogations (fêtes chrétiennes des semailles célébrées par une procession en plein air le 25 avril).

Tout le village s'associe à ces fêtes, seigneur et curé en tête, mais les juges pensent y trouver une preuve de l'hétérodoxie de Jeanne et peut-être l'inspiration démoniaque de ses voix. L'une de ses marraines dit y avoir vu ces fées. C'est la même qui a confié à Jeanne avoir eu des visions et que le tribunal soupçonne de sorcellerie. Jeanne reconnaît avoir dansé sous l'arbre et bu à la fontaine mais précise qu'après

l'apparition de ses voix, elle s'est détournée de ces pratiques. Elle assure d'ailleurs qu'elle ne croit pas aux fées, contrairement à plusieurs des villageois qui prétendent même les avoir vues sous l'arbre. Elle reconnaît en revanche que sainte Catherine et sainte Marguerite lui ont parlé en ce lieu en insistant pourtant sur le fait que son premier appel a eu lieu en terre consacrée au chevet de l'église.
Ce que cherchent à savoir les juges, c'est si Jeanne s'est parfois rendue à l'arbre en dehors des fêtes communautaires pour y rencontrer les fées et en tirer ses pouvoirs comme celui que donne la mandragore cueillie aux pieds de l'arbre.

La mandragore

La question de la mandragore est posée à Jeanne lors de l'interrogatoire du 1er mars avant de réapparaître à l'article VII du *Libelle* de Jean d'Estivet, son accusateur au tribunal d'Inquisition. Il s'agit d'une plante dont la racine anthropomorphe la pare de vertus magiques dénoncées déjà par Hildegarde de Bingen. Capable de faire dormir, de rendre les femmes fécondes, la plante permet aussi de provoquer des hallucinations. Séchée, elle était portée ou gardée pour procurer richesse et pouvoirs à ceux qui la détenaient. Jeanne répond deux fois qu'elle n'en possède pas et n'en a même jamais vu même si elle reconnaît par la suite savoir qu'une mandragore pousse en effet près de l'Arbre aux fées, mais qu'elle ne croit pas au don qu'on lui prête d'accorder la fortune. Ces questions soulignent que les juges de Jeanne sont tentés de l'assimiler à une sorcière dont le concept est alors en train de se préciser et dont le nouveau profil correspond en partie à celui de Jeanne : des femmes, souvent rurales et marginales. Elles se distinguent par la pratique de sortilèges composés à partir de plantes, des incantations ou des talismans qui permettent de contrôler la nature et de dompter les hommes et les bêtes. Mais plus qu'une sorcière, Jeanne est considérée comme une magicienne, ce dont, selon ses juges, témoigne notamment son anneau.

L'anneau

L'anneau porté par Jeanne intrigue également ses juges. La Pucelle possédait en fait deux anneaux, l'un offert par son père et saisi par l'évêque de Beauvais, Pierre Cauchon, et l'autre donné par ses parents à Domrémy, pris après sa capture à Compiègne comme « pièce à conviction » par les Bourguignons. Cet anneau semble être pour Jeanne une forme d'anneau de consécration qui symbolise son engagement à la virginité perpétuelle. Ce bijou est d'ailleurs associé à une vision de sainte Catherine par Jeanne qui alors « avait l'anneau à sa main et à son doigt touché sainte Catherine », scène qui relie la consécration de Jeanne au mariage mystique de la sainte. Jeanne le portait à l'index gauche et le regardait souvent pour se donner du courage.

Les juges assomment littéralement Jeanne de questions au sujet de cette bague, de sa forme, de sa matière, de ses motifs. Curieusement, les réponses de Jeanne ne sont pas limpides. Elle précise que l'anneau est inscrit de trois croix et des mots *Jesus Maria* et est sans doute de laiton ou d'or. Se placer sous la protection de la croix n'a pourtant rien d'hérétique. Pas plus que d'invoquer le nom de Jésus comme y invitent saint Bernard ou saint François, et notamment depuis que Bernardin de Sienne en a développé le culte à partir de 1424. Jeanne invoque très souvent le nom divin, l'inscrit sur ses signes et ses lettres et ponctue son discours de l'expression « en nom dé ». *Jésus* sera le dernier mot qu'elle criera au milieu des flammes de son bûcher.

Jeanne sent dans les questions de ses juges leur volonté d'y voir un anneau magique, souvent inscrit de formules d'invocation et capable de rendre invincible et de renfermer un « démon familier » ou un « démon privé ». Cette veille croyance, très en vogue à l'époque, est également sollicitée dans le procès de Jean de Bar, mentionné précédemment. Elle suppose la capacité des sorciers à enfermer dans un objet magique, le plus souvent un anneau, un démon qui soutien de son intelligence – diabolique – son maître lorsqu'il doit répondre à des questions ou se trouve en défaut. À décharge de ses juges, il est vrai que le « conseil » dont Jeanne prétend solliciter si fréquemment l'avis, associé à cet anneau douteux, n'est pas sans faire penser à ces démons familiers.

Sainteté et sorcellerie

Le regard que ses contemporains portent sur Jeanne, en matière de foi et de pratique religieuse, souligne à quel point, au Moyen Âge, la

Jeanne d'Arc est exécutée le 30 mai 1431, en tant qu'hérétique relapse.

frontière entre sainteté et sorcellerie est ténue, à plus forte raison pour les femmes. La sainte, comme la sorcière, est une femme consacrée ou liée par un pacte, sensible au surnaturel, douée de connaissances hors du commun sur le présent et le futur, en contact direct avec le monde céleste – ou démoniaque –, souvent en rupture avec la hiérarchie et sa communauté d'origine. Sa parole et son action dérangent mais agissent, de façon miraculeuse, surnaturelle et inattendue.

Soupçonnée de sorcellerie, Jeanne est aussi, de son vivant déjà, considérée comme une sainte. C'est pourtant en qualité d'hérétique relapse[17] qu'elle est conduite au bûcher.

L'accomplissement de miracles, comme la résurrection d'un enfant à Lagny le 29 mars 1430 ou, pour certains, la succession d'improbables victoires militaires, attestent aux yeux de ses partisans de sa sainteté. Jeanne se défend pourtant de faire des miracles. Elle écarte avec bonhomie les femmes qui lui demandent de toucher leurs médailles pour les rendre miraculeuses : « Touchez-les, vous ferez aussi bien que moi ! » Elle reconnaît seulement avoir prié pour telle ou telle cause et, face aux plus humbles ou aux plus puissants, ne se reconnaît aucun pouvoir thaumaturgique. Elle contourne ainsi la demande du duc de Lorraine, qui, inquiet pour sa santé se fait amener Jeanne avant son départ pour Chinon dans l'espoir qu'elle le guérisse. Elle ne lui prodiguera que quelques conseils de dévotion et de morale. Jeanne cache ses miracles et met en avant ses vertus et son comportement comme modèle proposé à ceux qui l'approchent ; elle s'irrite même de la dévotion qui l'entoure, des médailles frappées à son effigie et de ceux qui voulaient lui faire toucher leur patenôtre (du latin *Pater Noster*, collier de perles que l'on fait défiler pour réciter Pater et Ave, ancêtre du chapelet). Si l'opinion favorable au dauphin la canonise de son vivant, le but recherché en 1456, lors du procès de réhabilitation, ne sera pourtant jamais d'affirmer la sainteté de Jeanne mais simplement de prouver qu'elle n'était pas hérétique et n'avait accompli aucun péché mortel.

En fait, paradoxalement, les conditions mêmes de sa mort, en parfaite chrétienne, la définissent comme une fidèle exemplaire. Ayant expié ses péchés, appelé le pardon de ses juges sur la ville qui la condamne

17. Retombée dans l'hérésie, après l'avoir abjurée.

– elle dira : « Ah, Rouen, j'ai grand peur que tu n'aies à souffrir de ma mort ! » – comme le Christ sur Jérusalem, ayant suscité la conversion des impies – comme cet Anglais qui défaille et se dit persuadé d'avoir brûlé une sainte ou ce juge qui dit vouloir que son âme puisse rejoindre celle de Jeanne en Paradis –, Jeanne est morte en criant le nom de Jésus jusqu'à son dernier souffle et cette « bonne mort », que l'on pense alors être le reflet de la vie vécue, témoigne pour elle mieux que tous les théologiens.

La sainte des historiens

Il faudra attendre près de cinq cents ans pour que le Saint-Siège reconnaisse officiellement la sainteté de Jeanne. Ce fossé chronologique s'explique en partie par l'essoufflement puis l'oubli dans lequel tombe sa mémoire à la fin du XVe siècle. Ce désintérêt dure jusqu'à la fin du XVIIIe siècle, avant que l'histoire nationale ne redécouvre ce personnage hors du commun et que des travaux d'érudits, pas nécessairement chrétiens, nourrissent le dossier de canonisation.

Désintérêt

Le mythe de Jeanne était pourtant resté relativement présent entre sa mort et son procès de réhabilitation. L'apparition de fausses Jeanne y avait partiellement contribué. Toutefois les conclusions favorables du second procès, la stabilisation politique du royaume après la victoire de Castillon et la fin de la guerre de Cent Ans et enfin la mort du roi en 1461 contribuent à clore durablement l'épisode Jeanne d'Arc dans l'écriture de l'histoire nationale. Sa mémoire connaît pourtant un important développement local qui servira parfois de socle au renouveau de son histoire et au développement de son culte.
C'est par exemple le cas à Orléans, où, dès le 8 mai 1430, une procession commémore la libération de la ville, rituel urbain qui n'a jamais failli depuis, sauf durant les guerres de Religion et la Révolution. Le village natal de Jeanne conserve lui aussi dès la fin du Moyen Âge la mémoire de sa célèbre fille. On y pèlerine pour y prier, comme Montaigne en 1580, dans la chapelle fondée au pied de l'Arbre aux fées. À Rouen enfin, dès 1456, une croix de bronze est élevée sur le lieu du supplice, bientôt complétée par une statue de Jeanne au XVIe siècle.
Dire quelle n'intéresse pas l'historiographie des XVIe et XVIIe siècles serait mentir. Divers ouvrages de cette période évoquent la Pucelle mais il s'agit bien souvent d'une vision tronquée, ignorant les sources

archivistiques pour leur préférer les chroniques, notamment celles produites dans l'entourage de la cour de Bourgogne. Le point de vue d'Enguerrand de Monstrelet façonne pour longtemps l'image d'une Jeanne suscitée par la cour de Charles VII pour servir sa cause et dont les vertus chrétiennes ne sont que mensonges comme dans *De l'estat de mercy des affaires de France* publié en 1570 par Girard du Haillan. Ce dernier en fait la maîtresse successive de Dunois, Baudricourt, Poton. Le développement de la pensée renaissante contribue à faire oublier cette figure d'un passé gothique, sombre et barbare, tellement moins séduisante que ces héros antiques qui sont les nouveaux modèles de comportement. Il faut attendre *l'Histoire de France depuis Pharamond jusqu'à maintenant*, éditée en 1651 par Eudes de Mézeray pour que le rôle de Jeanne dans le sacre de Charles VII soit valorisé, tout en condamnant l'orgueil dont celle-ci fait preuve en souhaitant poursuivre, en dépit de l'avis du roi, la reconquête du royaume. La figure de Jeanne s'idéalise au service de l'idéologie royaliste et perd contact avec la réalité révélée par les sources.
Au siècle des lumières, Voltaire s'empare de cette pâle héroïne décrite dans le mièvre poème de Chapelain, *La Pucelle, ou la France délivrée*, de 1656, pour produire une satire du texte et de son héroïne avec *La Pucelle* publiée en 1755 où Jeanne apparaît comme un stupide pantin du roi et de l'Église.
Ces productions de moindre envergure n'avaient pourtant pas empêché de véritables érudits de puiser, dès le XVIe siècle, aux sources de l'histoire de Jeanne d'Arc. La somme produite en 1790 par Clément Charles de Laverdy, *Notices et extraits de la bibliothèque du roi*, rassemblant toutes les pièces connues sur la Pucelle, parue dans l'indifférence générale, comme les œuvres de ses savants prédécesseurs Étienne Pasquier (1560) ou Edmond Richer (1630).

Redécouverte

La figure de Jeanne, après avoir été revisitée dans un bref sursaut romantique, qui puise en partie dans l'imaginaire médiéval et annonce le succès du style troubadour de la seconde moitié du siècle, devient rapidement un passionnant sujet d'expérience pour la nouvelle érudition qui voit le jour au début du XIXe siècle. Les tensions du temps orientent toutefois les regards de ces savants éclairés, parfois détenteurs d'une immense et incroyable culture mais presque toujours idéologues passionnés, engagés dans ce grand schisme national qui oppose catholiques royalistes et républicains libéraux et athées. Jean Charles Simonde de Sismondi (*Histoire des Français*, 1821) puis Jules Michelet (*Histoire de France*, 1840) appartiennent à ce courant, tendance libérale. Bien que révélée par des sources d'archives, la Jeanne qu'ils décrivent est cette fille du peuple qui leur permet de réécrire l'histoire officielle forgée jusqu'ici par les rois et les seigneurs. Sous la plume de Michelet, Jeanne est une véritable *Mater patriae*, source dont jaillit le sentiment national, véritable préfiguration de Marianne, figure christique dont la Passion ne sert pas une religion mais une nation.

Si Michelet a déjà su puiser aux sources d'archives pour mieux connaître Jeanne d'Arc, c'est son ami et disciple Jules Quicherat qui le premier construit pièce à pièce la somme de l'érudition johannique. En 1839, ce brillant chartiste se voit confier, à l'âge de 26 ans, par la Société de l'histoire de France, la mission d'éditer toutes les sources répertoriées relatives à Jeanne d'Arc ; ce qu'il accomplit entre 1841 et 1849 sous la forme de cinq volumes dont la parution est précipitée par l'annonce d'un travail concurrent produit par l'historien catholique allemand Guido Görres. L'esprit critique de Quicherat et sa magnifique érudition le conduisent à reconsidérer la fiabilité des textes du second procès considérée jusque-là comme les plus solides pour appréhender la personne de Jeanne. Ce corpus de textes, bâti au service de la réhabilitation de Jeanne et de la disculpation de Charles VII, semble en fait moins solide que le procès de condamnation dont, même s'il est commandité pour perdre Jeanne, les acteurs se montrent souvent dotés d'une extrême curiosité, d'une véritable charité et d'une réelle compassion. Quicherat révèle l'impérieuse nécessité où se trouvait Cauchon de produire un procès certes à charge mais irréprochable pour condamner la Pucelle. C'est Jules Quicherat également qui redécouvre la chronique de Perceval de Cagny et souligne le fait, jusqu'alors ignoré, que la mission initiale de Jeanne ne s'achève pas au sacre de Reims mais se poursuit bien jusqu'à la reconquête du sol national. C'est lui enfin qui fustige pour la première fois depuis le XVe siècle la responsabilité du roi, de la cour et des courtisans dans l'échec de la mission de Jeanne d'Arc. Cette relecture de l'épopée de Jeanne coïncide parfaitement avec l'idéologie républicaine de la Pucelle élaborée par Jules Michelet, et Quicherat annonce de façon prémonitoire : « La sainte du Moyen Âge que le Moyen Âge a rejetée doit devenir celle des temps modernes. »

Réappropriation

Si, dans l'idée même des républicains libéraux, Jeanne était parée de l'auréole de sainteté, l'historiographie catholique se devait de reprendre possession de son bien. Trois acteurs principaux y contribuent, l'historien Guido Görres déjà cité, Henri Wallon et Mgr Dupanloup, évêque d'Orléans. La *Pucelle d'Orléans* de Görres est traduite en 1840 et rapidement rééditée. L'auteur, dédouané de fidélités politiques du fait de sa nationalité, livre une Jeanne vivante et vraie à travers laquelle il tente de démontrer l'action de Dieu dans l'histoire des hommes. Son regard, fondé sur les interrogatoires du premier procès, souligne les mérites de Jeanne et ses vertus qui qualifient sa sainteté.
Henri Wallon s'inscrit ouvertement dans le prolongement de l'œuvre de Görres à ceci près que, s'il est lui aussi fervent catholique, il est aussi ardent républicain. La *Jeanne d'Arc* qu'il rédige en 1861 hérite donc à la fois des acquis de Görres et des enseignements de Michelet et de Quicherat. C'est une sainte, patronne de la Nation. Wallon s'engage activement dans le processus de canonisation de Jeanne d'Arc et trouve un soutien fondamental en la personne de l'évêque d'Orléans, Mgr Dupanloup, auquel il fournit tous les arguments nécessaires à l'ouverture d'un procès de canonisation. Mgr Dupanloup appartient à cette génération d'évêques engagés dont l'activisme tente de faire barrage à la déchristianisation des masses, victimes d'une industrialisation sans précédent et d'un bouleversement radical dont l'exode rural est la meilleure illustration. Il découvre la figure de Jeanne en 1849 en devenant évêque d'Orléans et, à partir de 1855, s'engage de façon immodérée pour faire de Jeanne un modèle pour ses ouailles autant qu'un moyen de faire

coïncider l'attachement à la nation, qui reste l'apanage des libéraux, et à la foi, déjà considérée comme expression de conservatisme. Les fêtes orléanaises du 8 mai servent de tribune à ses idées et à son idéologie. Si ses efforts redonnent sa juste place à Jeanne d'Arc dans la dévotion des catholiques français, ils contribuent paradoxalement, par leur outrance, à détourner Rome de la cause.

Célébration

Les travaux conjoints des libéraux et des catholiques ont pour effet qu'avant même sa canonisation Jeanne est déjà présente, à la fin du XIXe siècle, dans l'imaginaire de tous les Français. Les bouleversements politiques – défaite de 1870 et instauration de la IIIe République – accélèrent la valorisation de Jeanne d'Arc autour du dénominateur commun à toutes les obédiences politiques françaises : le nationalisme. Le nouveau régime, relativement modéré mais franchement anticlérical, investit énormément sur la formation d'une conscience nationale fondée sur quelques symboles clefs : *Marseillaise*, drapeau tricolore, fête nationale, auxquels s'agrège Jeanne d'Arc, dont les opposants au

Statue de Jeanne d'Arc de Emmanuel Frémiet, place des Pyramides à Paris.

pouvoir font parallèlement leur figure de proue. En 1878, à l'occasion du centenaire de la mort de Voltaire, une manifestation organisée par la duchesse de Chevreuse au pied de la statue de Frémiet, placée en 1875 à la demande de Jules Simon sur l'emplacement de l'ancienne porte Saint-Honoré – où Jeanne fut blessée le 8 septembre 1429 –, prétend honorer les femmes de France. Les anticléricaux organisent une contre-manifestation en l'honneur de « Jeanne la Lorraine, héroïne française, victime du cléricalisme ». Si ces manifestations sont interdites – les dépôts de gerbes sont détournés vers Domrémy ! – ces actions prouvent la mutualisation de la figure de Jeanne et les tensions qu'elle soutient.
La nouvelle tendance politique, conservateurs antiparlementaires, initiée par le général Boulanger à partir de déçus de la IIIe République et de la droite royaliste, donne naissance, après 1889, à des mouvements nationalistes qui tous revendiquent Jeanne d'Arc comme modèle politique et religieux, même si les lectures diffèrent. Cet accaparement de la figure de Jeanne par la droite, en même temps que sa cause progresse en cour de Rome, contribue à en détacher les républicains. Le procès est rouvert en 1894. Jeanne est béatifiée en 1909 et canonisée en 1920, année où une fête nationale de Jeanne d'Arc, réclamée depuis 1884 par le sénateur radical Joseph Fabre, est votée au Parlement.

L'affaire Thalamas

Les passions ne s'apaisent pas pour autant, comme en témoigne l'affaire Thalamas en 1904. Ce professeur d'histoire au lycée Condorcet se permet de relativiser la dimension merveilleuse de l'épopée de Jeanne d'Arc dans un devoir donné à ses élèves. La levée de boucliers à laquelle il est confronté le conduit au blâme, à la mutation puis, une fois devenu chargé de cours à la Sorbonne, à donner ses cours sous protection policière. Ce qui n'empêche d'ailleurs pas les agressions des « camelots du roi » de l'Action française à son encontre de se multiplier, pour « venger les offenses à Jeanne ». Jeanne d'Arc échappe progressivement à la gauche qui s'en désintéresse et elle devient, après la condamnation de l'Action française par Rome de

1926, le symbole de la sainteté contrariée par l'Église institutionnelle et corrompue par le complot judéo-maçonnique. La Pucelle devient même pour l'extrême droite l'antithèse du juif apatride incarné à partir de 1936 par Léon Blum, nouveau Dreyfus. Cette idéologie est en partie reprise par la Révolution nationale du régime de Vichy, qui tente de récupérer le culte de Jeanne d'Arc, ce qui n'est pas sans poser problème compte tenu des parallèles possibles entre les occupations anglaises de 1422-1453 et celle des Allemands à partir des années quarante. Jeanne sert en revanche à exacerber l'anglophobie réactivée par les bombardements anglo-américains de 1944.

Affiche de propagande vichyste contre les Anglais, allusive aux bombardements anglo-américains sur Rouen en 1944.

Cette appropriation de Jeanne par l'extrême droite n'empêche pas, à diverses reprises, d'autres mouvances de se réclamer d'elle. La Pucelle est ainsi revendiquée autant par la résistance gaulliste que par le Parti communiste, qui organise des défilés en son honneur en 1945 et 1946.

Son poids politique perd pourtant en consistance avant sa résurgence dans l'arsenal symbolique déployé, dans les années 1980, par le Front national de Jean-Marie Le Pen. On la fête à nouveau à partir du printemps 1988, le 1er mai et non le 30, pour contrebalancer les défilés syndicaux de la fête du Travail. Quelques grandes figures de la gauche rappellent alors que Jeanne n'appartient pas à l'extrême droite mais au patrimoine national. En dépit de ces soubresauts, le temps de Jeanne au cœur des combats idéologiques est bien achevé, ce sont désormais les historiens et les journalistes et non les politiques qui se disputent la Pucelle.

Jeanne objet d'histoire

La canonisation de Jeanne reste, comme nous l'avons souligné, autant le fruit de l'engagement des catholiques que celui du travail des historiens. Cet intérêt pour la Pucelle ne s'est pas interrompu en 1920. Loin s'en faut. Le changement de statut de Jeanne aux yeux des catholiques ne fit au contraire que raviver l'attirance qu'historiens partisans et opposants avaient pour cette figure de légende.

Statue de Jeanne d'Arc de Charles Desvergnes, à Notre-Dame de Paris.

Cette implication polémique de Jeanne, jusque récemment encore, perturbe en partie le regard serein et distancié que l'historien doit en principe poser sur son sujet. La récente analyse de cette production historiographique consacrée à la Pucelle est d'ailleurs conduite par un historien allemand, Gerd Krumeich (*Jeanne d'Arc à travers l'histoire*, Paris, 1989) et non par un Français. En traitant de Jeanne, plusieurs historiens de ce siècle confondent encore modération avec discrétion et tendent à relativiser excessivement le rôle de Jeanne d'Arc. L'écriture contemporaine de l'histoire de Jeanne tente pourtant d'intégrer les approches renouvelées de l'histoire en général et de celle de la nation en particulier. C'est le cas de la biographie produite par Régine Pernoud en 1986, dont la dimension partisane est presque toujours corrigée par la plus grande érudition, et plus encore de la *Jeanne d'Arc* de Colette de Beaune parue en 2004. Cette brillante étude des dossiers clefs de l'épopée de Jeanne, libérée de l'histoire politique et de l'engagement religieux mais pas totalement exonérée de l'histoire du genre, ouvre un à un, comme sait si bien le faire son auteur, les modèles, les lieux, les symboles, les épisodes pour dégager leur contexte et souligner leur perspective historique. Ce travail prolonge la pertinente publication d'Olivier Bouzy (*Jeanne d'Arc, mythes et réalités*, Paris, 1999), pensée quasiment comme un manuel et produisant un magnifique outil de travail et d'actualisation de la figure de Jeanne et de son temps. Ce présent travail lui doit beaucoup. La brillante synthèse de Boris Bove, *Entre histoire et mémoire : Jeanne d'Arc, une héroïne disputée*, dans un chapitre essentiel de son *Temps de la guerre de Cent Ans* paru en 2009, fait un point très récent sur la portée historique du « dossier Jeanne d'Arc ». Même si la « Jeanne pacifiée des historiens » dont il titre son dernier paragraphe a encore récemment allumé quelques brûlots.

Des querelles toujours vives

En effet, un épiphénomène, survenu en mars 2008, souligne bien la nature actuelle du débat et des enjeux de mémoire relatifs à Jeanne d'Arc. Ce débat est né à l'occasion de la préparation d'un documentaire destiné à la chaîne Arte en collaboration avec le journaliste Marcel Gay, auteur d'un récent ouvrage consacré à Jeanne mais ignoré par la critique historique en raison des thèses fantaisistes et éculées qu'il véhicule (*L'Affaire Jeanne d'Arc*, Paris, 2007). Ce type d'ouvrage n'est pas le premier, loin s'en faut, à produire du sensationnel à partir des incertitudes – et des certitudes ! – de l'épopée de Jeanne d'Arc. Olivier Bouzy a d'ailleurs patiemment et parfaitement démêlé les fils de ce véritable sac de nœuds jusqu'alors tranché net par nos historiens, nouveaux Alexandre face au nœud gordien (*Jeanne d'Arc, l'histoire à l'endroit*, Tours, 2008). Ce qui diffère cette fois-ci, c'est l'exploitation sans vergogne ni correction des interviews recueillis auprès des plus grands historiens de la période – les professeurs Colette Beaune (Paris-X), Philippe Contamine (Paris-IV), Françoise Michaud (Orléans), Olivier Bouzy (directeur adjoint du centre Jeanne d'Arc d'Orléans) – qui s'étaient prêtés avec bonne grâce à l'exercice, bienheureux de voir leur héroïne valorisée par ce média. Le docu-fiction monté à partir des coupures tirées de ces entretiens relaye en fait les thèses de Marcel Gay et enferme nos universitaires dans le carcan d'une histoire érudite, ennuyeuse et, plus grave, tellement nuancée qu'elle en perd sens et crédit face au spectaculaire. L'enjeu est donc de taille et a donné lieu à une série de tribunes et de droits de réponse produits par les auteurs (Colette Beaune, *Jeanne d'Arc, vérités et légendes*, Paris, 2008 ; Olivier Bouzy, préface de Philippe Contamine, *Jeanne d'Arc, l'histoire à l'endroit*, Tours, 2008) qui condamnent tour à tour les « mythographes » (Beaune) et les « survivo-bâtardisants » (Bouzy) qui usurpent indûment aux historiens sérieux les passionnants fruits de leur labeur. L'effet positif de cette querelle reste la qualité de ces libelles de réponse qui nous conduisent toujours plus avant dans la connaissance de Jeanne. Ils n'effacent pourtant pas les craintes relatives à la construction d'une histoire parallèle, pleine de scandales, de complots et de sensations. Écriture de l'histoire parfois plus séduisante, il est vrai, que la simple réalité et surtout tellement bien relayée par les médias parce que tellement plus lucrative.

Le principal intérêt de cette « agitation » médiatique et intellectuelle est de pousser les chercheurs à préciser toujours l'environnement historique dans lequel à vécu Jeanne, un contexte fait de chair et de sang, de biographies, de prosopographies – étude de groupes d'individus liés par un dénominateur commun, familial, économique ou politique –, d'espaces et de lieux, d'habitudes mentales et religieuses, de réalités économiques et politiques. Nous en savons donc toujours plus sur Jeanne et son temps.

Quelques « dossiers », récents produits de la recherche, éclairent ainsi d'un jour sans cesse plus clair la figure de Jeanne d'Arc. Quelles sont précisément les origines sociales de Jeanne d'Arc ? Est-elle vraiment française au XVe siècle ? En quoi sa mission s'inscrit-elle dans l'imaginaire capétien ? Jeanne appartient-elle à un parti politique ? Quels sont les emblèmes de Jeanne ? Est-elle vraiment morte à Rouen le 30 mai 1431 ?

Origines sociales de Jeanne

Les nombreuses thèses relatives aux origines sociales de Jeanne émises depuis le XVe siècle et sans cesse reproduites sans jugement critique ont entretenu le mythe d'une Jeanne bâtarde cachée de Louis d'Orléans et d'Isabeau de Bavière ou celui de l'ancienne noblesse de la famille d'Arc. Récemment aiguillonnés à ce sujet, les historiens de la Pucelle (Beaune, Bouzy, Contamine) ont su démêler les fils de cet imbroglio historiographique. Non, Jeanne ne peut mathématiquement pas être la fille de la reine et la demi-sœur de Charles VII – non plus que sa sœur, pour ceux qui pensent que Charles est lui aussi le fils adultère des mêmes parents ! Non, son père Jacques d'Arc n'est pas noble, quand bien même il représente parfois son village comme « procureur fondé des habitants » et loue les ruines du château du village pour mettre à l'abri ses récoltes. C'est un laboureur du village de Domrémy, c'est-à-dire un paysan aisé qui possède son train de labour, bœufs et charrue. La lettre d'anoblissement qui bénéficie à la famille de Jeanne (octobre 1429) stipule explicitement que ce privilège s'applique ici, exceptionnellement, à des non-libres. Les d'Arc sont donc des serfs dépendants du seigneur de Bourlémont. Ce statut n'implique aucun état économique précis – on peut être serf et riche à la fin du Moyen Âge – et n'impose qu'une dépendance relative, essentiellement symbolique. L'aisance de la famille écarte en revanche Jeanne d'un certain nombre de travaux dégradants ou exposant la réputation d'une jeune fille aux aléas de la vie. Jeanne garde très rarement le troupeau même si elle aide parfois à le conduire aux champs. Elle passe l'essentiel de son temps, avec sa sœur Catherine, jusqu'au mariage de celle-ci, sous la surveillance attentive de sa mère et de ses frères. Sa mère, Catherine Romée, semble en revanche venir d'une famille plus aisée vers laquelle se tournent volontiers les d'Arc en cas de besoin. À la maison, elle aide aux travaux domestiques, file et tisse une partie de la laine du troupeau, activités pour lesquelles elle dira ne craindre la concurrence d'aucune fille de Rouen, pourtant ville drapière réputée. Cet encadrement familial lui garantit une éducation morale et spirituelle et rend d'autant plus incroyables ses fugues – elle disparaît fréquemment –, son séjour à Toul dans l'auberge ou ses prises de décision – refus d'honorer la promesse de mariage, consécration comme Vierge, départs pour Vaucouleurs et pour Chinon.

Lorraine ou française ?

L'historiographie politisée d'après 1870 insistera souvent sur l'origine régionale de Jeanne d'Arc. Elle est pour tous « Jeanne la bonne Lorraine » déjà chantée par François Villon dans sa *Ballade des dames du temps jadis* vers 1460. Est-ce à dire qu'elle n'est pas française au sens moderne du terme ? La Lorraine est en effet au Moyen Âge terre d'empire ! Qu'en est-il exactement ? Ce dossier, patiemment analysé depuis une centaine d'années, éclaire avec précision l'extrême complexité des découpages politiques, religieux et administratifs de la France médiévale, bien étrangers à nos repères cartésiens d'hommes du XXIe siècle. Domrémy se trouve en réalité au carrefour de plusieurs

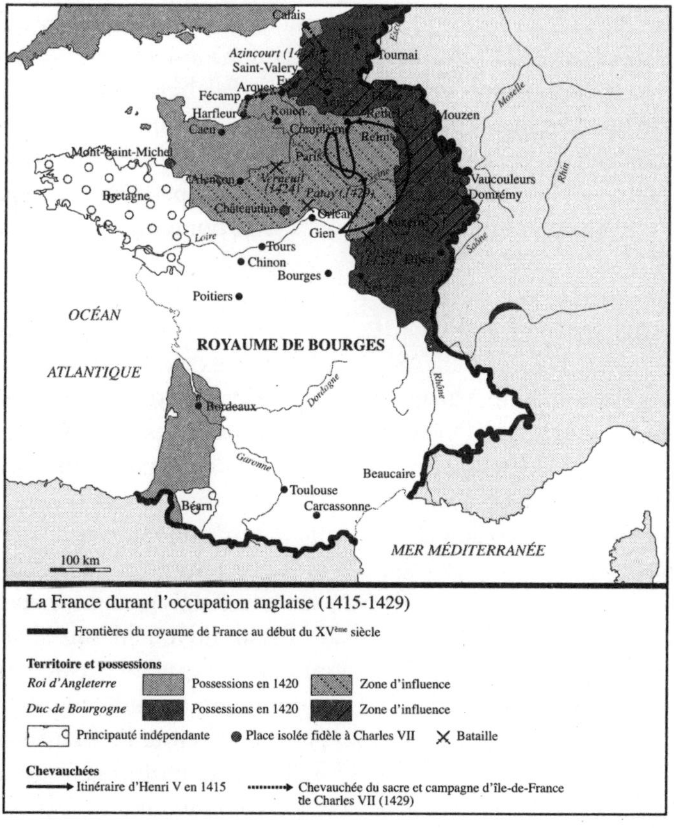

La France durant l'occupation anglaise (1415-1429)

dépendances et la maison de Jeanne borne elle-même certaines d'entre elles. La seigneurie de Bourlémont, dont dépend Domrémy, appartient au duché de Bar – depuis 1419, c'est René d'Anjou qui, en héritant de son oncle maternel, le cardinal duc de Bar, en est le titulaire. Le duché de Barrois est divisé en deux entités, l'une relevant du royaume de France pour laquelle le duc prête hommage lige au roi – c'est le Barrois mouvant – et l'autre dépendant de l'empereur. Le village lui-même sert de frontière entre la Champagne et ce duché. La frontière en question passe au cœur du village. Le nord est rattaché au comté de Champagne, fief de l'abbaye de Mureau et arrière-fief des seigneurs de Bourlémont, dépendant de la châtellenie de Vaucouleurs. Ses habitants sont de condition libre. Le sud dépend du Barrois mouvant et ses habitants sont serfs. Religieusement, le village dépend du diocèse de Toul. Quand Jeanne quitte Domrémy, en février 1429, son seigneur le duc de Bar, René d'Anjou, a prêté hommage à Henry VI, faisant du même coup entrer ses sujets dans la collaboration à la double monarchie. Ce choix politique du duc de Bar ne trouble pourtant pas les habitants de Domrémy, qui, comme le château de Vaucouleurs et son capitaine Robert de Baudricourt, restent indéfectiblement fidèles au parti armagnac, contrairement à leurs voisins bourguignons de Maxey.

Jeanne, pantin politique ?

Jeanne est donc une Armagnac. La « putain des Armagnacs », diront même ses ennemis en l'insultant sous les murs d'Orléans. Est-ce à dire que son parti l'a manipulée. Et d'ailleurs, que veut dire appartenir à ce parti au temps de Jeanne d'Arc ?

La région d'origine de Jeanne, si elle passe temporairement dans la fidélité anglaise, est sans doute pour beaucoup dans l'attachement de la Pucelle au parti des Orléans devenu parti Armagnac après la ligue de Gien en 1410. Louis d'Orléans avait en effet tenté de faire barrage à l'expansion bourguignonne qui essayait de rejoindre les deux entités de leur « État » : la Bourgogne au sud et la Flandre au nord, séparées, entre autres, par la Lorraine, le Barrois et la Champagne. Le frère de Charles VI avait ainsi multiplié les fidélités et les achats de fiefs entre Paris et le Luxembourg, ce qui explique la résistance de Vaucouleurs et de ses dépendances, coincées entre pays bourguignon ou neutre. Le premier objectif que Jeanne assigne à sa mission – la délivrance d'Orléans – semble bien aller dans ce sens. On sait d'ailleurs que le conseil qui entoure le dauphin compte de nombreux rescapés de l'hôtel du duc d'Orléans, laissés pour compte après la mort de leur patron (1407), celle de sa femme Valentine Visconti (1408), et la capture à Azincourt de son fils aîné, Charles, le futur poète (1415-1435). Les jeunes frères de Charles ne sont pas non plus en mesure de prendre la tête du parti. Philippe, comte de Vertus, est mort en 1420 et Jean, comte d'Angoulême est lui aussi otage en Angleterre, où il restera jusqu'en 1444. La faction Orléans est un temps incarnée par le beau-père de Charles, Bernard VII d'Armagnac, dont le parti du même nom s'étiole avec son assassinat à Paris en 1418. La maison d'Orléans, sa capitale et ses intérêts sont alors gérés par le frère bâtard des princes d'Orléans, Jean, créé comte de Dunois quelques années plus tard par Charles VII. Ce sont ces hommes, Dunois, Tanguy du Châtel, Guillaume Bataille, Robert de Lairé, qui portent la responsabilité du coup de main de Montereau qui laisse étendu mort Jean sans Peur. Tardive vengeance de leur seigneur bien dans l'esprit de ces vendettas médiévales. En 1429, le parti Orléans n'existe plus, pas plus théoriquement que le parti armagnac, ceux-ci se sont recomposés dans le parti du dauphin puis celui du roi après 1422. Il n'empêche que, dans l'esprit du temps, les tenants de la double monarchie, chroniqueurs et soldats, continuent à distinguer Bourguignons et Armagnacs, dont le nom, une insulte dans leur bouche et sous leur plume, ne disparaît qu'avec la conquête du territoire, notamment celle de Paris en 1436. Jusque-là Charles VII en est naturellement le chef, même si le roi ne semble pas en avoir eu conscience, pas plus que Jeanne, qui ne se disait jamais armagnac ! En même temps qu'elle se rapproche des Orléans, de Dunois et de Jean d'Alençon, beau-frère de Charles d'Orléans, Jeanne adopte également les signes et les dévotions emblématiques de son parti d'élection. Les échevins d'Orléans lui offrent ainsi, au nom du duc – la quittance de paiement en est conservée – en juin 1429, une huque[18] rouge brodée de feuilles d'ortie vertes, un des nombreux emblèmes adoptés par

18. Manteau à capuche.

Louis d'Orléans et conservés par son fils. Sainte Marguerite, vénérée par cette maison, compte d'ailleurs parmi les trois saints qui lui parlent par ses voix et soutiennent sa mission. La délivrance de la capitale du duché est sa priorité. Enfin, Jeanne porte l'idéologie développée une trentaine d'années plus tôt dans l'entourage de Louis d'Orléans et de son mentor Philippe de Mézières. Mourir pour la patrie et non plus seulement pour son seigneur ou sa foi, établir la paix par les armes pour se tourner vers Jérusalem font partie des concepts véhiculés par la mission de Jeanne. D'ailleurs, sans même compter sur ces nouvelles mentalités liées à l'État naissant dont est pétrie l'action de Jeanne, la mystique même de son aventure s'inscrit dans l'environnement religieux et symbolique qui porte la dynastie capétienne depuis 987 et que les Valois ont énergiquement réactivé.

Signes et symboles royaux

La présence de la Pucelle, munie de son étendard, aux côtés du roi à l'autel de la cathédrale de Reims le 17 juillet 1429 a beaucoup frappé les contemporains avant d'entrer très rapidement dans l'iconographie de Jeanne d'Arc. Et pourtant cet événement s'inscrit parfaitement dans l'arsenal de signes, de rites et d'emblèmes que les rois de France développent depuis plus de cinq cents ans.
Ces derniers sont une race choisie, placée à la tête d'un peuple élu pour conduire le monde au salut. Tel est le discours relayé par les clercs érudits de l'entourage royal depuis au moins Robert le Pieux et dans la continuité des thèmes déjà développés par les Mérovingiens et les Carolingiens. L'aura de Philippe Auguste (1180-1223) puis la vie exemplaire de Louis IX (1226-1270) et sa canonisation en 1297 valident cette élection des rois que la rupture dynastique de 1328, après la mort successive des trois fils de Philippe le Bel, vient interrompre. La nouvelle dynastie des Valois, parvenue au pouvoir dans des circonstances difficiles marquées par des trahisons, des défaites et des contestations dynastiques et politiques, est naturellement poussée à surinvestir l'arsenal symbolique de la royauté pour compenser sa fragilité politique. Philippe VI (1328-1350) puis Jean le Bon (1350-1364) et surtout Charles V (1364-1380) multiplient les signes et

Jeanne d'Arc lors du sacre de Charles VII, par Ingres.

symboles qui entretiennent la dimension sacrée du roi et de son lignage. Le patronage de saint Georges est un temps disputé aux Anglais avant que Charles VI ne fasse le choix plus évident de saint Michel, pour lequel il pèlerine au Mont et au Puy et dont il donne le nom à sa fille et à une porte de sa capitale. Charles V fait multiplier les représentations statuaires du roi, de sa famille et de ses conseillers. Placées entre ciel et terre, ces effigies sont une véritable consécration dans la pierre de la sacralité des princes. C'est lui également qui, en même temps qu'il fait reprendre l'ordo – cérémonial liturgique – du sacre, encourage le développement de la légende des lis. Patiemment construit depuis près de deux cents ans et magnifiquement analysé par Colette Beaune dans son œuvre *Naissance de la nation France*, ce mythe raconte comment Dieu décerna aux rois de France un signe qui, comme Constantin au pont Milvius en 313, devait les conduire à la victoire sur les ennemis de la foi. Premier bénéficiaire de ce don, Clovis reçu l'écu d'azur aux trois lis d'or des mains de sa chrétienne épouse Clothilde, qui elle-même le tenait de l'ermite de Joyenval, qui à son tour l'avait reçu d'un ange pourvu de ce signe par Dieu. De cet enchaînement d'agents de la volonté divine résulte le fait que les rois de France sont désormais (depuis les années 1170 environ) parés du signe de Dieu pour exercer leur pouvoir : leurs armoiries aux couleurs de la Vierge – qui les placent dans le mystère de l'Incarnation et qu'ils exposent partout – sacralisent et délèguent comme une parcelle de leur identité sacrée. Leur porter atteinte est un crime de lèse-majesté au XVe siècle. À partir de Charles V, la plupart des figurations de cet écu lui associent l'ange et la couronne pour rappeler à tous et partout de qui le roi de France tient son autorité.

Cet arsenal de signes est complété, au milieu du XVe siècle, par d'autres formes d'emblèmes, les devises, associant une figure, une sentence et des couleurs. Jean le Bon et Charles V s'y essaient en valorisant l'initiale de leur prénom et en se parant aux couleurs qui resteront celle de la royauté jusqu'à la fin du Moyen Âge : le vert,

Clovis recevant la fleur de lis. Miniature extraite des *Heures du duc de Bedford*. Cette image atteste des tentatives de récupération de l'imaginaire capétien par la double monarchie.

blanc, rouge. Mais l'héraldique domine encore et c'est véritablement le règne de Charles VI qui bouleverse les usages en imposant à la cour la pratique des devises, des livrées – vêtements uniformes ornés de ces emblèmes – et des ordres de chevalerie – Charles VI fonde l'ordre de la Cosse de genêt vers 1387. Parmi les nombreuses figures retenues par ce souverain, la devise du cerf ailé exalte les vertus christologiques du roi de Justice que prétend incarner le prince. Tigre, paon, genêt, branche de hêtre – de mai –, mots emblématiques : « En bien », couleurs rouge, blanc, vert, noir, complètent cette panoplie qui change au gré des besoins et des goûts du prince, des saisons et des circonstances mais qui, toujours, révèle à tous les humeurs, ambitions et projets du prince. La guerre civile Armagnacs-Bourguignons encourage la diffusion de ce type d'emblèmes très commodes pour désigner les partisans et véhiculer un discours de propagande. Les loups Orléans affrontent les brebis bourguignonnes, et le porc-épic, le vireton ou l'ortie se dressent face au houblon ou au rabot bourguignon.

En 1420, Charles et Philippe ont aussi hérité de ce patrimoine symbolique et de cette guerre des signes. Quand Philippe, en signe de vengeance, choisit le briquet ou fusil et sa pierre à feu, Charles VII revendique sa filiation en empruntant à ses parents les devises du cerf-volant et de la rose. Il amplifie l'exploitation que Charles VI avait faite de saint Michel, qui figure désormais en bonne place sur l'étendard royal, vestige de l'oriflamme captif à Saint-Denis. Il s'approprie le légendaire héraldique de ses ancêtres en multipliant les représentations des lis portés par les anges en concédant ce signe à ses fidèles comme Gilles de Rais, ses capitaines écossais ou Jeanne d'Arc. L'avènement d'Henry VI conduit à une sévère concurrence emblématique entre les princes. Déjà en 1337, Édouard III avait signifié sa rupture d'hommage et sa revendication du royaume de France en écartelant (partition en quatre quartiers) ses armes d'Angleterre pour y intégrer celles de France, comme tout héritier. Bedford et Henry VI tentent encore d'accaparer le légendaire des lis. Le roi de France et d'Angleterre émet par exemple une monnaie sur laquelle l'ange de l'Annonciation tient le double écu de France et d'Angleterre. Ce n'est pas un hasard si Bedford place l'épisode de la légende de Joyenval dans son livre d'heures et si Henry VI reproche à Jeanne de porter les lis dans ses armes. Car Jeanne elle-même s'empare de cet arsenal de signes pour dire de qui et pour qui elle tient sa mission.

L'étendard de Jeanne

Jeanne d'Arc, envoyée par Dieu pour sauver le royaume des lis, apparaît à beaucoup comme un élément de cet ensemble de moyens que se donne le pouvoir royal pour souligner l'essence divine de son autorité. À tel point d'ailleurs que l'on a longtemps pensé que Jeanne était instrumentalisée par le pouvoir royal. Ses réponses au procès prouvent qu'il n'en est rien. C'est librement, semble-t-il, qu'elle accepte sa mission et la conduit aussi loin qu'elle puisse, en dépit, d'ailleurs, des obstacles dressés par le roi.

Croquis représentant Jeanne d'Arc, exécuté de son vivant dans la marge d'un registre du parlement de Paris.

Les signes qu'elle se choisit la placent en revanche dans cette double fidélité au roi de France et au roi des Cieux en même temps qu'ils disent son statut théorique de chef de guerre et le but ultime de son action : la parousie[19].

C'est principalement l'étendard de Jeanne qui porte l'ensemble de ces discours. Ce drapeau, de forme allongée, long de plusieurs mètres, est souvent terminé par une queue bifide. Il se distingue de la bannière, enseigne de forme rectangulaire et chargée des armoiries du seigneur. La bannière armoriée est le signe usuel de ralliement et de conduite des vassaux d'un seigneur banneret, engagés à ses côtés au nom des devoirs

19. Second avènement du Christ glorieux.

vassaliques. À l'époque de Jeanne, la guerre est surtout conduite par des capitaines qui rassemblent des hommes d'armes engagés à leur égard par contrat dit « de retenue ». Il n'y a donc pas lieu de mentionner le signe héraldique du chef, qui n'agit pas ici en qualité de seigneur féodal. Ces étendards sont donc ornés d'emblèmes personnels ou devises dont la mode s'est répandue un siècle plus tôt dans les cours d'Europe. Le Moyen Âge ignorant les systèmes rigides, ces étendards peuvent toutefois comporter à la fois des signes héraldiques et des devises, certains capitaines conduisant d'ailleurs à la fois des vassaux et des clients à la guerre. Les chefs d'armées sont accompagnés par un grand étendard, la bannière de leur fief et un pennon. En effet, la plupart des capitaines emploient simultanément plusieurs étendards, un petit qui permet de signaler leur présence sur le champ de bataille, et un long, de plusieurs mètres – jusqu'à six pour celui du roi ! –, lourd et volumineux, déployé uniquement au combat pour organiser les actions de la troupe et transmettre les signaux en même temps qu'il signale telle ou telle retenue au sein de sa bataille. Jeanne dispose donc elle aussi de deux étendards.

L'étendard de Jeanne a fait couler beaucoup d'encre. Il intéressait déjà foncièrement les docteurs de Rouen. Nous avons donc de nombreuses mentions à son sujet, qui n'empêchent pourtant pas beaucoup d'incertitudes et donc autant de gloses d'érudits.

L'étendard est en effet rarement largement déployé, soit qu'il est roulé, soit qu'il ne flotte pas au vent. De plus le décor du pennon de Jeanne et de son grand étendard n'étaient, semble-t-il, pas les mêmes. Les témoins nous livrent donc des versions contradictoires et Jeanne elle-même reste prudente sur les interprétations qui pourraient être faites par ses juges des dessins de son étendard.

Ce que l'on peut établir avec une quasi-certitude, c'est que l'étendard fut peint à Poitiers par Hauves Poulnoir d'après des indications données à Jeanne par ses voix, sainte Catherine et Marguerite. L'étendard, de couleur blanche, est de toile légère pour bien flotter. La peinture étant à l'huile, le même motif est certainement visible, par transparence, sur les deux faces, mais inversé. On y trouve, près de la hampe, la figure du Christ de l'Apocalypse, tenant le monde, encadré par deux archanges, saint Michel et saint Gabriel – Michel symbolisant la Justice avec l'épée et Gabriel la Miséricorde avec le lis. Suivent les mots emblématiques que Jeanne, à l'instar de ses contemporains, avait retenu comme devise et que, comme eux, elle faisait figurer sur ses lettres : JHESUS MARIA. Les queues de l'étendard semblent avoir été semées de lis héraldiques. Contrairement à ce qui est avancé, les armoiries concédées à Jeanne, qu'elle paraît n'avoir jamais employées, ne figurent pas sur cette enseigne ni sur le pennon.

Ce choix d'une représentation du jugement dernier sonne comme une menace eschatologique face aux ennemis de Jeanne. Elle évitera prudemment lors du procès d'insister sur ce point.

Le pennon quant à lui est sans doute orné d'une Annonciation – un thème religieux cher à la maison d'Orléans et figuré sur la façade du château de la Ferté-Milon – sur laquelle l'ange Gabriel tend à la Vierge un lis et un phylactère peut-être inscrit des mots : « de par le roi du ciel », parfois mentionnés pour l'étendard de Jeanne. On y trouve également les mots JHESUS MARIA et les fleurs de lis, ce qui expliquerait les fréquentes confusions entre ces signes.

L'étendard est l'objet de plusieurs anecdotes déjà citées : à la peine à Orléans, il est à l'honneur au sacre ; tombant accidentellement sur la muraille à Orléans, il déclenche l'attaque victorieuse de la place, enfin, il est pris à Compiègne et restera aux mains des Bourguignons. Le symbole est même détourné par les ennemis de Jeanne. Ainsi, en juillet 1429, une compagnie de l'armée de Winchester, envoyée en France après les premiers succès militaires de Jeanne d'Arc, débarque avec un étendard décrit par le *Livre des trahisons de France* et raillant la Pucelle qui « avait fait faire un étendard moult bel et riche, servant au propos de dite Pucelle, dont il était déjà grand renon ou pays d'Angleterre, et était le dit étendard pareil à ses draps tout fin blanc, et ou large avait une quenouille chargée de lin, à laquelle pendait un fuseau demi chargé de fil, et tout au long fusées et fuseaux, tous semés et un écrit de fine lettre d'or qui disait : *Or vienne la belle* en lui signifiant qu'ils lui donneraient à filler comme ils firent, car sur le marché de Rouen, ils la firent ardoir en poudre et en cendres comme vous orez ci-après ».

Cette fausse Jeanne de toile, inventée pour moquer la Pucelle, en évoque d'autres : ces nombreuses fausses Jeanne qui surgissent au XVe siècle et enrichissent le « dossier Jeanne d'Arc » d'anecdotes aussi savoureuses que ridicules.

La France de Jeanne d'Arc

L'épopée de Jeanne d'Arc s'inscrit dans ce que l'historiographie de la fin du Moyen Âge a longtemps qualifié de « crise de la fin du Moyen Âge », ou plutôt de crises de la fin du Moyen Âge. La période est en effet marquée par de nombreuses dépressions dont les effets cumulés produisent une impression générale d'effondrement qui a longtemps frappé les historiens. Une crise démographique qui voit le peuplement de l'Europe nettement ralentir après la longue croissance du XVIIIe siècle. Une crise politique qui se cristallise autour des cent ans de guerre (1337-1435) mais qui, dans l'ensemble de l'Europe, voit naître, le plus souvent dans la douleur, les principaux États nations du continent. Une crise sociale qui secoue les vieux cadres médiévaux pour ébaucher la société des temps modernes. Une crise économique qui tente d'adapter son fonctionnement aux soubresauts de la démographie et de la politique et d'intégrer à son système les nouveaux horizons et les nouvelles pratiques industrielles. Une crise spirituelle enfin qui s'attache à offrir des réponses, des modèles et une espérance aux hommes et aux femmes de ce temps.

La crise est donc réelle, les sources en témoignent et les travaux des historiens n'ont fait que transcrire avec une réelle empathie et une sincère compassion la difficulté du quotidien des années 1350-1450. Depuis quelques années pourtant, l'historiographie, en affinant sans cesse sa lecture des problématiques propres à chaque domaine, revient sur cette vision en partie outrée de la crise de la fin du Moyen Âge et tente de la réinscrire dans la longue durée et de la relativiser.

Qu'en est-il vraiment ? Quel visage offre le monde dans lequel Jeanne a évolué ?

Repères démographiques

Le monde de Jeanne d'Arc, la France en particulier, est un monde qui, en moins de cent ans, s'est vidé de près de la moitié de sa population.

La cause de cette saignée démographique qui frappe l'Europe de la fin du Moyen Âge n'est pas imputable à la guerre, contrairement à ce qu'on a longtemps pensé. Du moins pas directement. Même si les morts sont plus nombreux sur les champs de bataille en 1430 qu'en 1330, l'impact de cette mortalité reste insignifiant d'un point de vue démographique. Le véritable facteur de crise de ce point de vue est à chercher dans les épidémies qui, à partir de la grande peste de 1347, ravagent cycliquement l'Europe. À lire le *Journal du bourgeois de Paris*, pas moins de neuf pestes touchent ainsi Paris dans la première moitié du XVe siècle. C'est assurément l'épidémie de 1347 qui est statistiquement la plus meurtrière. En Europe, près de 35 % des populations disparurent en quelques mois. Cet épisode dramatique déstabilise durablement le système démographique de la France en quasi-état de surpeuplement au début du XIVe siècle. Mais le véritable impact de cette crise s'écrit sur la longue durée. À la grande peste de 1347, qui dure en réalité jusque vers 1352, succèdent en effet une série de « pestilences », « mortalités » ou « contagions ». Celles-ci, sous un nom générique, regroupent en fait toute une série d'épidémies plus ou moins meurtrières qui, jusqu'au début du XVIIIe siècle, reviennent de façon récurrente, tous les six à treize ans. La peste bubonique réapparaît ainsi à Paris dès 1360 puis de nouveau en 1418 et en 1433. Durant ces années, la capitale est également touchée par la coqueluche, en 1414, la fièvre maligne en 1421, la grippe en 1427, la petite vérole en 1422 et en 1445, ainsi que par d'autres épidémies, non identifiées, et trois famines entre 1405 et 1449.

La principale conséquence de cette succession récurrente de crises épidémiques est l'instauration progressive d'un nouveau régime démographique. Chacune de ces épidémies contribue en effet à diminuer la population du royaume mais leur répétition finit par atteindre le processus de renouvellement des générations. Les retours de peste touchent à terme les espaces et les groupes de populations – jeunes et riches – épargnés par les premières vagues. On assiste donc à un vieillissement général de la population et, en dépit d'une forte fécondité – plus de neuf enfants par femme au début du XVe siècle – à un non-renouvellement des générations dû à la très forte mortalité des jeunes – moins de deux enfants vivants au décès de leurs parents, comme le confirment les dispositions testamentaires. L'image d'un Moyen Âge peuplé par des jeunes et où les personnes âgées sont peu nombreuses est en partie erronée. La société de Jeanne d'Arc est dominée par les quadragénaires. Les années 1460 marquent l'étiage démographique et annoncent, dans la plupart des régions, le début de la reprise. Il faudra néanmoins attendre, pour beaucoup d'entre elles, le début du XVIIIe siècle pour atteindre le peuplement du début du XIVe siècle. Si le facteur épidémique joue un rôle essentiel dans cette crise démographique, l'impact de la crise économique et des troubles politiques n'est pas négligeable.

Contexte économique

La dépression économique de la fin du Moyen Âge est, elle aussi, une réalité déjà palpable pour les contemporains de Jeanne d'Arc. Le Normand Thomas Basin, historiographe de Charles VII, déplore déjà en 1472 la désertification des riches plaines agricoles au nord du royaume et condamne le rôle joué par les soldats dans sa ruine. Mais la guerre n'explique pas tout. La crise économique que connaît cette période résulte d'une conjonction de facteurs et débute, dès avant la Grande Peste et la guerre de Cent Ans, par une grave dépression agraire.

La production agricole, fondée dès le XIe siècle sur le régime seigneurial, en croissance continue depuis ce temps, avait soutenu et généré la croissance démographique et économique. Au tournant du XIVe siècle, ce système conduit la France à la limite du surpeuplement. Après un risque de sous-production, l'ajustement naturel des populations sur les ressources – de dramatiques famines marquent les années 1315-1316 – entraîne une baisse de la demande et un effondrement des prix des denrées agricoles, crise aggravée par l'instabilité monétaire et la soif de métaux précieux que connaît alors l'Europe. Cette baisse des prix ruine à la fois les seigneurs et les riches paysans. Dans le comté de Longueville en Normandie, bientôt propriété de Jean de Dunois, le revenu seigneurial baisse de plus de 70 % entre 1316 et 1458. La grande peste de 1347 vient frapper de plein fouet ce monde fragile. Passé le bénéfice d'un rééquilibrage démographique qui permet l'augmentation des surfaces cultivées, la sélection des meilleures terres et la hausse des salaires de l'artisanat, la situation s'aggrave. À ce cortège de malheurs s'ajoutent bientôt celui de la guerre et de son serviteur, l'impôt.

Si l'impact démographique direct de la guerre est limité, son action sur la crise économique est réelle. Batailles et chevauchées épisodiques n'ont qu'un effet limité sur les campagnes. Ce n'est pas le cas en revanche des périodes d'occupation durant lesquelles des régions entières se voient disputées par deux camps, comme ce fut le cas en Bretagne, en Normandie, en Île-de-France ou dans la vallée de la Loire. Les pâtis (tributs exigés des communautés villageoises par les routiers, ou écorcheurs, en contrepartie de leur « protection »), réquisitions et destructions découragent l'activité et le peuplement et suffisent à faire d'un fertile terroir un véritable no man's land. Cette situation dramatique se prolonge souvent en temps de paix en raison de l'errance des troupes. L'impôt royal direct, né avec la guerre d'État telle qu'elle se dessine au tournant du XIVe siècle, estimé sur la base des feux de 1328, est déjà très lourd aux populations décimées d'après 1348. Il l'est d'autant plus tout au long des XIVe et XVe siècles qu'il est associé à toute une batterie d'impôts extraordinaires et de taxes indirectes sur la circulation des biens ou de la monnaie, largement disproportionnés par rapport aux capacités de paiement. La production agricole sert souvent au règlement de cette ponction fiscale qui participe à la dépression du secteur, véritable moteur de l'économie médiévale.

Les répercussions de cette crise agraire se font sentir dans tous les secteurs, l'économie urbaine en particulier. Celle-ci est également touchée de plein fouet par l'effondrement démographique qui brise net l'essor urbain du premier XIVe siècle. Dans ce secteur en revanche, la dépression est moins généralisée. L'essor économique des villes reste en grande partie lié à l'histoire politique, aux sièges des cours et aux mouvements militaires. La crise y est donc beaucoup plus périodisée et aléatoire. Quelques industries régionales se tirent honorablement de la période et y trouvent même des ajustements salutaires, la draperie notamment en Flandres ou dans l'Ouest ou encore le commerce maritime breton. Les axes du grand commerce se redessinent pourtant et se tiennent désormais à l'écart de ses anciens foyers français. La guerre de Cent Ans aura coûté cher à l'économie française. La reconquête de Charles VII permet l'amorce d'une reprise à partir des années 1450, habilement soutenue par une politique législative encourageante facilitant l'installation de nouveaux venus dans les différents secteurs de l'économie.

Courants artistiques

Les perturbations sociétales liées à la crise n'ont pourtant pas totalement inhibé la France du début du XVe siècle. Paradoxalement, les craintes des temps ont généré un bouillonnement intellectuel et spirituel compensatoire, qui se transcrit notamment dans la production artistique du temps. Entre les années 1390 et 1410, le faste des cours de Charles VI et de ses parents avait contribué à promouvoir Paris capitale européenne des arts et foyer du style dit « gothique international ». Les développements de cette effervescence artistique européenne fondée sur la redécouverte de la nature, l'expression du sentiment, la préciosité courtoise sont multiples et bien peu de techniques artistiques échappent à ce courant.

L'enluminure reste pourtant le domaine artistique phare dans la mesure où cet art concentre à la fois la plupart des grands noms de la période et une grande partie des innovations techniques (perspectives, clair-obscur, emploi de l'huile), thématiques (Christ et Vierge de douleur, thèmes antiques, courtois et chevaleresques) et stylistiques (expression, réalisme). Que l'on mentionne André Beauneveu, Jean Malouel ou les frères Limbourg, tous, bien qu'artistes polyvalents – orfèvres, sculpteurs et peintres de chevalet –, se sont exprimés sur ce support, y ont réalisé des chefs-d'œuvre. Ils y ont appliqué les innovations que leur dictait leur génie, ou qu'ils avaient découvertes au cours de leur pérégrination artistique en passe de devenir la norme de toute formation.

Mais l'enluminure, reine des arts, n'est pas la seule lumière de la création artistique du temps. Alors que l'architecte Guy de Dammartin renouvelle pour Jean de Berry à Paris, Bourges, Mehun et Poitiers les canons du style flamboyant, des lissiers tissent pour Louis Ier d'Anjou l'incroyable tenture de l'Apocalypse d'Angers, le

Étienne Chevalier, secrétaire et conseiller de Charles VII, et saint Étienne, par Jean Fouquet (vers 1454).

sculpteur Claus Sluter cisèle pour Philippe le Hardi le puits de Moïse de la chartreuse de Champmol, des verriers, orfèvres, potiers mais aussi compositeurs et poètes réalisent pour les princes et leurs proches d'innombrables merveilles aujourd'hui disparues.

Les malheurs des temps rattrapent pourtant le dynamisme des arts, et l'occupation anglo-bourguignonne de Paris (1418-1436) marque un temps d'arrêt dans la production artistique, en même temps que le pillage par Jean de Bedford des collections royales. Si bien des ateliers ferment et disparaissent, un grand nombre d'artistes s'installent

dans les provinces où se recentrent les cours princières et royales. Les grandes capitales régionales deviennent à leur tour de brillants foyers artistiques, à l'exemple de Tours, où s'épanouit le génial talent d'un Jean Fouquet, peintre et enlumineur. La réorganisation des circuits du grand commerce profite à l'État bourguignon, sur le plan artistique également. La cour des grands ducs d'Occident accueille les innovations stylistiques des luxueuses cours lombardes des Visconti et des Médicis, dont les primitifs flamands adaptent les nouvelles techniques et thématiques à leur propre expression.
Alors que Jan van Eyck peint le célèbre *Portrait des époux Arnolfini* (1434), que Raoul Dufay compose son motet polyphonique *Nuper rosarum flores*, Rogier Van der Weyden achève la *Descente de Croix* du Prado (1435) et commence le *Polyptique du Jugement dernier* de Beaune, commande de Nicolas Rolin et reflet de l'important mécénat généré par les hommes nouveaux des cours françaises, à l'instar d'un Jacques Cœur ou d'un Étienne Chevalier.

Mutations linguistiques

Le temps de Jeanne d'Arc est un temps de mutations qui s'accomplissent également sur le plan linguistique. La repartie de la petite Lorraine à son juge de Poitiers, d'origine limousine, l'interrogeant sur la langue de ses voix, est bien connue : « meilleure que la vôtre… ». Ce qui n'empêche pas les greffiers de ses interrogatoires de traduire les chuintements de son propre accent oriental dans leurs notes, transformant un « joyeux » en « choyeux ». L'exemple illustre bien à la fois la permanence de parler et d'accents régionaux et l'évolution uniformisatrice qui caractérise le moyen français des XIVe et XVe siècles. La langue française, en partie basée sur celle parlée en Île-de-France, s'est alors progressivement distinguée des autres langues d'oïl, en parallèle du renforcement de l'État, de la centralisation du pouvoir et de l'extension du domaine royal. Partagée par les relais du pouvoir et de plus en plus de sujets, elle tend à devenir la langue officielle du royaume et se compose d'une base orale, d'expressions régionales variées et de néologismes imaginés par les clercs érudits. C'est donc une langue que personne ne parle mais que beaucoup écrivent. La chancellerie et les écrits normatifs abandonnent progressivement la langue latine et les langues d'oc au sud de la Loire en même temps que le recours à l'écrit se systématise dans une multitude de domaines : justice, commerce, éducation. Au XVe siècle, près de 20 % de la population sont alphabétisés. Et si Poton de Xaintrailles, pourtant maréchal de France, est encore analphabète, il fait presque figure d'exception en son temps, où même les capitaines se targuent de manier la plume. Il est comme Jeanne un semi-lettré. Celle-ci a déclaré aux docteurs de Poitiers ne connaître ni le *A* ni le *B*. Il semblerait que sa retraite de l'hiver 1429 ait été studieuse. Elle y apprend à signer et probablement à déchiffrer, comme elle le fera à quelques occasions lors du procès.

Enfin, la littérature en langue française, encouragée par la cour et appliquée dans tous les domaines, y compris ceux jusqu'alors réservés au latin (comme l'histoire ou les sciences), contribue à dessiner les contours syntaxiques, grammaticaux et orthographiques du français classique. Le développement de l'imprimerie dans les années 1460 impose d'ailleurs les normes de la ponctuation et de l'orthographe. Entre le français de la *Ditié de Jeanne d'Arc* (1429) de Christine de Pisan, celui du *Journal du bourgeois de Paris* (1449) ou celui des complaintes de Charles d'Orléans, tous partagent une même langue, devenue au temps de Jeanne un des supports du sentiment national, comme le confirme son progressif abandon à la cour d'Angleterre.

Repères chronologiques

1380-1390

France	Sacre de Charles VI (1380-1422). Jean IV, duc de Bretagne (1381). Révoltes fiscales à Paris (1382). Isabeau de Bavière épouse Charles VI (1385). Philippe le Hardi hérite de la Flandre (1384). Début du règne personnel de Charles VI (1388).
Angleterre	Couronnement de Richard II (1377-1399). Révolte des paysans (1381). Richard II épouse Anne de Bohême (1382).
Papauté	Grand Schisme d'Occident (1378-1416). La chrétienté se divise en deux obédiences : Rome et Avignon. Boniface IX à Rome (1389-1404). Clément VII en Avignon (1378-1394).
Europe, monde	Louis d'Anjou héritier de Jeanne de Naples (1380). Les Turcs envahissent l'Asie Mineure et la Bulgarie. Confédération de huit cantons suisses. Union de la Pologne et de la Lituanie (1386).

1390-1400

France	Crises de folie du roi (1392). Jean sans Peur battu avec l'armée de la croisade à Nicopolis (1396).
Angleterre	Richard II épouse Isabelle de France (1396). Henry IV de Lancastre dépose son cousin Richard II (1399).
Papauté	Élection de Benoît XIII en Avignon (1394-1423).
Europe, monde	Croisade de Barbarie par Louis II de Bourbon (1390).

1400-1410

France	Jean sans Peur, duc de Bourgogne (1404). Assassinat de Louis d'Orléans (1407).

	Victoire de Jean sans Peur sur les Liégeois révoltés à Othée (1408).
Angleterre	Mariage d'Henry IV avec Jeanne de Navarre, veuve de Jean IV de Bretagne (1403). Henry Percy est tué à la bataille de Shrewsbury (1403).
Papauté	Concile de Pise (1409). Grégoire XII, pape de Rome (1406-1415). Élection à Pise d'Alexandre V (1409-1410).
Europe, monde	Florence s'empare de Pise (1406). Mort de Timur (1405). Période des Muromachi au Japon (1336-1573). L'empereur de Chine, Yongle (1403-1424), déplace sa capitale à Pékin. Ses flottes naviguent jusqu'en Inde et en Afrique.

1410-1420

France	Ligue de Gien (1410), début de la guerre Armagnacs-Bourguignons. Paris bourguignon (1411). Bataille d'Azincourt (1415), Paris armagnac. Mort du dauphin, Louis de Guyenne (1415). Mort de Jean de Touraine, Charles de Ponthieu dauphin (1417). Prise de Paris par les Bourguignons (1418), fuite du dauphin Charles à Bourges. Assassinat de Jean sans Peur (1419).
Angleterre	Henry V, roi d'Angleterre (1413-1422). Début de l'invasion de la France (1415). Alliance Henry V, Sigismond, Jean sans Peur (1416). Prise de Rouen (1419). Henry V épouse Catherine de France (1422). Philippe le Bon, duc de Bourgogne (1419-1463).
Papauté	Jean XXIII, pape de Pise (1410-1415). Concile de Constance (1416-1417). Élection de Martin V (1417-1431), fin du schisme de 1378.
Europe, monde	Paix entre le Portugal et la Castille. Conquête de Ceuta (1415). Dynastie des Sayyid en Inde (1414-1451).

1420-1430

France

Traité de Troyes (1420).
Mort de Charles VI (1422).
Le dauphin se proclame Charles VII, roi de France (1422-1461).
Jeanne d'Arc libère Orléans (1429).
Charles VII couronné à Reims (1429).

Angleterre

Mort d'Henry V (1422).
Henry VI (10 mois) proclamé roi de France et d'Angleterre (1422-1461).
Jean de Bedford régent de France.
Prise du Mans (1425).

Europe, monde

Constantinople assiégée par les Turcs (1422).

1430-1440

France

Exécution de Jeanne d'Arc (1431).
Congrès d'Arras, paix avec la Bourgogne (1435).

Angleterre

Mort de Jean de Bedford à Rouen (1435).

Papauté

Concile de Bâle (1431).
Pragmatique sanction de Bourges (1438).
Élection pontificale du duc Amédée VIII de Savoie – Félix V (1439-1449).
Le *David* de Donatello (1430).

Europe, monde

Jean Van Eyck peint le retable de l'agneau mystique (1432).
Cabral découvre les Açores (1432).
Cosme de Médicis à la tête de Florence (1434).
Explorations d'Henri le Navigateur (1420-1460).

1440-1450

France

Révolte de la Praguerie contre Charles VII (1440).
Création des compagnies d'Ordonnance (1445).
Réveil de la guerre avec l'Angleterre (1448).
Prise de Rouen (1449).

Angleterre

Mariage d'Henry VI avec Marguerite d'Anjou (1444).

Papauté

Élection de Nicolas V (1447-1455).

Europe, monde

Guerre entre les villes et les princes en Allemagne.

	Christian Ier, roi de Suède et de Danemark (1448-1481). La Serbie et la Bulgarie intégrées à l'Empire ottoman.

1450-1460

France	Prise de Cherbourg (1450). Arrestation de Jacques Cœur (1451). Bataille de Castillon (1453), fin de la guerre de Cent Ans.
Angleterre	Divisions York contre Lancastre (1455-1471). Crises de folie d'Henry VI (1453). Retrait anglais du continent à l'exception de Calais (1453). Richard duc d'York nommé protecteur d'Angleterre (1455). Édouard, prince de Galles (1456).
Papauté	Pontificat de Calixte III (1455-1458). Réhabilitation de Jeanne d'Arc (1456).
Europe, monde	Mehmet II sultan de Turquie (1451). Prise de Constantinople par les Turcs (1453). Mathias Corvin, roi de Hongrie (1458-1490).

1460-1470

France	Mort de Charles VII ; Louis XI roi de France (1461-1483). Mort de Philippe le Bon, Charles le Téméraire duc de Bourgogne (1468-1477).
Angleterre	Henry VI capturé (1465). Édouard d'York, couronné sous le nom d'Édouard IV, épouse Élisabeth Woodville (1461). Édouard IV battu par Warwick (1469). Rétablissement d'Henry VI (1470).
Papauté	Pontificat de Pie II (1458-1464) et de Paul II (1464-1471).
Europe, monde	Mariage de Ferdinand d'Aragon et d'Isabelle de Castille (1469). Laurent le Magnifique à la tête de la république de Florence (1469).

Jeanne d'Arc vue par…

Le connétable Arthur de Richemont
« Jeanne, on m'a dit que me vouliez combattre. Je ne sais si vous êtes de par Dieu ou non ; si vous êtes de par Dieu, je ne vous crains rien, car Dieu sait mon bon vouloir ; si vous êtes de par le diable, je ne vous crains encore moins. » (Rencontre devant Orléans, mai 1429, Guillaume Gruel, *Chronique de Richemont*, éd. J. Quicherat, *Procès de condamnation et de réhabilitation*, Paris, 1841-1849, t. IV, adaptation en français actuel.)

Aubert d'Ouches, seigneur lorrain
« J'ai ouï dire que Jeanne, dont il s'agit, était de Domrémy ; elle avait de bons parents, disait-on, je n'ai jamais entendu dire le contraire… J'ai entendu la Pucelle dire à plusieurs reprises qu'elle voulait aller vers le Roi et qu'elle voudrait bien qu'on l'y conduise, pour le plus grand profit du Dauphin. Cette Pucelle me paraissait être de bonnes mœurs ; j'aurais bien aimé avoir une fille aussi bien. » (Déclaration au procès de réhabilitation, 1452, texte original latin J. Quicherat, *Procès de condamnation et de réhabilitation*, Paris, 1841-1849, t. II.)

François Villon
« Dites-moi où, n'en quel pays,/Est Flora la belle Romaine, Archipiades, né Thaïs,/Qui fut sa cousine germaine,/Écho, parlant quant bruit on mène/Dessus rivière ou sur étang,/Qui beauté eut trop plus qu'humaine ?/Mais où sont les neiges d'antan ?/Où est la très sage Héloïs,/Pour qui fut châtré et puis moine/Pierre Esbaillart à Saint-Denis ?/Pour son amour eut cette essoine./Semblablement, où est la roine/Qui commanda que Buridan/Fût jeté en un sac en Seine ?/Mais où sont les neiges d'antan ?/La roine Blanche comme un lis/Qui chantait à voix de sirène,/Berthe au grand pied, Bietrix, Aliz,/Haramburgis qui tint le Maine,/Et Jeanne, la bonne Lorraine/ Qu'Anglais brûlèrent à Rouen ;/Où sont-ils, où, Vierge souveraine ?/

Mais où sont les neiges d'antan ?/Prince, n'enquerrez de semaine/ Où elles sont, ni de cet an,/Que ce refrain ne vous remaine :/Mais où sont les neiges d'antan ? » (François Villon, *Œuvres complètes*, P. Lacroix, éd., Paris, 1854.)

William Shakespeare

Le dauphin : « C'est Jeanne d'Arc, et non pas nous, à qui ce beau triomphe est dû. En reconnaissance, je veux partager ma Couronne avec elle : tous nos Prêtres, tous les saints Religieux de mon royaume, chanteront en chœur ses louanges inépuisables. Je veux lui élever une pyramide plus magnifique que ne fut jamais celle de la Rhodope de Memphis. En mémoire d'elle, après qu'elle sera décédée, ses cendres enfermées dans une urne plus précieuse que le coffre de Darius et ses riches diamants, seront portées aux fêtes solennelles devant les Rois et les Reines de France. Ce ne sera plus saint Denis que nous invoquerons : Jeanne la Pucelle sera désormais la Patronne de la France. » (William Shakespeare, *Henry VI*, Paris, 1781.)

Voltaire

« Parmi le bruit de l'horrible tempête,/Frère Lourdis criait à pleine tête :/"Elle est pucelle, Anglais, frémissez tous ;/C'est saint Denys qui l'arme contre vous ;/Elle est pucelle, elle a fait des miracles ;/ Contre son bras vous n'avez point d'obstacles ;/Vite à genoux, excréments d'Albion,/Demandez-lui sa bénédiction."/Le fier Talbot, écumant de colère,/Incontinent fait empoigner le frère ;/ On vous le lie, et le moine content,/Sans s'émouvoir, continuait criant :/"Je suis martyr ;/Anglais, il faut me croire ;/Elle est pucelle ; elle aura la victoire..."

Michel alors prit la vaste balance/Où dans le ciel on pèse les humains ;/D'une main sûre il pesa les destins/Et les héros d'Angleterre et de France./Nos chevaliers, pesés exactement,/Légers de poids par malheur se trouvèrent :/Du grand Talbot les destins l'emportèrent :/C'était du ciel un secret jugement./Le Richemont se voit incontinent/Percé d'un trait de la hanche à la fesse ;/Le vieux Saintraille, au-dessus du genou ;/Le beau La Hire, ah ! je n'ose dire où ;/Mais que je plains sa gentille maîtresse !/Dans un marais La Trimouille enfoncé/Ne put sortir qu'avec un bras cassé :/Donc à la ville il fallut qu'ils revinssent/Tout éclopés, et qu'au lit ils se tinssent./ Voilà comment ils furent bien punis,/Car ils s'étaient moqués de saint Denys. » (Voltaire, *La pucelle d'Orléans*, Paris, 1762, chant IV.)

Victor Hugo

« L'âme française est plus forte que l'esprit français et Voltaire se brise à Jeanne d'Arc. » (*Tas de pierres*, Paris, 1901.)

Jules Michelet

« Quand on lui demanda, à cette fille jeune et simple qui n'avait fait que coudre et filer pour sa mère, comment elle avait pris sur elle de se faire homme, malgré les commandements de l'Église, comment elle avait fait l'effort (elle si timide et rougissante) de s'en aller parler aux soldats, de les mener, les commander, les réprimander, les forcer de combattre, elle ne dit qu'un mot : « La pitié qu'il y avait au royaume de France ». Touchant secret de femme ! La pitié fut si grande en elle qu'elle n'eut plus de pitié d'elle-même, qu'elle fit ce souverain effort de s'arracher à sa nature ; elle souffrit tant de maux des autres, et fut si tendre qu'elle en fut intrépide et brava tous les maux... Souvenons-nous toujours, Français, que la patrie chez nous est née du cœur d'une femme, de sa tendresse et de ses larmes, du sang qu'elle a versé pour nous. » (*Histoire de France*, livre V, 1841.)

Charles Péguy

« Ô maison de mon père où j'ai filé la laine,
Où, les longs soirs d'hiver, assise au coin du feu,
J'écoutais les chansons de la vieille Lorraine,
Le temps est arrivé que je vous dise adieu.
[...]
Ô mon père, ô maman, quand on vous aura dit
Que je suis au pays des batailles et d'alarmes,
Pardonnez-moi tous deux ma partance et vos larmes,
Pardonnez ma partance et mon mensonge aussi,
Ma partance menteuse et vos souffrances lentes,
Et de vous dire adieu quand vous n'êtes pas là. »
(*Jeanne d'Arc*, acte I, « À Domrémy », 1897.)

« J'ai vu perler des larmes d'amour qui dureront plus longtemps que les étoiles du ciel. » (Charles Péguy, *Mystère de la charité de Jeanne d'Arc*, Paris, 1910.)

Anatole France

« La grâce de la persévérance est la plus importante de toutes : elle couronne toutes les grâces. » (Anatole France, *Vie de Jeanne d'Arc*, 1908.)

Maurice Barrès

« Son culte est né avec la patrie envahie ; elle est l'incarnation de la résistance contre l'étranger. » (Discours de son projet de loi pour l'institution d'une fête de Jeanne d'Arc, décembre 1914.)
« Chacun de nous peut personnifier en elle son idéal. Êtes-vous catholique ? C'est une martyre et une sainte que l'Église vient de mettre sur les autels. Êtes-vous royaliste ? C'est l'héroïne qui a fait consacrer le fils de Saint Louis par le sacrement gallican de Reims… Pour les républicains c'est l'enfant du peuple qui dépasse en magnanimité toutes les grandeurs établies… Enfin les socialistes ne peuvent oublier qu'elle disait : "J'ai été envoyée pour la consolation des pauvres et des malheureux." Ainsi tous les partis peuvent se réclamer de Jeanne d'Arc. Mais elle les dépasse tous. Nul ne peut la confisquer. » (Discours à la Ligue des patriotes, 1919.)
(Citation retrouvée dans *Les Collections de l'Histoire*, n°s 42 à 45, Paris, Société d'éditions scientifiques, 2009.)

Georges Bernanos

« La merveille c'est qu'une fois, une seule fois dans le monde peut-être, l'enfance ait ainsi comparu devant un tribunal régulier, mais la merveille des merveilles, c'est que ce tribunal ait été un tribunal de gens d'Église. » (*Revue hebdomadaire*, 1929.)

Paul Claudel

« Ce petit bout de femme dans les orties et les boutons d'or, si ébahie qu'elle oubliait de manger sa tartine. » (Paul Claudel, *Jeanne au bûcher*, Paris, 1961.)

Charles de Gaulle
« Je n'imagine pas Jeanne d'Arc mariée, mère de famille et, qui sait, trompée par son mari. » (De Gaulle annonçant à son ministre des transports, Jules Moch, sa décision de démissionner, 14 janvier 1946 ; Jean Lacouture, *De Gaulle : le rebelle. 1890-1944*, Paris, Le Seuil, 1990, vol. I.)

Jean Anouilh
Jeanne : « Avec Dieu, ce qu'il y a de terrible, c'est qu'on ne sait jamais si ce n'est pas un coup du diable. » « Dieu n'est pas venu pour arranger les choses, il est venu pour que tout soit plus difficile encore. » (Jean Anouilh, *L'Alouette*, Paris, 1973.)

André Malraux
« Pour la France et pour le monde, la petite sœur de saint Georges devint Jeanne vivante par les textes du procès de condamnation et du procès de réhabilitation : par les réponses qu'elle fit ici, par le rougeoiement sanglant du bûcher... de ce qui avait été la forêt de Brocéliande jusqu'aux cimetières de Terre sainte, la vieille chevalerie morte se leva dans ses tombes. Dans le silence de la nuit funèbre, écartant les mains jointes de leurs gisants de pierre, les preux de la Table ronde et les compagnons de Saint Louis, les premiers combattants tombés à la prise de Jérusalem et les derniers fidèles du petit roi lépreux, toute l'assemblée des rêves de la chrétienté regardait, de ses yeux d'ombre, monter les flammes qui allaient traverser les siècles, vers cette forme enfin immobile, qui devenait le corps brûlé de la chevalerie. Il était plus facile de la brûler que de l'arracher de l'âme de la France... » (*Discours de la commémoration de la mort de Jeanne d'Arc*, extraits, Orléans, 30 mai 1964.)

François Mitterrand
« Voilà pour le temps passé, mais aussi pour le temps qui dure. Du lointain combat de Jeanne, de cette “folie plus sage que la sagesse”, bien d'autres choses nous touchent qu'elle incarna à en mourir. Son refus de la défaite, c'est le refus d'une paix consacrant l'injustice, puisque fondée sur la domination d'un peuple par un autre. Le devoir de résistance qu'elle paya de sa vie, nous en retrouvons l'écho, entre

elle et nous, si souvent depuis lors : dans la déclaration de 1789, qui reconnaît le droit fondamental des hommes à lutter contre la tyrannie, dans l'acte du 18 juin 1940, dans la victoire du 8 mai 1945. – Et cette victoire d'Orléans, en 1429, était déjà celle d'un peuple debout, qui savait pourquoi il se battait. Avec en face, comme plus tard à Valmy, une armée de conquête formée de mercenaires soudain moins assurée de son combat. Car les batailles, je le répète, se gagnent à force de conviction. C'est cela sans doute que Péguy, parlant de Jeanne, appelait "inventer des soldats". – Oui, Jeanne nous touche, car tout entière tendue dans sa lutte contre l'occupant, elle ne se laisse jamais aller à la haine de l'étranger. L'Anglais n'est pas son ennemi, ou plutôt il ne l'est que dans la stricte mesure où il prétend imposer sa domination à la France. Jeanne nous touche, parce qu'en un temps où la femme est dépouillée de tout droit elle revendique celui, inouï, de combattre contre les hommes et avec eux, sans renoncer à ce qu'elle est. Christine de Pisan, féministe et poète de cette époque, patriote avant la lettre, qui avait quitté Paris à l'arrivée des Anglais, ne s'y est pas trompée : l'une des premières, elle célébra Jeanne avec enthousiasme... Oui, Jeanne a de fortes croyances qui l'affranchissent des conformismes, des fanatismes d'un camp. Ceux qui lui ressemblent s'exposent, de tout temps, plus que les autres. Et aussi ceux qui, capables de résister, s'efforcent de rester ouverts au dialogue, de ménager des pistes de paix honorables. Ceux-là, l'actualité nous le rappelle en ce jour même, tombent souvent les premiers. Plus tard, mais c'est trop tard, on s'aperçoit combien ils manquent. ». (*Discours des fêtes johanniques d'Orléans*, extraits, 8 mai 1982.)

Jacques Chirac

« Comment ne pas voir combien Jeanne est étrangère à toute idée de mépris ou de haine ? Combien ses paroles sont à l'opposé du discours d'intolérance, de rejet, de violence que l'on ose parfois tenir en son nom ? La France qu'elle incarne est une France ambitieuse, fière de son identité et de son histoire... Les valeurs que Jeanne incarne sont celles de la justice, de l'amour, de la liberté, de la paix. La pureté de son idéal, la noblesse de son combat la placent au-dessus des ambitions et des calculs. Elle appartient à tous les

Français. » (*Discours des fêtes johanniques d'Orléans*, extraits, 8 mai 1996.)

Nicolas Sarkozy

« Comment être à Rouen et ne pas penser à Jeanne sur son bûcher, criant le nom de Jésus au milieu des flammes tandis que, selon les témoins du temps, "dix mille hommes pleuraient" ?... Comment être à Rouen et ne pas penser à Jeanne d'Arc qui prit les armes pour sauver la France lorsqu'elle sut "la pitié qu'il y avait au royaume de France" ? [...] Comment être à Rouen et ne pas penser à ce que Barrès disait de Jeanne : "Êtes-vous catholique ? C'est une martyre et une sainte que l'Église met sur les autels. Êtes-vous royaliste ? C'est l'héroïne qui a fait consacrer le fils de Saint Louis par le sacrement de Reims. Pour les républicains, c'est l'enfant du peuple. Enfin, pour les socialistes, ils ne peuvent oublier qu'elle disait : "J'ai été envoyée pour la consolation des pauvres et des malheureux." [...] Si l'on [n'] en parlait plus, de Jeanne d'Arc, c'est parce qu'il était devenu presque impossible de parler de la France. Ou peut-être parce que l'on avait pris tellement l'habitude de la dénigrer qu'il était devenu impossible d'évoquer celle qui lui avait donné son plus beau visage, qui était un visage de pureté et d'innocence. [...] La France, c'est un art, c'est une culture, c'est une manière d'être et de penser. La France, c'est la pensée claire, c'est la raison, c'est l'esprit des Lumières. C'est aussi deux mille ans de christianisme, deux mille ans de civilisation chrétienne. Je n'ai pas l'intention de renier cet héritage chrétien dans l'histoire de France. Je sais, cela ne se fait pas. Trop tard, c'est fait. La France, c'est Saint-Denis, c'est Reims, c'est Domrémy, c'est le Mont-Saint-Michel. La France, c'est Dieu sorti de la pénombre du sanctuaire où l'art roman l'avait enfermé pour être offert à la lumière des cathédrales. Cathédrales qui font la fierté des villes. La France, c'est la morale laïque qui incorpore deux mille ans de valeurs chrétiennes. La France, c'est le respect de toutes les religions. C'est l'universalisme et c'est l'humanisme... » (Discours prononcé à Orléans, 24 avril 2007.)

Henri Wallon

Jeanne d'Arc

Notice

Cet ouvrage, paru pour la première fois en 1860, a été, à l'époque, couronné par le prix Gobert. Son auteur, Henri-Alexandre Wallon (1812-1904), est né à Valenciennes. Universitaire et historien de renom, il a également été secrétaire perpétuel de l'Académie des belles-lettres et ministre de l'Instruction publique, des Cultes et des Beaux-arts. Républicain catholique engagé – on lui doit l'« amendement Wallon », qui donna à la France son statut définitif de République en 1873 –, son abondante œuvre d'historien est principalement marquée par sa biographie monumentale consacrée à Jeanne d'Arc.

Cet ouvrage marqua de façon très nette l'historiographie catholique de la Pucelle et contribua sensiblement à faire évoluer ce dossier, à la fois du point de vue scientifique, en encourageant l'érudition et l'approche scientifique du personnage et du contexte de sa mission, mais aussi sur le plan de la foi, en servant les démarches en faveur de la canonisation de Jeanne.

La Jeanne d'Arc *de Wallon comptait en 1860 deux volumes, modestes par leur quantité mais dont la nouveauté de ton servait à répondre aux provocations des historiens libéraux de la Pucelle tels Michelet et Quicherat. Wallon reconnaît d'emblée tout l'intérêt scientifique des travaux de Quicherat et, comme lui, la grande fiabilité des informations livrées par le procès de condamnation, source essentielle du procès de réhabilitation.*

L'aspect véritablement novateur du travail d'Henri Wallon tient principalement à sa position intermédiaire dans le débat politico-historiographique qui s'est emparé du dossier Jeanne d'Arc à cette époque. En tant que catholique, il reste interpellé par le « modèle de piété » qu'incarne Jeanne ainsi que par la nature christique de sa mission, élément déjà souligné par Michelet lui-même. Pour Wallon, « Jeanne a été par toute sa vie, une sainte, et par sa mort, une martyre : [...] martyre de son amour pour la patrie, de sa pudeur et de sa foi en celui qui l'envoya pour sauver la France ». En revanche, ses convictions républicaines le conduisent à prendre certaines distances avec la lecture usuelle des catholiques, penchant ordinairement et très majoritairement en faveur des idées royalistes. Henri Wallon ne craint pas au contraire de suivre et parfois même d'outrepasser les interprétations des républicains libéraux, en insistant sur le fait que Jeanne, soutenue par le peuple, avait été le jouet des coteries de la cour et la victime de l'incrédulité des grands. Il va même jusqu'à associer le roi Charles VII à ce manque d'enthousiasme, à cette « coupable indifférence » à l'égard de la nature sacrée de la mission de Jeanne. Wallon souligne par ailleurs – ce qui passe alors presque pour une trahison à l'égard du camp royaliste et catholique – que, d'après les sources, la mission de Jeanne ne s'arrêtait pas au sacre de Reims mais allait jusqu'à la reconquête totale du sol français : « Je suis cy venue [...] pour vous bouter de toute France » (Lettre aux Anglais).

Ce parti pris d'Henri Wallon, s'il permit à terme aux catholiques de se réapproprier Jeanne d'Arc, rencontra de prime abord une assez vive hostilité qui contraignit l'auteur à amender son texte à plusieurs reprises. Les éditions qui suivirent celle de 1860, si elles s'enrichissent d'un magnifique appareil critique composé de riches dossiers documentaires et d'une fine analyse du contexte, tempèrent ainsi l'idée d'une trahison du roi et de la cour à l'égard de Jeanne. La question du but ultime de la mission de la Pucelle – le sacre ou la libération du sol national – n'est plus posée. Il n'empêche qu'en dépit de ces concessions d'auteur l'œuvre d'Henri Wallon reste un jalon essentiel et toujours performant dans l'écriture de l'histoire de Jeanne d'Arc.

C'est à ce titre que nous livrons ici la quasi-intégralité du premier volume de la prestigieuse édition de 1876.

Livre I – Domrémy et Vaucouleurs

I. L'enfance de Jeanne d'Arc

La vallée de la Meuse, de Neufchâteau à Vaucouleurs et au-delà, se prolonge entre deux chaînes de coteaux ou de mamelons, séparés l'un de l'autre par des gorges plus ou moins profondes. Les hauteurs gardent encore quelques restes des bois qui les couvraient jadis ; la vigne en a pris la place sur les pentes les moins roides et les mieux exposées ; le blé succède à la vigne et descend jusqu'aux prairies, qui occupent, sur une largeur de douze à quinze cents pas, le fond uni de la vallée. La Meuse y serpente capricieusement d'un côté à l'autre, dans un lit toujours vert. Trop peu profonde pour que la main de l'homme ait entrepris de l'asservir au commerce en la redressant, elle va, dans son cours sinueux, baigner successivement de nombreux villages. Nommons entre plusieurs autres : Frébécourt, au pied de la colline d'où le *château de Bourlemont* semble porter au loin l'œil du maître ; Coussey, Domrémy, sorte d'annexe de Greux qui s'élève au débouché de la route de Gondrecourt ; Maxey, au confluent du Vair, Burey-la-Côte, Burey-en-Vaux, et Chalaines en face de Vaucouleurs : Vaucouleurs, sentinelle avancée de la vieille France, fièrement campée sur son coteau, comme pour mieux surveiller la chaussée qui continue, à travers la vallée, le pont de la Meuse et le chemin de la Lorraine. Cette longue prairie, presque au niveau de la rivière, qui chaque année, sans effort et sans péril, la recouvre de ses bienfaisantes inondations, présente en la saison où l'herbe fleurit un immense tapis de verdure émaillé des plus vives couleurs : d'où le nom de Vaucouleurs (*vallis colorum*), donné au lieu le plus important du pays, et qui peint la vallée tout entière.

Entre tous les villages disséminés sur ces bords frais et paisibles, le plus illustre à jamais c'est le plus humble : c'est la petite commune de Domrémy. Là naquit Jeanne d'Arc, le 6 janvier 1412. Son père, Jacques d'Arc, était né à Séfond (Ceffonds), près Montier-en-Der, en Champagne (Haute-Marne) ; sa mère, Ysabellette Romée, de Vouthon, village situé sur la route de Greux à Gondrecourt, dans le Barrois (Vosges). Jeanne elle-même, née à Domremy, est-elle de la Lorraine, de la Champagne ou du Barrois ? Si l'on veut parler du territoire, Jeanne est une enfant de la Meuse : car la Meuse est la mère commune de tous ces villages qu'elle arrose, sans distinction de Lorraine, de Barrois ou de Champagne. Mais s'il s'agit de nationalité, Jeanne d'Arc était Française. Son père était Français, son village, Français. Son village était partagé, il est vrai, entre le Barrois mouvant (c'est-à-dire relevant de la couronne de France) et le domaine direct de la couronne. Un petit ruisseau d'eau vive marquait cette division : la rive droite, où l'on comptait vingt à trente feux, était au Barrois mouvant ; la rive gauche, au domaine, rattachée avec Greux, et toute cette portion de la vallée jusqu'à Vaucouleurs, à la prévôté d'Andelot et au bailliage de Chaumont-en-Bassigny (Champagne). Or la maison de Jeanne, qui subsiste encore, est sur la rive gauche. Mais quand elle eût été sur la rive droite, Jeanne en serait-elle moins Française ? Tous les habitants de Domrémy, ceux de la droite comme ceux de la gauche, excepté un, dit-elle elle-même, étaient Armagnacs, c'est-à-dire du parti national ; et quel est, après Dieu, celui que Jeanne appelle son seigneur et son roi ? Le roi de France – C'est la marque irrécusable de sa nationalité. Que si l'on en veut la preuve directe et pour elle et pour son pays, on la trouvera dans des pièces authentiques. On la trouvera dans son procès dans sa propre déclaration et dans l'enquête ordonnée par ses juges. On la trouvera, avant son procès, dans deux actes de Charles VII : dans les lettres d'anoblissement, où elle est dite « de Domrémy, au bailliage de Chaumont » (Champagne), et dans celles où, en reconnaissance de ses services et à sa requête, le roi accorde exemption d'impôts (ce qui est bien le signe de l'empire) aux lieux qui font vue naître, aux deux villages unis de Greux et de Domrémy.

Les parents de Jeanne étaient de simples laboureurs « de bonne vie et renommée », n'ayant, avec leur chaumière, qu'un bien petit patrimoine ; mais considérés dans leur état, vrais et bons catholiques, et soutenant avec honneur leur pauvreté. Ils eurent trois fils : Jacques, Jean et Pierre, et deux filles, Jeanne ou Jeannette et Catherine.

Des deux sœurs, Jeanne était l'aînée. Elle grandit auprès de sa mère, formée par elle à la religion et au travail : c'est un témoignage qu'elle ne craignit pas de se rendre à elle-même ; car, par ce témoignage, c'est sa mère qu'elle honorait. « Elle était bonne, simple et douce fille », dit une amie de son enfance ; « point paresseuse », ajoute un voisin : et elle travaillait de bon cœur, tantôt filant, jusque bien avant dans la nuit, aux côtés de sa mère, ou la remplaçant dans les soins du ménage ; tantôt partageant les devoirs les plus rudes de son père, pourvoyant à l'étable, allant au champ, mettant la main, selon qu'il le voulait, à la herse, à la charrue, et quelquefois aussi gardant pour lui dans la prairie commune le troupeau du village, quand le tour était venu.

« Bonne fille », c'est le cri de tous honnête ; chaste et sainte, parlant en toute simplicité, selon le précepte de l'Évangile : « Oui, non ; cela est, cela n'est pas », « Sans manque », *sine defectu*, voilà tout ce qu'il lui arrivait d'ajouter à sa parole pour en attester la vérité. Un pur rayon de l'amour divin illuminait cette vie si occupée, et donnait du charme à ses labeurs. Le petit jardin de la maison paternelle touchait au cimetière, qui est comme le jardin d'une église de village. Jeanne usait du voisinage pour aller à l'église le plus souvent qu'elle le pouvait : elle y goutait une douceur extrême. On l'y voyait prosternée devant le crucifix ; ou bien les mains jointes, les yeux levés vers l'image du Sauveur ou de la Vierge sa mère. Tous les matins pendant le saint sacrifice, elle était au pied des autels ; et le soir, quand la cloche qui sonnait les complies la surprenait aux champs, elle s'agenouillait, et son âme s'élevait à Dieu. Elle se plaisait à entendre chaque soir ce commun appel à la prière. Quand le sonneur de l'église (on le sait de lui-même) venait à l'oublier, elle le reprenait, disant que ce n'était pas bien, et promettait de lui donner des lunes (quelque espèce de gâteaux) pour qu'il se montrât plus diligent. Elle ne se bornait pas aux devoirs que la religion prescrit à tout fidèle. Cette jeune fille, qui avait accompli de si grandes choses à dix-neuf ans, est toute entière à ces pratiques naïves de dévotion où les âmes simples et pures ont tant de charme à se répandre. A moins d'une lieue au Nord de Domrémy, sur le penchant de l'un des coteaux qui descendent vers la Meuse, il y avait un ermitage dédié à Notre-Dame de Bermont. Jeanne aimait à le visiter ; et le jour que l'Église a plus spécialement consacré à Marie, le samedi, vers la fin de la journée elle se joignait à d'autres jeunes filles pour y venir prier ensemble et y brûler des cierges : symbole consacré par l'Église pour rappeler aux fidèles la foi qui veille et l'amour qui doit brûler pour Dieu.

Jeanne fut donc, dès sa plus tendre enfance, un modèle de piété. Elle n'avait point sa pareille au village. Les jeunes gens se moquaient bien un peu de sa dévotion ; les jeunes filles en jasaient aussi. Mengette, sa petite amie, trouvait elle-même et lui disait qu'elle était trop pieuse ; et ce reproche était pour Jeanne comme un éloge qui la faisait rougir. Mais sa foi se traduisait en bonnes œuvres. Si peu d'argent qu'elle eût, elle en avait pour l'aumône. Elle consolait les malades, elle recueillait les pauvres, elle donnait place au foyer, elle leur cédait même son lit, secondée dans sa charité par la religieuse condescendance de ses parents. Aussi était-elle aimée de tout le monde.

Elle ne cherchait point d'ailleurs à se distinguer des autres, et se mêlait à ses compagnes dans les fêtes du village. Sur la pente même où s'adosse le village de Domrémy, entre les bords fleuris de la Meuse et la sombre forêt de chênes, le bois Chesnu, qui en couronnait les hauteurs, il y avait un hêtre d'une remarquable beauté, « beau comme un lis », dit l'un des habitants, large, touffu, dont les branches retombaient jusqu'à terre. On l'appelait « Aux loges-les-Dames, Ad lobias Dominarum » ou encore « l'arbre des dames ». Autrefois, quand le château de Domrémy était encore habitable, les seigneurs et les dames du lieu, avec leurs damoiselles et leurs suivantes, venaient au retour du printemps, faire un repas champêtre sous son ombrage. Peut-être un jour ces joyeuses réunions avaient-elles amené quelque mystérieuse aventure qui changea de nature et de forme en passant dans la tradition. Le nom de dames, donné aux femmes de haut parage, était aussi le nom donné aux fées dans le langage populaire. On racontait qu'un chevalier, seigneur de Bourlémont, venait y voir une fée, conversait avec elle. Jeanne, avait entendu dire qu'on le lisait dans un roman. L'arbre des Dames était donc aussi l'arbre des Fées. C'étaient les fées qui, dans les anciens temps, venaient danser sous le beau hêtre ; on disait même qu'elles y venaient encore. Cela n'empêchait pas les habitants de Domrémy de faire ce que faisaient leurs pères. L'arbre était toujours aussi beau. Au printemps, on se rassemblait sous sa large voûte de verdure. On l'inaugurait, en quelque sorte, avec les beaux jours, le dimanche de la mi-carême (*Lætare*).

En ce jour, qu'on nommait aussi le dimanche des Fontaines, les jeunes garçons et les jeunes filles venaient sous l'arbre fameux faire ce qu'on appelait leurs fontaines. Ils emportaient, comme provision de la journée, de petits pains faits exprès par leurs mères, et s'y livraient aux ébattements de leur âge, chantant, dansant, cueillant des fleurs aux alentours pour en faire des guirlandes dont ils ornaient les rameaux du bel arbre ; puis quand ils avaient mangé, ils allaient se désaltérer aux eaux limpides d'une source voisine tout ombragée de groseilliers. Jeanne y venait comme les autres ; Mengette, son amie, dit qu'elle y fut et y dansa plus d'une fois avec elle. Pourtant elle n'était point danseuse ; et souvent, au milieu de la fête, elle se détournait vers une petite chapelle élevée au voisinage sur l'un des points les plus riants de la colline, Notre-Dame de Domrémy, et suspendait à l'image de la Vierge les guirlandes qu'elle avait tressées des premières fleurs des champs. C'est au milieu d'une vie si calme et si paisible qu'elle fut appelée à s'armer pour la France.

La mission de Jeanne d'Arc produisit une si complète et si rapide révolution dans les destinées de la France, qu'assurément rien n'est plus digne de fixer l'attention de l'historien. D'où vient-elle ? Jeanne est là qui répond. Elle dit qu'elle l'a reçue de Dieu. Mais cette réponse n'est pas de telle sorte qu'elle obtienne d'être accueillie sans examen, sans commentaire ; et les contradictions n'ont pas manqué non plus que les systèmes. On ne dit pas que Jeanne ait trompé sciemment ; on ne dit plus qu'elle ait servi d'instrument à une machination politique, complice ou dupe elle-même de la fraude qu'elle était chargée d'accréditer : mais on prétend trouver en elle, et dans les plus nobles inspirations du cœur, dans l'extase d'une âme pieuse, dans l'exaltation d'un ardent patriotisme, la source de l'illusion qu'elle aurait propagée de bonne foi. Jeanne était une mystique, dit-on ; et pour montrer comment elle le fut, on en cherche le secret dans toutes les causes qui ont pu de quelque façon, agir sur son âme : l'esprit de son pays et de son temps, l'influence même de sa propre nature. Mais la Champagne, ou, si l'on veut, les marches de la Lorraine (car pour désigner la patrie de Jeanne d'Arc, il est juste d'associer les deux mots), n'ont jamais été réputées un pays de mystiques ; et tous les efforts tentés au procès de Rouen pour grossir les superstitions de son village, n'ont servi qu'à montrer combien elles avaient peu d'empire sur elle. Quant aux illuminés de son temps, ils n'ont rien, dans les vagues épanchements de leur âme, qui ne soit en contraste avec le caractère si parfaitement précis et défini des révélations de Jeanne d'Arc. Ce n'était pas non plus une jeune fille maladive, dont la nature imparfaitement développée la fît sujette aux hallucinations. Le témoignage d'où on l'a voulu conclure est une simple opinion, un ouï-dire qui ne prouve que l'extrême délicatesse de sa pudeur ; et tous s'accordent à déclarer qu'elle était aussi forte que belle : belle et bien formée (d'Aulon) ; bien compassée de membres et forte (chron. de La Pucelle) ; grande et moult belle (Mirouer des Femmes vertueuses) ; de grande force et puissance (Chron. de Lorraine) ; d'une force qui n'avait rien de viril : elle avait la voix douce, une voix de femme, disent ceux qui l'ont entendue (Guy de Laval, P. de Boulainvilliers) ; d'une puissance qui marquait dans la jeune fille l'entier développement de la femme. C'était une âme religieuse dans un corps robuste et sain.

Ce que le mysticisme n'explique pas, le doit-on rapporter au seul amour de la patrie ? Jeanne assurément n'était pas insensible aux malheurs de son pays. La vieille querelle des Armagnacs et des Bourguignons partageait, jusque dans ce coin reculé de la France, les villages, les familles même ; et la haine était vive entre les deux partis. Domrémy (Dompnus Remigius), ancien domaine de l'Église métropolitaine de Reims, devenu plus tard un des apanages de la seigneurie de Joinville, et rattaché depuis au domaine de la couronne, était resté fidèle au roi. Tout le monde y était Armagnac, sauf un seul homme ; et Jeanne avoue qu'elle aurait vu sans regret qu'on lui coupât la tête, si toutefois c'était la volonté de Dieu. A Maxey, au contraire, tout à côté, sur l'autre rive de la Meuse, les habitants étaient Bourguignons, et la lutte s'engageait souvent entre les enfants des deux villages. Jeanne vit plus d'une fois ceux de Domrémy revenir de la bataille le visage meurtri et sanglant. C'était une image de la guerre civile ; mais on n'a pas de preuve qu'elle ait sévi entre les habitants de ces contrées autrement que par ces combats d'enfants. On n'y souffrit pas beaucoup plus de la guerre étrangère. Cette marche de la Lorraine, aux frontières de l'Allemagne, n'était pas le chemin des Anglais. La paix de Troyes les avait établis en Champagne ; mais ils n'en occupaient qu'un petit nombre de points. Ce n'était qu'à grand peine, et avec l'aide de Jean de Luxembourg, qu'ils avaient pris position sur le cours inférieur de la Meuse, à Beaumont, à Mouzon ; quant au cours supérieur, ils l'avaient laissé aux entreprises des Bourguignons, qui, au nombre de quatre ou cinq cents partisans, ravagèrent le Barrois en 1424, réunirent en 1428 (1er juillet), postérieurement aux premières démarches de Jeanne (13 mai), quelques soldats pour attaquer Vaucouleurs, et probablement se séparèrent sans avoir rien tenté. Cette sanglante guerre paraît s'être réduite, pour les habitants de Domrémy, à quelques alertes. Quelquefois, à l'approche d'une troupe de partisans, on sauvait les bestiaux dans l'île formée devant le village par les deux bras de la Meuse. Un jour même tous les habitants s'enfuirent à Neufchâteau. Jeanne y suivit ses parents, et demeura quatre ou cinq jours, ou même quinze jours avec eux chez une honnête femme nommée *la Rousse*. Après quoi on revint au village ; et rien ne dit que ce fût alors ou en pareille circonstance qu'il ait été brûlé. Voilà tout ce que les recherches les plus habiles et les plus minutieuses ont pu faire découvrir sur la part de Domrémy aux malheurs du temps. Assurément c'est quelque chose, et il ne faut pas tenir pour nulle l'impression que Jeanne en put recevoir. Mais, sans aucun doute, si le sentiment des souffrances que la guerre apporte, si la haine qu'inspire la vue du conquérant, maître du sol natal, avaient suffi pour donner un sauveur à la France, il serait né partout ailleurs.

D'où vient donc la mission de Jeanne d'Arc ? Nous ne voulons pas trancher d'avance la question. Notre unique objet, au contraire, est de mettre en garde contre les explications prématurées, et de faire voir que tout ne se résout pas, aussi naturellement qu'on le pourrait croire, par les causes alléguées. Quelque vraisemblance d'ailleurs que ces causes puissent avoir à première vue, il faut, avant de se faire définitivement admettre, qu'elles se justifient au contrôle des faits accomplis. Revenons donc à la vie de Jeanne d'Arc. Écoutons ce qu'elle a dit et voyons ce qu'elle a fait. L'entière manifestation de son caractère dans la suite de l'histoire, sa franchise, sa droiture, sa netteté d'esprit et son parfait bon sens, montreront mieux que toutes les raisons du monde, quelle idée on se doit faire de sa personne, quelle foi on peut avoir en ses discours.

II. Le départ

Le récit de la vocation de Jeanne d'Arc ne nous est pas venu par la tradition populaire : si merveilleux qu'il paraisse, il ne fait pas l'objet d'une légende. C'est Jeanne elle-même qui parle : ce sont ses juges qui ont fait écrire ses paroles dans la rédaction officielle de son procès. Elle raconte qu'à l'âge de treize ans (cela reporte à l'an 1425) elle eut une voix de Dieu qui l'appela. C'était un jour d'été, à l'heure de midi, dans le jardin de son père. La voix se fit entendre d'elle à la droite, du côté de l'église, et une grande clarté lui apparut au même lieu ; et rarement depuis elle entendit la voix sans qu'elle vit en même temps cette lumière. La première fois elle eut grand'peur ; mais elle se rassura, elle trouva que la voix était digne : et elle déclare à ses juges qu'elle lui venait de Dieu. À la troisième fois, elle connut que c'était la voix d'un ange. C'était, comme elle le sut plus tard, l'archange saint Michel. Il se fit voir à elle entouré de la troupe des anges : « *Je les ai vus des yeux de mon corps aussi bien que je vous vois, disait-elle à ses juges ; et lorsqu'ils s'en allaient de moi, je pleurais, et j'aurais bien voulu qu'ils me prissent avec eux.* » L'ange, dans ces premières apparitions, ne faisait que la préparer à son œuvre ; il lui disait de se bien conduire, de fréquenter l'église, d'être bonne fille, et que Dieu lui aiderait. Déjà pourtant il lui faisait entrevoir le but de sa mission. Il lui apprenait qu'un jour il lui faudrait venir en France ; qu'elle y viendrait au secours du roi ; et il lui racontait la pitié qui était au royaume de France. Mais que faire pour y porter remède ? L'ange ne lui en donnait point encore le secret ; seulement il lui promettait d'autres apparitions plus familières en quelque sorte et plus intimes. Sainte Catherine et sainte Marguerite devaient venir à elle pour la guider : il lui ordonnait de croire à leurs paroles, que c'était le commandement de Dieu. Et dès ces premiers temps, les saintes lui apparurent et commencèrent à gouverner sa vie.

Aux premières marques de cette vocation divine, Jeanne se donna tout entière à Dieu en lui vouant sa virginité. Elle vivait dans le commerce de ses saintes, ne changeait rien d'ailleurs à sa manière de se conduire. On la voyait bien quelquefois quitter ses compagnes, se recueillir comme si elle était devant Dieu, et les autres s'en moquaient. Mais nul ne sut ce qui se passait en elle, pas même celui qui l'entendait en confession. Elle garda la chose secrète, non qu'elle se crût obligée à la taire, mais pour mieux assurer du succès quand le temps viendrait de l'accomplir : car elle craignait les pièges des Bourguignons, elle craignait les résistances de son père. Cependant les périls s'étaient accrus. Tandis que tout manquait à Charles VII, qu'on l'engageait à se retirer en Dauphiné, qu'il songeait lui-même à chercher un asile soit en Espagne, soit en Écosse, Bedford venait de raffermir ses alliances sur le continent et Salisbury passait en France pour porter enfin la guerre au cœur des pays demeurés fidèles au roi national. Les apparitions de Jeanne lui venaient plus fréquentes. Deux ou trois par semaine, la voix lui répétait qu'il fallait partir et venir en France ; et un jour enfin il lui fut ordonné d'aller à Vaucouleurs auprès de Robert de Baudricourt, capitaine du lieu, qui lui donnerait des gens pour partir avec elle.

Partir, quitter sa mère, ses jeunes amies, ses paisibles travaux, pour se jeter en pareille compagnie dans cette vie de hasards, c'était chose qui devait troubler étrangement cette âme simple et recueillie. Elle disait plus tard qu'elle eût mieux aimé être tirée à quatre chevaux, que de venir en France sans la volonté de Dieu. Jusque-là, le caractère de sa mission pouvait se dérober à ses yeux dans les ombres de l'avenir et l'attirer par le mystère. Quand les voix lui disaient qu'il fallait aller au secours de la France, elle se sentait pleine d'ardeur et d'impatience : « Elle ne pouvait plus durer où elle était ». Mais quand les voiles tombèrent, quand le présent se montra avec toutes les misères, les dégoûts de la réalité, et qu'il fallut partir, elle s'effraya. Elle répondit qu'elle n'était qu'une pauvre fille qui ne saurait ni monter à cheval ni faire la guerre. Mais la voix avait parlé : elle triompha de ses répugnances. Et Jeanne, sans étouffer le cri de son cœur, n'eut plus qu'une pensée : ce fut de concourir de toute sa force à l'accomplissement de la volonté de Dieu.

Elle alla chez son oncle Durand Laxart, qui demeurait à Burey-le-Petit (Burey-en-Vaux), non loin de Vaucouleurs, comme pour passer quelque temps près de lui ; et au bout de huit jours elle s'ouvrit à lui de ses projets. Elle lui dit qu'elle voulait aller en France vers le dauphin pour le faire couronner. Comme il s'étonnait de son dessein : « *N'est-il pas dit, ajouta-t-elle, qu'une femme perdrait la France et qu'une jeune fille la relèverait ?* » Et quand elle le vit ébranlé, elle le pria de venir avec elle à Vaucouleurs Pour demander au sire de Baudricourt de la faire conduire au lieu où était le dauphin. Il se rendit à sa prière, et la mena à Vaucouleurs vers le temps de l'Ascension (13 mai 1428). Elle se présenta dans ses habits de paysanne au sire de Baudricourt, qu'elle distingua parmi les siens sans l'avoir jamais vu : « Mes voix, dit-elle, me le firent connaître » ; et elle lui dit qu'elle venait de la part de son Seigneur, afin qu'il mandât au dauphin de bien se tenir et de ne point assigner bataille à ses ennemis, parce que le Seigneur lui donnerait secours avant le milieu du carême. Elle disait que le royaume n'appartenait pas au dauphin, mais à son seigneur ; mais que son Seigneur voulait que le dauphin devînt roi et qu'il eût ce royaume en commende ; qu'en dépit de ses ennemis il serait roi, et qu'elle-même le conduirait au sacre. « Et quel est ton Seigneur ? dit Robert. — *Le Roi du ciel.* » Le sire de Baudricourt l'estima folle, et l'aurait volontiers livrée aux grossiers ébats de ses soldats. Il crut la ménager fort en disant à son oncle qu'il ferait bien de la ramener à son père bien souffletée.

Elle revint à Burey (car ses voix lui avaient prédit cet affront) et de là dans la maison de son père, reprenant ses occupations accoutumées, mais toujours ferme dans sa résolution ; et on aurait pu la deviner à plusieurs paroles. Peu de temps après son retour, la veille de la Saint Jean-Baptiste, elle disait à un jeune garçon de son village qu'il y avait entre Coussey et Vaucouleurs (Domrémy est entre les deux) une jeune fille qui, dans l'année, ferait sacrer le roi. Une autre fois elle disait à Gérardin d'Épinal : « *Compère, si vous n'étiez Bourguignon, je vous dirais quelque chose.* » Il crut alors qu'il s'agissait de mariage. Des bruits, d'ailleurs, avaient pu revenir de son voyage à Vaucouleurs. Elle dit dans son procès que, pendant qu'elle était encore chez son père, il avait rêvé qu'elle s'en irait avec les gens d'armes. Sa mère lui en parla plusieurs fois, et se montrait, comme son père, fort préoccupée de ce songe : aussi la tenait-on dans une plus grande surveillance, et le père allait jusqu'à dire à ses autres enfants : « Si je pensais que la chose advint, je vous dirais : Noyez-la, et si vous ne le faisiez, je la noierais moi-même ». On essaya quelque moyen moins violent de la détourner de ses pensées. On voulut la marier : un homme de Toul la demanda et comme elle refusait, il l'assigna devant l'officialité, prétendant qu'elle lui avait promis mariage ; mais elle parut devant le juge et confondit son étrange adversaire. Cependant, le temps qu'elle avait marqué approchait. Jeanne voulut faire la démarche décisive. Son oncle s'y prêta encore ; il se rendit à Domrémy, et, alléguant les soins que réclamait sa femme nouvellement accouchée, il obtint des parents de Jeanne qu'elle vînt la servir. Elle partit sans prendre congé de ses parents. Dieu avait parlé : « Et quand j'aurais eu cent pères et cent mères et que j'eusse été fille de roi, je serais partie ». Néanmoins elle leur écrivit plus tard pour leur demander pardon. Avec ses parents, elle laissait derrière elle de bien chères compagnes. Elle vit en partant la petite Mengette, et s'en alla, la recommandant à Dieu. Quant à Hauviette, l'amie de son enfance, aurait-elle pu lui cacher la cause réelle de son départ ? Elle aima mieux lui laisser ignorer son voyage, et partit sans la voir. Hauviette, dans sa déposition dit comme elle en a pleuré.

Jeanne reparut à Vaucouleurs dans son pauvre habit de paysanne, une robe grossière de couleur rouge, et revit le sire de Baudricourt sans se faire mieux accueillir. Mais elle ne se laissa plus congédier. Elle prit domicile chez la femme d'un charron (Henri Le Royer), et demeura trois semaines, à diverses fois, dans sa maison, toujours simple, bonne fille et douce, filant avec elle, et se partageant entre ces travaux familiers et la prière. Un témoin, qui était alors enfant de chœur de Notre-Dame de Vaucouleurs, déposa qu'il la voyait souvent dans l'église : « Elle y entendait, dit-il, les messes du matin et y demeurait longtemps en prières, ou bien encore elle descendait dans la chapelle souterraine, et s'agenouillait devant l'image de Marie, le visage humblement prosterné ou levé vers le ciel. » L'objet de son voyage n'était plus un mystère pour personne : elle disait hautement (son hôte, qui l'entendit, en dépose) qu'il fallait qu'elle allât trouver le dauphin ; que son Seigneur, le roi du ciel, le voulait ; qu'elle venait de sa part, et que, dût-elle y aller sur ses genoux, elle irait. Plusieurs des hommes d'arme qui, sans doute, l'avaient entendue devant le sire de Baudricourt voulurent la revoir. Jean de Nouillompont, appelé aussi Jean de Metz, l'un d'eux, la vint trouver chez le charron et lui dit : « Ma mie, que faites-vous ici ? Faut-il que le roi soit chassé du royaume, et que nous devenions Anglais ? » Elle répondit : « *Je suis venue ici, à chambre de roi (dans une ville royale), parler à Robert de Baudricourt pour qu'il veuille mener ou faire mener au roi. Mais il ne prend souci ni de moi ni de mes paroles. Et pourtant, avant le milieu du carême, il faut que je sois devers le roi, quand je devrais user mes jambes jusqu'aux genoux; car nul au monde, ni ducs, ni fille du roi d'Écosse, ni aucun autre ne peut recouvrer le royaume de France; et il n'y a point de secours que de moi : et certes, j'aimerais bien mieux filer auprès de ma pauvre mère, car ce n'est point mon état; mais il faut que j'aille et que je le fasse.*— Qui est votre Seigneur ? dit Jean — *C'est Dieu.* » Le brave soldat, mettant ses mains dans les siennes, jura par sa foi que, Dieu aidant, il la mènerait au Roi, et lui demanda quand elle voulait partir. « Plutôt maintenant que demain, plutôt demain qu'après », dit-elle.

Un autre, Bertrand de Poulangy, s'engagea comme Jean de Metz à la conduire. Après ces adhésions publiques, le sire de Baudricourt ne pouvait plus prendre la chose avec autant d'indifférence. Jeanne lui avait fait part de ses révélations; mais fallait-il l'en croire ? Si elle avait des visions, d'où venaient-elles ? Pour éclaircir ce point, le capitaine la vint trouver un jour chez le charron, ayant avec lui le curé : le curé revêtu de son étole, se mit en devoir de l'exorciser, lui disant que s'il y avait maléfice, elle se retirât d'eux, sinon qu'elle s'approchât. Jeanne s'approcha du prêtre et se mit à ses genoux; toujours humble, mais gardant dans sa soumission même toute sa liberté de juger. Elle dit après, qu'il n'avait pas bien fait, puisqu'il l'avait entendue en confession : il devait donc savoir si c'était l'esprit malin qui parlait par sa bouche. Comme l'épreuve n'était pas de nature à dissiper les doutes du Capitaine, Jeanne lui cita la prophétie populaire : qu'une femme perdrait la France et qu'une jeune fille la sauverait. On disait dans le pays :« une jeune fille des marches de la Lorraine »; et la femme de Henri Le Royer, témoin de la scène, en demeura vivement frappée; car elle avait ouï cette tradition que Jeanne s'appliquait. Mais Robert de Baudricourt doutait encore.

Cependant Jeanne était pressée de partir : « Le temps, dit le même témoin, lui pesait comme à une femme qui va être mère ». Et tous, excepté le sire de Baudricourt, semblaient conspirer avec elle. Les deux hommes d'armes qui s'étaient offerts à la conduire avaient pris sur eux les frais du voyage; le menu peuple, qui de plus en plus croyait en elle, y voulut concourir aussi. Pour s'en aller parmi les hommes de guerre, il lui fallait prendre leur habit. les gens de Vaucouleurs se chargèrent de l'équiper. Ils lui donnèrent ce qui composait en ce temps le costume militaire : gippon ou justaucorps, espèce de gilet ; chausses longues liées au justaucorps par des aiguillettes ; tunique ou robe courte tombant jusqu'aux genoux ; guêtres hautes et éperons, avec le chaperon, le haubert, la lance, et le reste. Un autre aida son oncle à lui acheter un cheval. Déjà tout à l'entour il n'était bruit que de la Pucelle, de ses révélations ; et le duc de Lorraine, qui était malade, la voulut voir et lui envoya un sauf-conduit. Elle se rendit à son appel, ne voulant négliger aucun moyen qui pût servir à son voyage. Jean de Metz l'accompagna jusqu'à Toul ; elle continua la route avec son oncle et se présenta devant le duc. Le duc la consulta sur sa maladie. Selon un témoin qui prétend le tenir d'elle-même, elle lui dit qu'il se gouvernait mal et ne guérirait pas s'il ne s'amendait ; et elle l'exhorta à reprendre « sa bonne femme » dont il vivait séparé. Dans le procès, Jeanne se borne à dire que, consultée par le duc, elle déclara ne rien savoir sur sa maladie, et qu'elle lui exposa en peu de mots l'objet de son voyage, ajoutant que s'il lui voulait donner son fils et des gens d'armes pour la mener en France, elle prierait Dieu pour sa santé. Le duc évita de s'engager à ce point dans l'affaire ; mais il la congédia avec honneur, et lui donna, dit-on, un cheval et de l'argent.

Après avoir mis à profit cette excursion, pour aller à deux lieues de Nancy, faire ses dévotions à Saint-Nicolas, but fameux de pèlerinage, elle revint à Vaucouleurs. Son départ ne pouvait plus être différé. Le sire de Baudricourt, soit qu'il ait pris l'avis de la cour de Bourges, soit qu'il ait dû céder à l'entraînement qui se manifestait autour de lui, n'essaya plus d'y faire obstacle. On dit que le jour où se donna la bataille de Rouvray (Journée des harengs), Jeanne le vint trouver et lui dit : « *En nom Dieu (au nom de Dieu : c'est sa manière d'affirmer depuis le commencement de sa mission), en nom Dieu, vous mettez (tardez) trop à m'envoyer : car aujourd'huy le gentil (noble) dauphin a eu assez près d'Orléans un bien grand dommage ; et sera il taillé (il est en péril) encore de l'avoir plus grand, si ne m'envoyez bientôt vers lui.* » Il céda, et dès le lendemain, premier dimanche de carême (13 février 1423), elle put se disposer à partir avec sa petite escorte, savoir : Jean de Metz et Bertrand de Poulengy, Jean de Honecourt et Julien, leurs servants, et deux autres, Colet de Vienne, messager du roi, et Richard l'archer. Plusieurs s'effrayaient de voir Jeanne s'aventurer en si petite compagnie : six hommes armés, c'était assez pour la signaler à l'ennemi, trop peu pour la défendre. Mais Jeanne n'avait pas sa confiance dans le secours des hommes. Ce n'était point une armée qu'elle était venue chercher à Vaucouleurs. Elle dissipait ces craintes, elle disait avec assurance qu'elle avait son chemin ouvert, et que si elle rencontrait des hommes d'armes sur sa route, Dieu son seigneur lui frayerait la voie jusqu'au dauphin qu'elle devait faire sacrer : « *C'est pour cela, disait-elle, que je suis née.* » Le sire de Baudricourt vit la petite troupe au départ ; il recommanda aux compagnons de Jeanne de lui faire bonne et sûre conduite. Il lui donna à elle une épée, et, doutant jusqu'à la fin, il la congédia en disant : « Allez donc, allez, et advienne que pourra ! » (23 février 1429).

Livre II – Orléans

I. L'épreuve

Le voyage de Vaucouleurs à Chinon, où était la cour, était déjà pour la mission de Jeanne comme une première épreuve. Tout le pays était aux Anglais et aux Bourguignons : il fallait éviter leur rencontre et passer trois ou quatre rivières, la Marne, l'Aube, la Seine, l'Yonne, dans une saison où la crue des eaux ramenait presque forcément les voyageurs aux villes ou aux ponts gardés par eux. Ils allèrent ainsi pendant onze jours, marchant le plus communément la nuit. Jeanne n'approuvait pas ces mesures d'une prudence tout humaine. Elle eût voulu s'arrêter au moins chaque jour dans quelque village, pour rendre à Dieu ses devoirs accoutumés. « *Si nous pouvions entendre la messe, leur disait-elle, nous ferions bien.* » Mais se montrer semblait être un péril tant que l'on était en pays ennemi. Ils ne cédèrent que deux fois à ses désirs, une fois peut-être dans l'abbaye de Saint-Urbain, où l'on passa la nuit, et l'autre fois dans la principale église d'Auxerre. Jeanne, à son tour, condescendit pour tout le reste à leur manière de la conduire ; mais elle leur rappelait les autres guides qu'elle avait au ciel. Quand ils lui demandaient si elle ferait ce qu'elle avait annoncé, elle leur disait de ne rien craindre, qu'elle ne faisait rien que par commandement, et que ses frères du paradis lui disaient tout ce qu'elle avait à faire. Jeanne pour ses compagnons n'était déjà plus de la terre. Pendant ce voyage, quoiqu'on marchât la nuit, on s'arrêtait néanmoins pour prendre du repos. Jeanne couchait au milieu d'eux, renfermée dans son habit d'homme. Mais ce vêtement, qu'elle avait adopté par pudeur, n'était point sa seule sauvegarde en cette compagnie d'hommes de guerre. Tel était l'ascendant qu'elle avait pris sur eux, que les plus jeunes, loin de songer à lui rien dire ou faire qui pût l'offenser, affirment qu'ils n'ont même jamais eu la pensée du mal auprès d'elle ; ils étaient comme enflammés de l'amour divin qui était en son âme, et devenaient chastes et purs par la contagion de sa sainteté. Ils passèrent la Loire à Gien, et parvinrent à Sainte-Catherine de Fierbois, en Touraine, où Jeanne, par honneur pour la patronne du lieu, l'une de ses deux patronnes, et comme pour compenser les privations qu'elle avait acceptées durant la route, entendit jusqu'à trois messes le même jour. Depuis qu'on n'avait plus à craindre une surprise de l'ennemi, ses compagnons ne cachaient plus l'objet de son voyage. De Gien, la nouvelle était venue aux habitants d'Orléans qu'une bergerette nommée la Pucelle, accompagnée de quelques nobles de Lorraine, avait passé, disant qu'elle venait faire lever le siège de leur ville et mener le roi à Reims pour qu'il y fût sacré. Du hameau de Sainte-Catherine, elle-même écrivit, ou, plus exactement, fit écrire au roi pour lui demander la permission de l'aller trouver à Chinon. Elle lui mandait qu'elle avait fait cent cinquante lieues pour lui venir en aide ; qu'elle savait plusieurs bonnes choses qui le touchaient : et, pour lui donner comme un premier gage de sa mission, elle déclarait qu'elle le saurait distinguer parmi tous les autres.

Le bruit de son voyage avait sans doute devancé sa lettre à Chinon, et la petite cour qui s'agitait autour de Charles VII l'avait fort diversement accueilli. La position du roi devenait chaque jour plus critique ; sa détresse était extrême : son trésorier déclarait qu'il n'avait pas quatre écus en caisse, tant de l'argent du prince que du sien. Le roi ne savait plus que faire pour sauver Orléans, et, Orléans pris, rien n'était sûr pour lui au midi même de la Loire. Il en était réduit à se demander en quel pays il chercherait un refuge : en Dauphiné ou même au-delà des monts, en Castille ? La reine de Sicile, mère de la reine, et ceux qui gémissaient de l'état des affaires, étaient disposés à tout risquer pour sortir de cet abîme ; au contraire, l'homme en faveur, La Trémouille, craignait pardessus tout un changement de conduite qui pouvait soustraire le prince à son influence, en le tirant de cette torpeur. Pour un tel homme, le succès même était un péril. Mais pouvait-on refuser de voir au moins celle qui promettait de si grandes choses ? On lui permit donc de venir, et sur la route il paraît qu'on lui tendit une embuscade : c'était une manière aussi de la mettre à l'épreuve ! L'épreuve réussit mal : ceux qui la voulaient prendre demeurèrent, dit un témoin de Poitiers, comme cloués au lieu où ils étaient.

Jeanne vint donc à Chinon (6 mars), mais elle voulait parler au roi : nouvel obstacle à vaincre. Fallait-il aller jusqu'à compromettre le prince dans une entrevue avec une fille des champs que l'on pouvait, sur les rumeurs populaires, soupçonner d'être folle ou pis encore? C'est ce qu'on agita dans le conseil. Plusieurs la virent et la pressèrent de leur dire à eux-mêmes ce qu'elle se réservait de dire au roi. Elle parla ; mais, en l'écoutant, ils s'affermirent dans la pensée que le roi ne devait point l'entendre. D'autres même croyaient qu'ils le devaient d'autant moins, qu'elle se disait envoyée de Dieu, et les ecclésiastiques furent consultés sur ce point. Tout bien examiné, ceux-ci ne crurent pas qu'il y eût lieu d'empêcher le roi de la recevoir ; mais comme ces scrupules n'étaient pas pour plusieurs que des prétextes, une semblable décision ne suffisait point à les dissiper ; et quand Jeanne vint au château, elle rencontra de nouveaux obstacles dans le conseil. Cependant la raison finit par triompher : on allégua au roi que Jeanne venait à lui avec une lettre de Baudricourt ; on lui dit les périls qu'elle avait affrontés et dissipés comme par miracle pour arriver jusqu'à sa résidence. C'était le dernier espoir des habitants d'Orléans ; ils avaient envoyé une ambassade au roi à la nouvelle de ce secours inespéré ; leurs députés étaient là, attendant la décision du prince. Et Jeanne n'avait pas seulement pour elle la lettre, très froide, sans doute, du sire de Baudricourt ; elle avait ses deux compagnons de route. Les deux hommes qui avaient cru en elle dès son séjour à Vaucouleurs, s'étaient sentis bien mieux affermis dans leur foi, après l'épreuve de ce voyage ; mandés au conseil, ils y parlèrent avec toute la chaleur de leur conviction et persuadèrent.

Après deux jours d'attente, Jeanne fut donc introduite au château par le comte de Vendôme. Elle se présenta simplement et avec assurance. « Elle fit les inclinations et révérences accoutumées de faire aux rois, ainsi que si elle eût été nourrie à la cour », dit Jean Chartier. « Le roi, continue-t-il, pour la mettre à l'épreuve, s'était confondu parmi d'autres seigneurs plus pompeusement vêtus que lui, et quand Jeanne, qui ne l'avait jamais vu, le vint saluer, disant « *Dieu vous donne bonne vie, gentil roi !* » — Je ne suis pas le roi, dit-il : voilà le roi » ; et il lui désignait un des seigneurs. Mais Jeanne répondit : « *En nom Dieu, gentil prince, vous l'êtes, et non un autre.* » Et, abordant l'objet de sa mission, elle lui dit que « *Dieu l'envoyait pour lui aider et secourir* » ; elle demandait « *qu'il lui baillât gens* », promettant de faire lever le siège d'Orléans, et de le mener sacrer à Reims.

Elle ajoutait « *que c'estoit le plaisir de Dieu que ses ennemis les Anglois s'en allassent en leur pays ; que le royaume lui devoit demeurer, et que s'ils ne s'en alloient, il leur mescherroit (arriverait malheur).* »

Parmi les princes que le favori n'avait point écartés de la cour, se trouvait le jeune duc d'Alençon. Pris à Verneuil (1424), il avait résisté à toutes les séductions mises en œuvre pour l'attirer à la cause d'Henri VI ; et il avait dû payer sa fidélité à Charles VII par une captivité de trois ans et une rançon qui le ruinait. Dans les loisirs que le roi faisait aux siens, il s'en était allé non loin de là, à Saint-Florentin-lès-Saumur et y passait le temps, chassant aux cailles. Ayant su, par un de ses gens, l'arrivée à Chinon d'une jeune fille qui se disait envoyée de Dieu pour expulser les Anglais et faire lever le siège d'Orléans, il s'y rendit, et il entra comme elle parlait au roi. Charles l'ayant nommé à Jeanne : « *Soyez le très bien venu, dit-elle : plus il y en aura ensemble du sang royal de France, mieux en sera-t-il.* » Le lendemain elle fut à la messe du roi, et le prince l'ayant prise à part avec Alençon qui le raconte et la Trémouille, elle lui fit plusieurs requêtes : elle lui demandait « *de donner son royaume au Roi des cieux, et que le Roi des cieux, après cette donation, ferait pour lui comme pour ses prédécesseurs, et le rétablirait dans son ancien état.* » Mais qui était-elle pour parler avec cette autorité, et quel signe donnait-elle de sa mission ? L'heureuse issue de son voyage pouvait bien, après tout, n'être pas un si grand prodige, et le fait d'avoir reconnu le roi sans l'avoir jamais vu, fournir des armes à ceux qui ne voulaient voir dans tout cela qu'une *trufferie* (tromperie). Au lieu de la foi, elle rencontrait même, non seulement le doute, mais quelquefois l'outrage. Le jour qu'on la présenta au château, un homme à cheval la voyant entrer : « Est-ce là la Pucelle ? » dit-il ; et il raillait grossièrement sur son titre, reniant Dieu. « *Ah, dit Jeanne, tu le renies, et tu es si près de ta mort !* » Avant qu'il fût une heure, l'homme tombait à l'eau et se noyait.

Ceux qui étaient les plus favorables ne savaient qu'attendre et voir encore. Le roi l'avait donnée en garde à Guillaume Bélier, son Lieutenant à Chinon, dont la femme était de grande dévotion et de bonne renommée. En même temps qu'il envoyait dans son pays natal des religieux chargés de s'informer secrètement de sa vie, il la faisait paraître devant sa cour ; il la soumettait à l'examen des gens d'Église : et elle savait garder en toute rencontre la même aisance, la même fermeté ; parlant avec assurance de sa mission, soit devant La Tremouille, soit devant les évêques, et montrant, au besoin que dans cette carrière des batailles où elle voulait ramener le roi, elle-même saurait faire bonne figure. Un jour après le dîner, le roi étant allé se promener dans la prairie, elle y courut la lance au poing, et de si bonne manière que le duc d'Alençon, charmé, lui donna un cheval. Les épreuves se continuaient jusque dans la demeure qui lui avait été assignée. De grands personnages la venaient voir à la tour du fort du Coudray, attenante au château même, et elle répondait à leurs questions. mais quand elle était seule, elle priait et pleurait.

Un jour enfin, elle vint trouver le roi et lui dit : « *Gentil dauphin, pourquoi ne me croyait vous ? Je vous dis que Dieu a pitié de vous, de votre royaume et de votre peuple : car saint Louis et Charlemagne sont à genoux devant lui, en faisant prière pour vous ; et je vous dirai, s'il vous plaît, telle chose, qu'elle vous donnera à connoitre que me devez croire.* » L'auteur de la chronique ajoute qu'elle admit comme témoins de sa déclaration le duc d'Alençon, Robert Le Maçon seigneur de Trèves (en Anjou), Christophe d'Harcourt et Gérard Machet, confesseur du roi, et qu'après lui avoir fait jurer de n'en rien révéler, elle dit au roi « une chose de grande conséquence qu'il avoit faite bien secrète ; dont il fut fort ébahi : car il n'y avoit personne qui pût le savoir que Dieu et lui ». D'autres suppriment les témoins, ou du moins les tiennent à distance, s'accordant sur le fait lui-même et sur l'impression qu'en reçut le roi : « Ce qu'elle a dit, nul ne le sait, écrit Alain Chartier peu de mois après (juillet 1429), mais il est bien manifeste qu'il en a été tout rayonnant de joie ; comme à une révélation de l'Esprit Saint ».

Qu'était-ce donc ce signe ? Jeanne elle-même est convenue du fait devant ses juges ; et elle confirme les derniers témoignages allégués en disant « *qu'elle ne pense pas que personne ait été alors avec le roi, quoiqu'il y eût bien des gens assez près* ». Mais en même temps elle déclara qu'elle n'en voulait rien dire. Elle persista longtemps dans ce refus, protestant que sur ce point on n'aurait pas d'elle la vérité ; et d'autant plus pressée qu'elle se récusait davantage, elle finit par se dérober à ces instances par le biais que ses juges mêmes semblaient lui offrir en l'interrogeant sur l'ange qui avait apporté une couronne au roi : bruit populaire qu'elle accueillit comme exprimant sa mission sous le voile d'une allégorie fort transparente. Par cette allégorie qu'elle expliqua plus tard, elle dépista ses juges : le signe leur demeura donc caché ; car c'était le secret du roi. Mais une parole avait été entendue dans cette conversation entre elle et lui : parole d'une singulière autorité, et dont l'accent put frapper les oreilles de ceux qui se tenaient non loin du prince : « *Je te dis de la part de Messire que tu est vray héritier de France et fils du roy.* » Cette parole, reproduite en français, parmi les autres déclarations de Jeanne, dans la déposition de Pasquerel, son aumônier, reçut plus tard une explication inattendue, et se trouve rattachée au signe dont il s'agit par les confidences mêmes du roi. Le sire de Boisy, qui, dans sa jeunesse, avait été l'un des chambellans les plus familiers de Charles VII, a raconté en effet à Pierre Sala, comme le tenant du roi lui-même, qu'un jour, au temps de ses plus grandes adversités, ce prince, cherchant vainement un remède à tant de maux, entra un matin, seul, dans son oratoire, et que là, sans prononcer une parole, il fit à Dieu, du fond de son cœur, cette requête : Que s'il était vrai héritier, issu de la maison de France (ce doute était possible avec la reine Isabeau), et que le royaume lui dût justement appartenir, il plût à Dieu de le lui garder et défendre, sinon, de lui faire la grâce d'échapper sans mort ou prison, et qu'il se pût sauver en Espagne ou en Écosse, où il voulait, en dernier recours, chercher un refuge. C'est cette prière connue de Dieu seul que la Pucelle rappela à Charles VII : et on s'explique maintenant la joie qu'au dire des témoins il manifesta, sans que personne en sût alors le motif. Jeanne, par cette révélation, n'avait pas fait seulement qu'il crût en elle ; elle faisait qu'il crût en lui-même, en son droit, en son titre. « *JE TE DIS* (jamais Jeanne n'a parlé au roi de la sorte : c'est quelque chose de supérieur qui parle par sa bouche), *JE TE DIS DE LA PART DE MESSIRE QUE TU ES VRAI HÉRITIER DE FRANCE ET FILS DU ROY.* »

Ce n'était point assez : il fallait que personne n'eût le droit de révoquer en doute sa mission ou d'en suspecter l'origine. Le roi comme les autres, à cet égard, avait besoin, même après cette révélation, d'être rassuré. Il ne précipita rien ; il résolut de mener Jeanne à Poitiers, où était le parlement, où siégeait le conseil, où se trouvaient réunis plusieurs des membres de l'Université de Paris, restés fidèles.

Il voulait lui faire subir une épreuve plus solennelle, mettre en lumière non seulement le fait, mais la source même de son inspiration, et donner à la résolution qu'on prendrait la sanction des hommes les plus autorisés dans l'Église et dans l'État. Jeanne partit donc, et quand elle sut où on la menait : « *En nom Dieu, dit-elle, je sais que j'y aurai bien à faire : mais Messire m'aidera. Or allons de par Dieu* ».

Elle vint à Poitiers, et fut, comme à Chinon, confiée à la garde de l'une des plus honorables familles de la cité : celle de Jean Rabateau, avocat général au parlement. L'archevêque de Reims, chancelier de France, et l'un des principaux chefs du parti dominant, d'accord avec les membres du conseil, convoqua les évêques présents et les docteurs les plus renommés entre ceux qui avaient suivi la fortune de Charles VII. Gérard Machet, évêque de Castres, confesseur du roi ; Simon Bonnet, depuis évêque de Senlis ; l'évêque de Maguelonne et l'évêque de Poitiers ; maître Pierre de Versailles, depuis évêque de Meaux, et plusieurs autres, au nombre desquels le dominicain frère Seguin, à qui l'on doit le récit le plus étendu de ces conférences. On leur dit qu'ils avaient commission du roi pour interroger la Pucelle et en faire leur rapport au conseil, et au lieu d'appeler Jeanne devant eux, on les envoya vers elle, chez maître Jean Rabateau.

Dès qu'elle les vit entrer dans la salle, elle alla s'asseoir au bout du banc, et leur demanda ce qu'ils voulaient. Ils lui dirent qu'ils la venaient trouver, parce qu'elle avait dit au roi que Dieu l'envoyait vers lui ; et ils lui montrèrent, « par belles et douces raisons » qu'on ne la devait pas croire. « Ils y furent, dit la *Chronique*, plus de deux heures, où chacun d'eux parla sa fois ; et elle leur répondit : dont ils étoient grandement ébahis, comme une si simple bergère, jeune fille, pouvoit ainsi répondre. » Nous n'avons plus les procès-verbaux de ces conférences, tenues par des hommes défiants sans doute, (c'était leur devoir), mais sincères : actes auxquels Jeanne, dans son procès, renvoie plusieurs fois en toute assurance, et où l'on trouverait les libres effusions de son âme, recueillies sans réticence et sans altération. Mais à défaut de ce monument qui a péri de bonne heure, il reste une sorte d'écho fidèle encore, quoique plus lointain, de sa parole, dans les dépositions de deux témoins : Gobert Thibault, écuyer du roi, et frère Seguin, docteur en théologie.

Dans la première visite, après diverses questions sur elle, sur sa famille, sur son pays, Jean Lombart lui ayant demandé qui l'avait poussée à venir vers le roi, elle lui dit ses visions, comme ses voix lui avaient appris la grande pitié qui était au royaume de France, et qu'il fallait qu'elle y allât : à ces paroles, elle s'était mise à pleurer ; mais la voix avait commandé. Et elle racontait comment elle avait entrepris ce voyage, accompli, parmi tant d'obstacles, en toute sûreté, selon qu'il lui était prédit. « Jeanne, lui dit Guillaume Aymeri, vous demandez gens d'armes, et dites que c'est le plaisir de Dieu que les Anglois laissent le royaume de France et s'en aillent en leur pays. Si cela est, il ne faut point de gens d'armes, car le seul plaisir de Dieu peut les déconfire et faire aller en leur pays. » — « *En nom Dieu*, reprit Jeanne, *les gens d'armes batailleront, et Dieu donnera victoire.* » Maître Guillaume avoua que c'était bien répondu. Alors Seguin, un « bien aigre homme » dit la Chronique, voulant savoir que penser de ses voix, lui demanda quelle langue elles lui parlaient : « *Meilleure que la vôtre* », répondit-elle. Il parlait limousin. « Croyez-vous en Dieu ? » dit le docteur visiblement blessé. « *Mieux que vous* » répliqua Jeanne sur le même ton. « Eh bien ! reprit Seguin, Dieu défend de vous croire sans un signe qui porte à le faire » ; et il déclara que, pour sa part, il ne donnerait point au roi le conseil de lui confier des gens d'armes et de les mettre en péril sur sa simple parole. — « *En nom Dieu*, répliqua Jeanne, *je ne suis pas venue à Poitiers pour faire signes ; mais menez-moi à Orléans, et je vous montrerai les signes pour quoi je suis envoyée. Qu'on me donne si peu de gens qu'on voudra, j'irai à Orléans.* » Le frère Seguin, si aigre homme que le dise la Chronique, a eu du moins la bonhomie de nous garder ces traits sans leur rien ôter de ce qu'ils avaient de piquant pour lui-même ; moins soucieux de son amour-propre que de la vérité.

L'examen se prolongea pendant trois semaines, et Jeanne en témoigna parfois son impatience. Le jour que vint Gobert Thibault, en compagnie de Jean Érault et de Pierre de Versailles, la Pucelle, voyant entre les deux docteurs l'écuyer du roi, qu'elle avait sans doute rencontré à Chinon, lui frappa familièrement sur l'épaule, et lui dit « *qu'elle voudroit bien avoir plusieurs hommes d'aussi bonne volonté.* » Puis, s'adressant à Pierre de Versailles : « *Je crois bien, dit-elle, que vous êtes venu pour m'interroger : je ne sais ni A ni B ; mais je viens de la part du Roi des cieux pour faire lever le siège d'Orléans, et mener le roi à Reims, afin qu'il y soit couronné et sacré.* » Et ensuite : « *Avez-vous du papier, de l'encre?* dit-elle à Jean Érault. *Écrivez ce que je vous dirai* » : « Vous, Suffort, Classidas et La Poule, je vous somme par le Roi des cieux, que vous en alliez en Angleterre... » La lettre, écrite alors, se retrouvera en original à l'époque où elle eut enfin acquis le droit de l'envoyer aux Anglais. On ne l'interrogea point seulement sur ses révélations : on la fit surveiller par des femmes dans sa manière de vivre, on l'interrogea sur sa croyance. Car ses visions fussent-elles constantes, il fallait savoir d'où elles venaient : si elles venaient du diable, on était convaincu qu'il se trahirait par quelque mot malsonnant touchant la foi. Jeanne sortit tout aussi heureusement de ces épreuves. Elle n'avait pas compté en vain sur Celui dont elle disait aux docteurs : « *Il y a ès livres de Notre-Seigneur plus que ès vôtres.* » Malgré ces vivacités de langage contre la science des docteurs, ils l'admiraient et confessaient qu'elle leur avait répondu avec autant de prudence que si elle eût été un bon clerc. Plusieurs crurent sincèrement à son inspiration. Le confesseur du roi et d'autres voyaient en elle celle qu'annonçait une prophétie (la prophétie de Merlin, sans doute, alléguée, en ce temps même, dans les vers de Christine de Pisan). Jean Érault, cherchant à la révélation de Jeanne un appui dans une autre, cita à l'assemblée ce que l'on rapportait de Marie d'Avignon. On disait que cette femme, renommée alors par ses prédictions, était venue jadis trouver le roi, et lui avait communiqué ses visions sur la prochaine désolation de la France. Elle avait vu quantité d'armes ; elle avait craint que ce ne lui fût un signe d'aller à la guerre. Mais elle avait été rassurée : il lui avait été dit que ce signe ne la touchait pas ; qu'une pucelle viendrait après elle, qui porterait ces armes et délivrerait la France de l'ennemi. Jean Érault ne doutait point, pour sa part, que Jeanne ne fût la pucelle prédite. Sans aller aussi loin, les docteurs ne laissèrent pas de conclure en faveur de Jeanne. Ils louaient le roi de n'avoir, dans cette nécessité pressante du royaume, ni rejeté la Pucelle, ni cru trop légèrement à ses promesses ; mais de l'avoir éprouvée en cherchant dans sa vie et en demandant à ses actes la preuve qu'elle était envoyée de Dieu. Sa vie, disaient-ils, a fait l'objet d'une enquête sérieuse : Jeanne pendant six semaines a été gardée par le roi, visitée par toutes sortes de personnes ; et l'on n'a rien trouvé en elle, que « bien, humilité, virginité, dévotion, honnêteté, simplesse. » Son signe, c'est devant Orléans qu'elle prétend le montrer. Puisque la première preuve est faite, il ne faut pas refuser la seconde qu'elle offre ; il faut la mener à Orléans : car la délaisser sans apparence de mal, « ce seroit répugner au Saint-Esprit et se rendre indigne de l'aide de Dieu. » Les matrones firent leur rapport à leur tour. La reine de Sicile, les dames de Gaucourt et de Trèves attestèrent que Jeanne était digne de porter son surnom populaire, et dès lors la démonstration était complète : car on n'admettait pas que l'âme pure d'une vierge, eût commerce avec le démon.

Le peuple, pour croire en elle, n'avait pas demandé tant d'épreuves. Les plus incrédules ne résistaient point à l'accent de sa parole : tel qui, en venant, déclarait ses promesses pures rêveries, ne s'en allait pas sans avouer que c'était une créature de Dieu ; et plusieurs en revenant pleuraient à chaudes larmes. Jeanne avait gagné tous les suffrages. Les hommes d'Église rendaient témoignage à sa vertu et à sa foi ; les hommes de guerre s'émerveillaient de la façon dont elle parlait sur le fait des armes ; et les dames et les damoiselles ne s'étonnaient pas moins de trouver une simple jeune fille dans celle qui faisait l'admiration des hommes de guerre et des docteurs. Elle qui, sous les armes, semblait égale aux plus habiles par sa tenue, par ses discours, elle se retrouvait, quand elle avait dépouillé le harnois, ce qu'elle était dans son village, « moult simple et peu parlant », toujours pieuse et recueillie, priant dans le secret, et accueillant avec bonté les hommes de toute condition que la curiosité attirait autour d'elle, mais principalement les femmes. Elle leur parlait si doucement et si gracieusement, dit la *Chronique*, qu'elle les faisait pleurer. Elle s'excusait auprès d'elles de l'habit qu'elle portait : et les femmes surtout la devaient comprendre. L'habit d'homme, qui effaroucha tant la pudeur du tribunal institué par les Anglais, n'excita pas les mêmes scrupules parmi les évêques et les docteurs du parti de Charles VII. Il n'en est pas dit un mot dans ce qui est resté de l'enquête de Poitiers ; et si la question s'y posa, elle fut résolue par le bon sens, comme elle l'a été dans la consultation que l'archevêque d'Embrun envoya au roi, peu de temps après la délivrance d'Orléans, sur les actes de la Pucelle : « Il est plus décent, dit le prélat, de faire ces choses en habit d'homme, puisqu'on les doit faire avec des hommes. »

Le roi ne différa plus. Il l'envoya à Tours (vers le 20 avril), et lui composa toute une maison militaire. Les deux plus jeunes frères de Jeanne (Jean et Pierre) l'étaient venus rejoindre ; ses deux guides, Jean de Metz et Bertrand de Poulengy, ne l'avaient point quittée. Le roi les maintint dans sa compagnie. Il lui donna pour maître d'hôtel, ou chef de sa maison militaire, Jean d'Aulon, honnête écuyer ; pour pages, Louis de Coutes, qui s'était déjà trouvé près d'elle à la tour du Coudrai, et un autre du nom de Raimond ; de plus, quelques varlets, deux hérauts d'armes. Un religieux augustin, frère Jean Pasquerel, connu de ceux qui avaient amené Jeanne à Chinon, lui fut présenté par eux et devint son aumônier. Le roi fit faire à la Pucelle une armure complète et lui donna des chevaux pour elle et pour ses gens. Mais à l'épée qu'il lui offrit, elle en préféra une qu'elle semblait tenir de l'une de ses patronnes. Sur son indication (nous redisons ce qu'elle en rapporte), on alla dans la chapelle de Sainte-Catherine de Fierbois, et l'on trouva derrière l'autel, à une petite profondeur, une épée marquée de cinq croix, toute couverte de rouille. La rouille céda facilement, et l'épée fut envoyée à Jeanne avec deux fourreaux magnifiques, l'un de velours vermeil, l'autre de drap d'or : elle s'en fit faire un autre de cuir fort, pour l'usage ordinaire. On lui fit, d'après les instructions qu'elle donna, un étendard en linon, brodé de soie, au champ d'argent (blanc) semé de lis ; on y voyait, sur la face, avec l'inscription JESUS MARIA, l'image de Dieu assis sur les nuées du ciel, portant le monde dans sa main, et de chaque côté un ange lui présentant une fleur de lis qu'il bénissait ; et sur le revers, l'écu de France, tenu par deux anges. Elle s'était fait faire en outre un pennon, sorte de petite bannière, où était peinte une Annonciation ; la Vierge et l'ange un lis à la main. Elle aima son épée ; mais, comme elle le dit en son procès, elle aimait quarante fois plus son étendard. Car ce drapeau, bien plus que son épée, était pour elle le signe et l'instrument de la victoire. Jamais elle ne tua personne. Pour ne point s'y exposer dans la bataille, elle abordait l'ennemi l'étendard à la main.

II. Entrée à Orléans

Il n'y avait plus de temps à perdre si l'on voulait sauver Orléans. Les Anglais achevaient leurs bastilles ; ils avaient fortifié par de nouveaux boulevards et relié par des fossés leurs positions à l'oüest et au nord de la place (de la fin de mars au 15 avril), et ils s'établissaient à l'est dans les bastilles de Saint-Loup (10 mars) et de Saint-Jean le Blanc (20 avril). Le blocus allait donc se resserrant chaque jour, et l'on devait compter de moins en moins à l'intérieur sur ces arrivages, en quelque sorte furtifs, qui, échappant à l'ennemi grâce à leur médiocrité même, renouvelaient de temps à autre les ressources des assiégés. C'était d'une tout autre sorte et dans d'autres proportions que Jeanne voulait ravitailler la place. Son concours étant enfin accepté, on prépara un grand convoi de vivres. La reine de Sicile, qui était l'âme du parti national, fut chargée de le réunir à Blois, avec le duc d'Alençon, Ambroise de Loré et l'amiral Louis de Culan. L'argent manquait : le roi en sut trouver, cette fois ; et bientôt Jeanne vint elle-même à Blois en la compagnie de Regnault de Chartres, archevêque de Reims, chancelier de France, et du sire de Gaucourt, chargés sans doute de donner les derniers ordres pour le départ. Le maréchal de Boussac et le seigneur de Rais, investis du commandement, y vinrent très peu après, avec La Hire, Poton de Xaintrailles, et tous ceux qui devaient faire l'escorte. Dans son procès Jeanne n'évalue pas à moins de 10 ou 12 000 hommes le nombre des gens que lui donna le roi. Le procès-verbal peut être suspect ici d'inexactitude sinon d'altération. Les Anglais avaient intérêt à grossir le nombre des troupes qui leur firent lever le siège. Dunois dans sa déposition dit que l'escorte ne lui avait point paru assez nombreuse pour aller droit à travers les Anglais, lesquels n'étaient pas dix mille hommes, divisés entre les deux rives de la Loire. Monstrelet, un ennemi, en réduit le nombre à sept mille ; Eberhard de Windecken, un écrivain désintéressé, et qui paraît assez bien renseigné ici, à trois mille : on ne saurait le faire descendre plus bas.

Avant d'engager la lutte, Jeanne essaya de la prévenir, marquant du signe de la paix le premier acte de sa mission ; car sa mission c'était aussi la paix aux hommes de bonne volonté. Mais comment obtenir de la bonne volonté des Anglais ce que réclamait le droit de la France à être libre? Jeanne ne s'en crut pas moins obligée à leur envoyer ce message, dont les termes ont été gardés textuellement : « Jhesus Maria. » Roi d'Angleterre, et vous duc de Bethfort qui vous dites régent le royaume de France; Guillaume Lapoule (Pole), comte de Suffort (Suffolk), Jehan sire de Thalebot (Talbot), et vous, Thomas, sire d'Escalles (Scales), qui vous dites lieutenans dudit de Bethfort, faites raison au Roi du ciel de son sang royal; rendez à la Pucelle cy envoyée de par Dieu le Roi du ciel, les clefs de toutes les bonnes villes que vous avez prises et violées en France. Elle est venue de par Dieu le Roi du ciel, pour réclamer le sang royal; elle est toute preste de faire paix, si vous lui voulez faire raison, par ainsi que France vous mettez sur (rendez) et paiez de ce que l'avez tenue. Entre vous, archers, compagnons de guerre gentils, et autres qui estes devant la bonne ville d'Orliens, allez-vous-en, de par Dieu, en vos pays; et si ainsi ne le faites, attendez les nouvelles de la Pucelle qui vous ira voir brièvement à vostre bien grand dommage. Roi d'Angleterre, si ainsi ne le faites, je suis chef de guerre, et en quelque lieu que j'attaindrai vos gens en France, je les en ferai aller, veuillent ou non veuillent; et s'ils ne veulent obéir, je les ferai tous mourir, et s'ils veulent obéir, je les prendrai à merci. Je suis cy venue de par Dieu, le Roi du ciel, corps pour corps, pour vous bouter hors de toute France, encontre tous ceux qui voudroient porter trahison, malengin ni dommage au royaume de France. Et n'ayez point en vostre opinion, que vous ne tiendrez mie (que vous tiendrez jamais) le royaume de France de Dieu, le Roi du ciel, fils de sainte Marie, ains (mais) le tiendra le roi Charles, vrai héritier; car Dieu, le Roi du ciel, le veut ainsi, et lui est révélé par la Pucelle : lequel entrera à Paris à bonne compagnie. Si vous ne voulez croire les nouvelles de par Dieu de la Pucelle, en quelque lieu que nous vous trouverons, nous ferrons (férirons), frapperons dedans à horions, et si (ainsi) ferons un si gros hahaye, que encore a mil années (il y a mille ans) que en France ne fut fait si grand, si vous ne faites raison. Et croyez fermement que le Roi du ciel trouvera (ou envoiera) plus de force à la Pucelle que vous ne lui sauriez mener de tous assauts, à elle et à ses bonnes gens d'armes; et adonc verront lesquels auront meilleur droit, de Dieu du ciel ou de vous. Duc de Bethfort, la Pucelle vous prie et vous requiert que vous ne vous faites pas destruire. Si vous faites raison, encore pourrez venir en sa compagnie l'où que les François feront le plus beau fait qui oncques fut fait pour la chrestienté. Et faites réponse en la cité d'Orliens, si voulez faire paix ; et si ainsi ne le faites, de vos bien grands dommages vous souvienne brièvement. » « Escrit le mardi de la semaine sainte. » « De par la Pucelle. » « Et dessus : "Au duc de Bethfort, soi disant régent le royaume de France ou à ses lieutenans estans devant la ville d'Orliens." »

Cette lettre, datée du 22 mars et probablement écrite à Poitiers, ne fut sans doute adressée aux Anglais qu'après que Jeanne fut agréée de Charles VII ; peut-être seulement quant elle vint à Blois. Elle fut accueillie d'eux avec insulte. Ils ne se bornèrent point à des outrages envers la Pucelle ; ils allèrent jusqu'à une violation du droit des gens sur son messager : ils le retinrent, et ils n'attendaient pour le brûler que l'avis de l'Université de Paris.

Jeanne n'avait donc plus de ménagements à garder envers eux. Pendant qu'on prenait les dernières dispositions pour le départ, elle s'y préparait elle-même à sa manière. Indépendamment de son étendard, elle avait fait faire une bannière où était peinte l'image de Jésus en croix ; et chaque jour, matin et soir, des prêtres se rassemblaient alentour pour chanter les hymnes de Marie. Jeanne y venait, et elle eût souhaité que tous y fussent avec elle : mais nul homme d'armes n'y était admis qu'il ne fût en état de grâce, et Jeanne les engageait à se confesser aux prêtres qui étaient là, tout disposés à les entendre. Au moins voulut-elle qu'avant de partir chacun mit ordre à sa conscience. « Elle leur fit oster leurs fillettes. » Il n'y avait point de place pour elles dans une armée conduite par la Pucelle, sous l'invocation de la Vierge, Mère de Dieu.

La congrégation qu'elle avait formée autour de cette pieuse bannière fut son avant-garde, lorsque le jeudi 28 avril elle sortit de Blois pour aller à Orléans : c'était elle qui ouvrait la marche au chant du *Veni Creator*. Jeanne eût voulu qu'on marchât droit sur Orléans par la rive où la ville s'élève. On passait à travers les plus fortes bastilles des Anglais ; mais on arrivait sans autre obstacle, et elle avait déclaré que les Anglais ne bougeraient pas. Toutefois les capitaines de Charles VII ne pouvaient point fonder leur plan de campagne sur cette assurance, que Talbot, Suffolk et les Anglais, maîtres des positions, laisseraient passer entre leurs mains, sans tenter de le prendre, un convoi de vivres dont ils pouvaient eux-mêmes si bien faire leur profit. Ils résolurent donc de suivre la rive gauche (côté de la Sologne), laissant le fleuve entre leur troupe en marche et les principaux établissements de l'ennemi. De ce côté, en décrivant mi cercle, on évitait les bastilles occupées par les Anglais aux abords du pont d'Orléans, et en passant la Loire au-dessus de leurs dernières positions, on pouvait revenir vers la ville par la rive droite, à travers une plaine moins garnie de bastilles. La marche se fit ainsi. On trompa la simple jeune fille sur la vraie position d'Orléans ; on traversa le pont de Blois, et l'on passa devant Baugency et Meun, sans que l'ennemi, qui occupait ces places, fît rien pour inquiéter le convoi. On coucha en rase campagne (Jeanne, qui ne voulut pas quitter ses armes, en fut toute meurtrie), et on gagna Olivet, derrière les bastilles anglaises de la rive gauche. Jeanne put reconnaître alors comme on s'était joué de son ignorance. Elle était devant Orléans, mais séparée de la ville par la rivière. Elle en fut vivement affectée. Elle eût voulu au moins ne s'en pas éloigner davantage, et sans prétendre forcer, dès l'arrivée, les bastilles qui défendaient l'accès du pont, elle demandait qu'on attaquât la plus occidentale et la plus isolée, celle de Saint-Jean le Blanc : les Anglais s'y attendaient si bien, qu'ils en rappelèrent la garnison aux Augustins et aux Tourelles, croyant la position trop faible pour être défendue. Mais les autres jugèrent le lieu trop rapproché de l'ennemi pour y tenter le passage, et ils se dirigèrent vers l'Île aux Bourdons, devant Chécy (à deux lieues d'Orléans), où ils trouvaient le double avantage d'embarquer le convoi plus sûrement et de le débarquer en lieu plus commode.

La ville d'Orléans attendait avec anxiété l'issue de l'entreprise. On ne doutait pas que les Anglais ne fissent tout pour la traverser. Il fut ordonné que chacun fût sous les armes, prêt à agir ; et Dunois vint avec quelques autres rejoindre le convoi, comme il se trouvait à la hauteur de l'église Saint-Loup, au lieu dit port du Bouschet, pour aviser aux meilleurs moyens de lui faire passer le fleuve et de l'introduire dans la ville. La chose n'était pas si facile encore. Il fallait des bateaux : on ne pouvait les faire venir que d'Orléans, sous le feu des bastilles ennemies, et le vent était contraire. Jeanne était moins touchée de ces difficultés que du parti qu'on avait pris d'en éviter par là de plus grandes, au risque de montrer, dès le début de l'entreprise, si peu de confiance en elle et surtout si peu de foi en Dieu. « *Etes-vous le bâtard d'Orléans ?* » dit-elle à Dunois quand il l'aborda. — Oui, et je me réjouis de votre venue. « *Est-ce vous, reprit-elle, sans autrement répondre au compliment, qui avez donné le conseil de me faire venir ici par ce côté de la rivière, et non pas directement où étaient Talbot et les Anglais ?* » Dunois répondit que lui, et de plus sages que lui, avaient donné ce conseil, croyant mieux faire et plus sûrement. « *En nom Dieu, s'écria Jeanne, le conseil de Messire (Dieu) est plus sûr et plus sage que le vôtre. Vous m'avez cuidé (pensé) décevoir et vous vous êtes déçus vous-mêmes, car je vous amène le meilleur secours que eut oncques chevalier, ville ou cité ; et c'est le plaisir de Dieu et le secours du Roi des cieux ; non mie pour l'amour de moi, mais il procède purement de Dieu. Lequel, à la requête de saint Louis et saint Charles le Grand, a eu pitié de la ville d'Orléans, et n'a pas voulu souffrir que les ennemis eussent le corps du duc d'Orléans et sa ville* [1]. »

En ce moment sa parole sembla se confirmer par un signe : le vent changea tout à coup ; les bateaux purent venir d'Orléans. On y plaça la charge du convoi, blé, vivres et bœufs, puis la flottille redescendit le fleuve comme elle l'avait remonté par le chenal de la rive gauche (c'était alors le principal) s'engagea entre l'île Saint-Loup et l'île Saint-Aignan, depuis île aux Toiles, et atteignit la pointe orientale d'Orléans, où on la déchargea. Mais les moyens manquaient pour faire passer tous les hommes de la même sorte. Un pont de bateaux eût été difficilement établi ; car la Loire était haute. Point d'autre passage que le pont de Blois d'où l'on venait. Plusieurs proposèrent donc de les y reconduire ; Dunois se bornait à prier Jeanne de venir avec lui dans la ville ce soir même : car Orléans eût cru ne rien avoir, recevant les vivres sans elle. Jeanne en fut très irritée. Elle ne savait se décider ni à laisser partir les siens ni à les suivre : car elle ne venait pas seulement ravitailler Orléans, mais le sauver. Or elle avait là des hommes préparés comme elle l'avait voulu, « bien confessés, pénitents, et de bonne volonté » — « *En leur compagnie*, disait-elle, *je ne craindrais pas toute la puissance des Anglais* » – et elle redoutait qu'une

1. Charles d'Orléans, fils de Louis – le frère de Charles VI – et de Valentine Visconti, est alors en captivité en Angleterre après sa prise lors de la bataille d'Azincourt en 1415. Son frère bâtard, Jean, futur comte de Dunois, est chargé des intérêts de la famille dans le duché et les possessions des Orléans.

fois partis, leur troupe ne vînt à se dissoudre. Il y en avait, en effet, dit Jean Chartier, « qui faisaient difficulté de mettre tant de gens en ladite ville, pour ce qu'il y avait trop peu de vivres » on eût craint sans doute à la cour d'être obligé de refaire bientôt les frais d'un nouveau convoi. Dunois, voyant qu'on ne la pouvait point avoir autrement, vint trouver les capitaines qui commandaient l'escorte, et il les supplia, au nom de l'intérêt du roi, de laisser Jeanne et de la décider à le suivre dans la ville, en lui promettant d'aller à Blois passer la Loire pour la rejoindre bientôt à Orléans. Les capitaines firent ce qu'il désirait, et Jeanne agréa leur promesse. Elle laissa à ses hommes la bannière autour de laquelle elle avait coutume de les réunir : elle leur laissait Pasquerel son aumônier, et les prêtres qui les entretenaient dans leurs pieux exercices ; et elle-même, avec Dunois, Lahire et deux cents lances, passa le fleuve à la suite du convoi.

De ce côté, les Anglais n'avaient qu'une seule bastille, celle de Saint-Loup : pour leur ôter la tentation d'en sortir et de troubler l'opération, les Orléanais les y assaillirent eux-mêmes, et de telle sorte qu'ils en rapportèrent une bannière ; mais ce qui valait mieux, les chalands, grâce à la diversion, étaient déchargés en sûreté et les approvisionnements introduits par la porte de Bourgogne. Jeanne et ses hommes d'armes étaient restés près de Chécy. Pour éviter l'empressement tumultuaire de la foule, on était convenu qu'elle n'entrerait dans la ville que la nuit, et un acte public nous apprend qu'elle passa au château de Reuilly quelques heures de cette journée. Elle entra dans Orléans à huit heures du soir, armée de toutes pièces et montée sur un cheval blanc. Elle s'avançait précédée de sa bannière, ayant à sa gauche Dunois, richement armé, et derrière elle plusieurs nobles seigneurs et quelques hommes de la garnison ou de la bourgeoisie d'Orléans qui étaient venus lui faire cortège. Mais c'est en vain qu'on eût voulu tenir la foule éloignée : tout le peuple était accouru à sa rencontre, portant des torches et manifestant une aussi grande joie « que s'ils avaient vu Dieu descendre parmi eux. » Jeanne, en effet, était pour eux comme l'ange du Dieu des armées. Ils se sentoient, dit le *Journal du siège*, tous reconfortés et comme desassiégés par la vertu divine qu'on leur avoit dit être dans cette simple pucelle » Tous se pressaient autour d'elle, hommes, femmes et petits enfants, cherchant à la toucher, à toucher au moins son cheval (dans leur empressement, ils faillirent de leurs torches brûler son étendard) ; et ils l'accompagnèrent ainsi, lui faisant « grant chère et grant honneur » à l'église principale, où elle voulut, avant toute chose, aller rendre grâces à Dieu ; puis jusqu'auprès de la porte Renart, en l'hôtel de Jacques Boucher, trésorier du duc d'Orléans, où elle fut reçue avec ses deux frères et les deux gentilshommes qui l'avaient amenée de Vaucouleurs (29 avril).

III. La délivrance d'Orléans

Jeanne avait dès ce moment changé la face des choses. Les Orléanais, d'assiégés, devenaient décidément assiégeants. Le peuple avait repris tant de confiance, qu'autrefois (c'est Dunois qui l'avance) deux cents Anglais eussent mis en fuite plus de huit cents hommes de l'armée du roi, et maintenant quatre ou cinq cents hommes d'armes osaient braver toutes les forces anglaises. Dès le lendemain matin (30 avril), les plus impatients, et dans le nombre Florent d'Illiers, arrivé de Châteaudun l'avant-veille avec quatre cents combattants, sortirent enseignes déployées, chargèrent les Anglais et les refoulèrent vers leur bastille voisine de Saint-Pouair (sur la route de Paris) ; et déjà on ne parlait dans la ville que d'apporter de la paille et des fagots pour y mettre le feu : mais l'attaque ne fut pas soutenue. Jeanne n'avait rien su de l'entreprise ; et, si pressée qu'elle fût de combattre, on peut croire qu'elle l'eût désapprouvée : car avant d'attaquer l'ennemi, elle le voulait sommer encore. Mais elle entendait qu'on ne différât pas davantage. Elle ne voulait pas même attendre sa propre troupe, qui devait passer la Loire à Blois, et se refusait à ce que Dunois l'allât chercher, aimant mieux qu'il restât pour faire immédiatement sommation, ou, en cas de refus, donner l'assaut aux Anglais. Dunois ne se refusa point à lui laisser faire telles sommations qu'il lui plairait ; mais il tint à ne point combattre avant d'avoir reçu ses moyens d'attaque ; et Jeanne dut céder à son tour. Elle écrivit donc aux Anglais dans le même sens que la première fois, réclamant le héraut qui leur avait porté sa lettre de Blois. Ceux qu'elle envoyait d'Orléans pouvaient bien avoir le même sort : car les Anglais ne se croyaient point tenus du droit des gens envers cette fille qu'ils réputaient pour le moins hérétique ; mais Dunois leur manda en même temps que s'ils ne les renvoyaient tous, il ferait mourir les Anglais prisonniers et ceux qu'on avait envoyés pour traiter de la rançon des autres. Ils cédèrent à cette menace, selon le *Journal du siège*. Selon d'autres témoignages qui trouvent ailleurs leur confirmation, des deux messagers ils retinrent l'un, et ne renvoyèrent l'autre que pour avoir l'occasion de publier ce que leur haine avait dès lors résolu contre la Pucelle. Ils lui mandèrent « qu'ils la brûleroient et feroient ardoir (périr dans les flammes) » ; et, mêlant l'insulte à la menace, ils ajoutaient « qu'elle n'étoit qu'une ribaude et comme telle s'en retournât garder ses vaches ». Jeanne fut vivement émue de ces insultes grossières ; mais, au risque de les subir en face, elle voulait avant de commencer l'attaque, adjurer elle-même les Anglais de l'éviter en se retirant. Elle s'en alla donc au boulevard de la Belle-Croix, position avancée des Orléanais sur le pont, et de là elle somma Glasdale (Glacidas) et les soldats qui occupaient les Tourelles de se rendre de par Dieu, ne leur assurant que la vie sauve. On devine comment cette sommation fut accueillie. « Glacidas et ceux de sa route, dit le *Journal*, répondirent vilainement, l'injuriant et appelant vachère, comme devant, crians moult haut qu'ils la feroient ardoir s'ils la pouvoient tenir. » La Pucelle prit encore en patience les injures ; mais elle leur déclara qu'ils s'en iraient bientôt, et à leur chef qu'il ne le verrait pas. Sa parole s'accomplit : mais les Anglais n'en seront que plus ardents à tenir leur promesse.

Puisque Dunois ne voulait point combattre sans les troupes renvoyées à Blois, le plus sûr et le plus court était peut-être encore qu'il les allât chercher. Il partit donc le dimanche matin, 1er mai, avec Boussac, d'Aulon et plusieurs autres, passant fièrement sous les bastilles anglaises. La Pucelle était venue s'établir entre ces bastilles et la ville et sa présence avait suffi pour que l'ennemi, si fort qu'il fût, ne remuât pas. Rentrée en ville, elle employa les loisirs qu'on lui faisait pour se mettre plus intimement en rapport avec la population, en lui communiquant, avec sa foi en Dieu, sa confiance dans la victoire, et en la préparant à braver les Anglais dans leurs forts, si les Anglais continuaient de rester sourds à ses invitations.

Et d'abord elle voulut donner satisfaction à l'empressement populaire. Les Orléanais se portaient en tel nombre vers son hôtel, qu'ils en rompaient presque les portes. Elle parcourut à cheval les rues de la ville, et la foule était si grande sur son chemin qu'à grand-peine pouvait-elle s'ouvrir un passage : car le peuple « ne se pouvoit saouler de la voir ». Tous admiraient sa bonne grâce à cheval, sa tenue militaire ; et ils sentaient qu'elle ne se trompait pas lorsque, tournant vers Dieu leur confiance, elle allait répétant sans cesse : « *Messire m'a envoyée pour secourir la bonne ville d'Orléans.* » Puis elle renouvela auprès des Anglais de la rive droite ses démarches si mal accueillies à la rive gauche. Elle vint près de la croix Morin, invitant ceux qui tenaient la bastille voisine à se rendre, la vie sauve, et à s'en retourner en Angleterre. Mais ils lui répondirent comme aux Tourelles par des insultes : « Voulez-vous donc, s'écriait le Bastard de Granville, que nous nous rendions à une femme ? » Et il jetait à la face des Français, dont elle était suivie, des injures qui retombaient encore sur elle.

Le lendemain (lundi, 2 mai), elle sort à cheval et s'en vient par les champs examiner les bastilles et les positions des Anglais ; et le peuple la suivait en grande foule, prenant plaisir à la voir et à être autour d'elle, sans souci de l'ennemi : comme si avec Jeanne nul péril ne les pût atteindre. Et en effet les Anglais ne bougèrent pas ; et Jeanne, après avoir inspecté leurs fortifications tout à loisir, rentra dans la ville et vint à l'église Sainte-Croix entendre vêpres.

Le mardi, jour de l'Invention de la Sainte-Croix, fête de la cathédrale, grande procession à laquelle elle assiste avec les capitaines, afin de tourner les cœurs, par cette manifestation publique, vers Celui de qui elle attendait son secours : car pour elle, elle ne mettait point en doute la défaite des ennemis ; et si quelque sage homme lui disait : « Ma fille, ils sont forts et bien fortifiés, et sera une grande chose à les mettre hors », elle répondait : « *Il n'est rien d'impossible à la puissance de Dieu.* » Ce jour-là, on vit arriver les garnisons de Gien, de Château-Regnard, de Montargis, cette brave ville qui, après avoir vaillamment repoussé les Anglais en 1427, prêtait, à la même fin, si volontiers secours aux autres. Mais de Blois, personne encore : et cependant, si les capitaines avaient tenu leur promesse, c'est en ce jour qu'on les devait voir revenir. Enfin, le soir, on apprit qu'ils étaient en marche.

Ce n'était pas sans raison que Dunois avait jugé utile d'aller à leur rencontre ; car, lorsqu'il arriva, leur départ était mis en question. On délibérait devant le chancelier de France. Quelques-uns opinaient que chacun retournât en sa garnison ; c'était probablement l'avis du chancelier et de ses adhérents : car pour les capitaines, presque tous voulaient revenir à Orléans comme ils s'y étaient engagés. Dunois montra que si cette petite armée, réunie avec tant de peine et déjà réduite des deux tiers, venait à se dissoudre, c'en était fait de la ville. Il l'emporta. On résolut de revenir à Orléans avec des munitions nouvelles, et d'y revenir comme on l'avait arrêté, comme Jeanne l'avait voulu d'abord, par la Beauce (la rive droite), à travers les principales bastilles des Anglais.

Jeanne n'était plus parmi ces soldats que par la bannière commise à Pasquerel et aux prêtres. Mais elle devait être là quand on passerait devant l'ennemi. Le mercredi (4 mai), apprenant leur approche, elle vint au-devant d'eux jusqu'à une lieue d'Orléans, son étendard à la main, suivie de La Hire, de Florent d'Illiers et de plusieurs autres. Et tous ensemble ils repassèrent avec leur convoi à travers les bastilles anglaises, processionnellement, les prêtres chantant des cantiques, sans que les Anglais, qui avaient l'avantage de la position et du nombre, fissent rien pour les arrêter. Cet ennemi, qui était le plus fort et qu'on ne pouvait point soupçonner de manquer de courage, était resté comme frappé d'impuissance devant celle que la veille encore il outrageait. C'était maintenant aux Anglais de se défendre ; et ce n'était pas sans une vive sollicitude qu'ils attendaient des renforts à leur tour. La Pucelle ne les redoutait pas. Ce jour même, après le diner, Dunois l'étant venu trouver pour lui dire que Falstolf leur amenait des vivres et des hommes, et qu'il était déjà à Janville : « *Bastard, Bastard,* s'écria-t-elle dans une saillie de joie, *en nom Dieu, je te commande que tantôt (aussitôt) que tu sauras la venue dudit Falstolf, tu me le fasses savoir : car s'il passe sans que je le sache, je te promets que je te ferai ôter la tête.* » Dunois lui dit sur le même ton de ne rien craindre : qu'il le lui ferait bien savoir.

Ce fut pourtant sans lui rien dire que l'on commença l'attaque. Elle s'était jetée sur un lit pour se reposer un moment des fatigues de la journée, quand tout à coup elle se leva, et réveillant d'Aulon, son écuyer, qui dormait sur un autre lit : « En nom Dieu, dit-elle, mon conseil m'a dit que j'aille contre les Anglois ; mais je ne sais si je dois aller à leurs bastilles ou contre Falstolf qui les doit ravitailler. » Comme il l'armait, on entendit grand bruit : on criait dans la ville que les ennemis portaient grand dommage aux Français. Elle quitte d'Aulon, qui lui-même se revêt de ses armes, sort précipitamment de sa chambre, et rencontrant son page : « *Ah ! sanglant garçon*, s'écrie-t-elle, *vous ne me disiez pas que le sang de France fut répandu. Allez quérir mon cheval.* » Elle achève de s'armer avec l'aide de la dame du logis et de sa fille ; puis, sautant sur le cheval que le page amenait, elle l'envoie chercher son étendard, le reçoit par la fenêtre sans lui laisser le temps de descendre, et part, courant droit par la grande rue vers la porte de Bourgogne, si vite que les étincelles jaillissaient du pavé.

C'est de ce côté qu'était l'action dont le bruit s'était répandu dans la ville. Après l'entrée du convoi, ceux d'Orléans qui l'avaient escorté, ayant pris leur repas à la hâte, étaient allés à l'hôtel de ville, où ils se firent donner des couleuvrines, des arbalètes, des échelles, et ils étaient partis pour attaquer Saint-Loup. Mais cette bastille, qui commandait le passage de la Loire en amont et le chemin de la Bourgogne, avait été fortement mise en défense par Talbot. Il y avait là trois cents Anglais d'élite : malgré l'absence de leur capitaine, Thomas Guerrard, ils résistaient avec vigueur aux assaillants, et bon nombre de blessés étaient rapportés vers la ville. Jeanne s'arrêta au premier dont elle fit la rencontre, et sachant que c'était un Français : « *Jamais*, dit-elle, *je n'ai vu sang de François que les cheveux ne me levassent en sur (sur la tête).* » Elle arriva devant la bastille : elle avait été rejointe par son écuyer, son page, tous ses gens ; et bientôt Dunois et plusieurs autres vinrent soutenir l'attaque si témérairement commencée. Jeanne leur ordonna d'observer l'ennemi, et d'empêcher qu'il ne vint des autres forts au secours de Saint-Loup. Elle-même, debout sur le bord du fossé, son étendard à la main, encourageait ses hommes à l'assaut. Les Anglais tinrent trois heures, forts de leur propre résolution et comptant sur le secours des autres. Talbot, en effet, donna l'ordre de sortir des retranchements pour faire diversion en menaçant la ville ; et ceux de Saint-Pouair, cette grande bastille que les Anglais avaient nommée Paris, plus rapprochés de la bastille attaquée, tentèrent de la dégager en prenant à dos les assaillants. Mais par deux fois la cloche du beffroi dénonça leur entreprise, et les Orléanais, sous la conduite de Boussac, de Graville et de quelques autres, sortant aussitôt de la place au nombre de six cents, se rangèrent en bataille et les contraignirent à rétrograder. Ceux de Saint-Loup ne se laissèrent point encore abattre, et, disputant le terrain pied à pied, se retirèrent au clocher de l'église ; mais, malgré leur bravoure, ils y furent forcés et tués ou pris. Quelques gens d'Église qui étaient parmi eux, ou de soi-disant tels, vinrent sous l'habit ecclésiastique se présenter à Jeanne. Elle les reçut, empêcha qu'on ne leur fît aucun mal, et les emmena dans son hôtel. C'étaient assez de tués en cette journée. « Elle pleurait sur eux, dit Pasquerel, en pensant qu'ils étaient morts sans confession. »

Les Français trouvèrent à Saint-Loup grande quantité de vivres et d'autres biens qu'ils pillèrent, et ils mirent le feu à la bastille. Quand ils furent rentrés à Orléans, les Anglais eurent bien la pensée de la reprendre ; mais à la vue des flammes, ils rebroussèrent chemin, la jugeant décidément perdue pour eux.

Ce premier succès fut célébré dans Orléans comme le premier acte de la délivrance. Jeanne, qui avait mené le peuple à la victoire, lui rappelait qui en était l'auteur. Elle répondait à l'empressement dont elle était l'objet, en menaçant ses hommes d'armes de les quitter s'ils ne se rapprochaient de Dieu par la pénitence ; elle les exhortait à lui rendre grâces, et promettait que dans cinq jours le siège serait levé et qu'il n'y aurait plus un seul Anglais devant Orléans. Le peuple la croyait. On courait aux églises, et le son des cloches portait comme un retentissement de cette joie publique aux Anglais étonnés d'être vaincus.

La Pucelle ne voulait point qu'on leur laissât le temps de se raffermir. Dès le lendemain, quoique ce fût le jour de l'Ascension, elle demandait qu'on les attaquât au cœur même de leurs positions, à la bastille de Saint-Laurent. Mais les capitaines se refusèrent à ses instances, alléguant la sainteté du jour. Jeanne céda, et sut elle-même honorer la fête et y chercher de nouveaux moyens de succès, non seulement en allant recevoir dans la communion le pain des forts, mais en rappelant à ses compagnons les vraies conditions de la victoire promise. Depuis qu'elle était à l'armée, elle n'avait cessé de combattre en eux le désordre et le vice, comme leur plus dangereux ennemi et le plus grand obstacle à leur triomphe. Elle ordonna que personne ne sortît le lendemain pour combattre qu'il ne fût confessé, et renouvela la défense qu'aucune femme dissolue ne les suivît, parce que Dieu pourrait permettre qu'ils fussent battus à cause de leurs péchés.

En même temps, elle voulait offrir à l'ennemi un dernier moyen d'éviter une plus sanglante défaite. Elle lui écrivit une nouvelle lettre, que Pasquerel, son fidèle compagnon en toutes ces journées, reproduit en ces termes : « *A vous, hommes d'Angleterre, qui n'avez aucun droit en ce royaume de France, le Roi du ciel ordonne et mande par moi que vous laissiez vos bastilles et vous en alliez en votre pays, ou sinon je vous ferai un-tel hahu (ou hahaye) qu'il en sera perpétuelle mémoire. Voilà ce que je vous écris pour la troisième et dernière fois, et je ne vous écrirai pas davantage. JHESUS MARIA, Jeanne la Pucelle.* » Elle ajoutait après avoir signé : « *Je vous aurois envoyé mes lettres plus honorablement, mais vous me retenez mes hérauts. Vous m'avez retenu mon héraut Guyenne. Renvoyez-le-moi et je vous renverrai quelques-uns de vos gens pris dans la bastille Saint-Loup ; car ils ne sont pas tous morts.* » Elle prit alors une flèche, y attacha la lettre, et la fit lancer aux Anglais avec ce cri : « *Lisez, ce sont nouvelles.* » Les Anglais la relevèrent, et l'ayant lue se mirent à crier : « Voilà des nouvelles de la p... des Armagnacs. » Jeanne, à ces mots, soupira et répandit d'abondantes larmes, appelant à son aide le Roi du ciel. Et le Seigneur la consola.

Pendant que Jeanne cherchait tout à la fois à rendre la lutte décisive, ou à la prévenir, s'il se pouvait encore, les chefs, dans un conseil tenu chez le chancelier du duc d'Orléans, délibéraient à part sur la manière de la conduire. Jeanne avait proposé d'aller droit à la grande bastille des Anglais. Ils convinrent d'adopter son plan, mais seulement en apparence : ils voulaient, par une fausse attaque sur la rive droite, y attirer ceux de la rive gauche, et profiter de la diversion pour enlever les bastilles de cette rive, dégarnies de leurs défenseurs. De cette sorte, ils devenaient maîtres du pont ; ils rendaient toute liberté à leurs communications avec la Sologne, et se ménageaient les moyens d'introduire dans la place de quoi soutenir un long siège : car ils n'avaient point d'autre ambition que de lasser l'ennemi.

Jeanne n'était pas de ce conseil ; et plusieurs même voulurent qu'on ne lui dît rien de l'attaque projetée contre les bastilles de la Sologne, c'est-à-dire du véritable but de la journée, de peur qu'elle n'en parlât. En effet, quand on l'appela, on ne lui fit part que du projet d'attaquer la grande bastille de la Beauce ; et l'on croyait la tromper d'autant mieux, que ce projet répondait à ses vues. Quand le chancelier du duc d'Orléans lui eut fait l'exposition concertée, elle répondit, indignée de ces subterfuges : « *Dites ce que tous avez conclu et appointé. Je cèlerois bien plus grande chose.* » Et elle allait et venait par la salle, marchant à grands pas. « Jeanne », lui dit Dunois, voulant réparer l'effet de cette injurieuse maladresse, « ne vous courroucez pas, on ne peut pas tout dire à une fois. Ce que le chancelier vous a dit a été résolu ; mais si ceux de l'autre côté se départent pour venir aider la grande bastille de par deçà, nous avons résolu de passer la rivière, pour y besogner ce que nous pourrons. Et nous semble que cette conclusion est bonne et profitable. » Jeanne se calma, et répondit qu'elle était contente et que la conclusion lui semblait bonne, pourvu qu'elle fût ainsi exécutée. De quelque côté que portât le coup, elle sentait qu'il serait décisif; mais sa défiance n'était que trop légitime : ils ne firent rien de ce qu'ils avaient résolu. On se décida à se porter directement sur la rive gauche.

Les Anglais occupaient, on l'a vu, la tête du pont ou la bastille des Tourelles, et, un peu en deçà des Tourelles, la bastille des Augustins, l'une et l'autre couvertes par leur boulevard. Ils avaient de plus, en aval du fleuve, le boulevard de Saint-Privé, qui était relié à la grande bastille de Saint-Laurent (rive droite) par un boulevard, élevé dans l'île Charlemagne ; et, en amont, la bastille de Saint-Jean le Blanc, qui était moins une forteresse qu'un poste fortifié, ou, selon l'expression du Journal, « un guet pour garder ce passage : » poste abandonné une première fois à l'approche de Jeanne, et occupé de nouveau après son entrée dans la ville.

Ce fut par ce côté que la Pucelle et les capitaines allaient commencer leur attaque.

Il y avait la une petite île appelée depuis île aux Toiles et alors île Saint-Aignan, séparée de la rive par un étroit canal. Rien ne convenait mieux pour disposer à loisir une attaque dirigée d'Orléans contre les positions des Anglais sur la rive gauche ; et les Orléanais en avaient usé plusieurs fois. Ils y passèrent cette fois encore. Deux bateaux, amarrés entre l'île et la rive gauche, furent comme un pont qui mena de l'une à l'autre. Mais quand ils vinrent à Saint-Jean le Blanc, ils le trouvèrent encore abandonné. Glasdale, menacé d'une attaque sérieuse, avait jugé plus sûr d'en rappeler ses soldats dans les bastilles qui défendaient le pont.

La Pucelle vint les y attaquer aussitôt, sans même attendre que tout son monde eût passé de l'île à la rive opposée, et elle planta son étendard sur le rebord du boulevard des Augustins. Mais ses compagnons ne soutinrent pas son audace. Une terreur panique les saisit tout à coup. Le bruit se répand que les Anglais viennent en grande force du côté de Saint-Privé. On fuit, on cherche à regagner le pont de bateaux, afin de se mettre en sûreté dans l'île de la Loire ; et les Anglais, sortant de leurs bastilles, poursuivent à grands cris les fuyards, insultant de leurs grossiers propos la Pucelle qui cherchait à couvrir leur retraite. Elle se retourne alors, et leur faisant tête, si peu de gens qu'elle eût autour de soi, elle marche à eux, sa bannière déployée. Les Anglais s'effrayent, et sans l'attendre, fuient à leur tour jusque dans leur bastille des Augustins ; mais Jeanne les presse, et plantant de nouveau sa bannière sur le fossé du boulevard, elle rallie alentour les Français ramenés par son exemple. À la vue des Anglais sortant de leurs bastilles, on pouvait croire que ceux de la rive droite, comme les Français, avaient passé la Loire, et venaient, par Saint-Privé, au secours des places attaquées ; et, dans ce cas, la prudence commandait peut-être de rentrer dans la ville. Mais la Pucelle, en changeant l'aspect des choses, avait changé les résolutions des capitaines. Ils arrivaient, et ne songeaient plus qu'à forcer avec elle l'ennemi dans son refuge. Deux chevaliers qui, dans ces alternatives de retraite et d'attaque, s'étaient défiés à qui ferait le mieux son devoir, étaient déjà au pied des palissades mais un Anglais, grand, puissant et fort, occupant à lui seul tout le passage, les tenait en échec. D'Aulon le signala au fameux canonnier Jean le Lorrain, qui l'abattit d'un coup de sa couleuvrine ; et les deux chevaliers, entrant dans la place, y furent suivis d'une foule d'assaillants. Tous les Anglais périrent ou cherchèrent un abri derrière le boulevard des Tourelles. La forteresse contenait des vivres et du butin en abondance ; pour ôter aux vainqueurs la tentation du pillage et leur en éviter les périls, la Pucelle fit mettre le feu à la bastille, et tout fut brûlé. Restaient les Tourelles : on les investit immédiatement, mais on remit l'attaque au lendemain, et la Pucelle rentra le même soir avec les principaux chefs dans la ville.

Ce ne fut pas sans appréhension pourtant et sans regret qu'elle laissait une partie de ses gens devant l'ennemi sans y être avec eux ; et si elle les quittait, elle ne le faisait point parce qu'elle s'était blessée aux chausse-trapes, ni parce qu'elle ne manquait jamais d'aller passer la nuit parmi les femmes, quand cela n'était pas impossible. Une cause plus décisive la rappelait dans Orléans : c'est que le succès du jour avait besoin d'être affermi, et celui du lendemain préparé ; or, il y fallait sa présence.

Les capitaines, tout en acceptant son concours, ne voulaient pas avoir l'air de suivre sa direction ; et plus on allait, plus ils semblaient craindre de lui laisser l'honneur de la victoire. Mais chaque fois leur opposition avait tourné contre eux-mêmes. La Pucelle avait toujours voulu porter le coup au cœur de la puissance anglaise. C'est contrairement à son avis qu'ils l'avaient amenée à Orléans par la Sologne ; et elle leur avait bien prouvé que son avis était le meilleur, lorsque, trois jours après, elle y fit entrer un autre convoi, trois fois moins escorté, par cette route de la Beauce, à travers ces mêmes bastilles anglaises qu'ils avaient craint d'affronter d'abord. C'est contrairement à son avis, et, autant qu'il avait été en eux, à son insu, qu'ils avaient résolu d'attaquer les bastilles de la rive gauche ; et c'était elle qui avait fait réussir leur attaque au moment même qu'ils se décidaient à l'abandonner. Après cet éclatant succès qui promettait le dégagement du pont pour le lendemain, ils voulurent s'arrêter encore. Le soir, quand Jeanne eut pris un peu de nourriture (contre son habitude, dit Pasquerel, elle n'avait point jeûné ce vendredi-là, parce qu'elle était trop fatiguée), un des notables chevaliers lui vint dire que les capitaines avaient tenu conseil. Il leur avait semblé, ajoutait-il, qu'ils étaient bien peu, vu le nombre des Anglais, et que Dieu leur avait déjà fait une grande grâce en leur accordant ce qu'ils avaient obtenu ; que la ville étant pleine de vivres, il leur serait facile de la bien garder en attendant le secours du roi ; et que par suite il ne paraissait pas opportun au conseil de faire sortir le lendemain les gens de guerre. Jeanne lui répondit : « *Vous avez été en votre conseil, et j'ai été au mien, et croyez que le conseil de Dieu s'accomplira et tiendra ferme, et que cet autre conseil périra ;* » et se tournant vers son confesseur, qui le raconte : « *Levez-vous demain de grand matin,* dit-elle, *et vous ferez plus qu'aujourd'hui. Tenez-vous toujours auprès de moi ; car demain j'aurai beaucoup à faire, et plus que je n'ai jamais eu : demain le sang coulera de mon corps au-dessus du sein.* »

Ce qui peut expliquer jusqu'à un certain point, sinon excuser entièrement, l'étrange résolution des capitaines, c'est que les Anglais, après la prise des Augustins et l'investissement des Tourelles, avaient rappelé sur la rive droite, dans leur bastille de Saint-Laurent, les hommes, qui occupaient, sur l'autre rive, le boulevard de Saint-Privé. Ils renonçaient donc à aller directement au secours des Tourelles : mais ne se réservaient-ils point de tenter une forte attaque contre la ville elle-même ? et dans ce cas n'était-il pas prudent de les observer et d'attendre ? La Pucelle ne le crut point, non plus que les habitants de la ville. Jeanne pensait à ces braves gens qu'elle avait laissés devant les Tourelles exposés sans elle aux sorties des Anglais ; quant aux habitants d'Orléans, ils passèrent cette nuit à leur envoyer des vivres et des munitions, et à préparer tous les engins qui pouvaient servir à désarmer le boulevard ennemi de ses défenses et à en rendre l'accès plus praticable aux assaillants.

Le lendemain, de grand matin, Pasquerel dit la messe, et Jeanne partit pour l'assaut. Au moment du départ, son hôte la voulait retenir pour manger d'une alose qu'on venait de lui apporter. « *Gardez-la jusqu'au soir,* dit-elle dans une saillie de bonne humeur, *et je vous amènerai un godon (on reconnaît le sobriquet populaire) qui en mangera sa part ;* » et elle promettait de repasser par-dessus le pont. Mais les capitaines persistaient dans leur opposition à l'entreprise, et ils avaient donné ordre au gouverneur d'Orléans, Gaucourt, de garder les portes pour empêcher qu'on ne sortît. Jeanne le trouvant devant elle comme elle voulait passer : « *Vous êtes un méchant homme,* dit-elle ; *et qu'il vous plaise ou non, les gens d'armes viendront et gagneront comme ils ont gagné.* » Gaucourt, aurait vainement essayé de résister à ceux qui suivaient Jeanne, et il ne s'était déjà que trop mis en péril. Jeanne fit ouvrir la porte de Bourgogne et une petite porte, près de la grosse tour, qui donnait directement sur la Loire, et, passant le fleuve, elle alla rejoindre avec ces nouveaux combattants ceux qu'elle avait laissés devant le fort ennemi.

Les capitaines, même ceux qui l'avaient voulu arrêter, la suivirent : jaloux de vaincre sans elle, ils ne se souciaient guère qu'elle triomphât sans eux. Avec Dunois et La Hire, qui paraissent toujours plus prêts à la seconder, on compta bientôt devant les Tourelles, Rais, Graville, Poton de Xaintrailles, Thibaut d'Armagnac, seigneur de Termes, Louis de Culan et Gaucourt lui-même. La lutte s'engagea dès six ou sept heures du matin. Anglais et Français rivalisaient d'ardeur. Ceux d'Orléans voyaient dans la victoire le gage de leur délivrance ; ceux de la bastille combattaient pour leur vie et pour leur liberté ; car ils n'avaient point de refuge. Les Français descendaient dans les fossés du boulevard, et sous le feu des canons ou les traits des arbalètes, ils cherchaient à gravir l'escarpement « avec une telle vaillance, qu'il sembloit à leur hardi maintien qu'ils cuidassent être immortels » ; mais lorsqu'ils touchaient au sommet, ils trouvaient l'ennemi armé de haches, de lances et de maillets de plomb ; ils ne cédaient qu'accablés par le nombre dans des combats corps à corps. Ces assauts, toujours repoussés, recommençaient toujours ; la Pucelle était là, soutenant les courages et disant : « *Ne vous doubtez (ne craignez pas), la place est vôtre.* » L'attaque se prolongeait sans résultat, lorsque, vers une heure après midi, elle descendit dans le fossé et dressa une échelle contre le parapet : au même instant, elle fut atteinte entre l'épaule et la gorge d'un trait d'arbalète qui la perça de part en part. Se sentant blessée, elle eut peur et pleura. Que craignait-elle, et pourquoi pleurer ? N'était-elle plus sûre de la victoire, ou craignait-elle de mourir ? Non, car elle avait prédit qu'elle serait blessée et qu'elle en guérirait. Ce fait, tout merveilleux qu'il est, se trouve établi par les témoignages les plus irrécusables. Ce n'est pas seulement Jeanne dans le procès de Rouen, ce ne sont pas seulement les témoins du procès de réhabilitation qui le constatent : c'est une lettre qui a date authentique, lettre écrite de Lyon à Bruxelles, après qu'elle eut prédit sa blessure et avant qu'elle l'eût reçue. Cet accident confirmait donc sa parole ; mais la femme demeurait dans l'héroïne et dans la sainte : elle eut peur et pleura. Cependant elle fut consolée, comme elle disait. Elle arracha le fer de la plaie, et comme plusieurs hommes de guerre lui proposaient de charmer la blessure, elle s'y refusa, disant : « *J'aimerais mieux mourir que de rien faire que je susse être péché ou contre la volonté de Dieu ;* » mais elle ne refusait pas qu'on entreprît de la guérir, si l'on y pouvait appliquer quelque remède permis. On lui mit une compresse d'huile d'olive ; après quoi elle se confessa, versant des larmes.

Cette longue résistance des Anglais et l'accident de Jeanne avaient découragé les assaillants. Les chefs la vinrent trouver, et tout en lui exprimant leur peine de la voir blessée, ils lui dirent qu'il valait mieux laisser l'assaut jusqu'au lendemain. Elle ne répondit à ces ouvertures que par les plus nobles paroles, les exhortant à ne pas faiblir ; mais fort peu touchés de ce langage, ils ordonnèrent de suspendre l'assaut, et se retirèrent à distance, songeant à ramener dans Orléans et leurs troupes et leur artillerie : car elles n'eussent plus été fort en sûreté, même pour une nuit, de ce côté de la Loire, après un échec avoué. Jeanne, malgré ses souffrances, vint alors elle-même trouver Dunois, et le supplia d'attendre un peu encore : « *En nom Dieu*, disait-elle, *vous entrerez bien brief (bientôt) dedans, n'ayez doute, et les Anglois n'auront plus de force sur vous. C'est pourquoi reposez-vous un peu, buvez et mangez.* » Ils le firent, car sa parole avait un accent qui les subjuguait ; et alors : « *Maintenant*, dit-elle, *retournez de par Dieu à l'assaut derechef : car sans nulle faute, les Anglois n'auront plus la force de se défendre, et seront prises leurs Tournelles et leurs boulevards.* » L'attaque recommença, ou plutôt reprit avec une ardeur nouvelle, car elle n'avait jamais été entièrement suspendue. Jeanne demanda son cheval, et laissant son étendard à d'Aulon, son écuyer, s'en vint à l'écart dans une vigne voisine, pour faire à Dieu son oraison : mais elle reparut bientôt, et prenant elle-même son drapeau, elle dit à un gentilhomme qui était auprès d'elle : « *Donnez-vous garde (regardez) quand la queue de mon étendard touchera contre le boulevard.* » Un peu après il lui dit : « Jeanne, la queue y touche ! » Elle s'écria : « *Tout est vôtre et y entrez.* »

A sa voix, ils reviennent à l'assaut. « Et oncques, dit un contemporain, on ne vit grouée d'oisillons eux parquer sur un buisson comme chacun monta contre ledit boulevard. » En même temps ceux d'Orléans venaient, du boulevard de la Belle-Croix, attaquer, par le pont, les Tourelles. De ce côté, les Anglais étaient séparés des assaillants par plusieurs arches qu'ils avaient rompues ; mais les Orléanais, apportant avec eux des échelles, de vieilles gouttières de bois, se mirent en devoir de les jeter d'un pilier à l'autre ; et comme la plus longue de ces gouttières était encore trop courte de trois pieds, ils la rajustèrent, l'étayèrent comme ils purent. C'est sur ce pont de nouvelle sorte qu'un chevalier de Rhodes, le commandeur Nicole de Giresme, s'aventura le premier tout armé. Les Anglais étaient donc assaillis des deux côtés à la fois ; mais ce qui les terrifiait, c'était de voir, présidant à l'assaut sur la rive gauche, cette femme qu'ils se flattaient d'avoir tuée. L'étonnement paralysa leurs forces : comme Jeanne l'avait annoncé, ils ne firent presque plus de résistance. Ils cherchaient à fuir du boulevard dans les Tourelles, par le pont jeté entre les deux places ; mais, là aussi, ils se trouvaient prévenus par l'intrépide activité de ceux d'Orléans. Pendant que l'attaque se poussait sur les deux côtés, contre la bastille et contre le boulevard, un bateau chargé de matières combustibles fut amarré sous le pont qui joignait l'un à l'autre ; et quand les Anglais, forcés dans le boulevard, voulurent se retrancher dans les Tourelles, le pont, attaqué par les flammes, céda, et presque tous furent précipités dans les flots. La Pucelle eût voulu les sauver : « *Glacidas ! Glacidas !* criait-elle à leur chef, *rends-ti, rends-ti (*rends-toi*) au Roi du ciel. Tu m'as appelée p... ; j'ai grand'pitié de vos âmes !* » Mais Glasdale fut entraîné avec les autres, et la Pucelle ne put voir sans verser des larmes cette fin misérable de tant de braves gens. Il ne resta sur la rive gauche aucun Anglais qui ne fût tué ou pris.

Il était soir quand les Tourelles furent occupées. La Pucelle y demeura une partie de la nuit, afin de voir si les Anglais de Saint-Laurent ne tenteraient rien pour venger leurs compagnons et regagner la position perdue ; « mais ils n'en avoient nul vouloir. » La Pucelle rentra donc dans Orléans. En moins de trois heures, les Orléanais avaient su rendre le pont praticable, si bien que Jeanne put, comme elle l'avait dit, le repasser pour rentrer dans la ville. « Et Dieu sait, dit Perceval de Cagny, à quelle joie elle et ses gens y furent reçus. » On la débarrassa de ses armes, on mit un nouvel appareil sur sa blessure. Elle prit un peu de pain trempé dans du vin mélangé d'eau, et alla se reposer.

Tandis que les cloches d'Orléans saluaient cette nouvelle victoire, les Anglais, qui, pendant ces deux jours, n'avaient rien fait pour la prévenir, ne songeaient plus qu'à la rendre définitive en se retirant. C'était bien se déclarer vaincus par celle qu'ils avaient accueillie de tant d'outrages. La terreur seule qu'elle avait inspirée peut expliquer cette impuissance et cette résolution parmi des hommes qui, depuis si longtemps, avaient pris l'habitude de vaincre les Français. Le dimanche donc, de grand matin, ils sortirent de leurs bastilles ; mais en capitaine consommé, Talbot comprit que, s'il laissait voir de la peur, sa retraite deviendrait une déroute. Bien loin de fuir, il rangea son armée devant la ville, comme pour offrir la bataille aux Français. Les Français sortirent aussitôt et se disposèrent en ordonnance de combat, sous les bannières de leurs capitaines. La Pucelle était sortie avec les autres, revêtue d'une simple cotte de mailles. Mais cette fois les Français, impatients de combattre, attendirent vainement qu'elle leur en donnât le signal. C'était dimanche. Elle défendit de commencer la bataille, disant que c'était la volonté de Dieu qu'on les laissât s'ils s'en voulaient aller ; mais que, s'ils attaquaient, on aurait la victoire. En attendant, elle voulut d'abord qu'on dît la messe ; elle fit dresser un autel, et deux messes furent célébrées en présence de l'armée. La cérémonie achevée : « *Or, regardez*, dit-elle, *si les Anglois ont le visage tourné devers vous ou le dos.* » On lui répondit qu'ils se tournaient vers Meun : « *En nom Dieu*, reprit-elle, *ils s'en vont, laissez-les aller ; il ne plaît pas à Messire qu'on les combatte aujourd'hui : vous les aurez une autre fois.* »

Les Anglais, après être restés en ligne une heure entière, s'étaient retirés en bon ordre, brûlant leurs bastilles et emmenant leurs prisonniers : mais ils ne se retiraient point si librement qu'ils ne dussent laisser derrière eux une partie de leur artillerie et de leurs approvisionnements, et même, selon la *Chronique*, leurs malades ; et les hommes d'armes n'obéirent point si complètement à la Pucelle, qu'ils ne s'en allassent avec La Hire faire quelques escarmouches et gagner du butin sur les derrières de l'ennemi.

Parmi les prisonniers que les Anglais voulaient emmener avec eux était un Français, nommé Le Bourg du Bar, pris comme il voulait aller d'Orléans rejoindre Dunois près du comte de Clermont, la veille de la bataille de Rouvray. Talbot tenait beaucoup à son captif. Il le gardait « enferré par les pieds d'une paire de fers si pesants » qu'il pouvait marcher à peine ; et il avait commis la charge de le voir et de lui donner de la nourriture à un augustin anglais, son propre confesseur. C'est aussi à lui qu'il avait laissé le soin de l'emmener dans la retraite. Le chevalier s'en allait ainsi au bras du moine, marchant le pas et demeurant fort en arrière des autres, en raison des fers qu'il avait aux pieds. Quant il les vit à une distance suffisante, il s'arrêta et dit au moine qu'il n'irait pas plus avant. Il fit plus : il le contraignit, enferré comme il était, de le ramener à Orléans sur ses épaules, et il fit ainsi son entrée dans la ville, se libérant de sa rançon par la complicité forcée du moine son conducteur.

Pendant que les Anglais se retiraient vers Meun et Baugency, les habitants d'Orléans couraient aux bastilles qui depuis si longtemps les tenaient emprisonnés : ils les démolirent et en rapportèrent en triomphe les canons, bombardes et approvisionnements de toute sorte que l'assiégeant y avait dû laisser. Puis, guidés encore par Jeanne d'Arc, ils allèrent d'église en église rendre grâces à Celui qui leur avait donné la victoire, improvisant dans la joie du triomphe cette procession dont l'évêque d'Orléans institua peu après la solennité, et qui s'est perpétuée d'âge en âge sous l'invocation de la Pucelle : témoignage durable de la vénération de la France pour la sainte fille qui, en un jour de péril, sauva la patrie.

Mais la Pucelle n'était encore qu'aux débuts de sa mission. Elle avait hâte de la mener à son terme. Le lendemain donc elle se déroba à l'enthousiasme des Orléanais et aux fêtes de la victoire pour se rendre à la cour de Charles VII, où elle allait avoir d'autres ennemis à vaincre, d'autres obstacles à surmonter.

Livre III – Reims

I. La campagne de la Loire

La délivrance d'Orléans fit dans tous les esprits une impression profonde. La Pucelle avait donné son signe. Ce grand siège, qui durait depuis sept mois, elle y avait mis fin en une semaine. Ces bastilles qui s'appuyaient les unes les autres, elle les avait enlevées l'une après l'autre, ou plutôt il avait suffi qu'elle en prît trois pour que tout le reste fût évacué.

Jeanne était donc bien l'envoyée de Dieu, c'était le cri du peuple ; c'était aussi le sentiment des docteurs les plus autorisés.

Jean Gerson, dans un écrit daté du 14 mai, six jours après la levée du siège (il mourut le 12 juillet suivant : c'est, selon toute apparence, son dernier acte public), Jean Gerson examinait si l'on pouvait, si l'on devait croire à la Pucelle. Il émanerait toutes les raisons qui militaient en sa faveur : l'adhésion du conseil et des gens de guerre qui la suivaient, au péril même du ridicule ; l'enthousiasme du peuple, le découragement de l'ennemi ; et avec ces raisons extérieures, d'autres plus intimes : la vie passée de Jeanne d'Arc et sa manière de se conduire, faisant tout, simplement, sans superstition ni vue intéressée, parlant au nom du Ciel sans cesser d'agir par elle-même, ou tenter Dieu par témérité. Il se prononçait donc pour elle, ajoutant : « Quand bien même (ce qu'à Dieu ne plaise) elle serait trompée dans son espoir et dans le nôtre, il ne faudrait pas conclure que ce qu'elle a fait vient de l'esprit malin et non de Dieu, mais plutôt s'en prendre à notre ingratitude et au juste jugement de Dieu, quoique secret. » Et il terminait ses observations par cet avertissement prophétique : « Que le parti qui a juste cause prenne garde de rendre inutile par incrédulité, ingratitude ou autres injustices, le secours divin qui s'est manifesté si miraculeusement, comme nous lisons qu'il arriva à Moïse et aux enfants d'Israël : car Dieu, sans changer de conseil, change l'arrêt selon les mérites. »

C'est aussi la pensée qui domine le traité de l'archevêque d'Embrun, Jacques Gelu, écrit dans le même mois (mai 1429). La Pucelle est-elle envoyée de Dieu ? Quelle est sa mission ? Quelles en sont les raisons ? Et si Dieu veut manifester sa puissance, a-t-il besoin d'un intermédiaire ? n'a-t-il pas les anges ? pourquoi une jeune fille élevée parmi les brebis ? Le prélat se pose et résout toutes les questions dans le même sens que J. Gerson ; et ses conclusions sont plus expresses encore et plus pratiques. Il veut que, sans négliger les voies ordinaires en ce qui touche les approvisionnements, les finances et tous les besoins de l'armée, on suive surtout l'inspiration de Jeanne, et qu'on la préfère aux suggestions d'une sagesse tout humaine. Il rappelle Saül. Le roi doit craindre, s'il omet de faire ce que dit la Pucelle, croyant mieux faire, de se voir abandonné du Seigneur, et privé de l'objet où il tend. C'est pourquoi le pieux évêque donne le conseil qu'en toute chose on commence par prendre l'avis de Jeanne, et que même dans les cas douteux, si elle y tient, on s'y conforme. Il voudrait que le roi conférât chaque jour avec elle sur ce qu'il doit faire pour accomplir la volonté de Dieu, et qu'il le fît en toute humilité et dévotion, « afin que le Seigneur n'ait pas raison de retirer sa main, mais qu'il accorde la continuation de sa grâce. »

Les avis des docteurs n'étaient plus bien nécessaires pour que le peuple crût à Jeanne; mais leurs conseils étaient loin d'avoir perdu leur opportunité auprès du roi. Les conseillers intimes de Charles VII, voyant la confiance qu'elle inspirait autour d'elle, l'avaient acceptée sans trop de peine pour délivrer Orléans. Si elle n'en chassait l'ennemi, ils étaient forcés de se déloger eux-mêmes. Les Anglais, maîtres de la Loire, ne leur permettaient plus d'y demeurer en sûreté. Mais l'affaire n'en était plus là : Orléans délivré, la Pucelle voulait mener le roi à Reims, et l'entraîner, après le sacre, à la délivrance du royaume. Il fallait donc qu'ils payassent de leur personne, ou du moins qu'à la suite du roi ils se missent en route à travers les provinces occupées par l'ennemi. Cela coûtait à leur lâcheté, ou, si l'on veut, à leur nonchalance ; et ils étaient résolus de prendre tous les prétextes pour en reculer le moment.

Jeanne leur devait laisser peu de loisir. En quittant Orléans, elle était venue à Blois, puis à Tours, où le roi vint de Chinon à sa rencontre. Charles la reçut avec de grands honneurs. Quand la Pucelle se présenta devant lui, l'étendard à la main et lui fit révérence, le roi lui-même, dit une ancienne chronique, « ôta son chaperon et l'embrassa en la saluant et, comme il sembla à plusieurs, volontiers l'eût baisée de la joie qu'il avoit. » Il n'ignorait point quelle part elle avait eue à cette victoire aussi prompte qu'inespérée. Dans sa lettre aux habitants de Narbonne, lettre écrite pendant qu'on apprenait, pour ainsi dire, coup sur coup, la prise de Saint-Loup, puis des Tourelles, et enfin la levée du siège, le roi, sans dire encore tout ce qu'elle avait été dans le succès, leur signalait les choses merveilleuses qu'on rapportait d'elle, la nommant seule et constatant qu'elle avait été présente à tout. Il pouvait maintenant en savoir bien davantage. Aussi lui fit-il « grande chère. » Il voulait même qu'elle prît pour armoiries les lis de France et la couronne avec l'épée tirée pour la conquérir : c'est le blason qui demeura dans sa famille. Mais Jeanne n'était pas venue chercher la récompense, elle venait solliciter l'achèvement de son œuvre, et c'est ce qu'on semblait le moins disposé à lui accorder.

Charles convoqua ses capitaines et « autres sages de sa cour. » Il tint plusieurs conseils (à Tours), et la prudence des conseillers eut plus d'une excellente raison à opposer aux desseins de la jeune fille. On alléguait la grande puissance des Anglais et des Bourguignons, et la détresse du roi, qui n'avait pas de quoi soudoyer l'armée nécessaire au voyage. La Pucelle ne demandait pas tant de choses pour le conduire, lui et sa compagnie, jusqu'à Reims, « sûrement et sans destourbier » (empêchement), mais elle voulait qu'on se pressât. Elle disait « qu'elle ne durerait guère plus d'un an, et qu'on songeât à bien besogner cette année : » car elle avait beaucoup à faire. Après le sacre, elle avait encore, disait-elle, au rapport du duc d'Alençon, à chasser les Anglais, à délivrer le duc d'Orléans. Si l'on croyait à sa mission, c'était bien le cas de faire selon l'avis de Jacques Gelu : imposer silence à toutes les objections et la suivre. Mais ceux qui ne la voulaient pas suivre affectaient de croire que ce n'était pas si clairement l'ordre de Dieu.

Un jour, la Pucelle, impatiente de ces lenteurs, vint avec Dunois au château de Loches, et fut menée à la chambre de retrait où le prince était conversant avec Christophe d'Harcourt, l'évêque de Castres, son confesseur, et le seigneur de Trêves (Robert le Maçon), ancien chancelier de France. Elle frappe à la porte, et dès qu'elle est introduite, elle se jette aux pieds du roi, et embrassant ses genoux : « *Gentil Dauphin, dit-elle, ne tenez plus tant et de si longs conseils, mais venez au plus tôt à Reims pour recevoir votre digne couronne.* » Christophe d'Harcourt lui demanda si ses voix lui avaient dit cela : « *Oui*, répondit-elle, *je suis fort aiguillonnée touchant cette chose* ». — Ne voudriez-vous pas, ajouta d'Harcourt, nous dire ici, devant le roi, comment font vos voix quand elles vous parlent ? — *Je conçois bien*, dit-elle *en rougissant, ce que vous voulez savoir, et vous le dirai volontiers.* »

Et comme le roi, la voyant émue, lui demandait s'il lui plaisait de s'expliquer devant les assistants, elle répondit qu'elle le voulait bien, et raconta, comment, lorsqu'elle s'affligeait des doutes que l'on opposait à sa mission, elle se retirait à part et priait Dieu, se plaignant de ce qu'on ne la voulait pas croire ; et sa prière faite, elle entendait une voix qui lui disait : « Fille Dé (de Dieu), va, va, va, je serai à ton aide, va ! » et quand cette voix lui venait, elle était bien réjouie et elle eût voulu être toujours en cet état. En rapportant les paroles de ses voix, elle rayonnait d'une joie divine et levait les yeux au ciel.

Ces paroles prenaient leur autorité des merveilles qu'elle venait d'accomplir. Le roi et personne autour de lui ne le devaient méconnaître : mais pouvait-on aller à Reims, en laissant les Anglais derrière soi sur la Loire, à Baugency, à Meun, à Jargeau ? Les Anglais, en effet, chassés de devant Orléans, s'étaient repliés sur ces villes. Talbot avait occupé Meun ; Suffolk, Jargeau, et naguère, après la levée du siège d'Orléans, quand Dunois, Boussac, Graville, Xaintrailles, voulant profiter de l'impression que Jeanne avait produite, et peut-être de son absence, s'étaient portés sur Jargeau dans l'espoir d'enlever la place, ils y avaient dû renoncer. Les Anglais tenaient donc toujours, et il y avait à craindre que cette marche aventureuse vers le Nord ne leur abandonnât le Midi. D'ailleurs, pour rassembler les princes et les seigneurs qui devaient accompagner le roi au sacre, il fallait du temps : le pouvait-on mieux employer qu'en enlevant aux Anglais leurs dernières positions sur la Loire ? Jeanne adopta le projet ; selon Perceval de Cagny, ce fut même elle qui le proposa. On réunit, à l'aide des capitaines revenus d'Orléans, une petite armée qui fut placée sous les ordres du jeune duc d'Alençon. Libéré enfin de sa rançon au prix des plus durs sacrifices, il brûlait de venger son ancien échec et de regagner, au service du roi, l'équivalent de ce qu'il y avait perdu. Le roi répondit à ses désirs en lui donnant le commandement de cette expédition ; mais il plaçait auprès de lui la Pucelle, avec la recommandation expresse qu'il ne fît rien sans son avis.

Jeanne avait pris dès lors un ascendant auquel personne ne pouvait plus se soustraire, et elle l'exerçait avec un naturel qui, dans cette âme simple et sans prétention, témoigne bien de la source où elle puisait tant d'autorité. Gui de Laval, dans une lettre écrite le 8 juin 1429, au milieu des derniers préparatifs de la campagne, en fait à sa mère et à son aïeule un tableau animé, où la Pucelle est peinte au vif dans toute la grâce et la séduction de son rôle, traitant familièrement avec les plus hauts personnages, donnant tour à tour le signal des prises d'armes ou des processions. Le roi était venu à Saint-Aignan (Berri), et Jeanne d'Arc s'était rendue à Selles, à quatre lieues de là, où toutes les troupes devaient se réunir pour entrer en campagne. Gui de Laval étant venu rejoindre le roi, le prince lui fit un excellent accueil, voulut qu'il vît Jeanne, et comme il se rendait lui-même à Selles, il la fit venir au-devant de lui. « Et fit, dit le jeune comte, ladite Pucelle, très bonne chère à mon frère et à moi, armée de toutes pièces, sauf la tête, et tenant la lance en main. Et après que fûmes descendus à Selles, j'allai à son logis la voir ; et fit venir le vin, et me dit qu'elle m'en feroit bientôt boire à Paris ; et ce semble chose toute divine de son fait, et de la voir et de l'ouïr. » Puis, racontant comment le même soir (6 juin) elle partit pour Romorantin avec une portion des troupes : « Et la vis monter à cheval, armée tout en blanc, sauf la tête, une petite hache en sa main, sur un grand coursier noir, qui à l'huis de son logis se démenoit très fort, et ne souffroit qu'elle montât. Et lors elle dit : « *Menez-le à la croix* » qui étoit devant l'église auprès, au chemin. Et lors elle monta, sans qu'il se mût, comme s'il fût lié. Et lors se tourna vers l'huis de l'église, qui étoit bien prochain, et dit en assez bonne voix de femme : « *Vous, les prêtres et gens d'Église, faites procession et prières à Dieu.* » Et lors se retourna à son chemin, en disant : « Tirez avant, tirez avant » son étendard ployé que portoit un gracieux page, et avoit sa hache petite en la main. »

Cette lettre témoigne en même temps de l'enthousiasme et du zèle que la Pucelle inspirait. Tout le monde voulait l'accompagner : « ne oncques gens n'allèrent de meilleure volonté en besogne. » La cour manquait d'argent, et on n'avait rien à attendre d'elle, mais on savait y suppléer : on se ruinait pour combattre avec Jeanne. « Pour ce, continue le prince, vous, madame ma mère, qui avez mon sceau, n'épargnez point ma terre par vente, ni par engage, là où nos personnes sont à être sauvées, ou aussi par défaut abaissées, et par aventure en voie de périr. » La dame de Laval, par un sentiment bien pardonnable à une mère, en envoyant ses deux fils à la cour, aurait voulu qu'ils demeurassent auprès du roi : elle avait écrit en ce sens à la Trémouille son parent, et peut-être aussi à la Pucelle. Jeanne entrant dans ses vues, voulait faire patienter le jeune comte, lui disant que lorsque le roi prendrait le chemin de Reims, il irait avec lui. « Mais jà Dieu ne veuille, s'écrie-t-il tout bouillant d'ardeur, que je le fasse et que je ne aille. Et autretant (tout autant) en dit mon frère et comme Monseigneur d'Alençon : abandonné seroit celui qui demeureroit ! »

On était dans le mouvement du départ. Le duc d'Alençon venait d'arriver avec sa compagnie l'avant-veille (lundi 6 juin) ; le seigneur de Rais était attendu dans la journée (mercredi 8), et, ce même jour, Alençon, Dunois et Gaucourt devaient quitter Selles pour rejoindre Jeanne, qui, dès le 6, avait pris les devants. On disait même que le roi partirait le lendemain pour se rapprocher de l'armée. « Et on espère, continuait Gui de Laval, qu'avant qu'il soit dix jours, la chose sera bien avancée de côté ou d'autre. Mais tous ont si bonne espérance en Dieu que je crois qu'il nous aidera. »

Il ne se trompait pas, même pour le temps. Il écrivait le 8 : le 18, après deux sièges et une bataille, la campagne était terminée. Le mercredi après-midi, Vendôme, Boussac et autres avaient rejoint le général en chef; La Hire était proche : « Et ainsi, disait Laval dans une addition à sa lettre, on besognera bientôt. Dieu veuille que ce soit à notre désir ! » Le lendemain (9 juin), la petite armée rentrait dans Orléans, où elle fut reçue avec une joie extrême, et surtout la Pucelle, « de laquelle voir, dit encore le Journal du siège, ne se pouvoient saouler. » Ils en partirent le 11 au nombre de huit mille hommes, dont six cents lances amenées par le duc d'Alençon, six cents par Dunois, Florent d'Illiers et quelques autres, et le reste du commun, c'est-à-dire du peuple d'Orléans et lieux voisins ; et ils s'avancèrent vers Jargeau, que défendait le comte de Suffolk avec six à sept cents hommes d'élite, bien résolus et pourvus de canons. Les Français n'avaient point laissé leur artillerie en arrière ; mais à peine venus, et, selon le témoignage du duc d'Alençon, avant même d'être arrivés, plusieurs voulaient rebrousser chemin. On disait que Falstolf venait au secours de la ville avec une nombreuse troupe. Et, en effet, Bedford, apprenant l'expédition préparée contre ses places de la Loire, l'avait fait partir de Paris avec cinq mille hommes, et levait partout d'autres soldats qui le devaient rejoindre. Falstolf s'avançait avec lenteur. Il s'arrêta quatre jours à Étampes, quatre jours à Janville, voulant avoir tous ses renforts avant d'attaquer une armée conduite par la Pucelle. Mais dans l'armée de la Pucelle il y en avait encore qui ne s'étaient point désaccoutumés de craindre les Anglais, et il leur semblait périlleux de les attendre devant une place occupée par leurs troupes. Plusieurs partirent, et Jeanne ne retint les autres qu'en leur affirmant que Dieu conduisait l'entreprise : « *Si je n'en étais sûre*, disait-elle, *j'aimerais mieux garder les brebis que de m'exposer à tant de périls* ».

Jeanne voulait, dès l'arrivée, loger l'armée dans les faubourgs. Tandis que les gens d'armes cherchaient un abri, les gens du commun, pensant que rien ne pouvait résister à la Pucelle, se jetèrent dans les fossés, et, sans attendre qu'elle fût à leur tête, attaquèrent la place. Les Anglais firent une sortie, et les forçaient à se replier en désordre, quand Jeanne, prenant son étendard, vint leur rendre courage, et l'on fit tant que cette même nuit on s'établit dans les faubourgs comme elle l'avait voulu.

Avant de commencer l'attaque en règle de la ville, Jeanne, selon son habitude, voulut faire sommation à ses défenseurs. Elle leur enjoignait de s'en aller en leur petite cotte, la vie sauve, sinon qu'on les prendrait d'assaut. Les Anglais demandaient quinze jours de suspension d'armes : c'était plus qu'il n'en fallait pour donner à leurs renforts le temps d'arriver. On répondit qu'on les laisserait partir avec leurs chevaux, mais dans l'heure même. Suffolk tenta quelque autre moyen de traiter ou de traîner en longueur en parlant à La Hire ; mais on rappela La Hire et l'attaque fut résolue.

Pendant le reste de la nuit, on s'occupa des travaux préparatoires. Dès le matin, les canons et les bombardes étaient en batterie, et à neuf heures, quoique ce fût dimanche, Jeanne fit sonner les trompettes et cria au duc d'Alençon : « Avant, gentil duc, à l'assaut! » Le duc trouvait que c'était trop tôt commencer : mais Jeanne lui dit : « Ne doutez point, c'est l'heure quand il plaît à Dieu; il faut besogner quand Dieu veut. Travaillez, et Dieu travaillera. » Et elle ajoutait : « Ah! gentil duc, as-tu peur? Ne sais-tu pas que j'ai promis à ta femme de te ramener sain et sauf? » Et en effet, quand le duc d'Alençon avait quitté sa femme pour venir avec Jeanne à l'armée, la duchesse avait exprimé ses craintes à la Pucelle : le duc sortait à peine de captivité, et il avait tant dépensé pour sa rançon! Mais Jeanne lui avait dit : « *Ne craignez point, madame, je vous le rendrai sain et sauf, et en tel point qu'il est ou mieux encore.* »

Elle tint parole, et dans cet assaut même un mot d'elle lui sauva la vie. Comme il observait l'attaque d'un endroit découvert : « Retirez-vous, dit-elle, car voici un engin qui vous tuera » ; et elle lui montrait un canon aux murs de la ville. Il se retira, et un moment après, le seigneur de Lude était tué à cette même place d'un coup parti de la pièce désignée.

Les Anglais soutinrent l'assaut avec vigueur. Parmi eux il y en avait un, grand et fort, qui se tenait à découvert sur les murailles, accablant les assaillants de boulets et renversant les échelles et les hommes. Mais là, comme à l'assaut des Augustins, il y avait parmi les Français le fameux canonnier de Lorraine. Le duc d'Alençon lui montra le redoutable Anglais, et d'un coup de sa couleuvrine Jean le renversa mort dans la ville. Comme l'attaque durait depuis trois ou quatre heures, Jeanne et le duc d'Alençon lui-même, tout commandant qu'il était, descendirent dans le fossé et coururent aux murailles. Suffolk comprit le péril; il voulut parler au duc, mais ne fut plus écouté. Déjà la Pucelle montait à l'échelle, tenant en main son étendard, quand ce drapeau fut atteint, et elle-même frappée à la tête d'une pierre qui se brisa sur son casque. Elle tomba par terre, mais elle se releva criant aux hommes d'armes : « *Amis, amis, sus! sus! notre Sire a condamné les Anglais. Ils sont nôtres à cette heure. Ayez bon courage!* »

Et les Français excités par ces paroles, escaladèrent hardiment les murs et prirent la ville. Suffolk et les Anglais se replièrent vers le pont, et l'un des deux frères du capitaine fut tué dans cette retraite ; les autres ne purent tenir davantage. Suffolk, vivement pressé par un écuyer d'Auvergne, nommé Guillaume Regnault, lui demanda s'il était gentilhomme. « Oui, dit-il. — Êtes-vous chevalier ? — Non. » Le comte le fit chevalier et se rendit à lui.

Quatre à cinq cents hommes avaient péri dans l'assaut ; le reste fut pris à rançon, et dans le nombre l'autre frère de Suffolk. La ville, l'église même où les Anglais avaient serré leurs biens, tout fut pillé. Quant aux prisonniers de renom, on les envoya par eau et de nuit à Orléans, de peur qu'ils ne fussent tués ; et cette crainte n'était pas sans fondement : car les soldats ne voulaient de quartier pour personne. Au retour, un débat s'étant élevé sur quelques autres captifs, ils les tuèrent.

Le lundi, Jeanne et le duc d'Alençon, après avoir pourvu à la garde de Jargeau, revinrent à Orléans, et l'on peut se figurer l'accueil qu'ils y reçurent. Après avoir mandé au roi leur victoire, ils y restèrent les deux jours suivants, ralliant à eux tous ceux qui n'avaient pas eu le temps de les rejoindre au premier siège : les seigneurs de Laval et de Lohéac, ces deux jeunes frères dont on a vu la lettre à leur mère et à leur aïeule ; Chauvigny, La Tour d'Auvergne, le vidame de Chartres. Le mardi, la Pucelle appela son beau duc, comme elle nommait Alençon, et lui dit : « Je veux demain, après-midi, aller voir ceux de Meun ; faites que la compagnie soit prête à partir à cette heure. » Tout le monde fut prêt. On vint à Meun. On attaqua vivement et on prit le pont que les Anglais avaient solidement fortifié, et on l'occupa laissant pour le moment la ville. On était, sur ce point, maître du passage : on avait hâte d'en faire autant à Baugency.

A Baugency, à leur approche, les Anglais désemparèrent la ville pour se retrancher dans le château et sur le pont. Ce ne fut point cependant sans laisser derrière eux quelques soldats déterminés à vendre chèrement la place qu'ils abandonnaient. Mais les Français, arrivant le jeudi matin, les refoulèrent dans le château où les autres s'étaient retirés, et disposèrent leurs canons et leurs bombardes pour les forcer dans cette dernière retraite.

Le siège fut marqué par un accident qui faillit diviser, par le contrecoup des intrigues de la cour, l'armée si bien unie contre les Anglais. Richemont, retiré dans sa seigneurie de Parthenay, ne se résignait point à l'inaction où le condamnait l'ingrate et misérable jalousie de La Trémouille. Après l'arrivée de la Pucelle, quand on alla au secours d'Orléans, il voulut en être, et leva une troupe qui ne comptait pas moins de quatre cents lances et de huit cents archers. Mais comme il était à Loudun, le roi lui fit dire de s'en retourner ; que, s'il passait outre, on le combattrait. Le connétable dut s'arrêter, et il put d'ailleurs apprendre bientôt qu'Orléans avait été délivré sans son aide. Mais, quand il sut qu'on recommençait une campagne sur la Loire, il reprit sa marche ; il passa le fleuve à Amboise, dont le capitaine, plus homme de bien qu'homme de cour, n'entreprit point de l'arrêter, et, apprenant qu'on faisait le siège de Baugency, il y alla.

Si l'on en croit l'historien attitré, on pourrait dire l'apologiste de Richemont, Guillaume Gruel, dès qu'on apprit l'arrivée du connétable, le duc d'Alençon et la Pucelle montèrent à cheval pour le combattre. Mais La Hire et plusieurs autres, sachant ce qu'elle voulait faire, lui dirent « que si elle y alloit, elle trouveroit bien à qui parler ; et qu'il y en avoit en la compagnie qui seroient plutôt à lui qu'à elle ; et qu'ils aimeroient mieux lui et sa compagnie que toutes les pucelles du royaume de France. » Malgré ce langage assez impertinent (on a plus d'une raison de croire que Gruel ne l'a pas entendu), la Pucelle s'avance vers Richemont. On le rencontre, mais au lieu de le combattre, on lui fait grande chère, on est bien aise de sa venue. La Pucelle met pied à terre, embrasse ses genoux, et Richemont lui dit : « Jeanne, on m'a dit que vous me voulez combattre. Je ne sais si vous êtes de par Dieu ou non. Si vous êtes de par Dieu, je ne vous crains de rien, car Dieu sait mon bon vouloir ; si vous êtes de par le diable, je vous crains encore moins. » C'est sur ce mot que Gruel montre son héros tirant droit au siège, et prenant la charge du guet : « et fut le plus beau guet qui eût été en France, passé a (il y a) longtemps. »

Le duc d'Alençon fait un tout autre récit de l'affaire. L'arrivée de Richemont était fort mal vue des chefs. Alençon avait reçu les ordres du roi ; il déclara à Jeanne que, si le connétable venait, lui-même s'en irait. Le succès était donc compromis par une démarche faite pour l'assurer ; mais il n'y avait au fond de tout cela, on le savait, que la jalousie d'un courtisan, point de haine personnelle aux chefs ; il ne fallait pour les rapprocher qu'un prétexte et du bon vouloir. Le prétexte fut l'ennemi, dont la venue était annoncée ; et le bon vouloir, c'est Jeanne qui l'inspira. Elle qui cherchait si peu l'aide des hommes, elle dit au duc d'Alençon qu'il fallait s'aider ; et elle régla les formes de l'accord : car elle seule paraissait avoir assez de crédit pour le faire goûter de Charles VII. A la prière du connétable et des seigneurs, elle se chargea donc de ménager la paix de Richemont avec ce prince. Le connétable jura devant elle et devant les seigneurs qu'il servirait toujours loyalement le roi ; et le duc d'Alençon et les autres chefs se portèrent garants de sa réconciliation.

La troupe anglaise dont l'arrivée hâta la conclusion de cet accord était celle que Falstolf avait voulu amener au secours de Jargeau. Il avait appris pendant son séjour à Janville la perte de cette place ; et Talbot, venant de la Loire, avait pu lui faire connaître presque en même temps que le pont de Meun était pris, et Baugency, à la veille d'être forcé. Falstolf était d'avis qu'on en laissât la garnison capituler, représentant que depuis les affaires d'Orléans les troupes étaient « moult amaties et effrayées. » Il pensait donc qu'il valait mieux ne rien risquer, se renfermer dans les forteresses les plus sûres, et y attendre que leurs gens eussent repris confiance et que Bedford leur eût envoyé tous les secours promis. Mais Talbot s'indigna de cette circonspection et jura que n'eût-il que sa gent et ceux qui le voudraient suivre, il irait combattre l'ennemi, à l'aide de Dieu et de monseigneur saint Georges. Falstolf céda, et le lendemain on mit les troupes aux champs : mais avant de partir il réunit les capitaines et leur remontra encore les périls de l'entreprise : ils n'étaient, disait-il, qu'une poignée de gens au regard des Français, et, « si la fortune tournoit mauvaise sur eux, tout ce que le feu roi Henri avoit conquis en France à grand labeur et long terme seroit en voie de perdition. » Mais ses remontrances n'étant pas mieux goûtées, il commanda aux étendards de prendre la route de Meun.

Les Français, laissant une partie des leurs autour du château de Baugency, vinrent au-devant des Anglais et les rencontrèrent « à une lieue près de Meun et assez près de Baugency. » Wavrin, qui parle seul expressément de ce mouvement, porte leur nombre à six mille environ et nomme parmi les chefs Alençon, Dunois, Lafayette, La Hire, Xaintrailles et la Pucelle. Ils se postèrent sur une éminence, observant les ennemis. Les chefs anglais, s'attendant à la bataille, firent mettre pied à terre, avec ordre aux archers de s'entourer de leur ceinture de pieux ; puis, voyant que les Français ne bougeaient pas, ils envoyèrent des hérauts les défier, s'ils voulaient descendre dans la plaine. Mais ils eurent cette réponse des gens de la Pucelle : « Allez vous loger pour maishuy (aujourd'hui), car il est tard, mais demain, au plaisir de Dieu et de Notre-Dame, nous nous verrons de plus près. »

Les Anglais vinrent se loger à Meun, où ils avaient garnison, et changèrent de tactique. Au lieu de marcher droit sur les assiégeants de Baugency, ils canonnèrent toute la nuit le pont de Meun, qui était aux Français, comptant l'enlever et gagner par l'autre rive le pont de Baugency qui était aux leurs. Ils entraient ainsi sans nul obstacle dans le château assiégé, et demeuraient libres ou d'en sortir avec toutes leurs forces pour attaquer, ou de se borner à s'y défendre. Mais les Français avaient employé le temps bien mieux encore : ils avaient pris la place qu'on voulait délivrer.

Les défenseurs du château de Baugency étaient, comme ceux de Jargeau, les débris de l'armée d'Orléans : c'étaient déjà des vaincus de la Pucelle. Or ils voyaient des renforts venir aux assiégeants avec Richemont, et ils avaient perdu l'espérance d'en recevoir eux-mêmes : car le départ et le retour si prompt de la Pucelle leur avaient fait croire que l'armée de Falstolf était venue et s'en était allée. En ces circonstances, et avant que la situation devînt plus critique (elle devait l'être, si Richemont achevait de les investir en les attaquant par l'autre côté du fleuve comme on l'avait résolu), le bailli d'Évreux, qui les commandait, proposa et obtint, pour les siens, une capitulation. On convint qu'ils sortiraient de la place avec les honneurs de la guerre, emmenant leurs chevaux, avec leurs harnais et la valeur d'un marc d'argent au plus. Ils promettaient de ne point reprendre les armes avant dix jours.

Ils partirent le 18 au matin, et la nouvelle en fut portée à Meun par un poursuivant d'armes, quand les Anglais, ayant canonné le pont toute la nuit, s'apprêtaient à lui donner l'assaut. Ils furent heureux de ne l'avoir point passé, et ne songèrent plus qu'à reprendre, avec la garnison de Meun, la route qu'ils avaient suivie naguère. Ils firent d'ailleurs leur retraite en bon ordre. Derrière une première troupe, conduite par un chevalier anglais, marchaient l'artillerie et les bagages ; puis venait le corps de bataille sous les ordres de Falstolf, de Talbot, de Raveston ; puis l'arrière-garde, toute composée d'Anglais de race.

Cependant les Français, maîtres du château de Beaugency, avaient hâte de voir les Anglais de près, comme ils l'avaient promis la veille. Ils avaient cru les retrouver à Meun ; mais l'ennemi ayant fait retraite à la première apparition de leur avant-garde, ils gagnèrent au plus vite la route de Blois à Paris, où ils espéraient le rejoindre. Les Anglais, avertis de leur marche par les coureurs de l'arrière-garde, ne songèrent plus qu'à trouver un lieu favorable où ils pussent s'arrêter et les attendre, comme à Crécy. On donna donc à l'avant-garde l'ordre d'aller s'établir, avec l'artillerie et les bagages, le long d'un petit bois (près du hameau de Lignerolles) qui couvrait les abords de Patay. Pour y parvenir, il fallait traverser un bas-fond et au delà un passage resserré entre deux haies très fortes. Quand le corps principal y arriva, Talbot, mettant pied à terre, promit d'y tenir avec cinq cents archers d'élite jusqu'à ce que l'arrière-garde eût rejoint le corps de bataille ; il comptait ensuite, faisant retraite le long de ces haies, gagner à son tour la position où l'avant-garde avait précédé, et où tous se devaient réunir pour soutenir le combat.

Mais il en arriva autrement. Les Français marchaient en avant, ne sachant au juste où était l'ennemi, mais allant toujours, sur la foi de la Pucelle. Elle leur avait dit que les Anglais les attendraient, et comme on lui demandait où, elle avait répondu qu'on chevauchât sûrement et qu'on aurait « *bon conduit.* » Ils allaient donc dans la direction où l'on croyait que marchaient les Anglais, ayant pour éclaireurs soixante ou quatre-vingt de leurs chevaliers les plus braves et les mieux montés. Ils n'avaient rien vu encore, empêchés par le pli du terrain, lorsqu'un cerf, qu'ils firent lever, alla donner dans le corps de bataille des Anglais, où il fut reçu à grands cris. Ces cris donnèrent l'éveil aux chevaliers français, qui reconnurent l'ennemi et bientôt le purent découvrir, marchant en parfaite ordonnance. Ils se hâtèrent d'en avertir le gros de leur armée, disant qu'il était l'heure de besogner, qu'on les aurait bientôt en face. A cette nouvelle, le duc d'Alençon demanda à Jeanne ce qu'il fallait faire.

« *Avez-vous de bons éperons ?* » lui dit-elle. Plusieurs l'entendant s'écrièrent : — Que dites-vous ? Nous tournerons donc le dos ? « *Nenni, en nom Dieu,* dit Jeanne, *ce seront les Anglois ; ils seront déconfits, et vous aurez besoin des éperons pour les suivre.* » Comme on disait qu'ils avaient plus de mille hommes d'armes : « *Ah ! beau connétable,* dit-elle à Richemont, *vous n'êtes pas venu de par moi, mais, puisque vous êtes venu, vous serez bien venu.* » Et quelques-uns manifestant encore des doutes, sinon de la crainte : « *En nom Dieu,* dit Jeanne, *il les faut combattre ; quand ils seroient pendus aux nues, nous les aurons, parce que Dieu nous les envoie pour que nous les châtiions.* » Et elle répondait de la victoire : « Le gentil roi, disait-elle, aura aujourd'hui la plus grant victoire qu'il eut pièça (de longtemps). Et m'a dit mon conseil qu'ils sont tous nôtres. »

Elle voulait être à l'avant-garde. On la retint malgré elle, et on y mit La Hire, mais avec l'ordre d'attaquer les Anglais assez vivement pour leur faire tourner le visage, point assez pour qu'ils tournassent le dos. On voulait, en les retenant à cette escarmouche, donner au gros de l'armée française le temps d'arriver, sans leur laisser à eux celui de gagner la position où ils comptaient se réunir. Mais l'impétuosité de La Hire, et sans doute aussi la terreur que Jeanne, même de loin, inspirait, déjouèrent ce calcul. Les Français tombèrent sur l'arrière-garde des Anglais et la dispersèrent. Talbot pourtant demeurait ferme à son défilé, et Falstolf, fidèle au plan que l'on avait arrêté, faisait diligence pour aller rejoindre l'avant-garde dans ses positions sur les derrières. Mais l'avant-garde, le voyant venir à elle, crut qu'il se retirait, et, pour ne point perdre son avance, elle prit la fuite. Falstolf voulut se retourner alors et marcher à l'ennemi : il était trop tard. Déjà Talbot se voyait enveloppé, la panique était générale, et les Français, maîtres du champ de bataille, tuaient ou prenaient ceux qui leur tombaient sous la main. Falstolf céda enfin aux instances de ceux qui l'entouraient, et s'enfuit avec peu de monde. Dans son escorte était Wavrin, qui a fait ce récit de la bataille. Il dit que les Anglais perdirent deux mille morts et deux cents prisonniers. Dunois, sans distinguer, évalue leur perte à quatre mille hommes. Talbot était parmi les prisonniers. Comme on le présentait au duc d'Alençon, le jeune prince lui dit : « Vous ne pensiez pas, le matin, que cela vous arriveroit. » Il répondit : « C'est la fortune de la guerre. »

Cette journée eut des résultats considérables. Tout le pays, qui détestait les Anglais, ne chercha plus à cacher sa haine. Ceux de Janville, à qui ils avaient laissé leur argent au départ, leur fermèrent la porte ; et quant aux places qu'ils possédaient encore au voisinage, Mont-Pipeau, Saint-Sigismond, etc., les garnisons s'empressèrent d'y mettre le feu et d'en partir. Nulle citadelle ne leur semblait sûre. Ce qui était plus grave, c'est que, même en plaine, ils ne paraissaient plus à craindre. Les Anglais, grâce à l'habile emploi des armes de trait, à l'excellence de leur infanterie et à une tactique qui reléguait au second rang les brillants usages de la chevalerie, avaient acquis dans les combats en rase campagne un renom de supériorité consacré par les souvenirs de Crécy, de Poitiers et d'Azincourt. Ce prestige se dissipait comme les autres. Toute leur tactique avait été déjouée dans le lieu le plus propre à leur faire retrouver la gloire de ces grandes journées ; tout leur corps de bataille avait été mis en fuite par une simple avant-garde, mais une avant-garde animée de l'esprit de la Pucelle. Qui pouvait douter maintenant qu'elle ne menât le roi à Reims comme elle le promettait ? Jeanne avait prouvé qu'elle saurait s'ouvrir les chemins comme elle savait forcer les citadelles. On l'avait vue à l'œuvre : et pourtant on différait encore !

Jeanne avait déjà rencontré bien des résistances à l'accomplissement de sa mission. Elle en avait rencontré de toutes sortes : à Domrémy, à Vaucouleurs, à Chinon, à Poitiers. Elle avait triomphé alors, sans persuader encore. Comme on l'avait laissée aller à Chinon, on l'envoya à Orléans : mais la défiance la suivait. Si le peuple avait foi en elle, les grands se servaient d'elle sans la croire. Ils la mettaient devant, et décidaient à son insu, qu'il s'agît ou de la marche du convoi, ou de l'attaque des forteresses anglaises : il avait fallu qu'elle commençât par leur faire en quelque sorte violence à eux-mêmes, pour forcer les Anglais dans leurs bastilles et les chasser d'Orléans. La délivrance d'Orléans, qui était plus qu'une victoire, avait imprimé un élan immense à tous les esprits. Il n'y avait qu'à le soutenir et à le suivre : on le laisse retomber, et Jeanne doit lutter encore et contre l'inertie et contre la malveillance. Elle demandait le voyage de Reims : on lui offre une campagne sur la Loire. Elle accepte, comme en attendant ; et l'on a vu avec quelle rapidité elle la termine. Le 11 juin elle attaque Jargeau, et le prend le 12 ; le 13 elle est à Orléans, où elle rallie ses troupes ; le 15 elle occupe le pont de Meun ; le 16 elle attaque Baugency, qui se rend le 17. Les Anglais partis pour secourir Jargeau arrivent à Meun, le jour même où Baugency capitule ; ils n'arrivent que pour faire retraite, mais non si vite qu'ils ne soient rejoints et battus le 18 à Patay. Une semaine a tout achevé.

L'épreuve est donc complète. Jeanne a prouvé sa mission et dans les sièges et dans les batailles. Ce n'est plus seulement le peuple, ce sont les soldats, ce sont les capitaines et tous les seigneurs qui croient en elle et ne demandent qu'à la suivre. Eux qui, au siège d'Orléans, montraient encore tant de défiance, n'avaient plus, dans la dernière campagne, rien fait que par sa direction. Mais c'était ce qui effrayait ceux qui, dans le plus intime des conseils du roi, l'avaient toujours sourdement combattue, et notamment le favori La Trémouille. Sa puissance était fondée sur l'inertie du prince et sur son isolement. Elle était fort compromise, si le roi voulait agir enfin, s'il s'entourait des princes du sang, de toute la noblesse : car il trouvait nécessairement en eux dans cette voie une concurrence fatale à son crédit. Or Jeanne, qui venait d'imprimer ce grand mouvement, devait en cela lui être suspecte à plus d'un titre. Elle avait salué dans le jeune duc d'Alençon l'un des soutiens du trône, et illustré par le triomphe le commandement dont il avait été revêtu. Elle avait, dans le cours de cette rapide campagne, accueilli le connétable : elle lui avait promis de faire sa paix avec le roi ; elle y avait engagé le duc d'Alençon et les principaux capitaines ; et comme pour rendre l'engagement plus sacré, elle l'avait scellé de la commune victoire. Elle allait donc ramener à la cour un homme qui n'y pouvait paraître sans que La Trémouille, si considérable qu'il fût par ses grands biens, rentrât sous terre. La Trémouille, sans aller de front contre un mouvement qui l'eût emporté, fit en sorte que le roi ne s'y abandonnât que le moins possible, et sut ainsi, en l'y suivant lui-même avec prudence, gagner le jour où, l'entraînement ayant perdu de sa force, il fût possible de l'en retirer. C'est le triomphe de sa politique et le malheur de la France.

II. Le sacre

La Pucelle était revenue le dimanche matin (19 juin) de Patay à Orléans, et les habitants, joyeux et fiers d'un succès qui couronnait et consacrait leur délivrance, ne doutaient point que le roi n'y vînt lui-même : c'était montrer l'importance qu'il attachait à leur ville et l'estime qu'il faisait de leur dévouement. Mais laisser aller le roi à cette armée tout enivrée de sa victoire, au sein d'une ville qui était comme le monument du triomphe de la Pucelle, c'était l'exposer à la contagion de l'enthousiasme populaire ; et le favori sentait bien qu'elle ne gagnerait pas le prince à son profit. Le roi resta donc à Sully-sur-Loire, domaine de La Trémouille, et les habitants d'Orléans, qui s'étaient mis en grande dépense pour le recevoir plus dignement, ornant les maisons et tendant les rues, en furent, à leur grand déplaisir, pour leurs frais de décoration.

Ce premier succès en promettait un autre à La Trémouille. La Pucelle, n'ayant pas trouvé le roi à Orléans, vint avec le duc d'Alençon et les seigneurs à Sully, pour accomplir auprès de lui l'engagement pris à l'égard de Richemont : ils le suppliaient de pardonner à un homme qui avait eu sa part aux derniers succès et qui venait mettre quinze cents combattants à son service. Le roi lui pardonna ; mais il refusa absolument de l'admettre au voyage de Reims « pour l'amour du seigneur de La Trémouille » ; ce « dont la Pucelle fut très déplaisante ; et si furent plusieurs grands seigneurs..., mais toutefois n'en osoient parler parce qu'ils voyoient que le roi faisoit, de tout, ce qu'il plaisoit à celui seigneur de La Trémouille. » Le voyage même lui plaisait peu, et il s'effrayait de ce grand rassemblement d'hommes qui ne demandaient rien que de servir à leurs dépens sous la Pucelle, mais qui ne pouvaient pas longtemps servir ainsi le roi, sans péril pour le favori ; c'est ce qu'atteste Jean Chartier : « Et par le moyen d'icelle Jehanne la Pucelle venoient tant de gens de toutes parts devers le roi pour le servir à leurs dépens, qu'on disoit qu'icelui de La Trimolle et autres du conseil étoient bien courroucés que tant y en venoit, pour le doubte, (crainte) de leurs personnes. Et disoient plusieurs que si ledit sire de la Trimolle et autres du conseil du roi eussent voulu recueillir tous ceux qui venoient au service du roi, ils eussent pu légèrement recouvrer tout ce que les Anglois tenoient au royaume de France. »

Cependant le voyage de Reims fut résolu ; et le roi vint à Saint-Benoît-sur-Loire, près Châteauneuf, où les capitaines furent réunis en conseil. La Pucelle était l'âme de tout ce qui tendait à ce but : et le roi se montrait touché de la peine qu'elle se donnait ; il lui commanda même, en cette rencontre, de prendre du repos. Mais ce qui peinait la Pucelle, c'étaient ces hésitations et ces retards : elle se mit à pleurer et dit au roi qu'il ne doutât point, et qu'il recouvrerait son royaume, et serait bientôt couronné.

Il fut décidé que les troupes d'Orléans viendraient à Gien, où le roi se rendrait lui-même avec tous ceux qui le devaient accompagner. Jeanne revint donc à Orléans pour tout préparer, et le vendredi matin 24, elle fit donner le signal du départ. On fut à Gien le jour même ; et dès le lendemain, elle adressait une lettre aux habitants de Tournay, cette brave et loyale ville qui, au milieu des provinces de la maison de Bourgogne, restait attachée à la France et à son roi. Elle leur annonçait les succès remportés en huit jours sur les Anglais, leurs villes de la Loire conquises, leur armée battue et dispersée, leurs chefs tués ou pris ; et elle les invitait au sacre du roi, les priant de se tenir prêts à venir au-devant de lui quand ils auraient nouvelle de son approche. Mais les choses étaient moins avancées qu'elle ne l'avait cru. C'étaient chaque jour encore de nouveaux conseils. Quelques-uns des princes du sang royal, dit Dunois, et d'autres capitaines remettaient même en question le voyage de Reims, proposant une entreprise plus hardie : il s'agissait d'aller au cœur de la puissance anglaise, non à Reims, mais à Rouen. D'autres admettaient le voyage de Reims en principe ; mais, sous prétexte de lui donner plus de sûreté ou plus d'éclat, ils ne cherchaient qu'à le faire ajourner. On attendait la reine que l'on voulait faire couronner avec le roi, et tout en l'attendant, on proposait aux capitaines quelques petites entreprises qui étaient comme à la portée de la main. Les Anglais avaient généralement abandonné leurs forteresses de la Beauce ; mais, par eux-mêmes ou par les Bourguignons, ils en gardaient encore plusieurs sur la Loire : Marchénoir, Bonny, Cosne et la Charité. Ne pouvait-on les en déloger d'abord ? C'était même déjà chose commencée. Le 26, Louis de Culan prenait Bonny ; ceux de Marchénoir offraient de se rendre, à la nouvelle que Richemont, demeuré à Baugency, les voulait attaquer ; Cosne et la Charité refusaient de capituler : mais serait-il si difficile de les prendre ? Cependant, encore fallait-il les aller prendre l'une après l'autre ; et aller prendre Cosne et la Charité, c'était ramener le roi à Bourges. Jeanne le voulait mener à Reims. Elle sentait que ce temps perdu à de petites choses, quand on en pouvait faire de grandes, n'était bon qu'à rendre même les petites plus difficiles : ainsi ceux de Marchénoir qui avaient donné des otages et obtenu dix jours pour emporter leurs biens, apprenant la conduite du roi envers Richemont, usèrent du délai pour saisir quelques otages à leur tour et garder la place.

La Pucelle ne voulait plus admettre aucune cause nouvelle de retard ; et voyant où l'on cherchait à l'entraîner, elle quitta la ville, dès le 27, et alla se loger aux champs. Agir sans elle, c'était tout perdre. On se rendit. Par un reste de crainte sur les hasards du voyage, la reine, arrivée à Gien, fut renvoyée à Bourges ; Cosne et la Charité furent laissées là, et le 29 juin, jour de la Saint-Pierre, on partit pour Reims.

Le roi emmenait, dans cette expédition avec la Pucelle, le duc d'Alençon, les comtes de Clermont, de Vendôme et de Boulogne, le bâtard d'Orléans, le maréchal de Boussac (Sainte-Sévère), l'amiral Louis de Culan, les seigneurs de Rais, de Laval, de Lohéac, de Chauvigny, La Hire, Poton de Xaintrailles, La Trémouille et plusieurs autres, avec environ douze mille combattants. Il prit d'abord le chemin de Montargis, et l'on put croire qu'il marcherait sur Sens ; mais il se tourna vers Auxerre. Les habitants, sans se déclarer contre lui, auraient voulu ne se point compromettre à l'égard des Anglais. Ils envoyèrent donc une députation au roi pour tâcher d'accommoder ses vues à leur politique. Jeanne voulait qu'ils se rendissent ou qu'on les prît : un acte de vigueur au début ne pouvait qu'aplanir les difficultés de la route. Mais Jeanne ne commandait plus ici : elle ne pouvait qu'agir auprès du roi ; et près du roi était La Trémouille, gouverneur en titre de la ville, et qui, loin de s'en faire ouvrir les portes, se laissa gagner, dit-on, moyennant deux mille écus d'or, à la résolution de les tenir fermées à Charles VII. On accorda aux habitants la trêve qu'ils demandaient, au grand mécontentement de la Pucelle et des capitaines. Ils promettaient de faire ce que feraient ceux de Troyes, de Châlons et de Reims. La seule chose qu'ils concédassent pour le moment aux gens du roi, ce fut de leur donner, à prix d'argent, des vivres dont on avait négligé de se pourvoir.

Après trois jours passés devant Auxerre, on alla à Saint-Florentin, qui se rendit de bonne grâce, et, chemin faisant, on se préparait la voie par des messages. De Brinon-l'Archevêque, le roi écrivit à Reims (le 4 juillet), mandant aux habitants les choses qui venaient de s'accomplir à Orléans, à Jargeau, à Baugency, etc., « plus par grâce divine que œuvre humaine » ; il leur annonçait son voyage, et les invitait à le recevoir comme ils avaient coutume de faire ses prédécesseurs, sans rien craindre du passé, « assurés d'être traités par lui en bons et loyaux sujets. » Le même jour, comme on était à Saint-Phal, à quelques lieues de Troyes, la Pucelle, à son tour envoya aux habitants de cette ville un message qui les invitait à se soumettre, ne leur laissant d'autre alternative que d'être forcés. Mais il y avait à Troyes une garnison de cinq à six cents Anglais et Bourguignons qui gouvernaient les résolutions de la bourgeoisie. Au lieu de répondre au roi, ils écrivirent à Reims pour qu'on leur vînt en aide et qu'on demandât des secours au régent.

Le 5, à neuf heures du matin, l'armée royale était devant leurs murs, et elle s'y établit malgré une sortie de la garnison, qui fut repoussée. Le roi reprit les négociations, espérant amener les habitants à une soumission volontaire. On prit ses lettres des mains du héraut, sans le laisser entrer dans la ville ; on les lut au conseil, et on y répondit que les habitants avaient juré au duc de Bourgogne de ne recevoir en leur ville, sans son ordre exprès, aucune force capable de leur faire la loi. Ils ajoutaient, pour s'excuser eux-mêmes, qu'ils avaient actuellement chez eux une multitude de gens de guerre auxquels ils n'étaient pas en état de résister ; et ils ne le prouvaient que trop par de nouvelles lettres aux habitants de Reims, où ils parlaient de ces messages, des réponses qu'ils y avaient faites, des dispositions qu'ils avaient prises, et de leur résolution de combattre jusqu'à la mort. Ils leur parlaient aussi de la Pucelle, une Cocquarde, comme ils l'appelaient : ils certifiaient que c'était une folle pleine du diable ; que sa lettre n'avait ni rime ni raison, ajoutant qu'après s'en être bien moqués, ils l'avaient jetée au feu sans daigner y répondre.

La Pucelle n'avait point laissé de faire de nouveaux efforts pour les ramener au roi. Il y avait alors à Troyes un moine augustin, d'autres disent cordelier, qui avait fait grand bruit en ce temps-là. Frère Richard (c'était son nom), après avoir visité les saints lieux, était allé à Paris, au commencement d'avril 1429, et y avait prêché avec un succès extraordinaire : il parlait cinq à six heures de suite, et ne comptait pas moins de cinq ou six mille personnes à ses sermons. Les Anglais avaient fini par prendre ombrage de ce concours. Il était donc sorti brusquement de Paris, avait parcouru la Bourgogne et la Champagne. Il se trouvait à Troyes, quand vinrent le roi et la Pucelle. Ayant ouï ce qu'on disait d'elle, il la voulut voir, mais, craignant un peu qu'elle ne fût ce que disaient les habitants de Troyes, il s'approchait avec défiance, faisant des signes de croix et jetant de l'eau bénite. — « *Approchez hardiment, lui dit la Pucelle, je ne m'envolerai pas.* » Et après l'avoir rassuré, elle le chargea de nouvelles lettres pour la ville assiégée. Mais elles n'eurent pas plus de succès.

On était là depuis cinq jours, attendant que la ville se rendît. Elle n'en faisait rien, et l'on se croyait si peu en état de l'y contraindre qu'on ne songeait plus, dans le camp de Charles, qu'à lever le siège. L'armée royale, partie sans provision, commençait à sentir la famine. On tint conseil, et l'archevêque de Reims, aussi peu pressé de rentrer dans sa cathédrale que d'y mener le roi, démontra fort pertinemment qu'on ne pouvait demeurer devant Troyes davantage. Il alléguait le manque de vivres et d'argent, la force de la ville assiégée, ses approvisionnements, ses nombreux défenseurs. Il montrait comme elle était peu disposée à se rendre, et comme on était peu en mesure de la forcer, n'ayant ni artillerie ni bombardes, ni places d'où l'on en pût tirer plus proche que Gien, c'est-à-dire à trente lieues de là. On recueillit les voix, et la plupart furent d'avis que, si l'on n'avait pas pris Auxerre, une ville bien moins forte et moins défendue, c'était folie de vouloir forcer Troyes : on n'avait donc plus qu'à s'en retourner. — Heureusement, dans cette assemblée de logiciens, il y eut quelqu'un qui se souvint de Jeanne. Robert le Maçon, interrogé à son tour, répondit que, selon son opinion, il la fallait appeler au conseil. C'est sur son avis, disait-il, qu'on avait entrepris l'expédition, sans trop calculer ni le nombre des gens d'armes ni les moyens de les entretenir : avant de s'en départir, il était convenable de savoir si elle n'avait pas quelque autre bonne raison pour y persévérer.

Comme il parlait encore, Jeanne, apprenant qu'on délibérait, vint frapper à la porte. On la fit entrer, et le chancelier lui exposa ses raisons. Jeanne, se tournant vers le roi, lui demanda s'il la voudrait croire. — « Parlez, dit le prince, et, si vous dites chose profitable et raisonnable, volontiers on vous croira. — Me croirez-vous ? répéta Jeanne. — Oui, selon ce que vous direz. — Gentil roi de France, dit-elle, si vous voulez cy demeurer devant votre ville de Troyes, elle sera en votre obéissance dedans (avant) deux jours, soit par force ou par amour ; et n'en faites nul doute. — Jeanne, reprit le chancelier, qui seroit certain de l'avoir dedans six jours, on l'attendroit bien. Mais dites-vous vrai ? »

Elle dit derechef qu'elle n'en faisait nul doute ; et l'on se résolut à attendre.

Jeanne monta à cheval, et, sa bannière à la main, elle s'en vint dans le camp, et ordonna de tout préparer pour l'assaut. Chevaliers, écuyers, tous se mirent en besogne, rivalisant de zèle à porter des fagots, des ais de portes, des tables, des fenêtres et autres choses propres à couvrir les approches de la place et à favoriser l'établissement des batteries. Elle-même avait dressé sa tente près du fossé, et faisait, au témoignage d'un homme qui s'y connaissait, plus que n'eussent pu faire deux des plus habiles et des plus fameux capitaines. Le lendemain matin, tout était prêt, et déjà la Pucelle faisait jeter les fascines dans les fossés et criait : « A l'assaut ! » quand l'évêque et les principaux de la bourgeoisie et de gens d'armes vinrent demander à capituler.

Dès la veille, quand on la vit à l'œuvre, une grande fermentation s'était manifestée parmi le peuple. Les habitants de Troyes ne subissaient pas sans murmures, on le peut croire, cette faction étrangère qui les dominait, et ils n'étaient pas d'avis de se mettre, eux et leurs biens, en péril pour elle. Quand le matin ils virent l'assaut tout prêt, ils résolurent de le prévenir. L'évêque (Jean Laiguisé), natif de Troyes et puissant dans la ville, se prononça un des premiers. On s'entendit sans peine sur les conditions. Charles VII n'avait d'autre intérêt que de s'attacher et d'attirer à lui, par des ménagements, les villes qui voudraient se rendre. Il donna donc aux habitants toute garantie pour les personnes et pour les biens, toute liberté pour leur commerce, même avec les États soumis au duc de Bourgogne ; toute satisfaction touchant les impôts, les aides, la monnaie ; toute sécurité pour la ville en général et pour chacun en particulier : il maintenait chacun en possession des bénéfices ou offices obtenus du roi d'Angleterre, à la seule condition de reprendre de lui nouveaux titres, et s'engageait à n'imposer à la ville ni garnison ni capitaine. Les troupes étrangères avaient la permission de s'en aller avec leurs biens.

Le lendemain, dimanche 10 juillet, le roi entra dans Troyes en grande pompe avec tous les seigneurs et capitaines et la Pucelle auprès de lui, portant son étendard. La garnison sortit librement, selon la convention ; mais, comme plusieurs, en vertu de l'article qui leur laissait leurs biens, emmenaient leurs prisonniers, Jeanne ne le voulut point souffrir. « Elle se tint à la porte en disant que, en nom Dieu, ils ne les emmèneraient pas ; et de fait les garda. » Le roi, pour mettre d'accord la lettre du traité avec ces justes résistances les racheta de leurs maîtres, argent comptant. Le roi mit dans Troyes un bailli (Guillaume Bellier, l'hôte de Jeanne à Chinon) et d'autres officiers ; et le lendemain son armée, qu'il avait laissée aux champs, sous la garde d'Ambroise de Loré, traversa la ville et prit la route de Châlons.

La ville de Châlons, comme celle de Troyes, était aux Bourguignons et aux Anglais, et c'est probablement aussi sous leur inspiration que les habitants, aux premiers jours du siège mis devant Troyes, envoyaient à Reims un message où, mentionnant les lettres qu'ils recevaient de la ville assiégée, ils témoignaient de la forte guerre qu'elle faisait au Dauphin, comme de leur ferme volonté de lui résister eux-mêmes à outrance. Mais les dernières nouvelles eurent bien vite dissipé ces résolutions. Le parti anglais s'éclipsa, et avant que le roi fût aux portes de la place (à Bussy-Lestrée), il rencontra l'évêque et un grand nombre de bourgeois qui se venaient mettre en son obéissance. Jeanne eut à Châlons une grande consolation. Elle y vit des gens de Domremy : Jean Morel, à qui elle donnait un habit rouge qu'elle avait porté ; Gérardin d'Épinal, qui sans doute n'était plus bourguignon, car elle lui dit qu'elle ne craignait qu'une chose : les traîtres. Ce fut, au milieu de sa marche triomphante, comme une apparition des lieux de son enfance. Si peu de mois et tant de prodiges s'étaient accomplis depuis qu'elle les avait quittés ! – Elle n'y demeura qu'un jour. Le roi logea la nuit dans la ville avec son armée, et le lendemain partit pour Reims.

Comment les Anglais, qui le savaient en route, ne s'étaient-ils pas mis en mesure d'y être avant lui ? Charles avait tout à conquérir sur le chemin, et pour eux tout leur était soumis, y compris la ville elle-même. C'est que déjà ils n'étaient plus autant les maîtres en France qu'on le pourrait croire, et Bedford était bien forcé de se le dire, la rage dans le cœur. Quand il avait vu, au moment où il se croyait sûr de la victoire, toutes ses espérances confondues : ses bastilles enlevées, ses troupes battues en rase campagne, les garnisons capitulant et l'esprit des soldats, naguère si fier, complètement abattu, il n'avait pu croire que ce fût là l'œuvre d'une simple jeune fille. Il y reconnaissait quelque chose de surnaturel, et n'hésitait point à le rapporter au démon : il le déclare dans une lettre où il confesse en même temps et l'importance des pertes éprouvées par ses gens, et la démoralisation de ceux qui restent. A la nouvelle de la délivrance d'Orléans, lui-même avait quitté précipitamment Paris pour se retirer à Vincennes craignant que le contrecoup de la défaite n'excitât un mouvement populaire. Il avait eu de la peine à former l'armée qui, venue pour secourir les villes de la Loire, se fit battre à Patay ; et depuis cette défaite, qu'il vengea par la dégradation fort imméritée de Falstolf, les difficultés étaient bien plus grandes encore.

L'Ile de France et le voisinage lui faisant défaut, il s'était tourné vers l'Angleterre et vers le duc de Bourgogne. Le parlement anglais commençait à se lasser d'une guerre qui savait si peu pourvoir à ses propres besoins, même en pays de conquête. Bedford crut faire mieux en s'adressant directement au cardinal de Winchester. Le cardinal, après tous les soucis qu'il avait donnés au régent du côté de l'Angleterre, lui promettait un secours inespéré dans sa détresse. Pour se débarrasser de lui, on l'avait mis à la tête d'une croisade contre les Hussites ; et il s'était recruté une armée des deniers de l'Église. Or, il n'était point parti encore ; et Bedford, tirant profit de ces retards, l'avait décidé à mettre provisoirement cette armée au service du roi en France (1er juillet). Quelles meilleures troupes diriger contre celle qu'il appelait un limier de l'enfer ? et à quoi pouvait-on mieux gagner les indulgences de la croisade ? D'autre part, il avait pressé le duc de Bourgogne de venir à Paris : il lui avait envoyé à Hesdin, de concert avec les gens de Paris, une solennelle ambassade : un évêque, deux notables docteurs, plusieurs des plus puissants bourgeois ; et le duc s'étant rendu à cette invitation (10 juillet), on ne négligea rien pour réchauffer sa haine contre le prince qui s'était souillé du meurtre de son père : sermon à Notre-Dame, assemblée solennelle au palais où on relut le traité conclu entre Jean sans Peur et le dauphin, pour raconter ensuite le meurtre qui le déchira. Le succès fut complet. Le duc renouvela sa plainte contre Charles ; et toute l'assemblée le serment de fidélité aux actes du traité de Troyes. Tout se réparait donc, ce semble ; mais il fallait du temps encore pour entrer en action ; et Bedford, en ce moment, ne pouvait combattre la marche du roi vers Reims que par des messages adressés à la ville.

Les habitants de Reims ne lui demandaient d'ailleurs aucun renfort : ils inclinaient secrètement pour le roi ; mais ils craignaient, en laissant percer leurs sentiments, d'affaiblir la confiance qu'on avait en eux, et de se faire envoyer quelque grosse garnison qui les gênât dans leurs résolutions postérieures, et les ruinât, en attendant, sous prétexte de les défendre. Ils prenaient donc toutes les mesures nécessaires pour rassurer les Anglais en se réservant de se garder eux-mêmes ; et les extraits des délibérations de leur conseil, du mois de mai au mois de juillet, depuis la bataille de Patay jusqu'à la veille du sacre, en offrent des traces curieuses : « Que les étrangers ne viennent de nuit, à peine d'amende arbitraire et de prison ; qu'on garde les habitants de commotion ; qu'on mette gens, de jour, sur les murs (23 mai). »

Le bruit court que plusieurs du conseil sont armagnacs : on va au-devant, en ordonnant au procureur de la ville d'en faire enquête (8 juin). On s'occupe de fortifier et d'armer la place (13). On songe à un emprunt (17), et l'on donne au régent une preuve sensible du zèle de la ville à se bien mettre en défense : on lui demande d'appliquer aux travaux des fortifications les aides du roi et la gabelle (27) ; puis le lendemain, prenant pour réponse une lettre d'un sens fort général qui arrive justement de Bedford, on décide qu'on les y emploiera. Mais il n'était pas bien sûr que ce dût être à son profit : le 29, à la nouvelle que l'évêque de Beauvais (Pierre Cauchon) vient avec le bailli de Vermandois en ambassade, on décide qu'on les laissera entrer, s'ils n'ont que cinq ou six chevaux : et l'on mande à Guillaume de Châtillon, capitaine de la place, absent alors, que l'on connaît son projet d'y mettre garnison, et qu'on est résolu à n'en point recevoir.

Voilà quelles étaient les dispositions de Reims, le jour même où Charles VII commençait son voyage. Les Anglais attendaient-ils beaucoup du concours de la ville pour l'arrêter ? Peut-être ne semblaient-ils y croire, que parce qu'ils n'étaient point en mesure de s'en passer encore. Quoi qu'il en soit, les avis arrivaient de toutes parts à Reims, comme au centre de la résistance à l'entreprise de Charles VII. Le duc de Bourgogne envoyait un message aux habitants pour les mettre en garde contre les traîtres qui appelaient le dauphin chez eux et comptaient bien lui ouvrir les portes. Chacun de ses pas leur était signalé. La troupe royale était à peine sur le chemin de Montargis, que Philibert de Moulant leur écrivait de Nogent-sur-Seine pour leur en donner la nouvelle. Il leur annonçait qu'elle se promettait d'aller à Sens (il n'en fut rien) et d'y entrer portes ouvertes ; mais il les assurait que Sens avait pris et portait la croix de Saint-André (la croix de Bourgogne) ; que ni Auxerre ni les autres villes du pays ne se souciaient des Armagnacs et de la Pucelle, et que, si Reims avait besoin de lui, il y viendrait avec sa compagnie « comme bon chrétien doit faire. » Les habitants de Troyes, ceux de Châlons, leur adressaient les lettres que l'on a vues : ceux de Troyes, pour leur dire que le roi venait, qu'il était venu, et finalement comme il était entré ; ceux de Châlons, comment on s'apprêtait à le recevoir, et bientôt comme on l'avait reçu : lettres toutes pleines d'exhortations, d'abord à résister, puis à se soumettre, selon leur exemple.

Guillaume de Châtillon se trouvait alors à Château-Thierry. Les habitants de Reims, fidèles à leur politique, ne manquèrent pas de transmettre à leur capitaine les nouvelles qui leur venaient. Le 8, après les premières lettres de Troyes et de Châlons, ils lui en firent connaître la substance et lui apprirent, en outre, ce qui s'était fait dans la ville. « Le conseil s'était réuni pour délibérer, mais il ne s'était pas trouvé en nombre pour conclure. Le peuple avait été assemblé par quartier ; il avait juré de vivre et de mourir avec les notables, de se gouverner selon leurs avis, de ne rien faire sans l'ordonnance du capitaine. » Mais le bailli, chargé du message, devait, en l'invitant à se rendre dans la ville, lui faire connaître une condition qui montrait assez jusqu'à quel point on était disposé à suivre ses ordonnances : c'est qu'il ne viendrait qu'avec une force de 40 ou 50 chevaux : assez pour se garder, trop peu pour faire la loi. Guillaume de Châtillon prouva bien qu'il comprenait les intentions de la ville sous ces démonstrations de bon vouloir. Il y envoya Pierre de la Vigne avec une liste d'articles que les habitants étaient priés d'accepter, s'ils voulaient qu'il vînt à Reims pour y vivre et mourir avec eux. Il demandait que la ville fût bien et hâtivement mise en état de défense, qu'elle levât une troupe de trois ou quatre cents hommes pour y tenir garnison jusqu'à l'issue de l'entreprise du dauphin ; qu'on lui assurât à lui-même et la garde de la place, et la faculté de résider au château de Porte-Mars avec cinq ou six notables qu'il affectait de vouloir bien y recevoir pour conseil, et qu'au fond il entendait garder comme otages ; le tout, ajoutait-il, « pour doute de la commotion du peuple et aussi pour le bien de la ville. » — « On peut facilement juger », dit l'auteur à qui l'on doit le résumé précieux de cette correspondance, « on peut juger, par le comportement dudit seigneur de Châtillon sur les occurrences de ce temps, qu'il avoit reconnu que le dessein des habitants dudit Reims étoit d'admettre et de recevoir ledit dauphin en ladite ville. C'est pourquoi il ne veut pas y venir qu'il ne soit le plus fort. »

Les articles, on le devine, ne furent point acceptés : toutefois les habitants de Reims n'avaient point rompu encore, et l'on redoublait d'efforts pour les retenir au moment décisif. Winchester était attendu à Paris, et le duc de Bourgogne venait s'y concerter avec le régent : le bailli de Vermandois s'empresse d'envoyer à Reims ces bonnes nouvelles. Il leur écrit le 10 que Philippe le Bon avait dû entrer la veille à Paris, que huit mille Anglais avaient débarqué à Boulogne, et que bientôt « il y auroit la plus belle et grande compagnie qui ait été, passé vingt ans » ; et il leur montrait le roi menacé sur ses derrières par le duc de Bourgogne, qui, maître des passages, lui fermait le retour. Mais Charles VII ne songeait qu'à pousser en avant. Troyes s'était rendue, et Jean de Châtillon, frère du capitaine de Reims, cherchait vainement, par une lettre du 13 aux mêmes bourgeois, à effacer l'impression que devait causer cet événement considérable. Il leur disait que c'était l'œuvre de l'évêque, du doyen de Troyes, et surtout du cordelier frère Richard ; que les seigneurs n'y avaient point consenti, qu'ils avaient été contraints par une sédition populaire ; que l'ennemi assurément eût été hors d'état de les forcer : car il n'avait pas de quoi manger, et il avait été près de passer outre ; et quant à la Pucelle, dont il fallait bien parler pour expliquer comment la ville s'était rendue, il ajoutait que son messager l'avait vue et affirmait par sa foi « que c'étoit la plus simple chose qu'il vit oncques ; et qu'en son fait n'avoit ni rime ni raison, non plus qu'en le plus sot qu'il vit oncques. » Vains efforts ! Les habitants de Reims recevaient en même temps la dernière lettre de ceux de Troyes, puis une autre écrite de Troyes par leur archevêque, dont le rang auprès du roi était pour eux, au besoin, une garantie des sentiments que le roi lui-même leur avait exprimés. Après Troyes, c'était Châlons qui se rendait et pressait Reims d'imiter son exemple (16 juillet) ; et le roi, arrivant en même temps que la lettre, s'arrêtait à Septsaulx, à quatre lieues de Reims, n'attendant plus que la députation des habitants.

Cette démarche ne se fit pas longtemps attendre. Châtillon, voyant que les événements se précipitaient, s'était rendu à Reims avec les seigneurs de Saveuse et de Lisle-Adam. Il avoua aux habitants que l'armée dont on leur avait tant parlé ne serait prête que dans cinq ou six semaines : il les priait de tenir jusque-là, promettant qu'ils recevraient alors du secours. Mais ceux de Reims avaient si peu envie d'en recevoir, qu'ils n'avaient même pas voulu laisser entrer dans leurs murs les hommes que Châtillon, Saveuse et Lisle-Adam avaient amenés en grand nombre à leur suite. Les trois seigneurs se retirèrent ; et ils n'étaient pas encore bien loin, que les notables, tenant conseil, envoyèrent, du consentement de tous, des députés au roi. Le roi les reçut, leur assura par lettres pleine amnistie, et le même jour fit son entrée dans la ville (16 juillet). L'archevêque Regnault de Chartres, qui l'y avait précédé dès le matin, vint à sa rencontre à la tête des corporations et de la bourgeoisie ; et le peuple faisait entendre autour de lui le joyeux cri de Noël : mais tous les regards étaient pour la Pucelle, qui suivait le prince avec l'armée. Le reste du jour et toute la nuit furent employés aux préparatifs du sacre, qui eut lieu le lendemain dimanche, 17 juillet. Les maréchaux de Boussac et de Rais (Rais fut fait maréchal ce jour-là), le sire de Graville, grand maître des arbalétriers, et le sire de Culan, amiral de France, allèrent à cheval, bannière au vent, chercher à Saint-Remy la sainte ampoule, qu'ils jurèrent, selon le cérémonial, de conduire et de ramener sûrement ; et sous leur escorte, l'abbé, revêtu de ses habits pontificaux, la porta solennellement jusque devant l'église de Saint-Denis, où l'archevêque, à la tête du chapitre, la prit de ses mains pour la déposer sur le grand autel de Notre-Dame. Au pied de l'autel était le roi. Selon l'antique usage, il devait être entouré des douze pairs du royaume. Comme on ne pouvait ni les réunir ni les attendre, les principaux seigneurs et les évêques présents tenaient la place des absents : comme pairs laïques, le duc d'Alençon pour le duc de Bourgogne, l'allié des Anglais ; les comtes de Clermont et de Vendôme, les sires de Laval, de La Trémouille et de Beaumanoir ; comme pairs ecclésiastiques, l'archevêque de Reims, l'évêque de Laon et l'évêque de Châlons en vertu de leur titre ; les évêques de Séez, d'Orléans, et un sixième au nom des autres titulaires. L'archevêque de Reims officiait ; le sire d'Albret tenait l'épée devant le roi. Mais il y avait encore un personnage que l'antique cérémonial ne prévoyait pas : c'était la Pucelle, debout aux côtés du roi, son étendard à la main. Après la cérémonie, quand le prince, fait chevalier par le duc d'Alençon, eut reçu de l'archevêque l'onction sacrée et la couronne, la Pucelle, se jetant à ses pieds, lui embrassa les genoux, et, pleurant à chaudes larmes : « *Gentil roi, dit-elle, ores est exécuté le plaisir de Dieu, qui vouloit que vinssiez à Reims recevoir votre digne sacre, en montrant que vous êtes vrai roi et celui auquel le royaume doit appartenir.* » Elle pleurait, et les seigneurs qui étaient là pleuraient avec elle.

III. La Pucelle

C'était le roi, c'étaient les seigneurs et le peuple, que par ces paroles Jeanne prenait à témoin de la vérité de sa mission : et qui d'entre eux la pouvait mettre en doute ? Orléans délivré en quatre jours de combat ; les Anglais, en moins d'une semaine, chassés de leurs principales positions sur la Loire et battus en rase campagne dans leur retraite ; le roi mené à Reims avec une armée dépourvue de tout, à travers un pays occupé par l'ennemi, entrant dans les villes et atteignant le but de son voyage sans coup férir : voilà ce qu'elle avait fait ; et sa façon d'agir n'était pas moins surprenante que les résultats obtenus. Dans la première campagne, elle avait montré non seulement l'inspiration qui enlève le succès, mais l'habileté qui le prépare, étonnant les plus vieux capitaines par une connaissance de la guerre que l'on ne pouvait attendre ni de son sexe ni de son âge. Et dans cette nouvelle entreprise, où l'on avait affaire moins aux Anglais qu'à des enfants égarés de la France, elle avait su prendre les villes, sans qu'une seule goutte de ce sang français, qui lui était si cher, fût répandue.

Mais ce qui commandait surtout la foi en sa mission, c'est qu'elle l'affirmait. Elle se plaisait à dire que son œuvre n'était que ministère, c'est-à-dire qu'elle ne faisait, humble servante, que ce qui lui était commandé ; et quand on lui disait que jamais en aucun livre on n'avait lu choses semblables, elle répondait : « *Messire a un livre où nul clerc n'a jamais lu, si parfait qu'il soit en cléricature.* » C'est donc à Dieu qu'elle en rapportait le principe ; et quand elle l'affirmait, comment ne l'en pas croire ? Tout en elle était d'une sainte. Sa piété, sa ferveur sont attestées à toutes les époques de sa vie. Il ne lui suffisait pas d'accomplir ses devoirs de bonne chrétienne : elle le faisait avec un zèle à en chercher les occasions, parmi les empêchements de toute sorte, où l'on pouvait voir qu'ils n'étaient pas seulement pour elle une obligation de conscience, mais une joie de l'âme. Souvent, à la messe, pendant l'élévation ou quand elle communiait, ou bien encore lorsqu'elle était en prière, on la voyait verser des larmes. Elle se plaisait au son des cloches, simple et religieuse harmonie qui n'est point seulement un appel à la prière, mais comme une voix de la terre au ciel. Elle se plaisait aux chants consacrés, et chaque jour à l'heure du crépuscule, pendant que les cloches sonnaient, elle se retirait dans les églises, et, rassemblant les religieux mendiants qui suivaient l'armée du roi, elle leur faisait chanter quelqu'une des hymnes de la Vierge. Elle aimait surtout les petits et les simples, et cherchait à se confondre parmi eux pour approcher de Celui qui a dit : Laissez venir à moi les petits enfants. « Quand elle se trouvait, dit Pasquerel, dans un endroit où il y avait des couvents de moines mendiants, elle me disait de lui remettre en mémoire les jours où les petits enfants des mendiants recevaient la communion, afin que, ce jour-là, elle la reçût avec eux ; ce qu'elle fit bien des fois. »

Ce n'était point assez pour elle que de rendre honneur à Dieu : elle eût voulu qu'il fût honoré de tout le monde ; elle voulait que les soldats fussent comme elle dans la grâce de Celui en qui elle cherchait sa force. On a vu à quel titre elle admettait les troupes autour de son étendard, quelles conditions elle réclamait pour l'assaut ou pour la bataille : elle fit que La Hire se confessât. Ce n'était pas, sans doute, chose bien rare en ce temps, mais ce qui était bien plus commun alors comme aujourd'hui, c'étaient les jurons, les blasphèmes, cette déplorable habitude qui fait qu'on renie Dieu et qu'on se damne soi-même comme sans y penser. Jeanne ne se lassait pas de la combattre auprès des seigneurs comme auprès des soldats : « *Ah ! maître,* disait-elle à un des principaux chevaliers qu'elle entendait jurer ainsi, *osez-vous bien renier notre Sire et notre Maître ? En nom Dieu, vous vous en dédirez avant que je parte d'ici.* » Et le chevalier se repentit et se corrigea. Elle reprenait les ducs, les princes comme les autres. On n'osait plus jurer en sa présence, et le duc d'Alençon déclare que sa vue seule le contenait. Mais c'est l'habitude même qu'elle eût voulu déraciner de leurs cœurs, et, ne la pouvant détruire, elle cherchait à la transformer en proposant à cet instinct, devenu machinal, une manière inoffensive de se produire. Elle avait décidé La Hire à ne plus jurer que par son bâton, et elle-même, comme pour tâcher d'en mettre l'usage à la mode, elle avait, si l'on en croit Perceval de Cagny, familièrement adopté cette expression : Par mon martin ! (par mon bâton.)

Sa chasteté, sa pudeur ne pouvaient jamais mieux se montrer que dans cette vie toute militaire. On s'étonnait de la voir à cheval si longtemps, comme étrangère aux nécessités qui l'auraient pu forcer d'en descendre. Quand elle le pouvait, elle allait passer la nuit chez l'hôte le mieux famé de la ville ou du voisinage, et partageait son lit avec quelqu'une des filles de la maison. Quand elle ne le pouvait pas, elle couchait, comme les autres, à la paillade, mais toute vêtue et renfermée dans ses habits d'homme. C'était peu que d'être chaste et pure : elle inspirait la chasteté aux autres. D'Aulon, son écuyer, qui la voyait plus familièrement que personne, quand il l'armait, quand il dut panser ses blessures, Alençon qui l'avait près de lui dans toute la campagne de la Loire, Dunois, qui la suivit presque partout, s'accordent à dire, comme les deux braves soldats sous la garde desquels elle vint de Vaucouleurs, que jamais sa vue n'éveilla en eux aucune pensée dont elle eût pu rougir. Il est inutile de dire qu'elle ne pouvait souffrir la présence de ces femmes qui se mêlaient aux armées, à la honte de leur sexe. Plusieurs fois, elle ordonna qu'elles fussent toutes renvoyées. Aucune n'eût osé se montrer devant elle, et elle ne tolérait pas davantage qu'une fille suivît son amant, fût-il chevalier, à moins de se marier. Un jour elle en poursuivit une, l'épée levée, mais sans la frapper pourtant, et en l'avertissant avec douceur de ne plus se trouver dans la société des hommes d'armes, ou qu'elle lui ferait déplaisir. Une autre fois elle fit plus : elle brisa son épée sur le dos de l'une d'elles, l'épée de sainte Catherine ! Le roi en fut fâché pour l'épée, et lui dit qu'elle aurait mieux fait de prendre un bon bâton. Mais elle tenait plus à l'honneur de son sexe qu'à l'épée de sainte Catherine. Si elle voulait rappeler le soldat aux devoirs du chrétien, elle tâchait, à plus forte raison, de le soustraire à ces habitudes de pillage et de meurtre qui trouvent dans la vie des camps trop d'occasions de se satisfaire. Elle avait horreur du sang versé. C'était pour ne tuer personne qu'elle portait à la main son étendard dans les batailles. Elle n'imposait pas cette loi aux siens, sans doute, mais elle condamnait tout ce que la nécessité ne commandait pas. Un jour, un Français ayant frappé à la tête et blessé grièvement un des Anglais prisonniers qu'il avait sous sa garde, Jeanne descendit de cheval, soutint le blessé par la tête, et lui fit donner les secours de la religion tout en lui prodiguant les siens. Quant au pillage, cette cause de violences et quelquefois de meurtres, elle ne le tolérait pas plus volontiers. Elle ne répondait de la victoire qu'à la condition qu'on ne prendrait rien à personne et qu'on ne ferait aucune violence aux pauvres gens. Pour sa part, même quand on manquait de vivres, elle refusait de prendre rien de ce qui avait été enlevé. Sa bonté était extrême et s'étendait à toutes les misères. Elle faisait volontiers l'aumône ; elle donnait aux autres pour qu'ils la fissent aussi ; elle disait qu'elle était envoyée pour la consolation des indigents et des pauvres. Quant aux blessés, qui étaient plus spécialement confiés à sa sollicitude, elle avait les mêmes soins pour tous, qu'ils fussent Anglais ou Français. Et avec tout cela elle était si simple que sa bonté faisait oublier sa grandeur, et qu'un des témoins du procès déclare naïvement qu'il voudrait avoir une aussi bonne fille.

Cette simplicité, cette innocence, cette douceur qui se gardaient inaltérables jusque dans les troubles de la vie des camps, rendaient plus étonnantes encore les grandes qualités qu'elle montrait dans la conduite des armées. Ses compagnons admiraient en elle, non seulement le courage du chevalier ou le coup d'œil du grand capitaine, mais une science et comme une habitude de la guerre que le temps semble seul pouvoir donner. Le duc d'Alençon, qui, dans la campagne de la Loire, commandait à côté d'elle, et on peut dire sous elle, n'hésite point à constater par le récit des faits, et à reconnaître expressément par ses paroles, cette supériorité dont tout le monde s'étonnait : « En toutes choses, dit-il, hors du fait de la guerre, elle était simple et comme une jeune fille ; mais au fait de la guerre, elle était fort habile soit à porter la lance, soit à rassembler une armée, à ordonner les batailles ou à disposer l'artillerie. Et tous s'étonnaient de lui voir déployer dans la guerre l'habileté et la prévoyance d'un capitaine exercé par une pratique de vingt ou trente ans. Mais on l'admirait surtout dans l'emploi de l'artillerie, où elle avait une habileté consommée. » Ce n'est point là le propre d'une mystique, et la Sibylle française, comme l'appelait un clerc allemand dans un écrit de ce temps-là (juillet-septembre 1429), ne ressemblait guère à toutes celles qu'il énumère en tête de son livre pour la rattacher à des antécédents. Jeanne, dont on voudrait faire une visionnaire à cause de ses visions, était loin, quelque pieuse qu'elle fût, d'être absorbée dans les paisibles contemplations de l'extase. C'était, comme on l'a pu voir déjà par le tableau même de ses premières campagnes, une nature pleine de vivacité et d'entrain, faisant pour sa part métier de soldat et de chef de troupes, et ne différant des autres que par ces illuminations de l'esprit et ces vertus angéliques, où l'on pouvait voir un rayonnement de la force qui l'animait.

Si les résistances devaient survivre au sacre en certain lieu, les hommages n'avaient point attendu jusque-là pour lui venir de toutes parts. Les chevaliers abandonnaient leurs propres panonceaux pour s'en faire faire sur le modèle du sien. Le roi lui avait donné un état de maison qui la faisait l'égale d'un comte, ne voulant pas que personne dans l'armée eût lieu de mépriser son dénuement ; et elle soutenait son rang parmi les seigneurs sans vanité, comme sans fausse modestie. Elle avait reçu des Orléanais une robe à la livrée du duc d'Orléans ; du duc de Bretagne, des compliments d'abord, et à la suite de la bataille de Patay une dague et des chevaux de prix. Elle recevait ces présents : elle en faisait à son tour, et même aux plus grandes dames, usant familièrement de réciprocité sans prétendre les égaler d'ailleurs, et s'excusant avec grâce de la modicité de ses dons. Mais elle aimait surtout à donner, selon le précepte de l'Évangile, à ceux de qui elle n'espérait rien recevoir ; et pour cela elle ne craignait pas de recourir à son crédit. Pendant qu'elle demeurait à Tours, elle avait pris en amitié la fille du peintre qui décora son panonceau et sa bannière. Cette jeune fille se mariant, elle demanda, par une lettre adressée au conseil de Tours, qu'il lui donnât cent écus pour son trousseau. Après le sacre, ce qu'elle demanda au roi et ce qu'elle obtint pour prix de cette couronne qu'elle avait fait poser sur sa tête, c'est qu'il usât de sa prérogative pour exempter d'impôt le village où elle était née. Le père de Jeanne qui vint rejoindre sa fille à Reims, put en rapporter la nouvelle aux habitants de Domremy.

Si Jeanne recevait des grands ces honneurs, que ne devait-elle pas attendre du peuple ? « Et l'appeloient ly aulcuns du commun de France, l'Angélisque ; et en faisoient et cantoient (chantoient) plusieurs canchons (chansons), fables et bourdes, moult merveilleuses », dit le haineux auteur d'une chronique bourguignonne. C'était comme une adoration, et elle ne savait comment s'en défendre. On se jetait aux pieds de son cheval, on baisait ses mains et ses pieds ; et l'accusation, qui plus tard devait recueillir précieusement les moindres traits de ces hommages populaires pour les faire tourner à sa perte, constate que l'on portait des médailles à son effigie, qu'on plaçait son image dans les églises, et qu'on la mentionnait dans les prières de la messe. Jeanne ne demandait pas mieux que de savoir qu'on priât pour elle ; mais son bon sens la mettait en garde contre l'enivrement de ces honneurs ; et quand les docteurs lui disaient qu'elle faisait mal de les souffrir, qu'elle entraînerait les peuples à l'idolâtrie, elle répondait avec simplicité : « *En vérité, je ne m'en saurais garder si Dieu ne m'en gardait lui-même.* »

La foi en elle, l'enthousiasme était donc général, et il y en a, dans le temps même, des témoignages de diverses sortes. Le comte d'Armagnac lui écrivait pour savoir à quel pape il fallait se soumettre (août 1429) ; Bonne Visconti, pour qu'elle la rétablît dans le duché de Milan ; et sa lettre portait cette suscription : « A très-honorée et très-dévote Pucelle Jeanne, envoyée du Roi des cieux pour la réparation et extirpation des Anglois tyrannisans la France. »

Christine de Pisan, presque septuagénaire, sentait se ranimer en elle un reste d'inspiration pour chanter celle qui avait conduit son peuple comme Josué, qui l'avait sauvé comme Gédéon, qui avait surpassé en prodiges Esther, Judith et Débora. Et déjà elle voyait non seulement Paris ouvrant ses portes à Charles VII et les Anglais chassés de France, mais l'Église pacifiée et la terre sainte reconquise.

Mais une plus franche poésie se développait dans les traditions qui s'attachaient à sa personne. Déjà la légende naissait pour elle à côté de l'histoire, et l'imagination populaire parait de ses fantaisies les prodiges bien plus sérieux qu'elle opérait. Au siège d'Orléans, les Anglais déclaraient avoir vu deux prélats cheminant en habits pontificaux tout à l'entour des murailles de la ville ; et l'on ne doutait pas que ce ne fussent les deux patrons de la cité, saint Euverte et saint Aignan, qui l'avaient jadis sauvée des mains d'Attila. Au moment où Jeanne avait donné le signal du dernier assaut, une colombe avait paru, planant au-dessus de son étendard ; à Troyes, « une infinité de papillons blancs » voltigeant à l'entour ; et à la veille du voyage de Reims, on avait vu dans le Poitou « des hommes armés de toutes pièces chevaucher en l'air sur un grand cheval blanc, se dirigeant des mers d'Espagne vers la Bretagne et criant aux populations effrayées : « *Ne vous esmayez (n'ayez peur).* » — C'est l'Angleterre qui devait trembler. Il était plus facile encore de répandre le merveilleux sur sa naissance, sur ses premières années. Sa naissance avait été divinement présagée. La nuit qu'elle vint au monde (c'était l'Épiphanie), les gens du peuple avaient, sans savoir pourquoi, senti en eux une joie inexprimable ; ils couraient çà et là, demandant ce qu'il y avait de nouveau ; les coqs avaient fait entendre des chants inaccoutumés, et pendant deux heures on les vit battant de l'aile comme en présage de cet événement. Son enfance n'avait pas été moins bénie.

Pendant qu'elle gardait les brebis, les oiseaux des champs venaient à sa voix, comme privés, manger son pain dans son giron ; jamais le loup n'approcha du troupeau confié à sa garde, ni l'ennemi ou le malfaiteur, du toit paternel tant qu'elle l'habita. Quand elle eut sa première révélation, ses compagnes jouant avec elle la défiaient à la course ; elle courait, ou plutôt elle volait ; ses pieds rasaient le sol sans y toucher. — Voilà ce qu'on disait, voilà ce que recueillait déjà Perceval de Boulainvilliers dans une lettre écrite au duc de Milan, le 21 juin 1429, trois jours après la bataille de Patay, et terminée pendant le voyage de Reims. « Cette Pucelle », ajoutait-il, plaçant auprès de ces fictions un portrait fait au naturel, « est d'une rare élégance, avec une attitude virile. Elle parle peu et montre une merveilleuse prudence dans ses paroles. Elle a une voix douce comme une femme, mange peu, boit peu de vin ; elle se plaît à cheval sous une armure brillante. Elle aime autant la société des gens de guerre et des nobles, qu'elle aime peu les visites et les conversations du grand nombre ; elle a une abondance de larmes, et le visage serein ; infatigable à la peine, et si forte à porter les armes, que pendant six jours elle demeure complètement armée jour et nuit. »

Bien d'autres lettres, sans doute, et il en est resté plusieurs, portaient au loin le bruit de sa renommée. Celles mêmes qui laissent de côté le merveilleux de fantaisie témoignent de la même foi en ses succès, en ses prédictions, jusque dans les termes où les exagérait le bruit populaire. Des envoyés de quelque ville ou prince d'Allemagne qui donnent une curieuse et très précise relation du siège d'Orléans et de la campagne de la Loire, y compris la bataille de Patay, et qui par conséquent écrivent après le 18 juin, disent que « la Pucelle a garanti qu'avant que le jour de la Saint-Jean-Baptiste de l'an 29 arrive (avant huit jours), il ne doit pas y avoir un Anglais, si fort et si vaillant soit-il, qui se laisse voir par la France, soit en campagne, soit en bataille » ; et le terme n'a rien qui les étonne : on croit que rien ne lui peut résister. Le secrétaire de la ville de Metz, qui écrit pendant le voyage de Reims, le 16 juillet, ne met en doute aucun des bruits qui lui signalent les villes comme prises ou près de l'être : car « tout ce que le dauphin et la pucelle entreprennent leur réussit en tout sans aucune résistance » et il montre qu'il y avait tout à l'entour autant de répugnance à l'aller combattre que d'empressement à servir avec elle. Le duc de Bourgogne s'était vu réduit à l'inaction, les Flamands et les Picards refusant de l'aider hors de leur pays ; et au contraire beaucoup de chevaliers partaient des pays allemands pour « aller trouver le dauphin à Reims ». On l'apprend par cette lettre ; et l'on voit en effet Robert de Sarrebruck, seigneur ou damoiseau de Commercy, on voit le duc de Bar, René d'Anjou, héritier désigné de la Lorraine, qui naguère avait fait hommage à Henri VI, venir rejoindre le roi, la veille du sacre.

On était donc plein de confiance et d'espoir. Le sacre, loin d'être le terme où l'on dût s'arrêter, ne se montrait que comme le point de départ de la conquête. La couronne que le prince y recevait était le gage du royaume qu'il avait à reprendre, et dans l'armée et dans le peuple il y avait un élan immense pour l'y aider. Comment ces espérances furent-elles déçues ? La mission de Jeanne se terminait-elle au sacre, et la victoire a-t-elle dès lors cessé de la suivre parce que la force qui la faisait vaincre ne la dirigeait plus ? C'est une question qui se pose d'elle-même, et marque un point d'arrêt dans le récit au moment où l'on passe de la période triomphante qui aboutit à Reims à celle qui a pour terme Rouen.

Livre IV – Paris

I. La mission de Jeanne d'Arc

Dunois raconte qu'après le sacre, quand Charles VII traversa la Ferté et Crespy en Valois, comme le peuple accourait criant Noël, Jeanne, qui était à cheval entre l'archevêque de Reims et lui-même, dit : « *Voilà un bon peuple, et je n'ai jamais vu peuple qui se réjouît tant de l'arrivée d'un si noble prince. Et puissé-je être assez heureuse pour finir mes jours et être inhumée en cette terre !*— O Jeanne, lui dit l'archevêque, en quel lieu croyez-vous mourir ? » Elle répondit : « *Où il plaira à Dieu, car je ne suis assurée ni du temps, ni du lieu, plus que vous-même. Et que je voudrais qu'il plût à Dieu, mon créateur, que je m'en retournasse maintenant, quittant les armes, et que je revinsse servir mon père et ma mère à garder leurs troupeaux avec ma sœur et mes frères, qui seraient bien aises de me voir !* »

Cette anecdote, rapportée par Dunois qui en fut témoin, est reproduite dans la *Chronique de la Pucelle* et dans le *Journal du siège*, mais avec cette variante : Jeanne dit à Dunois : « *J'ai accompli ce que Messire m'avait commandé, qui était de lever le siège d'Orléans et faire sacrer le gentil roi. Je voudrais bien qu'il voulût me faire ramener auprès mes père et mère, etc.* » *Le Journal du siège* est tiré d'un registre rédigé, on le peut croire, jour par jour, et à ce titre contemporain au premier chef, mais seulement pour ce qui est du siège. La *Chronique de la Pucelle* est aussi d'un contemporain, et d'un homme généralement bien informé : nous lui reconnaissons le droit d'ajouter de son propre fonds aux traits qu'il prend ailleurs. Mais ici les paroles ajoutées à celles que Dunois a recueillies en rompent si malheureusement la suite, qu'elles risquent d'en changer tout le sens : car on pourrait entendre que ce n'est plus de Dieu mais du roi, que la Pucelle voudrait obtenir son retour auprès de son père et de sa mère. Quel qu'ait été le sentiment de Jeanne elle-même ou de ses historiens et de Dunois sur sa mission (on en doit croire le témoin de la scène), ce n'est pas ici qu'elle l'a exprimé. La variante ne saurait donc prévaloir sur le texte parfaitement clair de l'original. Évidemment, dans ce récit, les paroles de Jeanne ne sont ni un aveu que sa mission est terminée, ni un désaveu de l'entreprise qu'elle poursuit : c'est le cri du cœur au milieu des répugnances naturelles qu'elle savait vaincre lorsqu'il s'agissait d'obéir à ses voix ; comme à Vaucouleurs, quand elle demandait à partir, déclarant qu'il n'y aurait de salut que par elle, elle ajoutait : « Et pourtant j'aimerois bien mieux filer auprès de ma pauvre mère ; car ce n'est pas mon état : mais il faut que j'aille et que je le fasse, parce que Messire veut que je fasse ainsi. »

Les paroles de Jeanne, telles qu'elles sont données par la *Chronique* et le *Journal du siège* en cet endroit, sont pourtant le fondement principal de l'opinion qui marque au sacre de Reims le terme de sa mission [2]. On ne s'est pas borné à les commenter dans le sens de l'addition qui les altère. On les a rattachées à celles qu'elle dit à Charles VII après la cérémonie : « Ores est exécuté le plaisir de Dieu, qui vouloit que vinssiez à Reims recevoir votre digne sacre, en montrant que vous êtes vrai roi et celui auquel le royaume doit appartenir. » On a même fait du tout une scène où Jeanne, qui veut s'en aller, cède aux instances qui la veulent retenir ; et les larmes qu'elle répand dans la joie du triomphe sont rapportées au « pressentiment de sa fin prochaine » ou pour le moins à la peine qu'elle éprouve quand, cessant d'être l'envoyée de Dieu, elle se résigne à devenir l'instrument de la politique des hommes. Tout cela pourrait bien n'être que fiction. Il faut en revenir aux faits ; et si, avant de suivre Jeanne dans la carrière où elle continue de marcher, on veut savoir à quel titre elle y marche, c'est elle seule qui le peut dire : c'est à ses déclarations les plus authentiques et les plus sûres qu'on le doit demander.

Il faut distinguer, en effet, parmi les documents où ses paroles nous sont reproduites.

Les témoignages qui se rapportent aux premiers temps de la mission de Jeanne, au mois de juin ou de juillet 1429, à la veille ou au lendemain du sacre, sont unanimes à ne marquer d'autre terme à sa mission que l'expulsion des Anglais. C'est ce que dit Perceval de

2. Henri Wallon revient ici sur ce débat essentiel à ses yeux de la finalité ultime de la mission de Jeanne, développant l'idée que le sacre n'était pas le terme de l'action de la Pucelle mais bien la libération de la France.

Boulainvilliers dans sa lettre citée plus haut : « Elle affirme que les Anglais n'ont aucun droit en France, et qu'elle est envoyée de Dieu pour les chasser et les vaincre, toutefois après les avoir avertis... », préliminaires auxquels Jeanne tenait beaucoup, et dont la mention prouve que l'auteur est bien informé. C'est ce que disent encore, on l'a vu, les envoyés allemands, marquant pour terme à l'accomplissement de sa parole, le 25 juin : ils écrivaient moins de huit jours auparavant ! C'est ce que répète, moins le terme ajouté peut-être sur un bruit populaire, Alain Chartier dans une lettre écrite un mois plus tard, vers la fin de juillet : « Quitte l'habit de femme pour l'habit d'homme, lui dit la voix, prends des compagnons qui te mènent du capitaine de Vaucouleurs au roi. Partant d'où que tu sois et ayant conversé avec le roi, fais en sorte que tu délivres Orléans du siège ; que tu mènes sacrer le roi à Reims, et qu'après la couronne tu lui rendes Paris et le royaume. » C'est ce que répètent en France et en Allemagne les docteurs qui examinent si l'on doit croire à sa déclaration : Jean Gerson, Jacques Gelu, qui se prononcent pour elle en raison même du but qu'elle se propose : « le rétablissement du roi dans son royaume et l'expulsion de ses ennemis » ; Henri de Gorcum, qui, après avoir rappelé ce même objet de sa mission, se borne à donner six raisons pour et contre, laissant à d'autres le soin de poursuivre l'enquête et de conclure ; l'auteur enfin de la Sibylle française, qui, loin de douter, montre pourquoi Dieu devait se prononcer en faveur de la pieuse France contre la cruelle Anglèterre, et choisir une jeune fille, afin que le royaume, perdu par une femme, fût recouvré par une femme ; et il joint aux prédictions de la Nouvelle Sibylle ses prophéties à lui, qui ne sont pas toutes aussi infaillibles. L'objet de la mission de Jeanne, au témoignage du temps même qui la voyait à l'œuvre, était donc bien l'expulsion des Anglais ; et Christine de Pisan ne lui en marquait pas d'autre, quand, pour chanter cette guerre sacrée de la délivrance, elle retrouvait le cri de la Croisade : « *Et sachez que par elle Anglois / Seront mis jus (à bas) sans relever : / Car Dieu le veult.* »

Les témoins entendus au procès de réhabilitation paraissent quelquefois réduire la mission de Jeanne aux faits d'Orléans et de Reims. Simon Charles, président de la chambre des comptes, dit qu'en arrivant à Chinon elle déclarait avoir reçu de Dieu deux commandements : l'un de faire lever le siège d'Orléans, l'autre de mener le roi à Reims pour qu'il y fût sacré. Le conseiller Garivel, l'écuyer Thibault, Guillaume de Ricarville, Regnault Thierry tiennent le même langage ; et Dunois semble même exclure tout autre objet, lorsqu'il dit « que Jeanne, bien que souvent sur le fait des armes elle parlât par manière de plaisanterie, pour animer les gens de guerre, de beaucoup de choses touchant la guerre qui peut-être ne sont point arrivées à l'effet, cependant, quand elle parlait sérieusement de la guerre, de son fait et de sa mission, elle ne déclarait jamais affirmativement autre chose, si ce n'est qu'elle était envoyée pour faire lever le siège d'Orléans, secourir le peuple opprimé dans cette ville et lieux circonvoisins, et mener le roi à Reims pour le faire consacrer. »

Mais si les témoins de 1429 écrivaient au milieu de tous les entraînements des espérances populaires, ceux du procès de réhabilitation n'ont-ils pas pu se laisser aller à parler seulement des faits que Jeanne avait accomplis ? Il est juste de se défier de la réserve des uns au moins autant que de l'exagération des autres ; et à part quelques traits de la lettre des Allemands, où l'on sent trop qu'ils ont moins recueilli la parole de Jeanne que des bruits de la foule, les témoignages de 1429 ont incontestablement sur les autres un premier avantage : c'est que, toutes conditions étant égales dans les moyens d'information, ils offrent par leur date même la garantie d'une plus grande fidélité dans les souvenirs. Ils en ont un autre, et celui-là rompt décidément l'équilibre en leur faveur ; c'est leur conformité avec les déclarations de Jeanne dans les documents les plus authentiques : dans la lettre aux Anglais signée d'elle et dans les actes de son procès.

Dans la lettre qu'elle écrivit aux Anglais avant de les attaquer, le 22 mars 1429, elle leur dit expressément : « *Je suis cy venue de par Dieu, le Roi du ciel, corps pour corps pour vous bouter hors de toute France.* » Si elle n'avait qu'à les chasser de devant Orléans, il suffisait bien de le dire quand c'était là son but immédiat ; sa déclaration rendue plus générale risquait d'être moins forte. Pour qu'elle exposât sa mission dans ces termes, il fallait bien qu'elle l'entendît ainsi ; et ce qu'elle déclara aux Anglais au début de sa carrière, c'est ce qu'elle maintint jusqu'à la fin, devant leur tribunal.

Dans le dixième des 70 articles proposés contre elle, on lit qu'elle prétend avoir eu par saint Michel, sainte Catherine et sainte Marguerite, cette révélation de Dieu : « *qu'elle ferait lever le siège d'Orléans, couronner Charles qu'elle dit son roi, et chasserait tous ses adversaires du royaume de France.* » Et l'on ne peut pas dire que ce soit une allégation mensongère de ses juges, invention dont on les pourrait bien croire capables, à voir toutes les faussetés que l'accusation y ajoute pour entacher sa prédiction de sortilège quand l'événement la vérifiait. Elle avait dit dans son interrogatoire que l'ange (c'est elle), en apportant la couronne au roi, lui avait certifié « qu'il aurait tout le royaume de France entièrement à l'aide de Dieu et moyennant son labeur (...). » Et elle y revient sur le 17e article. « *Elle confesse qu'elle porta les nouvelles de par Dieu à son roi, que notre Sire lui rendroit son royaume, le feroit couronner à Reims et mettre hors ses adversaires* » ; et elle ajoute « *qu'elle disoit tout le royeume, et que si monseigneur le duc de Bourgogne et les autres sujets du royaume ne venoient en obéissance, le roi les y feroit venir par force.* » Elle confirme enfin ses précédentes déclarations sur ce sujet, lorsque le 2 mai, dans la séance de l'admonition publique, interrogée sur l'habit d'homme qu'elle portait toujours, et pourquoi elle le portait sans nécessité, par exemple dans la prison (on verra si dans la prison il lui fut inutile), elle répondait : « *Quand j'aurai fait ce pour quoi je suis envoyée de par Dieu, je prendrai habit de femme.* » Même dans sa prison de Rouen, et à la veille de monter au bûcher, elle ne croyait donc pas sa mission terminée ; elle ne le pouvait pas croire tant qu'elle vivait, et qu'il y avait un Anglais en France. On pourrait même prétendre qu'elle ne croyait pas sa mission bornée là ; et ce que Perceval de Boulainvilliers dit encore dans sa lettre, touchant le duc d'Orléans, qu'elle comptait délivrer, trouve dans les déclarations de Jeanne au procès une sorte de confirmation. On demande à Jeanne comment elle entendait délivrer le duc d'Orléans : selon le bruit public recueilli par Boulainvilliers, c'était par un miracle. Elle écarte le miracle, et répond hardiment « *qu'elle aurait pris en-deçà de la mer assez d'Anglais pour le ravoir (par échange), et si elle n'en eût pris assez, elle eût passé la mer pour l'aller chercher en Angleterre par force* ». Elle ajouta que, si elle eût duré trois ans sans empêchement, elle l'eût délivré.

Ces quatre choses : levée du siège d'Orléans, sacre du roi à Reims, expulsion des Anglais, délivrance du duc d'Orléans, auraient fait comme autant d'objets spéciaux de la mission de Jeanne, si l'on en croit un témoin du procès de la réhabilitation, qui n'avait pas été moins que Dunois dans la compagnie de la Pucelle : le duc d'Alençon. « *Elle disait, déclare-t-il, qu'elle avait quatre charges : mettre en fuite les Anglais, faire consacrer et couronner le roi, délivrer le duc d'Orléans et faire lever le siège mis par les Anglais devant Orléans.* » Est-ce à dire que Jeanne dût accomplir ces quatre choses sous peine d'être convaincue d'avoir failli à ses promesses ? Non, assurément. Elle disait qu'elle était envoyée pour les faire, mais non qu'elle les ferait elle-même en tout état de cause. Il importe de s'entendre sur ce point : sans quoi, ou on limite arbitrairement la mission de Jeanne d'Arc, ou l'on prétend faussement qu'elle ne l'a pas accomplie. Il faut distinguer, en effet, ce que ses voix l'appellent à faire et ce qu'elles lui disent qu'elle fera. Ce qu'elles l'appellent à faire (et c'est là proprement sa mission, le mot le dit), comprend tout, et ce n'est pas moins que l'expulsion des Anglais : « *Je suis cy venue de par Dieu pour vous bouter hors de toute France.* » Ce qu'elle fera est limité. Ses voix lui avaient dit qu'elle ferait lever le siège d'Orléans, qu'elle ferait sacrer le roi à Reims : et il est naturel que Jeanne ait insisté plus particulièrement sur ces deux points, et par suite qu'ils soient surtout restés dans la mémoire des chroniqueurs du temps ou des témoins du procès de réhabilitation, que nous ne voulons incriminer en aucune sorte. Les voix ne lui ont pas dit qu'elle entrerait à Paris, qu'elle chasserait les Anglais de toute la France : mais elles lui ont dit que le roi entrerait dans Paris, que les Anglais seraient chassés de France ; et toutes les choses dont elle avait annoncé l'accomplissement au roi finirent après tout par s'accomplir. Seguin, un de ceux qui l'entendirent à Poitiers, tout en rappelant lui-même les quatre points de la déposition du duc d'Alençon, y compris la délivrance du duc d'Orléans, qui n'est pourtant qu'un objet secondaire, constate, à l'honneur de Jeanne, qu'on les a vus accomplis.

Le rôle de Jeanne n'était donc point terminé à Reims, et si le succès ne répond plus à ses efforts, ce n'est point que la grâce de sa mission lui fasse défaut. Serait-ce qu'elle-même a manqué à sa mission ? C'est ce que l'histoire va nous montrer.

II. La campagne de Paris

Quand on reprend la série des faits, une réflexion vient ajouter une nouvelle force aux conclusions que nous avons tirées des témoignages : c'est que si Jeanne, après le sacre, avait songé à retourner dans sa famille, ce n'est pas la politique de Charles VII qui l'en eût empêchée : car cette politique était toujours celle de Regnault de Chartres et de La Trémouille. C'était pour eux un grand effort que d'avoir achevé le voyage de Reims. La chose faite, ils n'avaient pas lieu de regretter d'être venus jusque-là sans doute ; mais la suite permet de croire qu'ils n'étaient pas tentés d'aller plus loin.

Le roi sacré à Reims, la Pucelle voulait qu'il entrât dans Paris. Tout le monde s'y attendait, et Bedfort le premier. Dans une lettre datée du 16 juillet, la veille du sacre, le régent, annonçant au conseil d'Angleterre que Reims, après Troyes et Châlons, devait le lendemain ouvrir ses portes au dauphin (le dauphin y entra ce jour même), ajoutait : « *On dit qu'incontinent après son sacre il a l'intention de venir devant Paris et a espérance d'y avoir entrée ; mais à la grâce de N. S., aura résistance.* » Mais si les villes, de Gien à Reims, avaient montré si peu d'ardeur à le combattre, devaient-elles, après le sacre, résister mieux, de Reims à Paris ? Le ton même du message de Bedford prouve qu'il n'en était pas si assuré. Le sacre, il le sentait bien, devait produire partout une impression considérable en France. C'est pour cela que dans cette lettre il manifeste tant de regrets que le jeune Henri VI n'ait pas prévenu son rival, tant d'impatience qu'il vienne en France se faire sacrer à son tour « *en toute possible célérité* » : car, ajoute-t-il, « *s'il eût plu à Dieu que plus tôt y fût venu, ainsi que déjà par deux fois lui avoit été supplié par ambassadeurs et messagers, les inconvénients ne fussent pas tels qu'ils sont.* » À défaut de Notre-Dame de Reims, il fallait donc lui garder au moins Notre-Dame de Paris. Or, dans cet ébranlement général, Paris même n'était pas sûr ; et, pour le garder, le régent en était réduit à compter sur deux hommes qui n'étaient là ni l'un ni l'autre, le duc de Bourgogne, qui venait de partir, et le cardinal de Winchester qui n'arrivait pas.

Winchester n'arrivait pas, et il n'y avait guère lieu de s'en alarmer encore. Le traité par lequel il s'engageait à mettre sa troupe au service du roi était du 1er juillet ; l'ordre de lui rembourser ce qu'il avait dépensé, du 5, mais Bedford ne peut contenir son impatience. Il annonce qu'il se rend le surlendemain en Normandie, puis en Picardie pour aller à sa rencontre : il semble qu'il veuille le prendre au débarquement, de peur qu'il ne lui échappe.

Le duc de Bourgogne était parti ce jour même (le 16), promettant d'amener des renforts ; et Bedford se loue extrêmement des services qu'il a rendus et de ceux qu'il va rendre ; il va jusqu'à dire que sans lui, « Paris et tout le remenant (le restant) s'en alloit à cop (sur le coup) ! » Et cela n'est pas exagéré. Il importait donc qu'il revînt au plus vite. Aussi la duchesse de Bedford, sa sœur, comme pour mieux y veiller, partait-elle avec lui. Mais le duc avait-il bien sincèrement oublié tant de griefs personnels, si capables de contre-balancer en lui les raisons qui l'avaient entraîné vers les ennemis de sa race : les prétentions de Glocester sur le Hainaut, les refus de Bedford touchant Orléans ? et ne savait-il pas, n'avait-on pas du moins cherché et réussi peut-être à lui faire croire que ceux-là mêmes qui venaient de lui rappeler avec tant d'éclat le meurtre de son père, avaient naguère eu la pensée de se débarrasser de lui de la même sorte ? Invité par la Pucelle à se rendre à Reims, il était venu à Paris. Mais la campagne qui avait si rapidement conduit au sacre pouvait bien l'ébranler comme les autres. Le 16, après les cérémonies qui avaient eu lieu à Paris par les soins de Bedfort, on avait pu le voir partir avec quelque espérance. Le 17, après les cérémonies de Reims, on ne pouvait plus être assuré de le voir revenir.

Telle était la situation de Bedford : tout semblait se dérober à lui ; et Paris même était au roi, si le roi suivait ce mouvement qui devait s'accroître à chaque pas et devenir, par son progrès, irrésistible. C'est à quoi poussait Jeanne d'Arc ; et d'abord elle parut y avoir réussi. Le roi consentait à marcher sur Paris, où la Pucelle promettait de le conduire : c'est ce qu'annoncent les trois gentilshommes angevins qui, le jour même du sacre, écrivent de Reims pour en faire le récit à la reine et à sa mère. « *Demain, disent-ils, s'en doit partir le roi tenant son chemin vers Paris... La Pucelle ne fait doute qu'elle ne mette Paris en l'obéissance.* » Et le duc de Bourgogne, sur qui comptait Bedford, semblait bien près de lui faire défaut. Parti de Paris le 16, il s'était arrêté à Laon pour députer immédiatement vers le roi dont il apprenait l'arrivée à Reims (les gentilshommes angevins en parlent le 17 dans leur lettre) ; et l'on comprend avec quelle joie ses envoyés durent être accueillis du roi : on croyait déjà la paix faite. « *A cette heure, disent nos gentilshommes, nous espérons que bon traité se trouvera avant qu'ils partent.* » Mais cette démarche, en ouvrant tout à coup à la cour la voie des négociations, servit peut-être plus que toute autre chose à faire manquer le but marqué par la Pucelle.

Ce n'est pas que Jeanne répugnât aux voies pacifiques. C'est par là qu'elle avait procédé tout d'abord à l'égard des Anglais eux-mêmes ; et si elle souhaitait moins de vaincre l'ennemi que de faire qu'il se retirât volontairement, à plus forte raison désirait-elle user de persuasion envers des Français.

Elle avait déjà écrit à Philippe le Bon avant le sacre. Elle lui écrivit le jour même de la cérémonie, à l'arrivée de ses messagers ; et la lettre lui fut portée sans doute par la députation que le roi lui envoyait pour répondre à ses ouvertures. Jeanne aussi veut triompher de sa résistance ; mais comme la lettre qu'elle lui adresse diffère par le ton et l'accent des lettres qu'elle avait écrites aux Anglais avant de les combattre ! Les Anglais sont des ennemis : elle les somme de partir, sans autre alternative que d'être mis dehors : car c'est pour cela qu'elle est envoyée. Le duc de Bourgogne est du sang royal, c'est un fils égaré de la France : elle le supplie, elle le conjure à mains jointes de faire la paix, ne craignant pas de se faire trop humble ; car une chose la relève dans cet abaissement et donne une singulière autorité à, ses prières : c'est qu'elle sait, c'est qu'elle affirme que, s'il refuse il ne peut être que vaincu. Elle le prie donc, non par aucun intérêt de parti, mais parce que « sera grant pitié de la grant bataille et du sang qui y sera respandu » ; car c'est le sang de France.

Jeanne s'accordait donc avec la cour pour négocier ; mais tout en négociant elle voulait agir aussi : elle croyait que l'action était tout à la fois un moyen de soutenir les négociations ou d'y suppléer au besoin. D'ailleurs, si peu disposé que l'on fût à courir de nouveaux hasards, il y avait à faire, aux alentours, plusieurs conquêtes qui promettaient d'ajouter sans péril au prestige du voyage. En attendant que le duc de Bourgogne eût donné suite à la réconciliation projetée, le roi s'occupa de rallier les villes disposées à se soumettre.

Après quatre jours passés à Reims, ayant accompli dans l'abbaye de Saint-Marcoul les pratiques de tout roi nouvellement sacré, il vint à Vailly-sur-Aisne, où les bourgeois de Soissons et de Laon lui apportèrent les clefs de leur ville. Le 23, il se rendit à Soissons, et de là de nouvelles députations vinrent mettre en son obéissance Château-Thierry, Provins, Coulommiers, Crécy en Brie.

Il y avait pourtant un ordre à suivre dans cette marche victorieuse, pour la faire aboutir à la délivrance du royaume. Le roi avait reçu sa couronne : Jeanne voulait qu'il reprît sa capitale : et cette suite de soumissions, obtenues à si peu de frais, lorsqu'elles n'étaient pas entièrement spontanées, devait, selon son plan, mener droit à Paris. Mais les courtisans trouvaient maintenant plus sûr et plus commode de prendre Paris par le duc de Bourgogne. Philippe le Bon, moins touché des raisons de Jeanne qu'effrayé de son approche, affectait de plus en plus de répondre aux intentions du roi ; et les conseillers intimes de Charles VII, ne demandant pas mieux que de se croire à la veille de la paix, prenaient occasion des offres de soumission qui leur venaient des villes d'alentour pour modifier, selon leurs vues, l'itinéraire de la Pucelle. Le 29 juillet, on vint à Château-Thierry où le sire de Châtillon, connaissant les dispositions du peuple, n'essaya pas de tenir plus d'un jour. Le 1er août, on était à Montmirail ; le 2, à Provins. On retournait vers la Loire. Les retards du roi avaient donné à Bedford le temps de se reconnaître ; sa marche en arrière lui offrait l'occasion de reprendre l'offensive. Il n'y manqua point. Le 25 juillet il avait amené dans Paris les cinq mille hommes de Winchester : cinq mille hommes bien résolus, ce semble. Ils venaient gagner les indulgences de la croisade, et l'un des capitaines portait « un étendard tout blanc dedans lequel avoit une quenouille avec cette devise : Or vienne la belle ! en signifiant qu'il lui donneroit à filer. » Le 3 août, le régent signait une proclamation qui appelait tous ses feudataires de France et de Normandie à venir dans le mois accomplir leur service, et, sans les attendre, il quittait Paris avec la troupe de Winchester et un nombre égal d'autres soldats recrutés par lui-même, il arrivait par Corbeil à Melun (4 août). Sur le bruit que les Anglais venaient, l'armée royale sortit de Provins et alla jusqu'à la Motte-de-Nangis. Mais on ne vit rien ; et le bruit courant que Bedford regagnait Paris, le roi reprit le chemin de la Loire. C'est derrière ce fleuve que les courtisans voulaient aller se reposer d'une campagne qu'ils trouvaient assez longue.

Leurs intentions furent pourtant déconcertées. En quittant la Motte-de-Nangis, le roi était venu à Bray, où il comptait passer la Seine. Les habitants avaient promis obéissance, et l'on avait remis le passage au lendemain. Mais pendant la nuit, une troupe d'Anglais, détachée sans doute par Bedford, s'établit dans la ville, et les premiers qui s'approchèrent furent tués ou détroussés. Le passage ne fut pas forcé ; car il n'y aurait eu que les courtisans pour l'entreprendre : toute l'armée avait vu avec indignation qu'on s'en allât quand tout invitait à marcher en avant. Aussi cette déconvenue était-elle une bonne fortune ; le duc de Bar (René d'Anjou) et le duc d'Alençon, les comtes de Clermont, de Vendôme et de Laval, comme Jeanne et tous les autres capitaines, laissèrent voir la joie qu'ils en avaient.

On revint donc au plan de la Pucelle : et cela se voit par une lettre qu'elle écrit ce jour même, 5 août, aux habitants de Reims. Elle les rassure contre les craintes que leur devait inspirer la retraite du roi vers la Loire. Elle leur apprend le fait qui a suspendu ses progrès et trompé l'impatience de leur attente : le roi a conclu avec le duc de Bourgogne une trêve de quinze jours, à l'expiration de laquelle le duc lui doit rendre Paris. Elle convient que, malgré cette promesse, elle n'est point contente de trêves ainsi faites ; « *et ne sais, dit-elle, si je les tiendrai, mais si je les tiens, ce sera seulement pour garder l'honneur du roi.* » Du reste, elle affirme qu'on n'abusera pas le sang royal, et qu'au terme de quinze jours l'armée sera prête à agir, s'ils ne font la paix. Et pour ne laisser aucun doute sur le but vers lequel on marche, elle date sa lettre « emprès un logis sur champ au chemin de Paris. »

Si le duc de Bourgogne devait, au terme de quinze jours, rendre Paris, il convenait sans doute d'être à portée de le recevoir : la trêve même que l'on disait conclue faisait un devoir à la cour de se rapprocher de la capitale. Le roi reprit le chemin de Provins : le 7 il était à Coulommiers ; le 10, à la Ferté-Milon ; le 11, à Crespy en Valois. Ce brusque changement dans la marche de l'armée française alarma justement Bedford. Le régent y avait été pour quelque chose, si, comme on le peut croire, c'est lui qui avait envoyé les troupes que l'on a vues à Bray ; et lui-même s'était porté à Montereau-faut-

Yonne, pour appuyer ce mouvement. Mais apprenant que le roi, loin de chercher à forcer le passage, regagnait le Nord, il lui écrivit une lettre où ses appréhensions se cachent sous les termes du mépris et de l'insulte. Il écrit à « *Charles qui se disait dauphin et ose maintenant se dire roi :* » il lui reproche ce qu'il entreprend tortionnairement sur la couronne du roi Henri, naturel et droiturier roi de France et d'Angleterre, et les moyens qu'il emploie pour abuser le simple peuple, comme de s'aider « *d'une femme désordonnée et diffamée, étant en habit d'homme et de gouvernement dissolu, et aussi d'un frère mendiant (frère Richard), apostat et séditieux, tous deux, selon la sainte Écriture, abominables à Dieu ;* » il ajoute qu'il le poursuit de lieu en lieu sans pouvoir le rencontrer, et lui offre cette alternative : ou de fixer un jour et un endroit pour une conférence à laquelle il pourra venir avec l'escorte de « *la diffamée femme et apostat des susdits et tous les parjures, et autre puissance* » qu'il voudra ou pourra avoir, mais à la condition qu'il s'agisse d'une paix « *non feinte, corrompue, dissimulée, violée ni parjurée* » comme celle de Montereau, où le dauphin a fait assassiner Jean sans Peur ; ou bien de terminer promptement la querelle par les armes, afin d'épargner au pauvre peuple les malheurs de la guerre, et lui rendre ce repos « *que tous rois et princes chrétiens qui ont gouvernement doivent quérir et demander.* »

Ce fut le 11, à Crespy en Valois, que le roi reçut cette lettre, et déjà Bedford était au voisinage (à Mitry, au sud de Dammartin), prêt à donner la bataille qu'il offrait, mais à une condition pourtant : c'est qu'on la vînt chercher dans ses lignes ; car il comptait sur l'impétuosité française pour qu'elle renouvelât à son profit les journées de Crécy, de Poitiers et d'Azincourt. Ainsi provoqué, le roi vint à Lagny-le-Sec, poussant son avant-garde à Dammartin, et il envoya La Hire et quelques autres capitaines pour reconnaître la position des Anglais. Pendant toute la journée du 13, il y eut de fortes escarmouches autour de Thieux, entre Dammartin et Mitry, en avant de l'armée anglaise. Mais tout se borna là : car les capitaines jugèrent que les Anglais s'étaient trop assuré l'avantage du terrain ; et Bedford, ne se voyant pas autrement attaqué, se replia le soir même sur Paris pour chercher des renforts.

Ces hésitations des Anglais, ces défis suivis sitôt de la retraite, ne faisaient qu'encourager les villes à se donner au roi. Le roi les pressait d'ailleurs par ses messages. Revenu à Crespy, il envoya ses hérauts à Compiègne, à Beauvais, et il marchait lui-même vers la première de ces villes, quand il apprit que Bedford était à Louvres, d'où il ramenait, avec ses troupes, celles qu'il attendait. Il revint sur ses pas, et, arrivé à Baron, il envoya Loré et Xaintrailles s'assurer des mouvements de l'armée anglaise. Il ne fut pas longtemps sans recevoir d'eux la nouvelle qu'elle marchait sur Senlis, qu'ils l'avaient vue tout entière : mais quelque hâte que l'on fît, on arriva trop tard pour l'empêcher de franchir l'étroit passage de la rivière qui coule de Baron à Senlis (la Nonette) et de s'y établir près d'un lieu où les Anglais fort superstitieux, selon les témoignages du temps, devaient trouver un favorable augure, l'abbaye de Notre-Dame de la Victoire. Il était soir ; après quelques escarmouches, les Français se logèrent près de Montépilloy.

Le lendemain, 15 août, malgré la solennité de la fête, tous s'attendaient à la bataille. La messe fut dite à la première heure ; et aussitôt chacun de monter à cheval et de se préparer au combat. L'armée s'était formée en trois corps : le premier sous le duc d'Alençon et le comte de Vendôme ; le second sous René d'Anjou, duc de Bar ; le troisième, formant l'arrière-garde, où était le roi avec le comte de Clermont et La Trémouille : les maréchaux de Boussac (Sainte-Sévère) et de Rais commandaient les ailes ; Graville, les archers. Il y avait en outre, pour faire escarmouche et subvenir à tout, une autre troupe qui ne devait pas avoir la moindre part à la journée : car elle avait à sa tête Dunois, La Hire et la Pucelle.

On marcha donc vers les Anglais ; mais ils restèrent immobiles dans leur position. Ils avaient passé la nuit à la fortifier avec leur industrie accoutumée. Protégés sur les derrières par la rivière et un étang et sur les côtés par de fortes haies d'épines, ils s'étaient barricadés de leurs charrois et couverts sur leur front par des fossés garnis de palissades. C'est là qu'ils attendaient l'attaque : les archers faisant la première ligne, tous à pied avec leurs pieux aiguisés fichés en terre devant eux ; et derrière, les seigneurs à pied aussi, formant un seul corps de bataille, où dominaient, avec l'étendard de Saint-Georges, les deux bannières de France et d'Angleterre : car le régent combattait au nom des deux nations. La Pucelle, voyant qu'ils ne faisaient point mine de sortir, se vint mettre à l'avant-garde, et alla frapper de son étendard leurs retranchements ; mais ils ne répondirent à ce défi qu'en repoussant les plus hardis à l'assaut, vainement, pour les amener dehors, la Pucelle fit-elle retirer tous ses gens jusqu'au corps de bataille, vainement leur offrit-on de faire reculer toute l'armée elle-même, pour leur donner le loisir de se mettre aux champs et de se ranger. Ils s'obstinèrent à demeurer dans leur position, n'en sortant que pour des escarmouches : ils refoulaient les assaillants, qui, revenant en plus grand nombre à la charge, provoquaient à leur tour une sortie plus nombreuse ; et vers la fin, la mêlée fut telle qu'au milieu d'un nuage de poussière on ne se distinguait plus Français, ou Anglais.

Avant que les choses en vinssent à ce point, La Trémouille s'était laissé séduire par ce simulacre de bataille. Il s'avança, monté sur un coursier superbe et richement paré, et, la lance au poing, il donna des éperons et fondit sur l'ennemi. Mais son cheval tomba et le fit rouler parmi les Anglais. On s'empressa de l'en tirer, et l'aventure aurait pu lui être fatale ; car ce n'était point tournoi de chevalerie. Il y avait en jeu des haines nationales : « *et n'étoit homme, dit Monstrelet, de quelque état qu'il fût, qui fût pris à finances : ains (mais) mettoient tout à mort sans pitié ni miséricorde.* »

Le roi, voyant que les Anglais ne sortiraient pas, s'en revint le soir à Crespy. La Pucelle, le duc d'Alençon et tout leur corps d'armée passèrent la nuit sur le champ de bataille ; et le lendemain de grand matin, pour éprouver si l'ennemi, les voyant moins nombreux, ne se déciderait point à les poursuivre, ils se reculèrent jusqu'à Montépilloy. Mais les Anglais ne songèrent à profiter de ce mouvement que pour opérer leur retraite plus à l'aise. Vers une heure, la Pucelle fut informée qu'ils avaient regagné Senlis et qu'ils se dirigeaient vers Paris. Il était trop tard pour les suivre. Elle vint donc à Crespy rejoindre le roi.

Rien ne devait plus arrêter le mouvement qui ramenait les villes à Charles VII. Les hérauts qu'il avait envoyés à Compiègne, à Beauvais, y recevaient le meilleur accueil. A Beauvais, le peuple ne vit pas plutôt l'homme du roi, portant les armes de son maître, qu'il se mit à crier : « *Vive Charles, roi de France !* » et chanta le Te Deum, au grand déplaisir de l'évêque-comte, Pierre Cauchon, partisan déclaré des Anglais. Le peuple proclama que tous ceux qui ne voudraient pas se soumettre au roi pourraient s'en aller, et il les laissa emporter leurs biens. Mais Cauchon ne pouvait emporter son évêché et sa seigneurie. Il emporta sa haine, qu'on retrouvera plus tard.

Le 17, le roi reçut à Crespy, où il était encore, les clefs de Compiègne. Il s'y rendit le lendemain et fut accueilli avec de grands honneurs. Il voulait donner la capitainerie de cette ville à La Trémouille. Mais Compiègne, placée par son adhésion à Charles VII entre les convoitises du duc de Bourgogne et les haines des Anglais, avait besoin d'avoir chez soi à demeure un bon officier qui la sût défendre. Les bourgeois demandèrent à Charles VII d'y maintenir Guillaume de Flavy, qu'ils avaient pris pour capitaine. C'était un gentilhomme du pays, allié d'ailleurs à la famille du chancelier Regnault de Chartres et qui avait servi sous La Trémouille. La Trémouille eut le titre, mais Guillaume de Flavy, sous le nom de lieutenant, garda la charge avec tous ses pouvoirs.

Avant de quitter Crespy pour se rendre à Compiègne, Charles VII avait ordonné au comte de Vendôme et aux maréchaux de Boussac et de Rais de marcher sur Senlis. Les habitants n'eurent garde de résister à une armée devant laquelle ils venaient de voir Bedford battre en retraite. Ils accueillirent Vendôme, qui en demeura gouverneur. La nouvelle en arriva au roi à Compiègne, en même temps que l'annonce de l'adhésion si enthousiaste de Beauvais.

Il vit aussi arriver à Compiègne les ambassadeurs qu'il avait envoyés au duc de Bourgogne, et bientôt ceux du duc lui-même. Les quinze jours de la suspension d'armes finissaient. Paris n'était pas rendu ; et il était trop clair que le duc de Bourgogne, en eût-il la volonté, n'était pas en mesure de le rendre. Le roi, ainsi déçu, ne pourrait-il pas vouloir se dédommager à ses dépens ? Cette marche de Crespy sur Compiègne, quand Compiègne se donnait de soi-même, semblait trahir la secrète pensée d'aller prendre Paris ou à Lille ou dans Arras. Il y avait donc au moins des ménagements à observer ; et la plupart des conseillers du duc inclinaient franchement à la paix : mais le duc lui-même était trop circonvenu par les agents de Bedford. Le régent le sut retenir par de fortes remontrances ; et le duc se borna à envoyer Jean de Luxembourg et l'évêque d'Arras à Charles VII, pour lui donner de belles paroles. On parlait de paix générale : le duc de Savoie s'en faisait le médiateur. Pour la préparer, on fit une trêve à laquelle les Anglais avaient faculté d'accéder, trêve qui devait durer jusqu'à Noël et comprenait tout le pays situé au nord de la Seine, de Nogent à Harfleur, excepté les villes ayant passage sur la Seine. De Paris pas un mot, si ce n'est pour laisser au duc la liberté de « s'employer, pendant la trêve, lui et ses gens, à la défense de la ville » contre tous ceux qui l'attaqueraient. Le duc, il est vrai, ne révoquait pas la promesse trompeuse qu'il avait faite de la livrer au roi : mais en attendant, c'était lui qui devait tenir du roi Compiègne pour tout le temps de la trêve (28 août).

Le roi était là depuis plusieurs jours, recevant la soumission d'une foule de places du voisinage : Creil, Pont-Sainte-Maxence, Choisy-sur-Aisne, Gournai-sur-Aronde, Chantilly, etc. ; et il aurait pu, sans ces négociations avec le duc de Bourgogne, amener à lui les villes les plus considérables de la Picardie : Saint-Quentin, Corbie, Amiens, Abbeville ; car « *la plupart des habitants d'icelles, dit l'historien bourguignon Monstrelet, étoient tout prêts de le recevoir à seigneur, et ne désiroient au monde autre chose que de lui faire obéissance et pleine ouverture.* » Mais la Pucelle ne le voyait pas sans chagrin oublier parmi ces soumissions volontaires, abandonner sur une folle espérance, la ville sans laquelle la possession des autres n'avait rien de durable ni d'assuré. Pour le tirer de sa fausse quiétude, elle fit ce qu'elle avait fait à Gien pour l'entraîner au voyage de Reims. Elle ne prit conseil de personne. Elle appela le duc d'Alençon et lui dit : « *Mon beau duc, faites appareiller vos gens et ceux des autres capitaines ; je veux aller voir Paris de plus près que je ne l'ai vu.* »

III. L'attaque de Paris

Le mardi 23 août, la Pucelle et le duc d'Alençon partirent en effet de Compiègne avec une nombreuse troupe d'hommes d'armes. Ils rallièrent en passant une partie de ceux qui étaient demeurés à Senlis, et le vendredi suivant, 26, ils se logeaient à Saint-Denis. Le roi, sous peine de rester presque seul à Compiègne, était bien forcé de les suivre, car tous les voulaient rejoindre. La trêve signée, il vint donc jusqu'à Senlis d'abord (du 28 au 30), « *à grand regret, dit l'historien du duc d'Alençon* » ; et la teneur de l'acte qu'il venait de conclure marque bien en effet que cela n'entrait pas dans ses vues : « *et semblait qu'il fût conseillé au contraire du vouloir de la Pucelle, du duc d'Alençon et de ceux de leur compagnie.* »

Au moment où le roi hésitait à se rapprocher de Paris, Bedford n'osait plus y rester, craignant le soulèvement, non point tant de la ville que de la Normandie. A Paris, les haines civiles lui donnaient encore, dans le parti bourguignon, des auxiliaires contre les Armagnacs. Mais la Normandie n'était point travaillée des mêmes passions : l'empire des Anglais y était devenu une domination étrangère, et au commencement de cette année même on avait découvert un complot qui ne tendait pas moins qu'à leur enlever Rouen. L'exemple de Beauvais, puis d'Aumale, montrait au régent la défection gagnant de proche en proche ; et il savait aux frontières de cette province le connétable, qui, exclu du voyage de Reims, brûlait de montrer ce qu'il pouvait à lui seul. Il laissa donc, pour garder Paris, Louis de Luxembourg, évêque de Thérouanne, son chancelier de France, un chevalier anglais, nommé Radley, avec environ deux mille Anglais, et L'Isle-Adam avec ses Bourguignons, et il partit pour Rouen.

Les représentants de Bedford, à Paris ne négligèrent rien pour assurer la défense de la ville. Le 26, le jour où la Pucelle et le duc d'Alençon arrivaient à Saint-Denis, le chancelier Louis de Luxembourg réunit en la chambre du parlement tous les membres du corps, l'évêque et le prévôt de Paris (Simon Morhier) les maîtres des comptes, les prieurs des couvents, les curés des paroisses, etc., et il leur fit renouveler le serment de fidélité qu'ils avaient déjà prêté en présence de Bedford, et tout récemment encore avant son départ ; puis il commit deux magistrats pour aller dans les couvents et les églises recevoir pareil serment des clercs, tant réguliers que séculiers. En même temps les vingt-quatre chefs de quartiers s'occupaient de fortifier, chacun dans sa section, les portes de la ville et les maisons qui étaient sur les murs. On y mettait les canons en batterie ; on y disposait des tonnes pleines de pierres ; on réparait les fossés, on établissait de nouvelles barrières au dedans et au dehors. Il fallait des hommes pour donner force à ces dispositions : on excitait la multitude en faisant appel à la haine et à la peur. On disait que le prétendu roi avait promis d'abandonner à ses gens Paris tout entier, hommes et femmes, grands et petits, et que son intention était de passer la charrue sur la ville : « *ce qui n'est pas facile à croire* », dit l'honnête greffier du parlement, auquel on doit ces détails ; mais la foule, en pareil cas, croit tout sans raisonner.

Le duc d'Alençon avait commencé par inviter les échevins à recevoir le roi, et il avait fait jeter des proclamations dans la ville pour agir sur le peuple. Mais on lui répondit comme il pouvait l'attendre de ceux qui commandaient au nom des Anglais, et on l'engagea à s'abstenir de pareilles démarches. Il en vint donc aux armes, et il ne se passait pas de jour qu'il n'y eût deux ou trois escarmouches aux portes de Paris, sur un point ou sur un autre, et notamment auprès d'un moulin qui s'élevait entre la porte Saint-Denis (du temps) et la Chapelle. La Pucelle assistait à ces escarmouches et examinait avec grande attention la situation de Paris, afin de voir où donner l'assaut. Mais l'assaut ne pouvait se donner tant que le roi n'amenait pas le reste des troupes. Les messages qu'on lui envoyait restant sans réponse, le duc d'Alençon vint lui-même à Senlis, le 1er, puis, sa démarche n'ayant pas eu plus de résultat, le 5 septembre, et cette fois il fit tant que le roi se mit en route et vint, le mercredi 7, dîner à Saint-Denis. Son arrivée fut saluée comme une victoire. On ne doutait plus du succès, après avoir triomphé de cette étrange résistance ; et il n'y avait personne qui ne dît dans l'armée : « *Elle mettra le roi dedans Paris, si à lui ne tient.* »

Dès que le duc d'Alençon eut rapporté l'assurance que le roi venait, la troupe, logée à Saint-Denis, alla s'établir à la Chapelle (le 6). Le jour même de son arrivée (le 7) il y eut une plus forte escarmouche ;

et les Parisiens, se figurant que dès cette heure on voulait prendre la ville, s'applaudissaient comme d'un triomphe du résultat de la lutte. Ils étaient fiers surtout d'avoir tenu contre « *cette créature qui étoit en forme de femme avec eux, que on nommoit la Pucelle. Que c'étoit, Dieu le sait* », dit le Bourgeois de Paris. L'assaut qu'on ne songeait point à donner ce jour-là fut tenté plus sérieusement le lendemain. C'était encore un jour de fête (la Nativité) : mais la Pucelle ne croyait pas que ces temps fussent moins propices à la sainte mission qu'elle avait reçue. Et si, comme elle le dit dans son procès, les seigneurs qui eurent la pensée d'attaquer Paris en ce jour ne voulaient faire encore « qu'une escarmouche ou une vaillance d'armes », elle avait résolu « d'aller outre » et de les entraîner après elle au-delà des fossés. Ils partirent à huit heures de la Chapelle, divisés en deux corps : les uns devaient attaquer, les autres demeurer en observation pour prévenir les sorties et couvrir les assaillants. Alençon et Clermont, chargés du second rôle, allèrent se loger derrière une forte butte (le marché aux Pourceaux, depuis butte des Moulins ou butte Saint-Roch), d'où ils pouvaient surveiller la porte Saint-Denis. Rais, Gaucourt, et la Pucelle se dirigèrent vers la porte Saint-Honoré ; et dès l'abord ils forcèrent la barrière et enlevèrent le boulevard qui la protégeait. Comme la porte restait close et que d'aucun côté on ne sortait de la ville, la Pucelle, tenant à la main son étendard, se jeta avec les plus hardis dans les fossés, sous le feu de la place. Pierriers, canons, couleuvrines étaient dirigés contre les assaillants ; et un obstacle imprévu les tenait exposés à tous les coups sans qu'ils pussent arriver aux murailles. Ils avaient bien franchi le premier fossé, qui était à sec, et le dos d'âne ; mais au revers ils avaient trouvé le second fossé rempli d'eau.

Jeanne quoique surprise ne s'en rebuta point ; et, tout en sommant la ville de se rendre, elle sondait du bois de son étendard la profondeur de l'eau, et donnait ordre d'apporter des fagots qu'elle y faisait jeter pour établir un passage, quand elle fut frappée à la cuisse d'un trait d'arbalète. Il était soir ; et cependant Jeanne, bien qu'elle fût blessée, demeurait là ; elle continuait de faire combler le fossé, et pressait les soldats de courir aux murs, leur disant que la place serait prise. Et en effet, l'émotion était grande dans le peuple. Dès le commencement de l'assaut on avait vu des gens criant par la ville que tout était perdu, que les ennemis étaient entrés dans Paris, qu'il n'y avait plus qu'à songer chacun à soi-même ; et la multitude, que les prédicateurs haranguaient dans les églises, s'enfuyait en désordre ; on rentrait dans les maisons, on fermait les portes. Mais l'assaut durait depuis midi ; et les capitaines, voyant les troupes lasses et Jeanne blessée, résolurent de le suspendre. Vainement elle insistait, refusant de s'éloigner : ils rappelèrent les troupes. Quant à elle, il fallut que le duc d'Alençon, Gaucourt et d'autres vinssent la prendre de force et la missent à cheval pour la ramener à la Chapelle : et, sous le feu des canons qui, de la porte Saint-Denis, la poursuivaient de leurs boulets jusque par de la Saint-Lazare, elle ne cessait de protester, affirmant que la place eût été prise.

Jeanne comptait bien encore qu'elle le serait. Le lendemain, malgré sa blessure, elle se leva de grand matin ; et, faisant appeler le duc d'Alençon qui était toujours comme l'interprète de ses volontés dans le commandement, elle le pria de faire sonner les trompettes et monter à cheval pour retourner devant Paris, promettant de n'en point partir qu'elle n'eût la ville. Le duc d'Alençon et plusieurs autres ne demandaient pas mieux ; et leur espoir n'était pas sans fondement. Quoique dominée par les Anglais, cette grande cité était loin d'être unanime dans le parti bourguignon, et l'on a vu le trouble excité la veille, moins par l'assaut peut-être qu'à l'occasion de l'assaut. Au milieu de ces alarmes, il n'eût pas été difficile, il était encore possible de forcer la place. Et ce n'était pas seulement une multitude cédant à la peur : c'étaient les plus nobles de la chevalerie, qui regardaient la venue de la Pucelle comme un signal de se rallier au roi. Au moment où le duc d'Alençon donnait l'ordre de marcher sur la ville, le baron de Montmorency et cinquante ou soixante gentilshommes en sortaient pour se joindre à la compagnie de la Pucelle. Mais comme tous réunis approchaient des murailles, pleins d'ardeur, René d'Anjou et le comte de Clermont vinrent au nom du roi inviter la Pucelle à retourner vers lui à Saint-Denis ; ordre était donné en même temps au duc d'Alençon et aux autres capitaines de revenir et de la ramener.

Ils obéirent, la douleur dans l'âme. Mais en s'éloignant de la place, ils ne perdaient point l'espérance d'y retourner par un autre chemin. Le roi avait cédé peut-être à la crainte de renouveler contre de trop forts obstacles un assaut malheureux. Or le duc d'Alençon avait fait jeter un pont sur la Seine à Saint-Denis. On pouvait passer la rivière et attaquer brusquement la ville par un côté où elle ne craignait rien. Le roi ne s'expliqua point sur ce projet ; mais dans la nuit suivante (du vendredi au samedi), il fit détruire le pont. C'était assez déclarer qu'il ne voulait plus attaquer Paris d'aucune manière. Il demeura quelques jours encore à Saint-Denis. « *Il s'y fit introniser, selon l'usage* », dit Thomas Basin. Mais il semblait qu'une fois investi de tous les symboles de la royauté il pût sans inconvénient en abandonner tous les gages. Il tint plusieurs conseils : il y pourvut au gouvernement des pays récemment réunis. Il les confia au comte de Clermont, et laissa à Saint-Denis le comte de Vendôme et le sire de Culan, amiral de France, avec des forces capables de surveiller momentanément, mais non plus de menacer Paris. Évidemment il ne s'agissait plus que de protéger le roi dans sa retraite. Il partit le 13, adressant de ce jour même aux principales villes une circulaire où il donnait pour motif à son départ la trêve conclue avec le duc de Bourgogne jusqu'à Noël, la nécessité d'alléger le pays de la présence de troupes qu'il ne pouvait plus employer au fait de la guerre, et le dessein d'aller outre Seine rassembler une armée plus grande afin de poursuivre le recouvrement du reste de sa seigneurie. La trêve ne le gênait pas du côté des Anglais ; et s'il avait eu vraiment à cœur de travailler à l'achèvement de la conquête, ce ne sont pas les troupes qui lui faisaient défaut.

Quand la Pucelle vit que par aucune raison elle ne pouvait plus le retenir, elle vint dans l'abbaye de Saint-Denis, et déposa ses armes en offrande aux pieds de l'image de la sainte Vierge et devant les reliques du saint patron du royaume : pieux hommage à celui qu'on invoquait dans les batailles, « *pour ce que c'est le cry de France* », dit-elle ; et en même temps protestation muette contre une résolution qui désarmait le roi. Mais elle-même ne le quittait point, parce que moins que jamais elle devait croire sa mission terminée. Elle le suivit donc, pleine de tristesse, dans un chemin si différent de celui où elle le conduisait naguère. Naguère on marchait en avant, et chaque pas était marqué par un triomphe qui acheminait vers la libération du royaume : maintenant on se retirait de cette capitale où Jeanne avait compté introduire son roi couronné ; et la retraite se faisait avec une telle précipitation, que parfois elle aurait pu ressembler à une fuite. On passait non par les villes qu'il eût fallu rallier encore, mais par celles dont la soumission promettait un plus sûr passage : Lagny, Provins, Bray ; cette fois les Anglais n'étaient plus là pour fermer la route. Sens refusait d'ouvrir ses portes : on passa l'Yonne à gué, près de la ville, et l'on revint enfin par Courtenay, Château-Regnart et Montargis à Gien, d'où l'on était parti en un bien autre appareil trois mois auparavant (21 septembre).

Quelle était la cause de ce départ précipité du roi, et quelles raisons pouvait-on alléguer dans ses conseils pour l'amener à cette retraite, quand celle qui avait délivré Orléans, vaincu l'Anglais et accompli le voyage de Reims, selon qu'elle l'avait prédit contre toute apparence, continuait de dire qu'elle mettrait le roi dans Paris ? Ce qu'on alléguait, c'étaient les promesses du duc de Bourgogne, promesses qu'il venait de renouveler, dit-on, par un héraut devant Paris même et auxquelles on affectait toujours de croire. Mais ne valait-il pas mieux prendre Paris sans le duc que par le duc ? Oui, sans doute, de l'aveu de tout le monde, à l'exception toutefois de ceux qui dominaient dans les conseils de Charles VII. Prendre Paris sans le duc de Bourgogne, c'était le prendre par la seule force de la Pucelle et de l'armée ; c'était faire passer aux capitaines toute l'importance que se donnaient les favoris : car il ne suffisait pas de le prendre, il le fallait garder. Il eût donc fallu que le roi fût dès lors ce qu'il devint plus tard, qu'il entrât sérieusement dans la conduite de son gouvernement ; et, pour cela, il avait besoin d'autres hommes. Prendre Paris par le duc de Bourgogne, c'était peut-être le lui laisser ; mais on acquérait la sécurité sans contracter l'obligation d'agir, et le roi pouvait continuer plus à l'aise la vie qu'il menait dans ses châteaux de la Loire. Le choix des courtisans fut donc bien vite arrêté. C'était à leur corps défendant, et comme sous la contrainte de la Pucelle, qu'ils avaient laissé le roi aller de Compiègne à Senlis, et de Senlis à Saint-Denis : l'accident qui avait fait suspendre l'assaut avait été pour eux une trop bonne occasion d'y renoncer. On partit, sans vouloir se dire que partir après une attaque manquée, c'était en faire un véritable échec ; c'était exalter dans Paris les ennemis du roi, et mettre le duc de Bourgogne, l'eût-il voulu, dans l'impossibilité de lui donner la ville. Et on le vit bientôt. Le duc de Bourgogne, muni du sauf-conduit du roi, vint à Paris (30 septembre), traversant tout le pays repris par les Français, salué au passage par l'archevêque de Reims, chancelier de France, et par le comte de Clermont, commandant des troupes françaises en ces contrées ; et il répondit à ces avances en resserrant son alliance avec Bedford. Bedford lui donna la lieutenance du royaume et bientôt l'investiture de la Champagne, c'est-à-dire la charge de reprendre Reims et de garder Paris, ne retenant pour lui-même, avec son titre de régent, que le gouvernement de la Normandie ; et les Anglais, qui avaient craint même pour cette province, se prirent de nouveau à espérer la conquête de la France.

Cette retraite devait avoir une autre conséquence fâcheuse ; mais il semble qu'au gré des courtisans ce fût encore une bonne fortune : c'était de compromettre l'autorité de la Pucelle. Jeanne avait dit qu'elle était envoyée pour délivrer Orléans, faire sacrer le roi à Reims et chasser les Anglais du royaume. On l'avait volontiers laissée délivrer Orléans ; on l'avait suivie de mauvaise grâce jusqu'à Reims, et par contrainte jusqu'à Paris. Si on entrait à Paris comme à Reims, il faudrait donc lui obéir encore quand elle voudrait ne laisser aucun repos que l'Anglais ne fût chassé de France. Il était plus que temps de s'arrêter, si on ne voulait être jeté dans le mouvement de cette grande guerre. L'échec de Paris mettait en doute une parole que le peuple tenait pour prophétique, et dispensait de lui céder à l'avenir. A voir comme les ennemis triomphent de cet échec, on peut deviner combien les esprits dans le camp du roi pouvaient en être ébranlés. « *Elle leur avoit promis, dit le faux Bourgeois, que sans nulle faute ils gagneroient à celui assaut la ville de Paris, par force, et qu'elle y gîroit celle nuit, et eux tous, et qu'ils seroient tous enrichis des biens de la cité... Mais Dieu qui mua la grande entreprise d'Holopherne par une femme nommée Judith, ordonna par sa pitié autrement qu'ils ne pensoient.* » Est-il besoin de répondre aux allégations du Bourgeois ? Les paroles de Jeanne et les faits n'en sont-ils pas une réfutation suffisante ? Jeanne disait aux siens que la place serait prise ; mais à une condition, c'est qu'on persévérât. Pour prendre aussi une comparaison dans la Bible, elle n'avait pas dit que devant son étendard les murs de Paris crouleraient comme ceux de Jéricho devant l'Arche ; mais qu'on les assaillît, qu'on fît effort, et que Dieu aiderait. A Orléans aussi, devant les Tourelles, les capitaines voulaient se retirer après sa blessure : elle les retint, et la bastille fut prise. Si à Paris on eût fait de même, on aurait eu, tout permet de le croire, semblable succès. L'affaire de Paris ne prouve donc rien contre la Pucelle et sa mission. Sa mission, comme elle l'avait définie dans sa lettre à Bedford, impliquait bien qu'elle y menât le roi. Après Reims c'est à Paris qu'il fallait aller pour hâter l'heure où les Anglais seraient « *boutés hors de toute France.* » C'est ce qu'avait fait Jeanne. Même après son échec, ses voix lui commandaient (elle-même le déclare) de persévérer en demeurant à Saint-Denis ; mais elles ne lui avaient pas révélé qu'on y entrerait, quoi qu'on fît, ni que l'assaut dût réussir ou échouer. C'est à ceux qui l'arrêtèrent quant elle disait d'aller en avant, et le lendemain quand elle voulait renouveler la tentative, c'est à ceux-là de répondre de l'échec.

Livre V – Compiègne

I. Le séjour sur la Loire

Le retour du roi à Gien eut les suites que l'on pouvait prévoir. Presque aussitôt après son départ de Saint-Denis la garnison qu'il y avait laissée avec Vendôme se repliait sur Senlis : les Anglais, se jetant sur la ville, la pillèrent, et sans crainte du sacrilège emportèrent, comme en trophée, les armes que la Pucelle avait déposées dans l'église de l'abbaye. Puis ils élevèrent une nouvelle forteresse dont ils firent capitaine le prévôt de Paris, Simon Morhier. Le mal était réparable si le duc de Bourgogne tenait ses promesses ; et le comte de Clermont, lieutenant du roi dans ces contrées, paraissait y compter toujours. Le premier usage qu'il fit de ses pouvoirs fut d'expédier au duc, au nom du roi, des lettres qui comprenaient dans la trêve de quatre mois faite avec lui, Paris et ses environs, savoir : Saint-Denis et le château de Vincennes, les ponts de Charenton et de Saint-Cloud (18 septembre). Le duc de Bourgogne y vint donc alors à travers l'armée royale, muni du sauf-conduit du roi (on a vu avec quels honneurs), et il parut encore donner suite aux négociations entamées. Il envoyait à son tour un sauf-conduit au chancelier de France. Il le faisait recevoir à Saint-Denis par Jean de Luxembourg et le sire de Lannoy ; et plusieurs jours se passèrent en conférences : mais tout se borna aux conventions déjà signées. Ce n'était point pour livrer Paris au roi de France que le duc de Bourgogne acceptait de Bedford la charge de le gouverner. Le roi, en le comprenant dans les trêves, n'avait fait que fournir au duc le moyen d'inaugurer son avènement au pouvoir par un acte agréable aux Parisiens. La trêve qui les touchait fut publiée devant le duc et les bourgeois assemblés, en même temps que les lettres qui l'investissaient de la lieutenance du royaume.

Paris demeurait donc aux Anglais avec l'assurance qu'on ne l'inquiéterait pas ; mais les Anglais n'avaient aucun engagement de ce genre envers les pays soumis à Charles VII. Il fallait que le roi, tout en s'abstenant d'attaquer sur ce point, songeât à se défendre sur tous les autres. Il parut bien ne vouloir délaisser aucune des villes qui venaient de se donner à lui. À peine arrivé à Gien, il écrivit (le 23 septembre) aux habitants de Troyes qu'il avait donné ordre à Vendôme de leur venir en aide. Pourquoi Vendôme ? N'avait-il pas bien assez de garder Senlis ? Et était-ce trop, pour l'île de France, du comte de Clermont et des seigneurs demeurés avec lui ? Mais l'armée que Charles VII ramenait sur la Loire et qu'il avait tant d'occasions d'employer ailleurs, était à la veille de se dissoudre. Le duc d'Alençon s'en alla en sa vicomté de Beaumont, où l'attendait sa femme ; et les autres capitaines, chacun en son gouvernement.

Jeanne était demeurée auprès du roi, presque seule, et fort triste de l'inaction où elle était réduite. Cependant le duc d'Alençon, qui partageait si complètement ses vues, revint bientôt s'offrir pour l'en tirer. Il avait réuni des hommes d'armes, et proposait d'entrer en Normandie par les marches de la Bretagne et du Maine, pourvu qu'on lui donnât la Pucelle : car selon qu'elle serait ou ne serait pas avec lui, sa troupe allait bientôt se grossir ou se disperser. Les circonstances paraissaient favorables. Les Français avaient dans le pays des partisans : Étrépagny, Laval, Torcy, venaient de leur être livrés. On refusa. L'archevêque de Reims, La Trémouille et le sire de Gaucourt, « *qui lors gouvernoient le corps du roy et le fait de sa guerre* », ne voulurent à aucun prix consentir à cette réunion du duc d'Alençon et de la Pucelle. Le duc, ils le sentaient bien, aurait gagné en importance tout ce qu'il eût ajouté à la fortune du roi. L'historien Perceval de Cagny a bien le droit de mettre à la charge du conseil les conséquences de cette résolution, et de flétrir cette résistance délibérée à la grâce dont la Pucelle était la messagère (octobre 1429).

Le roi allait donc promenant ses loisirs en Touraine, en Poitou, en Berri, et, pendant ce temps-là, tout était au pillage dans le pays qu'il avait abandonné. Ces riches campagnes furent ruinées, les villes mises à rançon. On leur voulait faire sentir ce qu'il en coûtait d'abandonner si légèrement les Anglais pour un roi impuissant à les défendre. Et, en effet, on eût pu croire le pays entièrement délaissé. Le comte de Clermont, lieutenant du roi, s'en allait veiller à ses propres domaines ; le comte de Vendôme, substitué à sa charge, avait déjà bien assez de garder Senlis ; Chabane, à Creil, se laissa prendre. Le maréchal de Boussac vint, il est vrai, amenant mille combattants environ ; mais que faire avec cette troupe, quand les Anglais et les Bourguignons possédaient tout le pays alentour, la Normandie, la Picardie, la Bourgogne ? Il eût fallu être présent partout pour contenir les uns ou pour observer les autres : car les trêves ne liaient pas les Anglais et arrêtaient peu les Bourguignons. Au lieu de se réduire à cette défense laborieuse, tous ces hommes d'armes trouvaient plus commode et plus profitable d'aller à leur tour porter le ravage sur le territoire de l'ennemi. Ainsi le mal ne faisait que s'étendre et devenir plus général. Paris même, quoique doublement protégé par les armements des Anglais et par les trêves des Bourguignons, souffrait de cet état de choses dans toutes les classes de ses habitants : « *Nul homme de Paris, dit le Bourgeois, n'osoit mettre le pied hors des faubourgs, qui ne fût mort ou perdu ou rançonné. Le cent de petits cotterets valoit 24 sols parisis ; deux œufs, 4 deniers ; un petit fromage tout nouvel fait, 4 blancs et n'étoit nouvelle ni pour Toussaint, ni pour autre fête en celui temps, de harengs frais ni de quelque marée.* » Les provinces du Nord, et en particulier l'Ile-de-France, étaient donc livrées aux ravages de la guerre ; et le contrecoup de ces événements pouvait provoquer des périls au voisinage même des résidences royales. Toute la Loire, en effet, n'appartenait pas au roi. L'ennemi était fortement établi à La Charité ; il possédait encore Saint-Pierre-le-Moustier, Cosne et quelques autres places : et ces positions qu'on avait eu raison de négliger pour marcher sur Reims et sur Paris semblaient maintenant plus menaçantes. Un conseil fut tenu à Mehun-sur-Yèvre, et il parut qu'il y avait tout avantage à satisfaire de ce côté l'impatience que la Pucelle avait d'agir. Il fut décidé qu'on l'enverrait faire le siège de La Charité, et qu'on préluderait à cette conquête par celle de Saint-Pierre-le-Moustier.

La Pucelle aurait mieux aimé aller en France, c'est-à-dire vers Paris. Elle se rendit à Bourges pour réunir les troupes destinées à cette entreprise ; puis elle vint, en compagnie du sire d'Albret (frère utérin de La Trémouille), assiéger Saint-Pierre-le-Moustier, comme il avait été résolu. Jeanne, selon son habitude, se portait au plus fort du péril, et y demeurait sans compter ceux qui restaient auprès d'elle. D'Aulon, son écuyer, qu'une blessure à la jambe tenait éloigné de l'assaut, la voyant avec quatre ou cinq hommes au plus devant les murailles, monta à cheval, courut à elle, lui demanda ce qu'elle faisait là seule, et pourquoi elle ne se retirait pas comme les autres. Mais elle, ôtant son casque, lui répondit qu'elle n'était pas seule, qu'elle avait en sa compagnie cinquante mille de ses gens, et ne partirait point de là que la ville ne fût prise. Comme il insistait, elle lui ordonna de faire apporter des fascines pour franchir le fossé, et en même temps elle s'écria : « *Aux fagots et aux claies, tout le monde, afin de faire le pont !* » En un instant elle fut obéie, le pont dressé et la ville prise d'assaut. Tout était en proie aux vainqueurs, mais Jeanne sut leur faire respecter l'église où les assiégés avaient mis leurs biens en dépôt (premiers jours de novembre 1429).

De là on devait aller assiéger La Charité. Mais la place était forte et bien approvisionnée par les soins de Perrin Grasset, qui l'occupait depuis tantôt sept ans ; et la petite armée de la Pucelle manquait des choses les plus indispensables à l'attaque. La cour ne sachant pas trouver le moyen d'y pourvoir, elle s'adressa aux villes. On a encore en original une lettre signée d'elle aux habitants de Riom (Moulins, 9 novembre 1429) : elle leur annonce le siège qu'on vient de terminer heureusement et celui qu'on prépare ; et elle les prie, par l'attachement qu'ils ont au bien et à l'honneur du roi, d'envoyer « *poudres, salpêtre, soufre, traits, arbalètes fortes et autres habillements de guerre.* » On commença le siège avec ce qu'on avait, et, tout en le poussant, on continuait de s'adresser aux villes les plus intéressées à déloger l'ennemi de leur voisinage. La ville de Bourges engagea ses octrois, afin d'avoir les 1 300 écus d'or qu'on lui demandait pour entretenir l'armée et la garder devant la place. La ville d'Orléans eut aussi à porter dans ses comptes diverses sommes dépensées pour entretenir ou équiper des capitaines, des gens d'armes, des « joueurs de couleuvrines » envoyés au siège en son nom. Mais ces secours partiels étaient insuffisants pour une telle entreprise, et le roi n'envoyant rien, l'armée, dépourvue d'argent et de vivres, dut lever le siège, au grand déplaisir de la Pucelle (fin de novembre 1429).

Elle fut reçue à la cour avec non moins d'honneur : car à quel titre le roi lui eût-il imputé cet échec ? On l'anoblit, elle et toute sa famille, et, par un privilège signalé comme unique dans nos annales, on stipula que cette noblesse se transmettrait dans sa race, non seulement par les hommes, mais par les femmes. On lui avait composé un blason où figuraient les lis de France ; ses frères en prirent le nom de Du Lis : mais elle garda son nom et sa bannière. Tous ces honneurs lui étaient donnés « en considération des louables et utiles services qu'elle avait rendus au royaume et lui devait rendre encore. » On ne renonçait donc point à ses services : et que demandait-elle pour prix de ceux qu'elle avait rendus, que de servir encore ? Mais on ne se pressait pas de la mettre en demeure de le faire.

Elle resta donc dans l'inaction, suivant la cour à Bourges, à Sully-sur-Loire, ou visitant les bonnes villes qu'elle avait délivrées. Orléans, par exemple, qui a retenu dans les registres des comptes la trace de son passage ; et elle édifiait toujours par sa sainteté ceux qu'elle n'étonnait plus par ses exploits. Marguerite La Touroulde, veuve de René de Bouligny, chez qui elle demeura environ trois semaines au retour du voyage de Reims, nous peint encore en elle ces habitudes de recueillement et de piété qui avaient traversé sans altération la vie des camps ; cette simplicité que n'avaient pas corrompue les adorations de la foule, et ce bon sens admirable qui s'appliquait à détruire le faux prestige dont on la voulait entourer. A ceux qui lui disaient qu'elle n'avait point à craindre d'aller à l'assaut parce qu'elle savait bien qu'elle ne serait pas tuée, elle répondait qu'elle n'en était pas plus assurée que les autres ; et quand les femmes venaient en sa maison pour lui présenter des patenôtres et autres signes en la priant de les toucher : « Touchez-les vous-mêmes, leur disait-elle en riant, ils seront tout aussi bons. »

Elle fit preuve du même bon sens, quand une femme nommée Catherine de La Rochelle, se disant inspirée, la vint trouver pendant son séjour à Jargeau et à Montfaucon en Berri. Cette Catherine prétendait qu'une dame blanche, vêtue de drap d'or, lui commandait d'aller dans les bonnes villes, et de faire crier par les hérauts du roi que tous ceux qui auraient de l'or ou de l'argent caché l'apportassent sans retard, annonçant en même temps qu'elle connaîtrait ceux qui ne le feraient pas, et saurait trouver leurs trésors : c'était pour payer les gens d'armes de Jeanne. Quel auxiliaire pour un chef de troupes ! Frère Richard voulait qu'on la mît à l'œuvre, et plusieurs agréaient fort son procédé. Jeanne lui dit de retourner à son mari, d'aller faire son ménage et nourrir ses enfants. Cependant, ne voulant point juger témérairement de l'inspiration des autres, elle consulta ses saintes et elle offrit à Catherine de coucher avec elle pour être témoin de ses apparitions. Elle partagea son lit, en effet, veilla jusqu'à minuit, et, ne voyant rien, s'endormit. Le matin, l'autre lui dit que sa dame était venue, mais que Jeanne dormant, elle ne l'avait pu réveiller. Jeanne s'enquit d'elle si la dame devait revenir la nuit suivante, et lui demanda de renouveler l'épreuve. Mais cette fois elle prit soin de dormir le jour, de telle sorte qu'elle pût rester éveillée toute la nuit; et de temps à autre elle demandait à sa compagne : « *Viendra-t-elle point? — Oui, tantôt* », disait l'autre. Inutile de dire que la dame ne vint pas.

Jeanne écrivit donc au roi que le fait de Catherine n'était que néant et folie. Frère Richard en fut très mécontent, et les familiers du roi aussi sans doute : c'était un moyen si commode de trouver de l'argent ! Cette Catherine, qui promettait de leur en fournir, n'entrait pas moins dans leurs vues par sa politique. Tout en offrant de recueillir de l'argent pour les soldats, elle ne pressait pas de faire la guerre : elle refusa d'aller au siège de La Charité, disant qu'il faisait trop froid. Elle proposait de se rendre près du duc de Bourgogne pour faire la paix. A quoi Jeanne répondit « qu'il lui semblait qu'on n'y trouverait point de paix, si ce n'était par le bout de la lance. » Les événements le démontraient de plus en plus. La trêve avec le duc de Bourgogne, qui expirait à Noël, avait été prorogée jusqu'à Pâques, et à défaut de Compiègne qui s'y était refusée, Pont-Sainte-Maxence lui avait été livré en garantie. Mais la trêve n'engageait pas les Anglais; et les Bourguignons, en se cachant sous leur bannière, avaient toute facilité de porter avec eux le ravage dans les pays qui s'étaient donnés au roi. La terreur y était grande partout, et plus d'un sanglant exemple avait montré combien elle était légitime. Les habitants de Reims, les plus menacés dans cette tentative de restauration, comme les plus signalés par le sacre, écrivirent à la Pucelle pour lui communiquer leurs craintes. Ils redoutaient la vengeance des Bourguignons; ils redoutaient le délaissement du roi, à qui l'on avait dit qu'il y avait des traîtres parmi eux prêts à livrer la ville. La Pucelle leur adresse une première lettre, le 16 mars 1430, afin de les rassurer sur le siège : « Sachez, leur disait-elle, que vous n'aurez pas de siège si je les puis rencontrer; et si je ne les rencontre et qu'ils viennent vers vous, fermez vos portes, j'y serai et je leur ferai chausser leurs éperons en telle hâte qu'ils ne sauront par où les prendre. » Le 28, elle leur écrit pour les rassurer touchant les dispositions du roi et leur promettre une prompte assistance : « Si vous prie et requiers, très chers amis, ajoutait-elle, que vous gardiez bien ladite bonne cité pour le roi, et que vous fassiez bon guet. Vous orrez (oirez), bientôt de mes bonnes nouvelles plus à plein. Autre chose quant à présent ne vous rescris, fors que toute Bretagne est françoise, et doit le duc envoyer au roi trois mille combattants payés pour deux mois. A Dieu vous command (recommande) qui soit garde de vous. Écrit à Sully, le 28e de mars. »

Ces bonnes nouvelles qu'elle leur promettait d'elle, c'était sa prochaine arrivée sur le théâtre de la guerre. Elle écrivait la veille peut-être de son départ : car sa lettre est du 28 mars, et c'est au mois de mars qu'elle partit selon l'historien Cagny. Lasse de jouer un rôle de parade, et désolée de voir comment le roi et son conseil entendaient arriver au recouvrement du royaume, elle prit la résolution de se séparer d'eux et d'aller rejoindre ceux qui combattaient.

On combattait en Normandie, et, quoique les Anglais parussent vouloir y concentrer leurs forces, plusieurs nouveaux succès avaient couronné les efforts des Français. La Hire s'était emparé de Louviers (décembre 1429), d'où il faisait des courses jusqu'aux portes de Rouen, puis de Château-Gaillard, où il avait délivré Barbazan (24 février 1430) ; Torcy avait résisté aux Anglais qui voulaient y rentrer. Mais c'était dans le Nord que la question était surtout reportée depuis le voyage de Reims. Sauver les places qui s'étaient ralliées à Charles VII, défendre la ligne de l'Oise contre le duc de Bourgogne, ramener Paris au roi en l'isolant de plus en plus, voilà la vraie manière de reprendre l'œuvre interrompue le 8 septembre ; et tout y invitait. Depuis la dernière entrevue de Bedford et du duc de Bourgogne (octobre 1429), Paris dans ses rapports avec eux n'avait eu que des sujets de plainte. Le régent (Bedford) s'en était allé en Normandie ; le lieutenant général (Bourgogne), dans ses propres États, recommandant aux Parisiens, s'ils voyaient venir les Armagnacs, de se bien défendre : et il les laissait sans garnison ! Du reste les Parisiens avaient plus d'une raison de ne point regretter qu'il emmenât ses six mille Picards : « *Six mille aussi forts larrons, comme il parut bien en toutes les maisons où ils furent logés.* » Mais le champ restait libre aux Armagnacs ; et la désolation des campagnes, la cherté des vivres, augmentaient l'irritation populaire. On accusait les Anglais de vouloir, par une retraite systématique, tenir en échec les pouvoirs qu'ils avaient donnés au duc de Bourgogne. On cherchait encore des excuses au duc de Bourgogne. Il allait se marier (pour la troisième fois) ; et au moment où sa fiancée Isabelle de Portugal, touchait au port de l'Écluse, une tempête s'était élevée si furieuse, qu'elle l'avait repoussée « jusque dans son pays. » Voilà pourquoi, disait-on à Paris, le duc de Bourgogne entre-laissait la ville si longtemps. Mais quand la jeune princesse, qui avait été recueillie en Angleterre, et non en Portugal, fut ramenée en Flandre, le duc ne pouvait guère venir à Paris davantage : ce furent à Bruges des fêtes d'une magnificence inouïe (10 janvier 1430), et pendant ce temps, les cotterets, les œufs et le fromage haussaient de plus en plus de prix dans le journal du Bourgeois. La multitude souffrait, la bourgeoisie commençait à se tourner vers d'autres espérances. Dans les commencements d'avril, on découvrit une conspiration où se trouvaient impliqués des membres du parlement et du Châtelet, avec plusieurs marchands notables ou gens de métier ; et les Armagnacs étaient aux portes. Le 23 mars ils surprenaient Saint-Denis ; le 25 avril ils s'établissaient à Saint-Maur.

La Pucelle, ici comme avant de marcher sur Reims et sur Paris, ne demanda conseil à personne ni pour résoudre ni pour agir. Un jour donc, sans prendre congé du roi, elle partit, fit semblant d'aller « en aucun ébat » et s'en vint à Lagny-sur-Marne, « *pour ce que ceux de la place faisoient bonne guerre aux Anglois de Paris et ailleurs.* » Elle aurait pu se laisser ébranler cette fois. Comme elle était dans la semaine de Pâques (vers le 15 avril), à Melun, ville qui venait de chasser les Anglais pour se donner au roi, ses voix lui dirent qu'elle serait prise avant la Saint-Jean ; et depuis elles le lui répétaient tous les jours. Mais elles ne la détournaient point d'aller en avant ; elles lui annonçaient sa captivité comme une chose qu'elle devait souffrir ; et Jeanne, quoiqu'elle eût mieux aimé la mort, marchait sans peur à l'accomplissement de son œuvre.

II. Le siège de Compiègne

Jeanne débuta à Lagny par un coup de main propre à réveiller parmi les siens toutes les espérances. Les Anglais, au nombre de trois à quatre cents, étaient allés, sous la conduite d'un gentilhomme, nommé Franquet d'Arras, faire le ravage dans le pays d'alentour. Ils revenaient, rapportant leur butin, quand la Pucelle, informée de leur retour, fit monter ses gens à cheval, et vint en force à peu près égale leur disputer le passage. Les Anglais mirent pied à terre, s'établirent derrière une haie ; mais les Français les assaillirent à pied et à cheval, et firent si bien que tous leurs ennemis furent tués ou pris. Au nombre des prisonniers était leur chef, Franquet d'Arras. Ce Franquet, si vrai gentilhomme qu'il fût, n'était pas seulement un ennemi, c'était un brigand, particulièrement odieux au pays par ses meurtres et ses rapines. Le bailli de Senlis et les gens de justice de Lagny le réclamèrent comme leur justiciable. Jeanne eût voulu le sauver pour l'échanger contre un homme de Paris, qui tenait l'hôtel de l'Ours ; mais ayant su que cet homme était mort, et le bailli lui reprochant de faire grand tort à la justice, elle ne fit plus obstacle à ce qu'elle suivît son cours.

Ce retour de la Pucelle sur le théâtre de la guerre eut un grand retentissement dans Paris ; et le succès qui le signalait devait ajouter encore à l'impression de terreur qu'elle avait faite au loin, en Angleterre. Au témoignage de Thomas Basin, des Anglais affirmaient par serment qu'à son nom seul, ou à la vue de son étendard, ils n'avaient plus le courage de se défendre, ni la force de bander leur arc et de frapper l'ennemi. Et cette terreur superstitieuse est attestée par des actes publics. Les Anglais paraissaient se décider à envoyer enfin leur jeune roi se faire sacrer en France. Plusieurs fois le bruit de son arrivée avait été répandu à Paris. L'administration l'avait salué par des feux de joie, « *ce dont le menu peuple n'étoit pas bien content, dit le Bourgeois, pour la bûche qui tant étoit chère.* » Cette fois pourtant la chose était sérieuse : l'argent nécessaire avait été ordonnancé, les vaisseaux requis, les troupes louées. Or les provisions faites, les soldats et les capitaines qui s'étaient engagés à se mettre, le 1er mai, à la disposition du roi pour le suivre en France, restaient chez eux, sans tenir compte de leur marché, ni des périls du prince qui venait de passer le détroit presque seul (23 avril 1430). Le roi s'en plaint dans un édit adressé le 3 mai par Glocester aux vicomtes de Londres, en leur enjoignant de rechercher les réfractaires et de les expédier à Sandwich ou à Douvres et de là en France, sous peine de dégradation ou d'emprisonnement. La Pucelle n'est pas nommée dans le décret, mais elle l'est dans une rubrique du temps qui en exprime toute la pensée et en marque la cause : « Proclamation contre les capitaines et les soldats retardataires terrifiés par les enchantements de la Pucelle. »

Mais la face des choses allait changer.

Il y avait dans le nord de la France une ville qui était alors pour Philippe le Bon comme la clef du royaume : c'était Compiègne. Placée aux portes de l'Ile-de-France, elle la fermait ou l'ouvrait aux Bourguignons, selon qu'elle était au roi ou au duc. Elle était au roi, et l'imprévoyant Charles VII avait été sur le point de la donner au duc pour de vaines espérances de paix. Elle lui aurait été remise, on l'a vu, par une clause secrète de la suspension d'armes du 28 août pour lui rester pendant la trêve, si les bourgeois ne s'étaient refusés à l'arrangement ; et le comte de Clermont, par une lettre du 20 octobre 1429, promettait encore au duc de la lui livrer, dès que le roi en aurait le pouvoir ou de lui en laisser faire le siège. Le roi, cherchant à satisfaire le duc sans qu'il en vînt à ces extrémités, lui avait livré Pont-Sainte-Maxence ; mais le duc voulait Compiègne, et n'ayant pu l'avoir ni par cet accord, ni par la corruption, il songeait à la prendre de force. La trêve à peine expirée (17 avril 1430), il se mit en campagne, et, pour n'avoir, rien qui le gênât aux alentours pendant le siège de la ville, il réduisit Gournai-sur-Aronde, et vint assiéger Choisy-sur-Aisne, que Guillaume de Flavy, capitaine de Compiègne, avait confié à Louis de Flavy, son parent.

Le 13 mai, la Pucelle vint à Compiègne, où elle fut reçue avec honneur, logée chez Marie Le Boucher, la femme du procureur du roi ; et elle redoubla par sa présence l'ardeur et la confiance des habitants. Le chancelier Regnault de Chartres, le comte de Vendôme, lieutenant du roi dans ces parages, et plusieurs autres chefs se trouvaient réunis dans la ville. On résolut d'aller au secours de Choisy, qui ne pouvait plus longtemps se défendre. Montgomery et ses Anglais occupaient Pont-l'Évêque (près Noyon), et le duc de Bourgogne avait laissé Brimeu, Saveuse et leurs gens à Noyon pour garder derrière lui, avec eux, le passage de l'Oise. La Pucelle, Jacques de Chabannes, Poton de Xaintrailles, Valperga et plusieurs autres capitaines, attaquèrent Pont-l'Évêque, et ils allaient y forcer la troupe anglaise, quand les seigneurs postés à Noyon vinrent l'aider à repousser les assaillants.

L'Oise étant défendue, on imagina de tenter une nouvelle attaque sur les derrières du duc de Bourgogne, en allant passer l'Aisne à Soissons. Mais le capitaine qu'on devait croire ami, puisqu'il gardait la place pour le comte de Clermont, en refusa l'entrée aux troupes : il n'y voulut admettre que le chancelier, Vendôme et la Pucelle avec peu de monde ; et, dès qu'ils furent partis, il se démasqua en vendant la ville au duc de Bourgogne : il le vint rejoindre devant Choisy, qui fut pris et rasé. Dès ce moment, le siège de Compiègne ne pouvait plus longtemps se faire attendre. Jeanne y revint, sans s'y enfermer pourtant : car elle se multipliait pour réchauffer le zèle de ceux qui soutenaient encore la cause du roi. Elle était à Crespy (23 mai), quand elle apprit que le duc de Bourgogne et le comte d'Arundel étaient venus s'établir devant la place. Sa résolution fut bientôt prise. Sur le minuit, elle réunit trois à quatre cents combattants ; et comme on lui disait qu'elle avait bien peu de monde pour traverser le camp des ennemis : « *Nous sommes assez, dit-elle. J'irai voir mes bons amis de Compiègne.* » Et au soleil levant elle entrait dans la ville sans perte ni dommage (24 mai).

La ville de Compiègne, placée sur la rive gauche de l'Oise, domine la rivière et la vallée, qui s'étend de l'autre côté en une prairie basse et humide, large d'un quart de lieue, avant d'atteindre à l'escarpement du bord de Picardie. La ville y communique par un pont et une chaussée qui se prolonge au-dessus de la prairie jusqu'au versant de la colline. La place était donc forte par elle-même ; et un boulevard, laissant tête de pont, lui assurait le libre accès de l'autre bord. Les ennemis qui l'assiégeaient étaient bien loin de l'avoir investie. Ils ne tenaient que la rive de l'Oise opposée à la ville : le duc de Bourgogne était à Coudun, sur l'Aronde, à une lieue au Nord ; Jean de Luxembourg un peu plus près, à Clairoix, au confluent de l'Aronde et de l'Oise, au Nord-Est, et Baudon de Noyelle, avec un corps détaché, à Margny, à l'issue de la chaussée devant la place ; à l'Ouest, Montgomery et les Anglais occupaient Venette.

À peine arrivée, la Pucelle voulut chasser l'ennemi de ses positions. Déloger brusquement les Bourguignons de Margny, les poursuivre et les accabler à Clairoix, pour se porter ensuite à Venette contre les Anglais, telle devait être la suite de ses opérations. D'après ce plan, elle courait un double péril : elle poussait les Bourguignons vaincus sur leur principal corps de bataille, et elle tournait le dos aux Anglais. Mais elle pensait que le corps de Margny, dispersé, jetterait plus de confusion à Clairoix qu'il n'y trouverait d'appui, et elle comptait sur ceux de Compiègne pour arrêter les Anglais à la chaussée, s'ils osaient sortir de Venette afin de l'attaquer sur les derrières. Le plan s'exécuta d'abord comme elle l'avait conçu. Le 24 mai, vers cinq heures du soir, elle sortit avec cinq ou six cents hommes à pied et à cheval. Flavy était resté dans Compiègne pour garder la ville ; il avait fait réunir sur l'Oise quelques bateaux couverts, garnis d'archers et d'arbalétriers, pour protéger au besoin la retraite des assaillants. Jean de Luxembourg, qui commandait à Clairoix, se trouvait alors à Margny, observant la place : il fut surpris avec les autres, et repoussé vivement sur Clairoix ; mais ceux qu'il y avait laissés accoururent à son aide, et la lutte se soutint dans la prairie avec des alternatives qui en retardaient le résultat. Les Anglais entreprirent d'en profiter. La chose était prévue, et les archers, disposés par Guillaume de Flavy derrière les épaulements du boulevard du pont, devaient leur rendre le passage de la chaussée fort difficile. Mais ce mouvement intimida ceux qui combattaient aux derniers rangs dans la troupe de la Pucelle. Ils craignirent d'être coupés de la place, et, fuyant pour s'y mettre à couvert, ils suscitèrent le mal qu'ils redoutaient. Les Anglais, en effet, encouragés par leur fuite, se portèrent avec plus d'ardeur vers la chaussée, et s'y logèrent sans péril, protégés par les fuyards eux-mêmes contre ceux du boulevard, qui ne pouvaient plus tirer sans frapper indistinctement amis et ennemis ; et d'autre part les Bourguignons attaquaient plus vigoureusement ceux qui tenaient encore avec la Pucelle.

Déjà ceux-ci commençaient à plier, et ils la pressaient de regagner la ville. Elle résistait : « *Taisez-vous, leur disait-elle ; il ne tiendra qu'à vous qu'ils ne soient déconfits. Ne pensez que de férir sur eux.* » Mais, quoi qu'elle dît, ils voulurent pourvoir autrement à leur salut, et elle fut bien forcée de les suivre, marchant la dernière et soutenant l'effort des assaillants. Malheureusement, ceux contre lesquels elle luttait n'étaient pas les seuls à craindre. Beaucoup d'autres, témoins de sa retraite, se portèrent en foule vers le pont pour lui en disputer le passage ; et Flavy, appréhendant qu'ils n'entrassent avec les siens dans Compiègne, fit lever le pont de la ville et baisser la herse. Les gens de pied furent recueillis, pour la plupart, sur les bateaux rangés, comme il a été dit, le long de la rivière. La Pucelle demeura dehors, acculée à la levée de la chaussée et au fossé du boulevard, avec le petit nombre de chevaliers qui s'étaient attachés à sa fortune. Elle était vivement pressée ; cinq ou six hommes d'armes s'étaient jetés sur elle en même temps, criant : « *Rendez-vous à moi et me baillez la foi. — J'ai juré et baillé ma foi à un autre qu'à vous, dit-elle, et je lui en tiendrai mon serment.* » Mais vainement résistait-elle en face : elle fut tirée par ses longs habits à bas de son cheval, et prise par un archer du bâtard de Wandonne, un des chevaliers de Jean de Luxembourg. Son frère Pierre, son écuyer d'Aulon, et Poton de Xaintrailles, qui ne l'avaient pas quittée, eurent le même sort.

Ainsi fut prise la Pucelle, aux portes mêmes de la ville qu'elle voulait défendre, abandonnée de ceux qu'elle était venue sauver : c'est le commencement de sa passion. Fut-elle livrée aussi par un des siens, et cette politique funeste qu'elle avait eu tant de peine à vaincre jusqu'à Reims, et qui, depuis Paris, la tenait en échec, a-t-elle triomphé d'elle par un acte formel de trahison ? On l'a dit, et on l'a voulu établir par le témoignage même de la Pucelle. On lit en effet dans le *Miroir des femmes vertueuses*, petit livre du commencement du XVIe siècle, qu'un matin, la Pucelle à Compiègne, ayant fait dire la messe et communié dans l'église Saint-Jacques, se retira près d'un pilier de l'église, et trouvant là plusieurs gens de la ville et une centaine d'enfants rassemblés pour la voir, leur dit : « *Mes enfants et chers amis, je vous signifie que l'on m'a vendue et trahie, et que de brief (bientôt) serai livrée à la mort. Si (ainsi) vous supplie que vous priiez Dieu pour moi ; car jamais n'aurai plus de puissance de faire service au roi ne au royaume de France* ».

Ce livre a peu d'autorité par lui-même ; et toutefois il s'appuie ici du témoignage de deux vieillards, âgés l'un de quatre-vingt-huit et l'autre de quatre-vingt-six ans, que l'auteur avait entendus à Compiègne en 1498, et qui disaient avoir été présents lorsque la Pucelle prononça ces paroles. Sans récuser le fait en lui-même, il semble douteux qu'on le puisse rapporter au jour de la sortie ; car Jeanne, entrée le matin dans Compiègne, fit son attaque et fut prise le soir. Elle savait qu'elle devait être prise, mais elle ne savait ni quand ni comment : elle a déclaré elle-même que, si elle eût su qu'elle dût l'être à cette sortie, elle n'y serait point allée. Ces paroles peuvent donc avoir été comme un épanchement de la tristesse qu'elle avait dans le cœur en songeant à sa captivité prochaine ; et la scène a paru se placer assez convenablement quelques semaines plus tôt, quand Jeanne, voulant passer l'Aisne à Soissons, pour tomber sur le duc de Bourgogne au siège de Choisy, se vit arrêtée par la trahison du capitaine de la place, et qu'elle revint tout affligée dans Compiègne. Le jour où elle fut prise, elle redoutait si peu d'y être trahie, qu'elle y était venue exprès le matin même ; et Flavy était le dernier dont elle eût à craindre une trahison, car elle venait librement défendre la ville qui était sa fortune, et qu'il défendit lui-même avec tant de vigueur pendant six mois. Ajoutons que la Pucelle ne l'en soupçonna pas plus après qu'avant sa captivité : son idée fixe dans sa prison, idée qui prévalut en elle jusque sur l'autorité de ses voix, était d'en sortir au péril même de la vie, pour aller sauver la ville où Flavy semblait près de succomber.

C'est donc à tort que l'on a rapporté à la trahison de cet homme la captivité de la Pucelle. Il ne suffit pas qu'il ait été pupille de Regnault de Chartres et lieutenant de la Trémouille pour l'accuser d'un crime qui, accompli dans ces conditions, atteindrait à un degré d'énormité inouï, puisqu'il y impliquerait le concert du favori du roi et du chancelier de France. Et l'on ne peut davantage rapporter la trahison à l'amour de l'or. Flavy avait résisté aux tentatives de corruption du duc de Bourgogne, qui voulait avoir Compiègne ; et si, dans un procès, l'avocat de son adversaire a pu contester sa vertu en ce point, s'il répondait à son défenseur : « *N'est à croire qu'il en refusât 30 000 écus, vu qu'il ferma les portes à Jehanne la Pucelle, par quoi fut prise, et dit-on que pour fermer lesdites portes il eut plusieurs lingots d'or* », c'est là une réplique d'avocat, dont l'assertion se couvre d'un on-dit et demeure dénuée de toute preuve ; tandis que l'autre a pour garantie un fait incontestable : Compiègne défendu pendant six mois, au milieu des plus dures extrémités, et à la fin sauvé, avant toute chose, par sa persévérance. S'il avait traité avec le duc de Bourgogne pour livrer Jeanne, la ville, on peut le croire, eût été comprise dans le marché. Il faut donc se défier de cet entraînement à trouver à toute grande catastrophe un grand coupable. L'histoire, parce qu'elle ne juge que des morts, ne doit pas être moins réservée dans ses condamnations. Flavy répugnait peu au crime : les suites sanglantes de son histoire le prouvent ; et toutefois, si corrompu qu'il ait été, on ne peut l'accuser ni comme auteur principal d'une trahison qui devait avoir pour première fin la perte de Compiègne (car il a sauvé Compiègne), ni comme instrument d'un complot dont la réalité même reste à prouver. Mais, s'il n'a point livré la Pucelle, est-il complètement innocent de sa perte ? Évidemment, en cette occasion, il se montra moins préoccupé de la sauver que de garder sa ville. Or, la Pucelle était d'assez grande importance pour que tout fût à risquer, même Compiègne, afin de la sauver ; et une sortie énergique de la garnison aurait suffi peut-être pour dégager le pont, ne fût-ce qu'un seul moment, et donner à la Pucelle le temps de rentrer dans la place. Ainsi elle fut victime, sinon de la trahison, au moins d'un abandon inspiré par le plus aveugle égoïsme ; et, à cet égard, l'événement de Compiègne répond trop bien à cette funeste politique qui, depuis si longtemps, minait sourdement ou entravait l'œuvre de Jeanne d'Arc. Ce n'est donc pas entièrement sans raison qu'un annaliste de Metz contemporain (pour le reste assez mal informé) rapportait sa captivité, comme l'échec de Paris, à la jalousie de la Trémouille : « *Et fut dit qu'il n'estoit mie bien loyaux audit roi, son seigneur, et qu'il avoit envie des faicts qu'elle faisoit et fut coupable de sa prise.* » Jeanne d'Arc ne fut livrée par personne, mais elle fut constamment trahie par tous ceux qui la devaient le plus soutenir.

Ce coup, dont elle ne doit point se relever, est-il un suprême démenti à la vérité de sa mission ? Ce serait bien mal la comprendre. Jeanne d'Arc a pu révéler des choses qui lui étaient inspirées ; mais pas plus que les prophètes, elle ne s'est jamais donnée comme sachant tous les secrets de l'avenir. Les prophètes ont eu des révélations déterminées ; et parmi les choses mêmes qu'ils avaient mission de publier, il en est qui ne se sont point accomplies, comme la ruine de Ninive, prêchée par Jonas : car les actes de la Providence ne sont point des actes de la fatalité ; et si Dieu peut suspendre les effets de sa colère en faveur des pécheurs repentants, il peut aussi, devant une indifférence aveugle à la grâce, révoquer les promesses de sa miséricorde. Jeanne avait déclaré l'objet de sa mission : c'était de chasser les Anglais. Elle avait dit qu'elle délivrerait Orléans et ferait sacrer le roi à Reims ; et quand elle le mena devant Paris, elle pressait les siens d'être fermes à l'assaut, disant qu'ils y entreraient. Elle le disait encore, blessée, au pied des murailles ; mais pour cela, il fallait qu'on la suivît comme à Orléans, comme à Reims. Pour ce qui la concerne, elle avait su, et elle avait dit qu'elle serait blessée à Orléans, qu'elle ne durerait guère plus d'une année, qu'elle serait prise. Quand et comment ? elle ne l'avait pas su, et elle disait très franchement, on l'a vu, que si elle avait su qu'elle dût l'être dans cette sortie, elle n'y serait point allée. Prisonnière, sa vie active est terminée ; mais sa mission ne l'est pas encore, et cette phase où elle entre en est le couronnement et la consécration. Où a-t-on jamais vu que le martyre fût un jugement de Dieu contre ses envoyés ? Sans sa captivité, plusieurs traits de son caractère seraient demeurés obscurs ; sans son procès, sa mission serait restée dans le demi-jour de la légende. Son procès, et je parle surtout du procès de condamnation, est à lui seul un témoignage qui n'a rien de comparable dans l'histoire. Ses ennemis, qui la pouvaient tuer, ont cru faire plus que de lui ôter la vie, ils ont voulu perdre sa mémoire : et ils lui ont élevé un monument que personne n'a le droit de récuser, puisqu'il est l'œuvre de leurs mains ; un monument que ne surpasse en valeur aucun de ceux où sont établis les droits des saints à la vénération des fidèles. Sa belle et grande figure brille plus, parmi ces outrages, qu'elle ne l'eût fait parmi les formules respectueuses d'un procès canonique ; et toute la suite de cette longue et insidieuse procédure, en mettant journellement à l'épreuve la sincérité de sa parole, la fermeté de son jugement et ce bon sens exquis dont elle était douée, servira mieux que nulle autre chose à montrer ce qu'il faut croire de son inspiration.

Les deux procès de condamnation de Jeanne d'Arc

Notice

L'essentiel de nos connaissances sur Jeanne d'Arc nous provient des actes produits à l'occasion de ses deux procès de condamnation et de réhabilitation : interrogatoires, délibérations, enquêtes.

Tenu du 9 janvier 1431 au 30 mai 1431, le procès de condamnation de Jeanne d'Arc pour hérésie nous est en effet aujourd'hui bien connu grâce, en particulier, à la procédure du procès de réhabilitation ouvert en 1456, qui a recensé une part importante des pièces conservées de 1431. Ce procès d'Inquisition est pourtant bien un procès politique qui s'inscrit dans un contexte précis et ne peut se comprendre qu'à la lumière des circonstances et du fonctionnement de la justice religieuse et civile du XVe siècle. S'il conduit à la condamnation puis à l'exécution de Jeanne pour hérésie au terme d'un processus complexe et souvent difficile à saisir, ce procès nous révèle pourtant ce que semble être la « vraie » Jeanne d'Arc avec sa foi, sa finesse, son enthousiasme, sa fougue et ses limites.

Les pièces originales du procès de condamnation sont aujourd'hui perdues. Les éléments qui nous sont conservés proviennent des pièces recueillies lors du procès de réhabilitation en 1456. Ce qui nous est connu du procès de condamnation provient essentiellement de trois sources.

*D'abord l'*instrument public des sentences, *dont l'original a disparu mais dont il nous reste des copies de 1456. Ce texte, établi quelques jours après l'exécution, selon le droit canon, par l'évêque et l'inquisiteur et portant le sceau des juges et le seing des notaires, comporte douze articles dans lesquels sont formulés les crimes reprochés à Jeanne, l'abjuration de Saint-Ouen, la sentence d'absolution du 24 mai, la sentence de condamnation et d'excommunication du 30 mai et un résumé de l'affaire.*

*Ensuite, quelques années après le procès, après 1435, deux des membres du tribunal, Thomas de Courcelles et Guillaume Manchon ont établi un procès-verbal en latin dont cinq copies furent expédiées. Trois sont encore conservées et donnent le texte de l'*information posthume *et le* *compte rendu des interrogatoires retranscrit en latin depuis la* Minute *rédigée en français.*

Enfin, la Minute *en français, établie par les notaires à partir de leurs notes de séances, a aujourd'hui disparu mais est partiellement mentionnée dans trois documents : Le* Libelle d'accusation de Jehan d'Estivet *; le* Manuscrit d'Urfé *et le* Manuscrit 518 *de la bibliothèque d'Orléans.*

Comme le souligne Olivier Bouzy dans son ouvrage Jeanne d'Arc, mythes et réalités, *ces documents nous donnent à connaître une autre Jeanne d'Arc que celle des chroniques et témoignages. Ils nous livrent aussi ses limites en matière de connaissance du dogme, ses hésitations, ses contradictions. L'auteur insiste à juste titre sur les étapes par lesquelles nous sont parvenues ces sources et les possibles altérations dont elles sont l'objet. Enregistrés en français durant les interrogatoires, sous forme de notes, les propos de Jeanne sont ensuite résumés, au propre, et traduits en latin.*

Dès la fin du XVIIIe siècle, l'érudition s'intéressa de près à ce texte fondamental de l'histoire nationale. Mais c'est Jules Quicherat qui livra le premier une édition complète des textes servis par sa grande culture. À l'âge de 25 ans, il fut missionné par la Société de l'Histoire de France pour cette édition à laquelle il consacra neuf années de labeur. Ce brillant travail, difficilement accessible tant par son relativement faible nombre d'éditions, sa masse d'informations, que par l'utilisation exclusive du texte latin, conduisit Pierre Champion à établir, en 1921, une version actualisée et traduite des mêmes documents, qui complète la première traduction réalisée par E. O'Reilly dans la seconde moitié du XIXe siècle, que nous proposons ici.

Le mercredi 21 février, à huit heures du matin [1], nous, évêque, nous sommes rendu en la chapelle royale du château de Rouen, où la femme susdite a été citée à comparaître à ces jour et heure. Nous avons pris place comme juge, assisté des révérends pères, docteurs et maîtres dont les noms suivent :

Gilles, abbé de Fécamp; Pierre, prieur de Longueville; Jean de Châtillon, Jean Beaupère, Jacques de Touraine, Nicolas Midi, Jean de Nibat, Jacques Guesdon, Jean Lefebvre, Maurice Duquesnay, Guillaume Lebouchier, Pierre Houdenc, Pierre Maurice, Richard Prat, Gérard Feuillet, Nicolas, abbé de Jumiéges; Guillaume, abbé de Sainte-Catherine; Guillaume, abbé de Cormeilles; Pierre Guérin, Raoul Roussel, Guillaume Haiton, Nicolas Coppequesne, Jean Lemaître, Richard de Grouchet, Pierre Minier, Jean Pigache, Raoul Sauvaige, Robert Barbier, Denis Gastinel, Jean Ledoux, Nicolas de Venderès, Jean Basset, Jean Delafontaine, Jean Bruillot, Aubert Mo-

1. Le procès d'office de Jeanne d'Arc s'amorce sur la base d'une diffamation notoire, condition sine qua non à l'ouverture de la procédure. À partir du début de l'année 1431, Pierre Cauchon ordonne une enquête sur l'accusée dans son pays d'origine et ailleurs. Les premiers résultats furent complétés par une information préparatoire confiée aux deux notaires et sur la foi de laquelle l'assignation à comparaître est considérée comme justifiée. Débute alors véritablement le procès d'office qui, même si l'on n'en connaît pas d'enregistrement, se fonde vraisemblablement sur ces enquêtes. Le procès d'office commence par une série de séances publiques (21 février-3 mars) puis, après quelques séances de délibération des juges et assesseurs (4-9 mars), débutent des séances à huis clos, dans la cellule de Jeanne (10-17 mars). Les séances publiques se tiennent dans la chapelle du château de Rouen. Elles rassemblent, outre les juges et leurs assistants, les notaires et scribes, plus de quarante assesseurs. Le propos des juges est visiblement de mettre Jeanne en défaut par rapport au dogme et à la pratique. Les séances commencent sur deux préalables qui créent d'emblée la tension du procès, le refus d'accorder les sacrements de communion et de confession à Jeanne avant qu'elle ne fasse une totale soumission au tribunal; la question du serment, signe ostensible de soumission à l'autorité ecclésiastique, que Jeanne peine à jurer.

rel, Jean Colombel, Laurent Dubust, Raoul Auguy, André Marguerie, Jean Alépée, Geoffroy de Crotay, Gilles Deschamps.

En leur présence, nous avons fait d'abord donner lecture des lettres royales portant remise et délivrance de ladite femme en nos mains, ensuite des lettres du chapitre de Rouen, portant concession de territoire à notre profit. Cette lecture achevée, messire Jean d'Estivet, nommé par nous promoteur de la cause, a, en notre présence, exposé que la susdite femme, du nom de Jeanne, a été, par l'exécuteur de nos mandements, citée à comparaître en ce lieu, à ce jour et à cette heure, pour y répondre, selon que de droit, aux questions qui vont lui être faites.

Ledit promoteur a produit notre mandement auquel est annexée la pièce qui en constate l'exécution, et il a été du tout donné lecture. Notre dit promoteur a requis que ladite femme soit mise en notre présence, et, aux termes de la citation, interrogée par nous sur divers articles concernant la foi, ce que nous lui avons accordé. Mais au préalable, parce que ladite femme a demandé à entendre d'abord la messe, nous avons exposé aux assistants que de l'avis de notables docteurs et maîtres consultés par nous, il a été décidé, vu les crimes dont elle est accusée et l'inconvenance de l'habit qu'elle porte, qu'il y a lieu de superséder à lui permettre d'entendre la messe et d'assister aux offices divins.

Sur ces entrefaites, ladite femme a été amenée par l'exécuteur de nos mandements et mise en notre présence.

Nous avons alors exposé que ladite Jeanne a été naguère prise sur le territoire de Beauvais ; que de nombreux faits contraires à la foi orthodoxe ont été commis par elle, non seulement dans notre diocèse, mais dans beaucoup d'autres ; que le bruit public qui lui impute ces méfaits est répandu dans tous les États de la chrétienté ; qu'en dernier lieu le sérénissime Roi très-chrétien, notre seigneur, nous l'a remise et livrée pour lui faire, selon que de droit et de raison, un procès en matière de foi ; que, nous fondant sur cette commune renommée, sur la rumeur publique et aussi sur certaines informations produites par nous dont il a été déjà souvent fait mention, de l'avis d'hommes versés dans la connaissance du droit divin et du droit humain, nous avons d'office donné mandement pour citer ladite

Jeanne à comparaître devant nous, à l'effet par elle de répondre vérité aux questions qui lui seront posées en matière de foi, et à l'effet par elle d'agir selon le droit et la raison : le tout ainsi qu'il appert des lettres que le promoteur a exhibées.

Donc, désirant en cette circonstance l'heureux secours de Jésus-Christ, dont c'est l'affaire, et ne voulant que remplir le devoir de notre office pour l'exaltation et la conservation de la foi catholique, nous avons tout d'abord charitablement averti et requis ladite Jeanne, assise en notre présence, de, pour la plus prompte solution du procès et le soulagement de sa propre conscience, dire entière vérité sur toutes les questions qui vont lui être adressées touchant la foi : nous l'avons exhortée à s'abstenir de subterfuges et de chicanes qui seraient de nature à l'écarter d'un aveu sincère et vrai.

Et tout d'abord nous l'avons requise de, en la forme voulue, la main sur les saints Évangiles, prêter serment de dire vérité sur les questions qui vont lui être adressées.

À quoi elle a répondu :

Je ne sais sur quoi vous voulez m'interroger ; peut-être me demanderez-vous des choses que je ne dois pas vous dire.

Jurez, lui avons-nous dit, de dire vérité sur les choses qui vous seront demandées concernant la foi et que vous savez ?

De mon père et de ma mère, et de ce que j'ai fait après avoir pris le chemin de France, volontiers je jurerai ; mais les révélations qui me sont venues de par Dieu, à aucun je ne les ai dites ni révélées, si ce n'est au seul Charles mon roi, et je ne vous les révélerai pas, dût-on me couper la tête, parce que je les ai eues par visions et par conseil secret avec défense de les révéler. Avant huit jours je saurai bien si je dois vous les révéler.

Derechef nous l'avons à plusieurs reprises avertie et requise de vouloir bien, sur ce qui touche notre foi, faire serment de dire la vérité. Et ladite Jeanne, à genoux, les deux mains posées sur le missel, a juré de dire vérité sur ce qui lui sera demandé et qu'elle saura *en matière de foi*, gardant le silence sur la condition sus-énoncée, à savoir de ne dire ni révéler à personne les révélations à elle faites.

Après ce serment, Jeanne a été interrogée par nous sur ses nom et prénoms, son lieu d'origine, les noms de ses père et mère, le lieu de son baptême, son âge, ses parrain et marraine, le prêtre qui l'a baptisée, etc.

Dans mon pays on m'appelait Jeannette ; depuis que je suis venue en France on m'appelle Jeanne. De mon surnom je ne sais rien... Je suis née au village de Dompremy, qui ne l'ait qu'un avec le village de Greux. C'est à Greux qu'est la principale église... Mon père s'appelle Jacques d'Arc, ma mère Ysabelle... J'ai été baptisée dans l'église de Dompremy... Une de mes marraines s'appelle Agnès, une autre Jeanne, une troisième Sibylle... De mes parrains, l'un s'appelle Jean Lingué, un autre Jean Barrey... J'ai eu plusieurs autres marraines, d'après ce que j'ai entendu dire à ma mère... J'ai été, à ce que je crois, baptisée par messire Jean Minet ; il vit encore, à ce que je crois. J'ai, il me semble, environ dix-neuf ans... J'ai appris de ma mère mon *Pater*, mon *Ave Maria* et mon *Credo...* Tout ce que je crois, je l'ai appris de ma mère.

Dites votre *Pater.*

Entendez-moi en confession, et je vous le dirai volontiers.

À cette même question qui lui a été adressée plusieurs fois, elle a toujours répondu : Non, je ne vous dirai pas mon *Pater*, à moins que vous ne m'entendiez en confession.

Volontiers, lui avons-nous dit, nous vous donnerons un ou deux notables hommes de la langue de France, et devant eux vous voudrez bien dire votre *Pater ?*

Je ne le leur dirai pas, si ce n'est en confession.

Et ensuite nous avons défendu à Jeanne de sortir de la prison qui lui a été assignée dans le château sans notre permission, sous peine de crime d'hérésie.

Je n'accepte pas une telle défense..., a-t-elle répondu ; si jamais je viens à m'échapper, personne ne pourra me reprocher d'avoir rompu ou violé ma foi, n'ayant donné ma parole à qui que ce soit...

Et comme elle se plaignait de ce qu'on l'eût attachée avec chaînes et entraves de fer :

Vous avez cherché ailleurs et plusieurs fois, lui avons-nous dit, à sortir de la prison où vous étiez détenue, et c'est pour vous retenir plus sûrement qu'il a été ordonné de vous mettre aux fers ?

Il est vrai, j'ai voulu m'évader et je le voudrais encore : n'est-ce donc pas chose licite à tout prisonnier ?

Nous avons alors commis à sa garde noble homme John Gris, écuyer, garde du corps du Roi notre seigneur, et avec lui John Berwoist et William Talbot, auxquels nous avons enjoint de bien et fidèlement garder ladite Jeanne, et de ne permettre à personne de l'entretenir sans ordre de nous. Ce que les susnommés ont, la main sur les Évangiles, solennellement juré.

Finalement, après avoir accompli tout ce qui précède, nous avons assigné ladite Jeanne pour comparaître jeudi prochain, huit heures du matin, devant nous en la chambre du parement, au bout de la grande salle du château de Rouen.

Alors ladite Jeanne a été amenée devant nous.

Nous l'avons avertie et requise de, sous les peines de droit, faire le serment qu'elle avait fait la veille et de jurer simplement et absolument de dire vérité sur les choses à raison desquelles elle va être interrogée : à quoi elle a répondu :

J'ai juré hier, cela doit suffire.

De nouveau, nous l'avons requise de jurer : Toute personne, lui avons-nous dit, fût-ce même un prince, requise de jurer en matière de foi, ne peut s'y refuser ?

Je vous ai fait serment hier, a-t-elle répondu, cela doit bien vous suffire ; vous me chargez trop !

Finalement, elle a fait serment de dire vérité sur ce qui touche la foi.

Alors maître Jean Beaupère, professeur insigne de théologie, a, de notre ordre, interrogé ladite Jeanne. Il l'a fait ainsi qu'il suit :

Tout d'abord je vous exhorte à dire, ainsi que vous l'avez juré, la vérité sur ce que je vais vous demander.

Vous pourrez bien me demander telle chose sur laquelle je vous dirai la vérité, et telle chose sur laquelle je ne vous la dirai pas... Si vous étiez bien informé sur mon compte, vous devriez me vouloir hors de vos mains... Je n'ai rien fait que par révélation...

Quel âge aviez-vous quand vous avez quitté la maison de votre père ?

Au sujet de mon âge, je ne puis répondre.

Dans votre jeunesse, avez-vous appris quelque métier ?

Oui, j'ai appris à filer et à coudre : pour coudre et filer, je ne crains aucune femme de Rouen... Par peur des Bourguignons, j'ai quitté la maison de mon père, et suis allée à la ville de Neufchâteau, en Lorraine, chez une femme surnommée la Rousse, où j'ai séjourné environ quinze jours... Lorsque j'étais chez mon père, je vaquais aux soins familiers de la maison... Je n'allais pas aux champs avec les moutons et les autres animaux... Chaque année, je me confessais à mon propre curé, et, quand il était empêché, à un autre prêtre avec sa permission... Quelquefois aussi, deux ou trois fois, je crois, je me suis confessée à des religieux mendiants ; c'était à Neufchâteau... À Pâques, je recevais le sacrement de l'eucharistie.

Avez-vous reçu le sacrement de l'eucharistie à d'autres fêtes qu'à Pâques ?

Passez outre... J'avais treize ans quand j'eus une voix de Dieu qui m'a invitée à me bien conduire. La première fois que j'entendis cette voix, j'eus grand'peur : il était midi ; c'était l'été, dans le jardin de mon père... Je n'avais pas jeûné la veille... J'entendis cette voix à ma droite, vers l'église ; rarement je l'entends sans qu'elle soit accompagnée de clarté. Cette clarté vient du même côté que la voix. Ordinairement, il y a grande clarté. Depuis que je suis venue en France, j'ai aussi entendu souvent cette voix.

Mais comment pouviez-vous voir cette clarté que vous dites, puisque cette clarté était de côté ?

À cette question, elle n'a rien répondu : mais elle a passé à autre chose : ... Si j'étais dans un bois, j'entendrais bien la voix qui viendrait à moi... Elle me paraissait sortir d'une bouche respectable ; je crois qu'elle m'était envoyée par Dieu... Lorsque je l'entendis pour la troisième fois, je reconnus que c'était la voix d'un ange... Cette voix m'a toujours bien gardée, et je l'ai toujours bien comprise... elle m'a instruite à me bien conduire, à fréquenter l'église ; elle m'a dit qu'il était nécessaire que je vinsse en France... Vous me demandez sous quelle forme cette voix m'est apparue ? Vous n'en aurez pas davantage de moi pour cette fois. Elle me disait deux ou trois fois par semaine : « Il faut que tu ailles en France ! » Mon père n'a rien su de mon départ... La voix me disait : « Va en France ! » Je ne pouvais plus durer... Elle me disait : « Va lever le siège qui est mis devant la cité d'Orléans !... Va, ajoutait-elle, vers Robert de Baudricourt, capitaine de Vaucouleurs, il te fournira des gens pour faire route avec toi. » — Mais je suis une pauvre fille qui ne saurais ni chevaucher ni guerroyer ! — J'allai chez mon oncle et lui dis que je voulais rester auprès de lui quelque temps ; j'y restai huit jours ; je lui dis : « Il faut que j'aille à Vaucouleurs. » Il m'y conduisit... Quand j'y fus arrivée, je connus Robert de Baudricourt, quoique je ne l'eusse jamais vu ; je le connus grâce à ma voix, qui me le fit connaître. Je dis à Robert : « Il faut que j'aille en France ! » Deux fois Robert refusa de m'entendre et me repoussa. La troisième fois, il me reçut et me fournit des hommes : la voix m'avait dit qu'il en serait ainsi. Le duc de Lorraine manda qu'on me conduisit vers lui... J'y allai, je lui dis que je voulais aller en France. Le duc m'interrogea sur sa santé ; je lui dis que là-dessus je ne savais rien. Je lui parlai peu de mon voyage. Je lui dis qu'il eût à me fournir son fils et des gens pour me conduire en France, et que je prierais Dieu pour sa santé. J'avais été à lui avec un sauf-conduit : de là je revins à Vaucouleurs. De Vaucouleurs je partis vêtue en homme, avec une épée que me donna Robert de Baudricourt, sans autres armes : j'avais avec moi un chevalier, un écuyer et quatre serviteurs avec lesquels je gagnai la ville de Saint-Urbain, où je couchai dans une abbaye... En route, je traversai Auxerre, où j'entendis la messe dans la principale église... Alors, j'avais fréquemment mes voix...

Qui vous a conseillé de prendre un habit d'homme ?

À cette question, elle a refusé plusieurs fois de répondre... Finalement elle a dit : « De cela, je ne charge personne... » Plusieurs fois elle a varié dans ses réponses sur cette question. Puis elle a dit :

Robert de Baudricourt fit jurer ceux qui m'accompagnaient de bien et sûrement me conduire. « Va, me dit Robert de Baudricourt, va ! et qu'il en advienne ce qu'il en doit advenir !... » ... Je sais bien que Dieu aime le duc d'Orléans : j'ai eu plus de révélations sur le duc d'Orléans que sur aucun homme qui vive, excepté mon Roi... Il a fallu que je change mon vêtement de femme pour un habit d'homme. Mon conseil là-dessus m'a bien dit... J'ai envoyé une lettre aux Anglais devant Orléans, pour les faire partir, ainsi que le porte une copie de ma lettre qui m'a été lue en cette ville de Rouen ; il se trouve cependant dans cette copie deux ou trois mots qui ne sont pas dans ma lettre. Ainsi, ceci : *Rendez à la Pucelle*, doit être remplacé par : *Rendez au Roi*. Ces mots, *corps pour corps et chef de guerre*, ne sont point dans ma lettre... J'allai sans obstacles jusqu'au Roi. Arrivée au village de Sainte-Catherine de Fierbois, j'envoyai pour la première fois au château de Chinon où était le Roi. J'y fus vers midi, et me logeai d'abord dans une hôtellerie. Après dîner, j'allai vers le Roi, qui était au château. Quand j'entrai dans la chambre où il était, je le connus entre beaucoup d'autres, par le conseil de ma voix qui me le révéla... Je lui dis que je voulais aller faire la guerre aux Anglais.

Quand la voix vous montra le Roi, y avait-il quelque lumière ?

Passez outre.

Vîtes-vous quelque ange au-dessus du Roi ?

Épargnez-moi ; passez outre. Avant que le Roi m'ait mise en œuvre, il a eu beaucoup d'apparitions et de belles révélations...

Quelles révélations et apparitions le Roi a-t-il eues ?

Je ne vous le dirai pas ; il n'est pas temps de vous en répondre ; mais envoyez au Roi, il vous le dira... La voix m'avait bien promis qu'aussitôt venue vers le Roi il me recevrait... Ceux de mon parti ont bien su que la voix m'avait été envoyée de Dieu ; ils ont vu et connu cette voix, j'en suis certaine... Mon Roi et plusieurs autres ont entendu aussi et vu les voix qui venaient à moi : il y avait là Charles de Bourbon et deux ou trois autres... Il n'est jour que je n'entende cette voix, et j'en ai bien besoin. Mais oncques ne lui ai demandé autre récompense que le salut de mon âme... La voix m'avait dit de demeurer à Saint-Denis en France, je le voulais ; mais, contre ma volonté, les seigneurs m'en ont fait sortir. Si je n'avais été blessée, je n'en serais point partie... Après avoir quitté Saint-Denis, je fus blessée dans les fossés de Paris ; mais je fus guérie en cinq jours... C'est vrai que j'ai fait faire une escarmouche devant Paris.

Était-ce fête ce jour-là ?

Je crois bien que c'était fête.

Était-ce bien de faire assaut un jour de fête ?

Passez outre.

Et attendu qu'il paraît en avoir été assez fait pour aujourd'hui, nous avons continué l'affaire à samedi prochain, huit heures du matin.

En leur présence, nous avons d'abord requis Jeanne susnommée de simplement et absolument jurer de dire vérité sur les questions qui vont lui être adressées, sans ajouter à son serment aucune restriction. Nous lui avons donné trois fois cet avertissement. Elle a répondu :

Donnez-moi congé de parler... Par ma foi, vous me pourrez demander telles choses que je ne vous dirai pas... Peut-être que sur beaucoup de choses que vous pourriez me demander je ne vous dirai pas le vrai, spécialement sur ce qui touche mes révélations, car vous pourriez me contraindre à dire telles choses que j'ai juré de ne pas dire, et ainsi je serais parjure, ce que vous ne devez pas vouloir. – (S'adressant à l'évêque.) Je vous le dis, prenez bien garde à ce que vous dites, que vous êtes mon juge : vous prenez une grande responsabilité de me charger ainsi... M'est avis que c'est assez d'avoir juré deux fois...

Voulez-vous jurer simplement et absolument ?

Vous pouvez bien vous en passer, j'ai assez juré en deux fois... Tout le clergé de Rouen et de Paris ne saurait me condamner, s'il n'y a droit... De ma venue en France je dirai volontiers vérité ; mais je ne dirai pas tout ; l'espace de huit jours n'y suffirait pas...

Prenez avis des assistants si vous devez jurer ou non.

De ma venue je dirai volontiers vérité, mais non sur le reste ; ne m'en parlez plus...

Vous vous rendez suspecte en ne voulant pas jurer absolument de dire vérité.

Ne m'en parlez plus, passez outre.

Nous vous requérons itérativement de jurer précisément et absolument.

Je dirai volontiers ce que je sais, et encore pas tout... Je suis venue de par Dieu, je n'ai rien à faire ici ; que l'on me renvoie à Dieu d'où je suis venue.

Derechef nous vous sommons et requérons de jurer, sous peine de sortir chargée de ce qui vous est imputé.

Passez outre.

Une dernière fois nous vous requérons de jurer, et vous admonestons avec instance de dire vérité sur ce qui touche votre procès : vous vous exposez à un grand péril par un tel refus.

Je suis prête à jurer de dire vérité sur ce que je sais touchant le procès.

Et elle a juré de cette manière.

Ensuite, de notre ordre, elle a été interrogée par maître Jean Beaupère, docteur insigne, ainsi qu'il suit :

Depuis quelle heure n'avez-vous ni bu ni mangé ?

Depuis hier après-midi.

Depuis quelle heure avez-vous entendu votre voix ?

Je l'ai entendue hier et aujourd'hui.

À quelle heure, hier, l'avez-vous entendue ?

Hier, je l'ai entendue trois fois, une fois le matin, une fois à vêpres, une fois lorsque sonnait l'*Ave Maria* du soir... Je l'ai même entendue plus souvent que cela.

Que faisiez-vous hier matin quand la voix vous est venue ?

Je dormais ; la voix m'a éveillée.

Est-ce en vous touchant le bras ?

Elle m'a éveillée sans me toucher.

Était-elle dans votre chambre ?

Non, que je sache, mais dans le château.

L'avez-vous remerciée ? Vous êtes-vous mise à genoux ?

Je l'ai remerciée ; je me suis assise sur mon lit ; j'ai joint les mains. J'avais réclamé son secours. La voix m'a dit : « Réponds hardiment. » Je lui ai demandé conseil sur ce que je devais répondre, la priant de réclamer, sur ce, conseil du Seigneur. La voix m'a dit : « Réponds hardiment, Dieu t'aidera... » Avant que je l'eusse priée de me donner conseil, elle m'avait dit quelques paroles, je ne l'avais pas bien comprise... Après que je fus éveillée, elle me dit : « Réponds hardiment. » (S'adressant à nous, évêque) : Vous dites que vous êtes mon juge ; prenez garde à ce que vous faites ; car, en vérité, je suis envoyée par Dieu, et vous vous mettez en grand danger !

Maître Beaupère continuant :

Cette voix a-t-elle quelquefois varié dans ses conseils ?

Je ne l'ai oncques trouvée en deux paroles contraires... Cette nuit encore je l'ai entendue me dire : « Réponds hardiment ! »

Votre voix vous a-t-elle défendu de tout dire de ce qui vous serait demandé ?

Je ne vous répondrai pas là-dessus... J'ai des révélations touchant le Roi que je ne vous dirai pas.

Vous a-t-elle défendu de dire ces révélations ?

Je ne suis pas conseillée là-dessus... Donnez-moi délai de quinze jours et je vous répondrai... Si la voix me l'a défendu, qu'en voudrez-vous dire ?... Croyez que ce ne sont pas les hommes qui me l'ont défendu... Aujourd'hui, je ne répondrai pas ; je ne sais si je le dois ou non, cela ne m'a pas été révélé... Mais aussi fermement que je crois la foi chrétienne et que Dieu nous a rachetés des peines de l'enfer, cette voix m'est venue de Dieu et de son commandement.

La voix que vous dites vous apparaître est-elle d'un ange de Dieu immédiatement, d'un saint ou d'une sainte ?

La voix me vient de par Dieu, et je ne vous dis pas tout ce que j'en sais ; j'ai plus grande peur de faillir en vous disant quelque chose qui lui déplaise, que je n'en ai de vous répondre... Quant à cette question, je vous prie de me donner délai.

Est-ce déplaire à Dieu que dire la vérité ?

Mes voix m'ont confié certaines choses pour les dire au Roi et non à vous... Cette nuit même elles m'ont dit beaucoup de choses pour le bien de mon Roi, que je voudrais que le Roi connusse de suite... dussé-je ne pas boire de vin jusqu'à Pâques... le Roi en serait plus joyeux à son dîner...

Ne pouvez-vous tant faire auprès de votre voix qu'elle conseille porter cette nouvelle à votre Roi ?

Je ne sais si la voix voudrait obéir et si Dieu le veut. S'il plaît à Dieu, il saura bien le révéler au Roi, et j'en serai bien contente.

Pourquoi cette voix ne parle-t-elle plus à votre Roi comme elle le faisait quand vous étiez en sa présence ?

Je ne sais si c'est la volonté de Dieu... Sans la grâce de Dieu je ne saurais rien faire.

Votre conseil vous a-t-il révélé que vous vous évaderez de prison ?

Je ne vous l'ai à dire.

Cette nuit, la voix vous a-t-elle donné conseil et avis de ce que vous devez répondre ?

Si elle m'a donné avis et conseil là-dessus, je n'ai pas bien compris.

Les deux derniers jours que vous avez entendu cette voix, est-il venu une clarté ?

La clarté vient en même temps que la voix.

Outre la voix, voyez-vous quelque chose ?

Je ne vous dirai pas tout, je n'en ai pas permission ; mon serment ne touche pas à cela. Ma voix est bonne et digne ; je ne suis pas tenue de vous en répondre... Je demande que l'on me donne par écrit les points sur lesquels je ne réponds pas en ce moment.

La voix à laquelle vous demandez conseil a-t-elle un visage et des yeux ?

Vous ne le saurez pas encore... Il y a dicton parmi les enfants que : « Quelquefois on est pendu pour avoir dit la vérité. »

Savez-vous si vous êtes en la grâce de Dieu ?

Si je n'y suis, Dieu m'y mette, et si j'y suis, Dieu m'y garde. Je serais la plus dolente de tout le monde, si je savais que je ne suis point en la grâce de Dieu... Mais si j'étais en état de péché, croyez-vous que la voix viendrait à moi ?... Je voudrais que chacun entendît cette voix comme je l'entends... Je tiens que j'avais environ treize ans quand elle me visita pour la première fois.

Dans votre jeunesse, alliez-vous jouer aux champs avec les autres enfants ?

J'y ai bien été quelquefois, je ne sais à quel âge.

Ceux de Dompremy tenaient-ils pour le parti des Bourguignons ou pour le parti adverse ?

Je n'ai connu qu'un seul Bourguignon à Dompremy : j'aurais bien voulu qu'on lui eût coupé la tête... si toutefois il eût plu à Dieu.

Ceux de Maxey étaient-ils Bourguignons ou adversaires des Bourguignons ?

Ils étaient Bourguignons. Depuis que j'ai entendu que mes voix étaient pour le Roi de France je n'ai plus aimé les Bourguignons... Les Bourguignons auront la guerre s'ils ne font ce qu'ils doivent : je le sais par ma voix... Les Anglais étaient déjà en France quand les voix commencèrent à me venir. Je n'ai pas mémoire d'avoir été avec les enfants de Dompremy quand ils allaient se battre contre ceux de Maxey pour le parti des Français ; mais j'ai bien vu les enfants de Dompremy qui s'étaient battus avec ceux de Maxey en revenir plusieurs fois bien blessés et bien sanglants.

Avez-vous eu dans votre jeunesse intention de battre les Bourguignons ?

J'ai grande volonté et affection que mon Roi ait son royaume.

Quand vous deviez venir en France, auriez-vous bien voulu être homme ?

Ailleurs j'en ai répondu.

Ne conduisiez-vous pas les animaux aux champs ?

J'en ai aussi déjà répondu... Quand je fus plus grande et que j'eus discrétion, je ne les gardais plus d'ordinaire ; mais j'aidais à les mener au pré et à un château nommé l'Ile, par crainte des hommes d'armes... Je ne me rappelle pas si je les ai conduits ou non dans mon jeune âge...

Qu'avez-vous à dire au sujet de certain arbre qui existe près de votre village ?

Non loin de Dompremy il y a un arbre qu'on appelle l'*arbre des Dames*, d'autres l'appellent l'*arbre des Fées ;* auprès il y a une fontaine où j'ai ouï dire que les gens malades de la fièvre viennent boire et chercher de l'eau pour se rétablir la santé. J'en ai vu moi-même venir ainsi, mais je ne sais s'ils ont guéri. J'ai entendu dire que les malades, une fois relevés, vont à cet arbre se promener. C'est un bel arbre, un hêtre, d'où vient le *beau may ;* il appartient au seigneur Pierre de Bourlemont, chevalier... J'allais quelquefois jouer avec les autres jeunes filles, y faire des guirlandes pour Notre-Dame de Dompremy... Souvent j'ai entendu des anciens (ils ne sont pas de mon lignage) dire que les fées hantent cet arbre... J'ai aussi entendu dire à une de mes marraines nommée Jeanne, femme du maire Aubery de Dompremy, qu'elle y a vu les fées ; est-ce vrai ou non, je ne sais... Quant à moi, je ne les y ai jamais vues que je sache... Si j'en ai vu ailleurs, je ne le sais... J'ai vu des jeunes filles mettre des guirlandes aux branches de cet arbre, et moi-même j'y en ai mis quelquefois avec mes compagnes ; tantôt nous emportions ces guirlandes, tantôt nous les laissions... Depuis que j'ai su qu'il fallait que je vinsse en France, je me suis livrée à ces jeux et à ces distractions le moins que j'ai pu... Depuis que j'ai l'âge de raison je ne me souviens pas y avoir été danser... J'ai pu y danser autrefois avec les autres enfants... J'y ai plus chanté que dansé... Il y a aussi un bois nommé le *bois Chesnu*, que l'on voit de la porte de mon père ; il n'en est pas éloigné d'une demi-lieue. Je ne sais et n'ai jamais entendu dire que les fées y apparaissent ; mais mon frère m'a appris qu'on disait dans le pays : « Jeannette a pris son fait à l'arbre des Fées. » Il n'en est rien, et je lui ai dit le contraire... Quand je vins vers le Roi, aucuns me demandaient si dans mon pays il n'y avait point un bois appelé le *bois Chesnu*, parce qu'il y avait prophéties qui disaient que des environs de ce bois viendrait une pucelle qui ferait des merveilles... Je n'ai pas ajouté foi à cela.

Voulez-vous avoir un habit de femme ?

Donnez-m'en un, je le prendrai et m'en irai ; autrement, non. Je suis contente de celui que j'ai, puisqu'il plaît à Dieu que je le porte.

Cela fait, nous avons arrêté l'interrogatoire et remis la suite à mardi prochain, jour pour lequel nous avons convoqué tous les assistants à la même heure et au même lieu.

En leur présence, nous avons requis ladite Jeanne de prêter serment de dire vérité sur ce qui touche son procès.

Volontiers je jurerai, a-t-elle répondu, de dire vérité sur ce qui touche le procès, *mais non sur tout ce que je sais...*

Nous l'avons requise itérativement de dire vérité sur tout ce qui va lui être demandé ?

Vous devez être contents, a-t-elle répondu, j'ai assez juré.

Alors, de notre ordre, maître Beaupère a commencé à l'interroger.

Et d'abord il lui a demandé comment elle s'était portée depuis samedi dernier.

Vous voyez bien comment je me suis portée ; je me suis portée le mieux que j'ai pu.

Jeûnez-vous chaque jour pendant ce carême ?

Est-ce que cela est du procès ?... Eh bien, oui ! j'ai chaque jour jeûné pendant ce carême.

Depuis samedi avez-vous entendu votre voix ?

Oui vraiment, et plusieurs fois.

Samedi, l'avez-vous entendue dans cette salle où vous êtes interrogée ?

Cela n'est point de votre procès... Eh bien, oui ! je l'ai entendue.

Que vous a dit votre voix samedi dernier ?

Je ne l'ai pas bien comprise, et n'ai rien entendu que je puisse vous redire, jusqu'au moment où je fus rentrée dans ma chambre.

Que vous a-t-elle dit dans votre chambre, à votre retour ?

Elle m'a dit : « Réponds-leur hardiment. » ... Je prends conseil de mes voix sur ce que vous me demandez... Je dirai volontiers ce que j'aurai de Dieu la permission de révéler ; mais quant aux révélations concernant le Roi de France, je ne les dirai pas sans permission de ma voix.

Votre voix vous a-t-elle défendu de tout dire ?

Je ne l'ai pas bien compris.

Que vous a dit la voix en dernier lieu ?

Je lui ai demandé conseil sur certaines choses que vous m'aviez demandées.

Vous a-t-elle donné ce conseil ?

Sur quelques points, oui ; sur d'autres vous pouvez me demander réponse que je ne vous dirai pas, n'en ayant pas congé. Car si je répondais sans congé, je n'aurais plus mes voix *en garant*. Quand j'aurai congé de Notre-Seigneur, je ne craindrai pas de parler, parce que j'aurai garantie.

La voix qui vous a parlé est-elle d'un ange, d'un saint, d'une sainte, ou de Dieu directement ?

C'est la voix de sainte Catherine et de sainte Marguerite... Leurs figures sont ornées de belles couronnes, très-richement et très-précieusement. De vous dire cela j'ai licence de Notre-Seigneur. Si de ce vous faites doute, envoyez à Poitiers, où autrefois j'ai été interrogée.

Comment savez-vous que ce sont ces deux saintes ? Comment les distinguez-vous l'une de l'autre ?

Je sais bien que ce sont elles, et je les distingue bien l'une de l'autre.

Comment les distinguez-vous ?

Par le salut qu'elles me font... Voilà bien sept ans qu'elles ont entrepris de me conduire... Je les connais bien parce qu'elles se sont nommées à moi.

Ces deux saintes sont-elles vêtues de même étoffe ?

Je ne vous en dirai davantage pour le moment : je n'ai congé de le révéler. Si vous ne me croyez, allez à Poitiers... Il y a des révélations qui vont au Roi de France et non à vous qui m'interrogez.

Sont-elles de même âge ?

Je n'ai congé de le dire.

Parlent-elles à la fois ou l'une après l'autre ?

Je n'ai congé de vous le dire ; cependant j'ai toujours eu conseil de toutes deux.

Laquelle vous est apparue la première ?

Je ne les ai pas distinguées de suite... Je l'ai bien su autrefois, mais je l'ai oublié... Si j'en ai congé, je vous le dirai volontiers ; c'est écrit au registre de Poitiers... J'ai reçu aussi confort de saint Michel.

Laquelle de ces deux apparitions vous est venue la première ?

C'est saint Michel.

Y a-t-il longtemps que pour la première fois vous avez eu la voix de saint Michel ?

Je ne vous nomme pas la voix de saint Michel, je vous dis que j'ai eu de lui grand confort.

Quelle fut la première voix qui vint à vous quand vous aviez environ treize ans ?

Ce fut saint Michel : je le vis devant mes yeux ; il n'était pas seul, mais bien entouré d'anges du ciel... Je ne suis venue en France que de l'ordre de Dieu.

Avez-vous vu saint Michel et ces anges en corps et en réalité ?

Je les ai vus des yeux de mon corps aussi bien que je vous vois ; quand ils s'éloignaient de moi, je pleurais et j'aurais bien voulu être emmenée avec eux.

En quelle figure était saint Michel ?

Vous n'aurez encore réponse de moi ; je n'ai encore licence de vous le dire.

Que vous dit saint Michel cette première fois ?

Vous n'en aurez encore réponse aujourd'hui... Mes voix m'ont dit : « Réponds hardiment. »... En une fois j'ai dit au Roi tout ce qui m'avait été révélé, parce que cela le concernait ;... mais je n'ai pas encore licence de vous révéler tout ce que m'a dit saint Michel. — À maître Beaupère : Je voudrais bien que vous eussiez copie de ce livre qui est à Poitiers, s'il plaît à Dieu.

Vos voix vous ont-elles défendu de faire connaître vos révélations sans congé d'elles ?

Je ne vous réponds encore là-dessus... Sur ce dont j'aurai licence, je répondrai volontiers. Je n'ai pas bien compris si mes voix m'ont défendu de répondre.

Quel signe donnez-vous que vous ayez cette révélation de Dieu, et que ce soient saintes Catherine et Marguerite qui conversent avec vous ?

Je vous ait dit que ce sont elles ; croyez-moi si vous voulez.

Vous est-il défendu de le dire ?

Je n'ai pas bien compris si cela m'a été défendu ou non.

Comment savez-vous distinguer les choses auxquelles vous avez licence de répondre, de celles pour lesquelles cela vous est défendu ?

Sur certains points j'ai demandé congé, et sur certains je l'ai obtenu... J'aurais mieux aimé être tirée à quatre chevaux qu'être venue en France sans congé de Dieu.

Dieu vous a-t-il prescrit de vous habiller en homme ?

Ce qui concerne ce vêtement est peu de chose, moins que rien... Je ne l'ai pris de l'avis d'homme au monde ; je n'ai pris cet habit et n'ai rien fait que du commandement de Notre-Seigneur et des anges.

Vous paraît-il que ce commandement de prendre un habit d'homme soit licite ?

Tout ce que j'ai fait, c'est du commandement de Notre-Seigneur. S'il m'avait dit d'en prendre un autre, je l'eusse pris, puisque tel eût été son commandement.

N'avez-vous pas pris ce vêtement de l'ordre de Robert de Baudricourt ?

Non.

Croyez-vous avoir bien fait de prendre un habit d'homme ?

Tout ce que j'ai fait de l'ordre de Notre-Seigneur, je crois l'avoir bien fait, j'en attends bonne garantie et bon secours.

En ce cas particulier, en prenant un habit d'homme, croyez-vous avoir bien fait ?

Je n'ai rien fait au monde que de l'ordre de Dieu.

Quand vous avez vu cette voix venir à vous, y avait-il de la lumière ?

Il y avait beaucoup de lumière de toute part, et comme il convient. (S'adressant à maître Beaupère) : Il ne vous en vient pas autant à vous !

Y avait-il un ange sur la tête de votre Roi quand vous l'avez vu la première fois ?

Par Notre-Dame ! s'il y était, je n'en sais rien, je ne l'ai vu.

Y avait-il de la lumière ?

Il y avait plus de trois cents chevaliers et plus de cinquante torches, sans compter la lumière spirituelle... Rarement j'ai des révélations sans qu'il y ait de la lumière.

Comment votre Roi a-t-il pu ajouter foi à vos dires ?

Il avait de bons signes, et les clercs m'ont rendu bon témoignage.

Quelles révélations votre Roi a-t-il eues ?

Vous ne les aurez pas de moi cette année... Pendant trois semaines j'ai été interrogée par le clergé à Chinon et à Poitiers. Avant de vouloir me croire, le Roi a eu un signe de mes faits ; et les clercs de mon parti ont été d'avis qu'il n'y avait que du bon dans mon fait.

Avez-vous été à Sainte-Catherine de Fierbois ?

Oui ; et j'y ai entendu trois messes en un jour. Ensuite j'allai au château de Chinon, d'où j'envoyai lettre au Roi pour savoir s'il me serait permis de l'aller trouver ; que j'avais bien fait cent cinquante lieues pour venir à son secours, et que je savais beaucoup de bonnes choses pour lui. Je crois me rappeler qu'il y avait dans ma lettre que je saurais bien le connaître entre tous autres... J'avais une épée que j'avais prise à Vaucouleurs. Durant que j'étais à Tours ou à Chinon, j'envoyai chercher une épée qui existait dans l'église de Sainte-Catherine de Fierbois, derrière l'autel ; elle y fut trouvée aussitôt, toute rouillée... Cette épée était dans la terre, rouillée ; dessus, il y avait cinq croix ; j'avais su par ma voix : où elle était. Jamais je n'avais vu l'homme qui l'alla chercher. J'écrivis aux prêtres du lieu qu'il leur plut que j'eusse cette épée ; ils me l'envoyèrent. Elle était sous terre, pas très enfoncée, derrière l'autel, autant qu'il me semble ; je ne sais pas bien au juste si elle était devant ou derrière l'autel ; mais je crois avoir écrit qu'elle était derrière. Aussitôt qu'elle fut retrouvée, les prêtres de l'église la frottèrent, et aussitôt la rouille tomba sans effort. Ce fut un armurier de Tours qui l'alla chercher. Les prêtres de Fierbois me firent cadeau d'un fourreau ; ceux de Tours, d'un autre ; l'un était de velours vermeil, l'autre de drap d'or. J'en fis faire un troisième de cuir bien fort. Quand je fus prise, je n'avais pas cette épée. J'ai toujours porté l'épée de Fierbois depuis que je l'ai eue jusqu'à mon départ de Saint-Denis, après l'assaut de Paris.

Quelle bénédiction avez-vous faite ou fait faire sur cette épée ?

Je ne l'ai ni bénie ni fait bénir, je ne l'eusse su faire... Cette épée, je l'aimais beaucoup, parce qu'elle a été trouvée dans l'église de Sainte-Catherine que j'aime beaucoup.

Avez-vous été à Coulange-les-Vineuses ?

Je ne sais.

Avez-vous quelquefois posé votre épée sur un autel, et en la posant ainsi était-ce pour que votre épée fût plus fortunée ?

Non, que je sache.

Avez-vous quelquefois prié pour qu'elle fût plus fortunée ?

Il est bon de savoir que j'aurais voulu que mon harnois fût bien fortuné.

Aviez-vous votre épée quand vous avez été prise ?

Non ; j'en avais une qui avait été prise sur un Bourguignon.

Où l'épée de Fierbois est-elle restée ?

J'ai offert à Saint-Denis une épée et des armes, mais ce n'est pas cette épée-là. Celle-ci, je l'avais à Lagny ; de Lagny jusqu'à Compiègne, j'ai porté l'épée de ce Bourguignon ; c'était une bonne épée de guerre, bien bonne à donner de bonnes *buffes* et de bons *torchons*. Dire ce qu'est devenue l'autre épée ne regarde pas le procès, et je ne répondrai pas là-dessus maintenant. Mes frères ont tout mon bien, mes chevaux, mon épée à ce que je crois, et le reste, qui vaut plus de douze mille écus.

Quand vous avez été à Orléans, aviez-vous un étendard ou bannière ? et de quelle couleur était-elle ?

J'avais une bannière dont le champ était semé de lis ; le monde y était figuré avec un ange de chaque côté ; elle était blanche, de la toile blanche dite *boucassin ;* il y avait écrit dessus, il me le semble : *Jhesus Maria ;* elle était frangée de soie.

Les noms de Jhesus Maria *étaient-ils écrits en haut, en bas ou sur le côté ?*

Sur le côté, il me semble.

Qu'aimiez-vous mieux de votre bannière ou de votre épée ?

Beaucoup, quarante fois mieux ma bannière que mon épée.

Qui vous a fait faire cette peinture sur votre bannière ?

Je vous ai assez dit que je n'avais rien fait que du commandement de Dieu... C'était moi-même qui portais cette bannière quand j'attaquais les ennemis, pour éviter de tuer personne..., car je n'ai jamais tué personne.

Quelle compagnie vous donna votre Roi quand il vous mit en œuvre ?

Il me donna dix à douze mille hommes. D'abord j'allai à Orléans, à la bastille de Saint-Loup, et ensuite à celle du Pont.

À l'attaque de quelle bastille fîtes-vous retirer vos hommes ?

Il ne m'en souvient... J'étais bien sûre de lever le siège d'Orléans ; j'en avais eu révélation ; je l'avais dit au Roi avant d'y venir.

Avant l'assaut n'avez-vous pas dit à vos gens que vous recevriez seule des flèches, viretons et des pierres, lancées par les machines et les canons ?

Non ; cent de mes gens et même plus furent blessés. Je leur avais dit : « Soyez sans crainte et vous lèverez le siège. » Lors de l'assaut de la bastille du Pont, je fus blessée au cou d'une flèche ou vireton ; mais j'eus grand confort de sainte Catherine et fus guérie en moins de quinze jours. Je n'avais cessé pour cela de chevaucher et de besogner. Je savais bien que je serais blessée, je l'avais dit au Roi, mais que nonobstant je continuerais de besogner... Cela m'avait été révélé par les voix de mes deux saintes, la bienheureuse Catherine et la bienheureuse Marguerite... C'est moi qui la première ai placé une échelle en haut à la bastille du Pont, et c'est en levant cette échelle que j'ai été blessée au cou de ce vireton.

Pourquoi n'avez-vous pas accepté de traité avec le capitaine de Gergueau ?

Ce sont les seigneurs de mon parti qui répondirent aux Anglais qu'ils n'auraient pas le délai de quinze jours qu'ils demandaient, leur disant qu'ils eussent à se retirer sur l'heure, eux et leurs chevaux. Quant à moi, je dis à ceux de Gergueau de se retirer, s'ils le voulaient, en leur petite cotte et la vie sauve, sinon qu'ils seraient pris d'assaut.

Aviez-vous eu révélation de votre conseil, c'est-à-dire de vos voix, pour savoir s'il fallait donner ou non ce délai de quinze jours ?

Il ne m'en souvient.

Cela fait, la suite de l'interrogatoire a été reportée à un autre jour. Nous avons fixé à jeudi la prochaine réunion, en ce même lieu.

En leur présence, nous avons sommé et requis Jeanne de prêter simplement et absolument serment de dire vérité sur ce qui va lui être demandé.

Je suis prête, a-t-elle répondu, ainsi que je vous l'ai déjà déclaré, à dire vérité sur tout ce que je sais touchant le procès ; mais je sais beaucoup de choses qui ne touchent pas le procès, et pas n'est besoin de vous les dire... Je parlerai volontiers, et en toute vérité, *sur tout ce qui touche le procès.*

Nous l'avons de nouveau sommée et requise, et elle a répondu :

Ce que je sais de vrai *touchant le procès*, volontiers je vous le dirai.

Et elle a juré ainsi, les mains sur les saints Évangiles. Puis elle a dit :

Sur ce que je sais qui touche le procès, je dirai volontiers vérité. Je vous en dirai autant que j'en dirais au Pape de Rome, si j'étais devant lui.

Puis elle a été interrogée ainsi qu'il suit :

Que dites-vous de notre seigneur le Pape, et qui croyez-vous qui soit le vrai Pape ?

Est-ce qu'il y en a deux ?

N'avez-vous pas reçu une lettre par laquelle le comte d'Armagnac vous demandait auquel des trois pontifes il doit obéir ?

Le comte m'a, en effet, écrit à ce sujet ; j'ai répondu, entre autres, que quand je serais à Paris ou ailleurs, en repos, je lui donnerais réponse ; j'étais au moment de monter à cheval quand je lui ai répondu ainsi.

À cet instant, nous avons fait lire la copie de la lettre du comte et de la réponse de Jeanne, qui sont ainsi conçues :

« Ma très-chère Dame, je me recommande humblement à vous, et vous supplie pour Dieu que, actendu la division qui en présent est en sainte Église universal, sur le fait des papes (car il i a trois contendans du papat, l'un demeure à Romme, qui se fait appeller Martin Quint, auquel tous les rois chrestiens obéissent ; l'autre demeure à Paniscole, au royaume de Valence, lequel se fait appeller pape Clément VIIe ; le tiers en ne seet où il demeure, se non seulement le cardinal de Saint-Estienne, et peu de cens avec lui ; lequel se fait nommer pape Benoist XIIIe ; le premier, qui se dit pape Martin, fut eslu à Constance par le consentement de toutes les nacions des chrestiens ; celui qui se fait appeller Climent fu eslu à Paniscole, après la mort du pape Benoist XIIIe, par trois de ses cardinaulx ; le tiers qui se nomme Benoist XIIIIe, à Paniscole fu eslu secrètement, mesmes par le cardinal de Saint-Estienne) : veulliez supplier à Nostre-Seigneur Jhésucrit que, par sa miséricorde infinité, nous veulle par vous déclarier, qui est des trois dessusdiz, vray Pape, et auquel plaira que on obéisse de ci en avant, ou à cellui qui se dit Martin, ou à cellui qui se dit Climent, ou à cellui qui se dit Benoist ; et auquel nous devons croire, si secrètement ou par aucune dissimulation, ou publique ou manifeste : car nous serons tous prestz de faire le vouloir et plaisir de Nostre-Seigneur Jhésucrit. »

« Le tout vostre, conte D'ARMIGNAC. »

Réponse de Jeanne.

JHÉSUS MARIA.

« Conte d'Armignac, mon très chier et bon ami, Jehunne la Pucelle vous fait savoir que vostre message est venu par devers moy, lequel m'a dit que l'aviés envoie par-deçà pour savoir de moy auquel des trois papes, que mandés par mémoire, vous devriés croire. De laquelle chose ne vous puis bonnement faire savoir au vray pour le présent jusques à ce que je soye à Paris ou ailleurs, à requoy ; car je suis pour le présent trop empeschiée au fait de la guerre : mais quant vous sarey que je seraz à Paris, envoiez ung message pardevers moy, et je vous feray savoir tout au vray auquel vous devrez croire, et que en aray sceu par le conseil de mon droiturier et souverain seigneur ; le Roy de tout le monde, et que en aurez à faire, à tout mon povoir. À Dieu vous commans ; Dieu soit garde de vous. Escript à Compiengne, le XXIIe jour d'aoust. »

Puis l'interrogatoire a été continué ainsi :

Est-ce bien la réponse que vous avez faite ?

J'estime avoir fait cette réponse en partie, mais non pour le tout.

Avez-vous dit que vous saviez, par le conseil du Roi des rois, ce que le comte devait tenir là-dessus ?

Je n'en sais rien.

Faisiez-vous doute à qui le comte devait obéir ?

Je ne savais que lui mander sur sa question à qui il devait obéir, parce que le comte lui-même demandait désirer savoir à qui Dieu voulait qu'il obéit. Mais pour moi, je tiens et crois que nous devons obéir à notre seigneur le Pape qui est à Rome... Je dis à l'envoyé du comte quelque chose qui n'est pas dans cette copie..., et si cet envoyé n'était parti aussitôt, il eût été jeté à l'eau, non par moi, toutefois. Sur ce que le comte me demandait qu'il désirait savoir à qui Dieu voulait qu'il obéit, je lui ai répondu que je ne le savais pas ; mais je lui ai mandé plusieurs choses qui n'ont pas été mises en écrit. Quant à moi, je crois au seigneur Pape qui est à Rome.

Pourquoi avez-vous écrit que vous donneriez ailleurs réponse, puisque vous croyez au Pape qui est à Rome ?

Cette réponse avait trait à autre chose qu'au fait des trois souverains pontifes.

Avez-vous dit que sur le fait des trois souverains pontifes, vous auriez conseil ?

Je n'ai jamais écrit ni fait écrire sur le fait des trois souverains pontifes. (Et elle appuie cette réponse par son serment.)

Aviez-vous l'habitude de mettre en tête de vos lettres les noms : Jhesus Maria, *avec une croix ?*

Sur d'aucunes je les mettais, sur d'autres non : quelquefois je mettais une croix, en signe que celui de mon parti à qui j'écrivais ne fit pas ce que je lui écrivais.

(Ici, il est donné lecture d'une lettre écrite par Jeanne au Roi notre sire, au duc de Bedford, et autres dont la teneur suit :)

Lettre de Jeanne au dite de Bedfort.

JHÉSUS MARIA.

« Roy d'Angleterre, et vous, duc de Bedfort, qui vous dictes régent le royaume de France ; vous Guillaume de la Poule, conte de Sulfork ; Jehan, sire de Talebot ; et vous, Thomas, sire d'Escales, qui vous dictes lieutenans dudit duc de Bedfort, faictes raison au Roy du ciel ; rendez à la Pucelle qui est cy envoiée de par Dieu, le Roy du ciel, les clefs de toutes les bonnes villes que vous avez prises et violées en France. Elle est ci venue de par Dieu pour réclamer le sanc royal. Elle est toute preste de faire paix, se vous lui voulez faire raison, par ainsi que France vous mectrés jus, et paierez ce que vous l'avez tenu. Et entre vous, archiers, compaignons de guerre, gentilz et autres qui estes devant la ville d'Orléans, alez vous ent en vostre païs, de par Dieu ; et se ainsi ne le faictes, attendez les nouvelles de la Pucelle qui vous ira voir briefement à vos bien grand dommaiges. Roy d'Angleterre, se ainsi ne le faictes, je suis chief de guerre, et en quelque lieu que je actaindray vos gens en France, je les en ferai aler, veuillent ou non veuillent, et si ne vuellent obéir, je les ferai tous occire. Je suis cy envoiée de par Dieu, le Roy du ciel, corps pour corps, pour vous bouter hors de toute France. Et si vuellent obéir, je les prandray à mercy. Et n'aiez point en vostre oppinion, quar vous ne tendrez point le royaume de France, Dieu, le Roy du ciel, filz sainte Marie ; ainz le tendra le roy Charles, vrai héritier ; car Dieu, le Roy du ciel, le veult, et lui est révélé par la Pucelle, lequel entrera à Paris à bonne compagnie. Se ne voulez croire les nouvelles de par Dieu et la Pucelle, en quelque lieu que vous trouverons, nous ferrons dedens et y ferons ung si grant hahay, que encore a-il mil ans, que en France ne fu si grant, se vous ne faictes raison. Et croyez fermement que le Roy du ciel envoiera plus de force à la Pucelle, que vous ne lui sariez mener de tous assaulx, à elle et à ses bonnes gens d'armes ; et aux horions verra-on qui ara meilleur droit de Dieu du ciel. Vous, duc de Bedfort, la Pucelle vous prie et vous requiert que vous ne vous faictes mie détruire. Si vous lui faictes raison, encore pourrez venir en sa compaignie, l'où que les Franchois feront le plus bel fait que oneques fut fait pour la chrestienté. Et faictes response se vous voulez faire paix en la cité d'Orléans ; et se ainsi ne le faictes, de vos bien grans dommages vous souviengne briefment. Escript ce mardi sepmaine saincte. »

Reconnaissez-vous cette lettre ?

Oui, sauf trois mots. Au lieu de : *Rendez à la Pucelle*, il faut : *Rendez au Roi*. Les mots *chef de guerre* et *corps pour corps*, ne sont pas dans les lettres que j'ai envoyées. Aucun seigneur ne m'a oncques dicté ces lettres : c'est moi-même qui les ai dictées avant de les envoyer. Cependant, je les ai bien montrées à quelques-uns de mon parti. – Avant sept ans, les Anglais perdront un plus grand gage qu'ils n'ont encore fait à Orléans ; ils perdront tout en France. Les Anglais auront en France plus grande perte qu'ils n'ont eue oncques, et ce, par grande victoire que Dieu enverra aux Français.

Comment le savez-vous ?

Je le sais bien, par une révélation qui m'a été faite et que cela arrivera avant sept ans, et je suis bien marrie que ce soit si tard... Je sais cela par révélation, aussi clairement que je sais que vous êtes devant moi en ce moment...

Quand cela arrivera-t-il ?

Je n'en sais ni le jour ni l'heure.

Quelle année cela arrivera-t-il ?

Vous ne l'aurez pas encore : cependant je voudrais bien que ce fût avant la Saint-Jean.

N'avez-vous pas dit qu'avant la Saint-Martin d'hiver cela arriverait ?

J'ai dit qu'avant la Saint-Martin d'hiver on verrait bien des choses, et peut-être les Anglais seront jetés bas.

Qu'avez-vous dit à John Gris, votre gardien, au sujet de la fête de Saint-Martin ?

Je vous l'ai dit.

Par qui savez-vous que cela doit arriver ?

Par saintes Catherine et Marguerite.

Saint Gabriel était-il avec saint Michel quand il vint à vous ?

Il ne m'en souvient.

Depuis mardi dernier vous êtes-vous entretenue avec saintes Catherine et Marguerite ?

Oui, mais je ne sais à quelle heure.

Quel jour ?

Hier et aujourd'hui : il n'y a de jour que je ne les entende.

Les voyez-vous toujours dans le même costume ?

Je les vois toujours sous la même forme et leurs têtes sont couronnées très-richement... Je ne parle pas du surplus de leur costume : je ne sais rien de leurs robes.

Comment savez-vous que l'objet qui vous apparaît est homme ou femme ?

Je le sais bien ; je les reconnais à leurs voix et elles se sont révélées à moi : je ne sais rien que par révélation et ordre de Dieu.

Quelle partie de leur tête voyez-vous ?

La face.

Les saintes qui se montrent à vous ont-elles des cheveux ?

Il est bon à savoir qu'elles en ont.

Y a-t-il quelque chose entre leur couronne et leurs cheveux ?

Non.

Leurs cheveux sont-ils longs et pendants ?

Je n'en sais rien. Je ne sais si elles ont des bras ou d'autres membres figurés. Elles parlent très-bien, et en bien beau langage. Je les entends très-bien.

Comment parlent-elles, si elles n'ont pas de membres ?

Je m'en rapporte à Dieu. Cette voix est belle, douce et humble, elle parle la langue française.

Est-ce que sainte Marguerite ne parle pas anglais ?

Comment parlerait-elle anglais, puisqu'elle n'est pas du parti des Anglais ?

Sur leurs têtes ainsi couronnées, ont-elles des anneaux aux oreilles ou ailleurs ?

Je n'en sais rien.

Avez-vous vous-même des anneaux ?

(S'adressant à nous, évêque) : Vous en avez un à moi ; rendez-le-moi. Les Bourguignons en ont un autre. Je vous en prie, si vous avez mon anneau, montrez-le-moi.

Qui vous a donné l'anneau qu'ont les Bourguignons ?

C'est mon père ou ma mère. Je crois que les noms *Jhésus Maria* y sont gravés. Je ne sais qui les y a fait écrire ; il n'y a pas, il me semble, de pierre à cet anneau ; il m'a été donné à Dompremy. C'est mon frère qui m'a donné l'autre, celui que vous avez. (Continuant de s'adresser à l'évêque) : « Je vous charge de le donner à l'Église... » Jamais je n'ai guéri personne avec aucun de mes anneaux.

Sainte Catherine et sainte Marguerite vous ont-elles parlé sous l'arbre dont il est fait mention ci-dessus ?

Je n'en sais rien.

Vous ont-elles parlé à la fontaine qui est près de cet arbre ?

Oui, je les y ai entendues ; mais ce qu'elles m'ont dit alors, je ne sais.

Que vous ont-elles promis, là ou ailleurs ?

Elles ne m'ont rien promis que par congé de Dieu.

Mais enfin quelles promesses vous ont-elles faites ?

Cela n'est pas de votre procès, pas du tout. Sur d'autres sujets, elles m'ont dit que mon Roi serait rétabli dans son royaume, que ses adversaires le veuillent ou non ; elles m'ont dit aussi qu'elles me conduiraient au paradis : je les en ai bien requises.

En avez-vous eu autre promesse ?

Il y en a une autre, mais je ne la dirai pas ; cela ne touche pas au procès. Dans trois mois je dirai l'autre promesse.

Vos voix vous ont-elles dit qu'avant trois mois vous serez délivrée de prison ?

Cela n'est pas de votre procès. Cependant je ne sais quand je serai délivrée... Mais ceux qui veulent m'enlever de ce monde pourraient bien en partir avant moi.

Votre conseil ne vous a-t-il pas dit que vous serez délivrée de votre prison actuelle ?

Parlez-m'en dans trois mois, je vous répondrai... D'ailleurs, demandez aux assistants, sous serment, si cela touche au procès.

Nous, évêque, avons là-dessus pris l'avis des assistants, et tous ont pensé que cela touchait au procès.

Alors Jeanne a ajouté :

Je vous l'ai toujours bien dit, vous ne saurez pas tout. Il faudra que je sois délivrée un jour. Mais de vous dire ce jour je veux avoir congé ; c'est pourquoi je vous demande délai.

Vos voix vous ont-elles défendu de dire la vérité ?

Voulez-vous que je vous dise ce qui regarde le Roi de France ? Il y a une foule de choses qui ne touchent pas le procès. Je sais bien que mon Roi gagnera le royaume de France. Je le sais aussi bien que je sais que vous êtes devant moi, siégeant en tribunal. Je serais morte, n'était cette révélation, qui me conforte chaque jour.

Qu'avez-vous fait de votre mandragore ?

Je n'en ai pas et oncques n'en ai eu. Mais j'ai entendu dire qu'il y en a près de chez nous, oncques n'en ai vu. J'ai ouï dire que c'est chose dangereuse et mauvaise à garder ; je ne sais à quoi cela sert.

Où est cette mandragore dont vous avez entendu parler ?

J'ai entendu dire qu'elle est en terre, près de l'arbre dont j'ai parlé plus haut ; mais je ne sais l'endroit. Au-dessus de cette mandragore serait, dit-on, un coudrier.

À quoi avez-vous entendu dire que sert cette mandragore ?

À faire venir de l'argent ; mais je n'en crois rien. Jamais mes voix ne m'ont parlé de cela.

En quelle figure était saint Michel quand il vous est apparu ?

Je ne lui ai pas vu de couronne : je ne sais rien de ses vêtements.

Était-il nu ?

Pensez-vous que Dieu n'ait pas de quoi le vêtir !

Avait-il des cheveux ?

Pourquoi les lui aurait-on coupés ! Je n'ai pas vu saint Michel depuis que j'ai quitté le château du Crotoy. Je ne le vois pas très-souvent... Je ne sais s'il a des cheveux.

A-t-il une balance ?

Je n'en sais rien... J'ai grande joie quand je le vois ; il me semble quand je le vois que je ne suis pas en péché mortel. Sainte Catherine et sainte Marguerite ont plaisir à recevoir de temps à autre ma confession, chacune à son tour. Si je suis en péché mortel, c'est sans le savoir.

Quand vous vous confessez, croyez-vous être en péché mortel ?

Je ne sais si je suis en péché mortel, et je ne crois pas en avoir fait les œuvres ; et plaise à Dieu que je n'y sois jamais ; plaise à Dieu aussi que je n'aie oncques fait ou que je fasse œuvres qui chargent mon âme !

Quel signe avez-vous donné à votre Roi que vous veniez de la part de Dieu ?

Je vous ai toujours répondu que vous ne me l'arracheriez pas de la bouche. Allez le lui demander.

Avez-vous juré de ne pas révéler ce qui vous sera demandé touchant le procès ?

Je vous ai déjà répondu que je ne vous dirais rien de ce qui concerne mon Roi. Là-dessus je ne parlerai pas.

Ne savez-vous pas le signe que vous avez donné à votre Roi ?

Vous ne le saurez pas de moi.

Mais cela touche le procès ?

De ce que j'ai promis de tenir bien secret je ne vous dirai rien. J'ai déjà dit, ici même, que je ne pourrais vous le dire sans parjure.

À qui avez-vous promis cela ?

À saintes Catherine et Marguerite, et cela a été montré au Roi. Je le leur ai promis sans qu'elles me l'aient demandé, de mon plein gré, de moi-même, parce que trop de gens m'eussent questionnée à ce sujet si je n'avais promis cela à mes saintes.

Quand vous avez montré votre signe au Roi, étiez-vous seule avec lui ?

J'estime qu'il n'y avait personne autre, quoique beaucoup de gens fussent assez près.

Quand vous montrâtes ce signe au Roi, lui avez-vous vu une couronne sur la tête ?

Je ne puis vous le dire sans parjure.

À Reims votre Roi avait-il une couronne ?

Je pense que le Roi prit avec plaisir la couronne qu il trouva à Reims ; mais une autre bien plus riche lui eût été offerte plus tard. Il a agi ainsi pour hâter son fait, à la requête de ceux de la ville de Reims, pour leur éviter une trop longue charge de soldats. S'il eût attendu, il eût eu une couronne mille fois pins riche.

Avez-vous vu cette couronne plus riche ?

Je ne puis vous le dire sans encourir parjure, et si je ne l'ai pas vue, j'ai entendu dire qu'elle était riche et opulente à ce degré.

Cela fait, nous avons mis fin à l'interrogatoire et en avons renvoyé la suite à samedi prochain, huit heures du matin, au même lieu, requérant tous les assistants de s'y trouver.

En leur présence nous avons requis ladite Jeanne de simplement et absolument jurer de dire vérité sur ce qui lui sera demandé. Elle a répondu :

Je suis prête à jurer *comme je l'ai déjà fait*.

Et elle a juré ainsi, les mains sur les saints Évangiles.

Ensuite, parce qu'elle a dit dans ses précédents interrogatoires que saint Michel avait des ailes, mais qu'elle n'avait rien dit du corps et des membres de sainte Catherine et de sainte Marguerite, nous lui avons demandé ce qu'elle voulait dire là-dessus ? Elle a répondu :

Je vous ai dit ce que je sais, je ne vous répondrai pas autre chose... J'ai vu saint Michel et ces deux saintes aussi bien que je sais bien que ce sont des saints et saintes du paradis.

En avez-vous vu autre chose que la face ?

Je vous ai dit ce que j'en sais ; mais pour vous dire tout ce que je sais, j'aimerais mieux que vous me fassiez couper le cou... Tout ce que je saurai *touchant le procès*, je le dirai volontiers.

Croyez-vous que saint Michel et saint Gabriel aient des têtes naturelles ?

Je les ai vus de mes yeux, et je crois que ce sont eux aussi fermement que je crois qu'il y a un Dieu.

Croyez-vous que Dieu les ait formés en ces manière et forme où vous les voyez ?

Oui.

Croyez-vous que Dieu les ait, dès le principe, créés en ces manière et forme ?

Vous n'aurez rien pour le moment de plus que ce que j'ai répondu.

Avez-vous su par révélation si vous vous échapperez ?

Cela ne touche pas votre procès. Voulez-vous donc que je parle contre moi-même ?

Vos voix vous ont-elles dit quelque chose ?

Cela n'est pas de votre procès : je m'en réfère au procès. Si tout vous regardait je vous dirais tout... Par ma foi, je ne sais ni quel jour ni à quelle heure je m'échapperai.

Vos voix vous en ont-elles dit quelque chose en général ?

Oui, vraiment, elles m'ont dit que je serais délivrée ; mais je n'en sais ni le jour ni l'heure ; elles m'ont dit : « Aie bon courage et gai visage. »

Quand vous arrivâtes pour la première fois près du Roi, vous demanda-t-il si vous aviez eu révélation pour changer d'habit ?

Je vous en ai répondu. Je ne me rappelle pas si cela m'a été demandé. C'est écrit à Poitiers.

Ne vous souvenez-vous pas si les maîtres qui vous ont interrogée en l'autre obédience, les uns pendant un mois, les autres pendant trois semaines, vous ont questionnée sur votre changement d'habit ?

Je ne m'en souviens pas. Mais ils m'ont demandé où j'avais pris cet habit d'homme, et je leur ai dit que je l'avais pris à Vaucouleurs.

Les maîtres susdits vous ont-ils demandé si c'était par ordre de vos voix que vous aviez pris cet habit ?

Il ne m'en souvient.

Votre Reine ne vous l'a-t-elle pas demandé la première fois que vous êtes venue la visiter ?

Il ne m'en souvient.

Votre Roi, votre Reine, quelques-uns de votre parti vous ont-ils jamais requise de déposer l'habit d'homme ?

Ce n'est pas de votre procès.

Au château de Beaurevoir n'en fûtes-vous pas requise ?

Oui, vraiment, et j'ai répondu que je ne le déposerais pas sans licence de Dieu... La demoiselle de Luxembourg et la dame de Beaurevoir m'offrirent habit de femme ou drap pour en faire, en me requérant de le porter. Je leur répondis que je n'en avais pas congé de Notre-Seigneur, et qu'il n'était pas encore temps.

Messire Jean de Pressy et autres, à Arras, vous offrirent-ils point un habit de femme ?

Lui et plusieurs autres me l'ont plusieurs fois offert.

Croyez-vous que vous auriez délinqué ou fait péché mortel de prendre habit de femme ?

J'ai mieux fait d'obéir et servir mon souverain Seigneur, qui est Dieu... Si je l'eusse dû faire, je l'eusse fait plutôt à la requête de ces deux dames que d'autres dames qui soient en France, excepté ma Reine.

Quand Dieu vous révéla de changer votre habit, fut-ce par la voix de saint Michel, de sainte Catherine ou de sainte Marguerite ?

Vous n'en aurez maintenant autre chose.

Quand votre Roi vous mit d'abord en œuvre et que vous fîtes faire votre bannière, les gens d'armes et autres gens de guerre firent-ils point faire panonceaux à la manière du vôtre ?

Il est bon à savoir que les seigneurs maintenaient leurs armes. Aucuns de mes compagnons de guerre en firent faire à leur plaisir, et les autres non.

De quelle matière les firent-ils faire ? fut-ce de toile ou de drap ?

C'était de *blanc satin*, et y avait en aucuns des fleurs de lis. Je n'avais de ma compagnie que deux ou trois lances. Mais mes compagnons de guerre aucunes fois en faisaient faire à la ressemblance des miens. Ils ne faisaient cela que pour reconnaître leurs hommes des autres.

Renouvelait-on souvent ces panonceaux ?

Je ne sais. Quand les lances étaient rompues l'on en faisait de nouveaux.

Avez-vous quelquefois dit que les panonceaux qui étaient à la ressemblance des vôtres étaient heureux ?

Je disais quelquefois à mes gens : « Entrez hardiment parmi les Anglais ! » Et moi-même y entrais.

Leur avez-vous dit de les porter hardiment et qu'ils auraient bonheur ?

Je leur ai bien dit ce qui est advenu et qui adviendra encore.

Mettiez-vous ou ne faisiez-vous point mettre de l'eau bénite sur les panonceaux, quand on les prenait pour la première fois ?

Je n'en sais rien, et si cela a été fait, ce n'a pas été de mon commandement.

N'y en avez-vous point vu jeter ?

Cela n'est point de votre procès... Si j'y en ai vu jeter, je ne suis pas maintenant avisée d'en répondre.

Vos compagnons de guerre ne faisaient-ils point mettre sur leurs panonceaux : Jhésus Maria *?*

Par ma foi, je n'en sais rien.

N'avez-vous pas vous-même tourné ou fait tourner toiles pour faire procession autour d'un autel ou d'une église, et employé ensuite ces toiles à des panonceaux ?

Non, et n'en ai rien vu faire.

Quand vous fûtes devant Jargeau, que portiez-vous derrière votre heaume ? N'était-ce pas quelque chose de rond ?

Par ma foi, il n'y avait rien.

Avez-vous oncques connu frère Richard ?

Je ne l'avais oncques vu quand je vins devant Troyes.

Quel visage vous fit frère Richard ?

Ce fut, je pense, ceux de la ville de Troyes qui me l'envoyèrent, disant qu'ils craignaient que Jeanne ne fut pas chose venant à eux de par Dieu. Quand il vint à moi, frère Richard en approchant faisait signes de croix et jetait de l'eau bénite, et je lui dis : Approchez hardiment, je ne m'envolerai pas !

N'avez-vous point vu du fait faire aucunes images ou peintures de vous et à votre ressemblance ?

J'ai vu à Arras une peinture en la main d'un Écossais : il y avait ma ressemblance ; j'étais représentée tout armée, présentant une lettre à mon Roi, un genou à terre. Je n'ai oncques vu ou fait faire autre image ou peinture à ma ressemblance.

Dans la maison de votre hôte, à Orléans, n'y avait-il point un tableau où étaient peintes trois femmes, avec ces mots : Justice, Paix, Union ?

Je n'en sais rien.

Ne savez-vous pas que les gens de votre parti ont fait services, messes et oraisons pour vous ?

Je n'en sais rien ; s'ils ont fait quelque service, ils ne l'ont pas fait de mon ordre ; mais s'ils prient pour moi, m'est avis qu'ils ne font pas de mal.

Ceux de votre parti croient-ils fermement que vous soyez envoyée de Dieu ?

Je ne sais s'ils le croient, et m'en attends à leur courage. Mais s'ils ne le croient, ne suis-je envoyée de par Dieu.

Ne pensez-vous pas qu'ils ont bonne créance s'ils le croient ?

S'ils croient que je suis envoyée de par Dieu, ils ne sont point abusés.

Quelle était la pensée des gens de votre parti quand ils vous baisaient les pieds, les mains et vos vêtements ?

Beaucoup de gens me voyaient volontiers ; mais ils me baisaient les mains le moins que je pouvais. Les pauvres gens venaient à moi volontiers, pour ce que je ne leur faisais pas de déplaisir, et qu'au contraire j'aimais à les supporter.

Quel honneur les habitants de Troyes vous firent-ils à votre entrée ?

Ils ne m'en firent point. Frère Richard, autant qu'il m'en souvient, y entra en même temps que moi et les nôtres ; je ne me rappelle pas si je le vis à l'entrée.

Ne fit-il point un sermon à votre arrivée dans la ville ?

Je ne m'y arrêtai guère, et n'y ai couché oncques ; je ne sais rien de ce sermon.

Avez-vous été bien des jours à Reims ?

Nous y fûmes, je crois, cinq ou six jours.

N'y avez-vous pas levé d'enfant (été marraine d'un enfant) ?

À Troyes, j'en ai levé un. De Reims je n'en ai pas mémoire, ni de Château-Thierry. J'en ai levé deux à Saint-Denis en France. Je donnais volontiers aux fils le nom de Charles, en honneur de mon Roi, et aux filles, Jeanne. D'autres fois, je donnais tel nom qui plaisait aux mères.

Les bonnes femmes de la ville ne faisaient-elles pas toucher leurs anneaux à celui que vous aviez au doigt ?

Beaucoup de femmes ont touché à mes mains et à mes anneaux ; mais je ne sais point leur pensée ni leur intention.

Quels sont ceux de vos gens qui devant Château-Thierry ont pris des papillons en votre étendard ?

Oncques mes gens n'ont fait chose pareille : ce sont ceux de votre parti qui l'ont inventé.

Qu'avez-vous fait à Reims des gants avec lesquels votre Roi fut sacré ?

Il y eut à Reims une livrée de gants pour les chevaliers et les nobles. Il y en eut un qui perdit ses gants ; je n'ai pas dit que je les ferais retrouver. Mon étendard a été dans l'église de Reims, et me semble qu'il fut assez près de l'autel ; moi-même je l'y ai tenu un peu. Je ne sais pas que frère Richard l'ait tenu.

Quand vous alliez par le pays, receviez-vous souvent les sacrements de pénitence et d'eucharistie dans les bonnes villes ?

Oui, de temps à autre.

Receviez-vous lesdits sacrements en habit d'homme ?

Oui, mais je n'ai point mémoire de les avoir reçus en armes.

Pourquoi avez-vous pris la haquenée de l'évêque de Senlis ?

Elle fut achetée deux cents saluts. S'il les a reçus ces deux cents saluts ou non, je ne sais. Il en a eu assignation ou en a été payé. Je lui écrivis qu'il réaurait sa haquenée s'il voulait ; quant à moi, je ne la voulais point, parce qu'elle ne valait rien pour souffrir peine.

Quel âge avait l'enfant que vous avez visité à Lagny ?

L'enfant avait trois jours. Il fut apporté devant l'image de Notre-Dame. On me dit que les jeunes filles de la ville étaient devant cette image, et que j'y voulusse bien aller prier Dieu et Notre-Dame de rendre la vie à l'enfant. J'y allai et priai avec les autres. À la fin, la vie reparut chez l'enfant, qui bâilla trois fois et fut baptisé ; aussitôt après il mourut, et fut inhumé en terre sainte. Il y avait trois ours, disait-on, que la vie avait disparu chez l'enfant ; il était noir comme ma cotte ; quand il eut bâillé, la couleur commença à lui revenir. J'étais avec les autres jeunes filles à prier à genoux devant Notre-Dame.

N'a-t-on pas dit par la ville que c'était vous qui aviez ait faire cela, et que c'était à votre prière ?

Je ne m'en enquérais point.

N'avez-vous point vu ou connu Catherine de la Rochelle ?

Oui, à Jargeau et à Montfaucon en Berry.

Catherine ne vous a-t-elle point montré une dame vêtue de blanc, qu'elle disait lui apparaître quelquefois ?

Non.

Que vous a dit cette Catherine ?

Qu'il venait à elle une dame blanche, vêtue de drap d'or, qui lui disait d'aller par les bonnes villes, avec des hérauts et des trompettes que lui donnerait le Roi pour faire crier que quiconque avait or, argent ou trésor quelconque caché, eût à l'apporter aussitôt ; que ceux qui ne le feraient et qui en auraient de cachés elle les connaîtrait bien, et saurait bien découvrir ces trésors. Avec ces trésors, elle payerait, me disait-elle, mes hommes d'armes. Je répondis à Catherine de retourner à son mari, faire son ménage et nourrir ses enfants. Et pour avoir certitude sur son fait, j'en parlai à sainte Catherine ou à sainte Marguerite, qui me dirent que le fait de cette Catherine n'était que folie et tout néant. J'écrivis au Roi ce qu'il devait en faire ; quand je vins ensuite à lui, je lui dis que c'était folie et tout néant ce fait de ladite Catherine. Cependant frère Richard voulait qu'on la mît en œuvre ; aussi furent-ils tous deux mécontents de moi, frère Richard et elle.

N'avez-vous point parlé avec ladite Catherine du projet d'aller à la Charité-sur-Loire ?

Elle ne me conseillait pas d'y aller, qu'il faisait trop froid, et qu'elle ne s'y rendrait point. Elle me disait qu'elle voulait aller au duc de Bourgogne pour faire paix. Je lui dis qu'il me semblait qu'on ne trouverait de paix qu'au bout de la lance. Je lui demandai si cette dame blanche qui lui apparaissait venait à elle toutes les nuits ; que pour la voir je coucherais une nuit avec elle dans le même lit. J'y couchai, je veillai jusqu'à minuit, ne vis rien, et puis m'endormis. Quand vint le matin, je lui demandai si la dame blanche était venue : « Oui, Jeanne, me répondit-elle, pendant que vous dormiez elle est venue, et je n'ai pu vous réveiller. » Alors je lui demandai si elle ne reviendrait point la nuit suivante : « Oui », me dit-elle. Pour quoi je dormis de jour afin que je pusse veiller la nuit suivante. Je couchai avec Catherine, veillai toute la nuit suivante, mais ne vis rien, quoique souvent je lui demandasse : « Viendra-t-elle point ? » Et elle me répondait toujours : « Oui, dans un instant. »

Qu'avez-vous fait dans les fossés de la Charité ?

J'y ai fait faire un assaut ; mais je n'y ai jeté ni fait jeter eau bénite en manière d'aspersion.

Pourquoi n'êtes-vous pas entrée à la Charité, puisque vous en aviez commandement de Dieu ?

Qui vous a dit que j'en avais commandement de Dieu ?

N'en aviez-vous pas eu conseil de votre voix ?

Je voulais venir en France ; les hommes d'armes me dirent que c'était mieux d'aller devant la Charité premièrement.

Avez-vous été longtemps dans la tour de Beaurevoir ?

Quatre mois environ. Quand je sus que les Anglais venaient pour m'avoir, je fus très-courroucée ; cependant mes voix me défendirent plusieurs fois de sauter. À la fin, par peur des Anglais, je sautai et me recommandai à Dieu et à Notre-Dame ; je fus blessée. Quand j'eus sauté, la voix de sainte Catherine me dit de faire bonne chère, que ceux de Compiègne auraient secours. Je priais toujours pour ceux de Compiègne, avec mon conseil.

Que dites-vous quand vous eûtes sauté ?

Aucuns disaient que j'étais morte. Aussitôt que les Bourguignons virent que j'étais en vie, ils me reprochèrent d'avoir sauté.

Ne dites-vous pas alors que vous aimeriez mieux mourir que d'être en la main des Anglais ?

J'ai dit que j'aimerais mieux rendre mon âme à Dieu que d'être en la main des Anglais.

Ne fûtes-vous pas très-courroucée alors, au point de blasphémer le nom de Dieu ?

Oncques n'ai maugréé contre saint ni sainte, et n'ai point accoutumé de jurer.

Au sujet de Soissons et du capitaine qui avait rendu la ville, n'avez-vous pas renié Dieu et dit que si vous teniez ce capitaine, vous le feriez couper en quatre morceaux ?

Oncques n'ai renié saint ni sainte ; ceux qui l'ont dit ou rapporté ont mal entendu.

Cela fait, Jeanne a été reconduite au lieu qui lui est assigné pour prison.

L'ÉVÊQUE ARRÊTE QUE LES INTERROGATOIRES, SI AUCUNS SONT RECONNUS NÉCESSAIRES, AURONT LIEU DÉSORMAIS EN SECRET.

Ensuite, nous, évêque, avons dit que, tout en poursuivant le procès et sans le discontinuer en aucune manière, nous allions appeler auprès de nous quelques docteurs et maîtres, experts en droit divin et humain, à l'effet, par eux, de recueillir et colliger ce qui leur paraîtra de nature à être recueilli et colligé dans les déclarations de Jeanne, telles qu'elles sont déjà établies par ses propres réponses constatées par écrit. Leur travail terminé, s'il reste quelques points sur lesquels Jeanne paraisse devoir subir interrogatoire plus complet, nous ferons, pour ce supplément d'examen, choix de quelques docteurs, et, de cette manière, nous n'aurons pas à fatiguer tous et chacun des maîtres qui, en ce moment, nous assistent en si grand nombre. Ces nouveaux interrogatoires seront aussi mis en écrit, pour que les docteurs susdits et autres gens de science consommée puissent délibérer et fournir leur opinion et avis en temps opportun. En attendant, nous invitons tous les assistants à étudier chez eux le procès et ce qu'ils en ont déjà recueilli, à rechercher les suites dont l'affaire est susceptible, et à soumettre le résultat de leurs délibérations, soit à nous, soit aux docteurs qui vont être désignés par nous : si mieux ils n'aiment se réserver pour le temps et le lieu où ils auront à délibérer en toute maturité, et à donner leur avis en toute connaissance de cause.

En attendant, nous faisons défense expresse à tous et à chacun de quitter la ville de Rouen sans notre permission avant l'entier achèvement du procès.

RÉUNIONS CHEZ L'ÉVÊQUE DE QUELQUES DOCTEURS.

Le dimanche 4 *mars, et les lundi, mardi, mercredi, jeudi et vendredi,* 5, 6, 7, 8 *et* 9 *du même mois,* nous, évêque, avons réuni en notre demeure plusieurs solennels docteurs et maîtres en droit divin et humain, qui ont été chargés par nous de colliger tout ce qui a été confessé et répondu par Jeanne dans ses interrogatoires, et d'en extraire les points sur lesquels elle aurait répondu d'une manière incomplète, et qui sembleraient à ces docteurs susceptibles d'un nouvel examen. Ce double travail ayant été par eux effectué, nous évêque, de l'avis des mêmes docteurs, décidons qu'il y a lieu de procéder à de nouveaux interrogatoires. Mais parce que nos occupations nombreuses ne nous permettent pas d'y vaquer nous-même, nous désignons pour y procéder vénérable et discrète personne, maître Jean Delafontaine, maître ès arts et licencié en droit canon, qui interrogera en notre nom la susdite Jeanne.

PREMIER INTERROGATOIRE SECRET [2].

Le samedi 10 *mars*, nous, évêque, nous sommes rendu dans la pièce du château de Rouen, donnée à Jeanne pour prison, où, étant assisté de maître Jean Delafontaine, commissaire nommé par nous, et des vénérables docteurs et maîtres en théologie, Nicolas Midi et Gérard Feuillet (témoins, Jean Fécard, avocat, et maître Jean Massieu, prêtre), nous avons requis Jeanne de faire et prêter serment de dire vérité sur ce qui va lui être demandé.

Elle a répondu :

Je vous promets de dire vérité *de ce qui touche votre procès ;* mais plus vous me contraindrez à jurer, et plus tard vous la dirai.

Ensuite a eu lieu par maître Jean Delafontaine l'interrogatoire de Jeanne, ainsi qu'il suit :

Sous la foi du serment que vous venez de faire, d'où étiez-vous partie quand vous vîntes en dernier lieu à Compiègne ?

De Crespy en Valois.

Quand vous fûtes à Compiègne, fûtes-vous plusieurs jours avant de faire votre saillie ou attaque ?

2. À partir de cette date, les interrogatoires de Jeanne ont lieu dans la chambre où elle est gardée prisonnière. Y assistent l'évêque, Jean de la Fontaine, deux docteurs parisiens, un avocat, chanoine de Rouen et Jean Massieu.

J'étais venue à heure secrète du matin, et entrée en la ville sans que les ennemis le sussent guère ; et ce jour même, sur le soir, je fis la saillie où je fus prise.

Quand vous avez fait votre saillie, a-t-on sonné les cloches ?

Si on les sonna, ce ne fut point de mon commandement et par mon su ; je n'y pensais point, et il ne me souvient pas avoir dit qu'on les sonnât.

Avez-vous fait cette saillie du commandement de votre voix ?

En la semaine de Pâques dernièrement passée, étant sur les fossés de Melun, il me fut dit par mes voix, c'est-à-dire par sainte Catherine et sainte Marguerite : « Tu seras prise avant qu'il soit la Saint-Jean, il le faut ainsi ; ne t'en tourmente point ; prends tout en gré, Dieu t'aidera. »

Depuis ce lieu de Melun, ne vous fut-il pas dit par vos voix que vous seriez prise ?

Oui, par plusieurs fois et comme tous les jours. Et à mes voix je demandais, quand je serais prise, de mourir aussitôt, sans longues souffrances de prison ; et elles me dirent : « Prends tout en gré, il le faut faire ainsi. » Mais elles ne me dirent pas l'heure, et si je l'eusse sue, je n'y serais pas allée. J'avais plusieurs fois demandé de savoir l'heure, elles ne me la dirent point.

Vos voix vous avaient-elles commandé de faire cette sortie de Compiègne, et signifié que vous seriez prise si vous y alliez ?

Si j'eusse su l'heure où je devais être prise, je n'y fusse point allée volontiers, et toutefois j'eusse obéi en leur commandement à la fin, quelque chose qui dût m'arriver.

Quand vous fites cette saillie de Compiègne, avez-vous eu voix ou révélation de la faire ?

Ce jour-là, je ne sus point que je dusse être prise, et je n'eus autre commandement de sortir ; mais toujours il m'avait été dit qu'il fallait que je fusse prisonnière.

Lorsque vous fites cette sortie, êtes-vous passée par le pont de Compiègne ?

Je passai par le pont et le boulevard, et allai avec la compagnie des gens de mon parti sur les gens de monseigneur de Luxembourg ; je les reboutai par deux fois jusqu'au logis des Bourguignons, et la troisième fois jusqu'à mi le chemin. Et alors les Anglais qui étaient là coupèrent les chemins à moi et à mes gens, entre nous et le boulevard. Et pour ce, mes gens se retirèrent. Et moi, en me retirant vers les champs, du côté de la Picardie, près du boulevard, je fus prise. Entre Compiègne et le lieu où j'ai été prise, il n'y a que la rivière et le boulevard avec son fossé.

N'y avait-il point sur l'étendard que vous portiez une image où le monde est peint avec deux anges, etc., etc. ?

Oui, et oncques n'en ai eu d'autre.

Que signifiait de peindre Dieu tenant le monde, et ces deux anges ?

Sainte Catherine et sainte Marguerite m'avaient dit que je prisse ma bannière, que je la portasse hardiment, et que j'y fisse mettre en peinture le Roi du ciel. Je l'ai dit à mon Roi, bien contre mon gré ; de la signification de cette peinture, c'est tout ce que je puis dire.

N'aviez-vous point écu et armes ?

Oncques n'en eus ; mais mon Roi a donné à mes frères des armes, à savoir, un écu d'azur, deux fleurs de lis d'or et une épée parmi. Et ces armes, je les ai devisées en cette ville à un peintre, parce qu'il m'avait demandé quelles armes j'avais. Le Roi les a données à mes frères, à la plaisance d'eux, sans requête de ma part et sans révélation.

Aviez-vous, quand vous fûtes prise, un cheval, coursier ou haquenée ?

J'étais à cheval ; et celui sur lequel j'étais quand je fus prise était un demi-coursier.

Qui vous avait donné ce cheval ?

Mon Roi, ou ses gens, qui m'ont donné l'argent du Roi ; de l'argent du Roi, j'avais cinq coursiers, sans compter mes trottiers, dont j'avais plus de sept.

Eûtes-vous oncques autre richesse de votre Roi que ces chevaux ?

Je ne demandais rien à mon Roi, hormis bonnes armes, bons chevaux et de l'argent à payer les gens de mon hôtel.

N'aviez-vous point de trésor ?

Dix à douze mille que j'ai de vaillant n'est pas un grand trésor pour mener à la guerre, et même peu de chose ; et ces choses-là sont à mes frères, à mon estime : et ce que j'ai, c'est de l'argent propre de mon Roi.

Quel est le signe que vous avez donné à votre Roi, quand vous êtes venue à lui ?

Il est beau, honoré et bien croyable, le meilleur et le plus riche qui soit au monde.

Aussi bien pourquoi ne le voulez-vous pas dire et montrer, comme vous avez voulu avoir le signe de Catherine de la Rochelle ?

Si le signe de Catherine eût été aussi bien montré devant notables gens d'Église et autres, archevêques et évêques, à savoir comme le mien l'a été devant l'archevêque de Reims et autres évêques dont je ne sais le nom (il y avait là encore Charles de Bourbon, le sire de la Trémouille, le duc d'Alençon et plusieurs autres chevaliers qui le virent et ouïrent aussi bien comme je vois ceux qui me parlent aujourd'hui), je n'eusse pas demandé de savoir le signe de ladite Catherine. Et toutefois je savais déjà par sainte Catherine et sainte Marguerite que le fait de cette Catherine était tout néant.

Votre signe dure-t-il encore ?

Il est bon de le savoir ; il durera mille ans et plus. Mon signe est au trésor du Roi.

Est-ce or, argent, pierre précieuse ou couronne ?

Je ne vous en dirai autre chose. Homme du monde ne saurait deviser aussi riche chose comme est ce signe ; mais le signe qu'il vous faut, c'est que Dieu me délivre de vos mains, c'est le plus certain qu'il vous sache envoyer... – Quand je dus partir pour aller à mon Roi, il me fut dit par mes voix : « Va hardiment ; quand tu seras devant le Roi, il aura bon signe de te recevoir et de te croire. »

Quand le signe vint à votre Roi, quelle révérence y fîtes-vous ? Venait-il de Dieu ?

Je remerciai Notre-Seigneur de m'avoir délivrée de la peine que me faisaient les clercs de mon parti, qui argüaient contre moi, et je m'agenouillai plusieurs fois. Un ange venu de Dieu et non d'ailleurs remit le signe à mon Roi ; bien des fois j'en remerciai Notre-Seigneur. Les clercs de *par delà* cessèrent de m'attaquer quand ils eurent connu ce signe.

Les gens d'Église de par delà *virent donc le signe ?*

Quand mon Roi et ceux qui étaient avec lui eurent vu ce signe et même l'ange qui le remit, je demandai à mon Roi s'il était content ; il répondit que oui. Alors je partis et m'en allai à une petite chapelle assez près. J'ai ouï dire alors qu'après mon départ plus de trois cents personnes ont vu le signe en question... Par amour de moi et pour que l'on cessât de m'interroger là-dessus, Dieu a permis que les hommes de mon parti qui ont vu ce signe le vissent en effet.

Votre Roi et vous, fîtes-vous un salut à l'ange quand il apporta ce signe ?

Oui, je fis un salut, me mis à genoux et ôtai mon chaperon.

DEUXIEME INTERROGATOIRE SECRET.

En présence de tous les susnommés, nous avons requis ladite Jeanne de jurer de dire vérité sur ce qui va lui être demandé.

Elle a répondu :

De ce qui touchera votre procès, ainsi que je l'ai déjà dit, je dirai volontiers vérité.

Et elle a juré ainsi.

Puis, de notre ordre, elle a été interrogée par maître Jean Delafontaine :

L'ange qui apporta le signe à votre Roi ne lui parla-t-il pas ?

Oui, il lui parla, et il dit à mon Roi qu'il fallait qu'il me mît en besogne, que le pays serait aussitôt allégé.

L'ange qui apporta le signe à votre Roi est-il le même ange qui vous est d'abord apparu ?

C'est tout un, et oncques ne m'a failli.

L'ange ne vous a-t-il donc pas failli aux biens de la fortune, *en ce que vous avez été prise ?*

Je crois, puisqu'il a plu à Notre-Seigneur, et que c'est pour mon bien que j'ai été prise.

Votre ange ne vous a-t-il point failli aux biens de la grâce ?

Et comment me faillirait-il, quand il me conforte tous les jours ? Mon confort me vient de sainte Catherine et de sainte Marguerite.

Est-ce vous qui les appelez, ou viennent-elles sans les appeler ?

Elles viennent souvent sans être appelées, et d'autres fois, si elles ne viennent bientôt, je demande à Notre-Seigneur de les envoyer.

Les avez-vous quelquefois appelées sans qu'elles soient venues ?

Je n'en eus jamais besoin sans les avoir.

Saint Denis vous apparut-il quelquefois ?

Non, que je sache.

Quand vous promîtes à Notre-Seigneur de garder votre virginité, est-ce à lui-même que vous parliez ?

Il devait bien suffire de le promettre à celles qui m'étaient envoyées de par lui, c'est-à-dire à saintes Catherine et Marguerite.

Qui vous a déterminée à faire citer un homme de la ville de Toul en cause de mariage ?

Je ne le fis pas citer, ce fut lui au contraire qui me fit citer, et là je jurai devant le juge de dire vérité. Et enfin je n'avais rien promis à cet homme, car, dès la première fois que j'ai entendu ma voix, j'ai voué ma virginité tant qu'il plairait à Dieu, et j'étais alors en l'âge de treize ans ou environ... Mes voix m'assurèrent que je gagnerais mon procès dans cette ville de Toul.

Quant à vos visions, en avez-vous parlé à votre curé ou à tout autre homme d'Église ?

Non, mais seulement à Robert de Baudricourt et à mon Roi. Ce ne sont pas mes voix qui m'ont contrainte à les cacher, mais je craignais beaucoup de les révéler, dans la crainte que les Bourguignons ne missent empêchement à mon voyage ; et tout particulièrement j'avais peur que mon père ne l'empêchât.

Croyez-vous avoir bien fait de partir sans le congé de votre père ou de votre mère, quand vous devez honorer père et mère ?

En toutes choses je leur ai bien obéi, excepté en ce voyage ; mais depuis je leur en ai écrit et ils m'ont pardonné.

Quand vous avez quitté vos père et mère, croyez-vous avoir péché ?

Puisque Dieu le commandait, il convenait d'obéir. Puisque Dieu le commandait, si j'eusse eu cent pères et cent mères, et que j'eusse été fille de roi, je serais partie.

Avez-vous demandé à vos voix si vous deviez annoncer votre départ à votre père et à votre mère ?

Quant à mon père et à ma mère, mes voix auraient été bien aises que je le leur disse, n'eût été la peine que je leur eusse faite en le leur disant. Pour ce qui est de moi, je ne le leur aurais dit à aucun prix. Mes voix s'en rapportaient à moi de parler à mon père et à ma mère ou de me taire.

Faites-vous la révérence à saint Michel et aux anges quand vous les voyez ?

Oui, et après leur départ je baise la terre où ils ont posé.

Sont-ils longtemps avec vous ?

Bien souvent ils viennent parmi les chrétiens sans être vus, et souvent je les ai vus parmi les chrétiens.

Avez-vous eu des lettres de saint Michel ou de vos voix ?

Je n'ai point permission de vous le dire : d'ici huit jours je vous dirai volontiers ce que je saurai.

Vos voix ne vous appellent-elles pas *fille de Dieu, fille de l'Église, fille au grand cœur ?*

Avant la levée du siége d'Orléans, et tous les jours depuis, quand elles me parlent, souvent elles m'appellent *Jeanne la Pucelle, fille de Dieu.*

Puisque vous vous dites fille de Dieu, pourquoi ne dites-vous pas volontiers *Notre Père ?*

Je le dis volontiers... Dernièrement quand j'ai refusé, c'était dans l'intention que monseigneur de Beauvais me confessât.

TROISIÈME INTERROGATOIRE SECRET.

Et le même jour, lundi, après midi, ont comparu au même lieu de la prison de Jeanne, les seigneurs et maîtres Jean Delafontaine, notre commissaire ; Nicolas Midi, Gérard Feuillet, Thomas Fiefvet, Pasquier de Vaux et Nicolas de Houbent.

Ladite Jeanne a été interrogée ainsi qu'il suit, de notre ordre, par ledit Jean Delafontaine :

Votre père n'a-t-il pas eu des songes à votre sujet avant votre départ ?

Quand j'étais encore avec mon père et ma mère, ma mère me dit à plusieurs fois que mon père lui disait avoir rêvé que moi Jeannette, sa fille, je m'en irais avec des hommes d'armes. Mes père et mère avaient grand'cure de me bien garder et me tenaient en grande sujétion... Je leur ai obéi en tout, sinon au procès de Toul, en cause de mariage... J'ai ouï dire à ma mère que mon père disait à mes frères : « Vrai, si je croyais que cette chose advint que j'ai songée de ma fille, je voudrais qu'elle fût noyée par vous, et si vous ne le vouliez faire, je la noyerais moi-même !... Ils ont presque perdu le sens quand je partis pour aller à Vaucouleurs.

Ces pensées et ces songes sont-ils venus à votre père depuis que vous aviez eu vos visions ?

Oui, plus de deux ans après que j'ai eu mes premières voix.

Fut-ce à la requête de Robert de Baudricourt ou de vous-même que vous avez pris habit d'homme ?

Ce fut par moi et non à la requête d'aucun homme vivant.

Votre voix vous a-t-elle commandé de prendre habit d'homme ?

Tout ce que j'ai fait de bien je l'ai fait du commandement de mes voix. Quant à l'habit, j'en répondrai une autre fois... à présent je n'en suis pas avisée... mais demain j'en répondrai.

En prenant habit d'homme, pensiez-vous mal faire ?

Non : de présent encore, si j'étais avec ceux de mon parti, et en cet habit d'homme, il me semble que ce serait un grand bien pour la France de faire encore comme je faisais avant d'être prise.

Comment auriez-vous délivré le duc d'Orléans ?

J'aurais pris assez d'Anglais en France pour le ravoir ; si je n'en eusse pris assez en France, j'eusse passé la mer pour l'aller chercher en Angleterre de force.

Sainte Catherine et sainte Marguerite vous ont-elles dit absolument et sans condition que vous prendriez assez d'Anglais pour avoir le duc d'Orléans qui est en Angleterre, ou qu'autrement vous passeriez la mer pour l'aller chercher ?

Oui, et je l'ai dit à mon Roi, et qu'il me laissât traiter des seigneurs anglais qui étaient alors prisonniers. Si j'eusse duré trois ans sans empêchement, je l'eusse délivré. Pour ce faire, il y avait plus bref terme que trois ans et plus long qu'un an. Mais je n'en ai mémoire.

Quel est le signe que vous avez donné au Roi ?

J'en aurai conseil de sainte Catherine.

De notre ordre il lui a été demandé ce qui suit :

Quel est le signe que vous avez remis à votre Roi ?

Seriez-vous contents que je me parjurasse !

Avez-vous promis et juré à sainte Catherine de ne pas dire ce signe ?

J'ai juré et promis de ne pas dire ce signe, et de moi-même, parce que l'on me pressait trop de le dire ; et alors je me suis dit à moi-même : Je promets de n'en parler à homme au monde... Le signe, ce fut qu'un ange certifia à mon Roi, en lui apportant la couronne, qu'il aurait tout le royaume de France, moyennant le secours de Dieu et moyennant mon labeur ; qu'il eût à me mettre en œuvre, c'est à savoir à me bailler des hommes d'armes, qu'autrement il ne serait de sitôt couronné et sacré.

Depuis hier avez-vous parlé à sainte Catherine ?

Depuis hier je l'ai entendue, et elle m'a dit plusieurs fois que je réponde hardiment aux juges de ce qu'ils me demanderont touchant mon procès.

Comment l'ange a-t-il apporté la couronne, et la posa-t-il lui-même sur la tête de votre Roi ?

La couronne fut remise à un archevêque, à savoir, à l'archevêque de Reims, ce me semble, en présence de mon Roi ; l'archevêque la reçut et la remit au Roi ; j'étais moi-même présente ; la couronne fut ensuite placée au trésor de mon Roi.

En quel lieu la couronne fut-elle apportée ?

Ce fut en la chambre du Roi, au château de Chinon.

Quel jour et à quelle heure ?

Du jour, je ne sais ; de l'heure, il était haute heure ; je n'en ai autrement mémoire. Du mois, ce fut en mars ou avril, comme il me semble. En ce présent mois de mars ou au mois d'avril prochain, il y a deux ans. C'était après Pâques.

Est-ce la première journée où vous vîtes ce signe, que votre Roi le vit aussi ?

Oui, il l'a eu le même jour.

De quelle matière était ladite couronne ?

C'est bon à savoir qu'elle était de fin or ; elle était si riche que je n'en saurais nombrer la richesse ni en apprécier la beauté. La couronne signifiait que mon Roi posséderait le royaume de France.

Y avait-il des pierreries ?

Je vous ai dit ce que j'en sais.

L'avez-vous maniée ou baisée ?

Non.

L'ange qui apporta cette couronne vint-il du ciel ou de la terre ?

Il vint de haut, et j'entends qu'il venait par le commandement de Notre-Seigneur ; il entra par l'huis de la chambre. Quand il vint devant mon Roi, il lui fit révérence en s'inclinant devant lui et prononçant les paroles que j'ai déjà dites ; et en même temps l'ange lui remit en mémoire la belle patience qu'il avait eue en présence de ses grandes tribulations. Depuis la porte, l'ange marchait et touchait la terre en venant au Roi.

Quel espace y a-t-il de la porte jusques au Roi ?

M'est avis qu'il y avait bien espace de la longueur d'une lance ; et par où il était venu il s'en retourna. Quand l'ange vint, je l'accompagnai et allai avec lui par l'escalier à la chambre du Roi. L'ange entra le premier et puis moi-même, et je dis au Roi : « Sire, voilà votre signe, prenez-le. »

En quel lieu l'ange vous est-il apparu ?

J'étais presque toujours en prière afin que Dieu envoyât le signe du Roi ; et j'étais en mon logis, chez une bonne femme, près du château de Chinon, quand il vint ; ensuite nous nous en allâmes ensemble vers le Roi. Il était bien accompagné d'autres anges que personne ne voyait. Si ce n'eût été par amour pour moi et pour me mettre hors la peine de ceux qui m'accusaient, je crois que plusieurs qui ont vu l'ange ne l'eussent vu.

Tous ceux qui étaient là avec le Roi ont-ils vu l'ange ?

Je crois que l'archevêque de Reims l'a vu, ainsi que les seigneurs d'Alençon, la Trémouille et Charles de Bourbon. Quant à ce qui est de la couronne, beaucoup de gens d'Église et autres l'ont vue qui n'ont pas vu l'ange.

De quelle figure, de quelle grandeur était cet ange ?

Je n'ai pas permission de le dire ; demain je répondrai là-dessus.

Tous les anges qui l'accompagnaient avaient-ils mêmes figures ?

Aucuns se ressemblaient assez bien, les autres non, en la manière du moins où je les voyais... Aucuns avaient des ailes, d'autres des couronnes. En leur compagnie étaient sainte Catherine et sainte Marguerite, qui furent avec l'ange susdit et les autres anges aussi jusque dans la chambre du Roi.

Comment l'ange vous a-t-il quittée ?

Il m'a quittée dans une petite chapelle. Je fus bien courroucée de son départ ; je pleurai, volontiers je m'en serais allée avec lui, c'est-à-dire mon âme.

Après le départ de l'ange, êtes-vous demeurée joyeuse ?

Il ne me laissa point en peur ni effroi ; mais j'étais courroucée de son départ.

Est-ce par votre mérite que Dieu vous envoya son ange ?

Il venait pour grande chose, et je fus en espérance que le Roi en croirait le signe, qu'on cesserait de m'argüer pour porter secours aux bonnes gens d'Orléans : l'ange venait aussi pour le mérite du Roi et du bon duc d'Orléans.

Pourquoi vous plutôt qu'une autre ?

Il a plu à Dieu d'en agir ainsi par une simple pucelle, pour rebouter les ennemis du Roi.

Vous a-t-il été dit où l'ange avait pris cette couronne ?

Elle a été apportée de par Dieu, et il n'est orfèvre au monde qui la sût faire si riche ni si belle.

Où la prit-il ?

Je m'en rapporte à Dieu, et ne sais point autrement où elle fut prise.

Cette couronne fleurait-elle bon et avait-elle bonne odeur ? Était-elle reluisante ?

Je n'en ai mémoire, je m'en aviserai... (Se reprenant) : Oui, elle sent bon et sentira bon toujours, pourvu qu'elle soit bien gardée, ainsi qu'il convient. Elle était en manière de couronne.

L'ange vous avait-il écrit une lettre ?

Non.

Quel signe eut votre Roi, les gens qui étaient avec lui et vous-même, de croire que c'était un ange ?

Le Roi l'a cru par l'enseignement des gens d'Église qui étaient là et par le signe de la couronne.

Mais comment les gens d'Église ont-ils su que c'était un ange ?

Par leur science et parce qu'ils sont clercs.

Qu'avez-vous à dire au sujet d'un prêtre concubinaire et d'une tasse perdue que vous auriez indiquée ?

De tout cela je ne sais rien ni oncques n'en ai ouï parler.

Quand vous vîntes devant Paris, eûtes-vous révélation de vos voix d'y aller ?

Non, j'y allai à la requête des gentilshommes, qui voulaient faire une *escarmouche* ou *vaillance d'armes*, et j'avais bien intention d'aller plus avant et de franchir les fossés.

Avez-vous eu révélation d'aller devant la Charité ?

Non, j'y suis allée à la demande des gens d'armes, comme je l'ai dit ailleurs.

Avez-vous eu révélation d'aller à Pont-l'Évêque ?

Depuis que j'eus sur les fossés de Melun révélation que je serais prise, je m'en suis rapportée le plus souvent aux capitaines des faits de la guerre ; mais je ne leur disais pas que j'avais eu révélation que je serais prise.

Fut-ce bien fait d'aller attaquer la ville de Paris le jour de la fête de la Nativité de Notre-Dame ?

C'est bien fait d'observer les fêtes de la bienheureuse Marie, et en ma conscience il me semble que c'était et ce serait bien d'observer ses fêtes d'un bout à l'autre.

N'avez-vous pas dit devant Paris : « Rendez la ville de par Jhésus *? »*

Non, mais j'ai dit : « Rendez-la au Roi de France. »

CINQUIÈME INTERROGATOIRE SECRET.

Pourquoi vous êtes-vous jetée du haut de la tour de Beaurevoir ?

J'avais ouï dire que ceux de Compiègne, tous, jusqu'à l'âge de sept ans, devaient être mis à feu et à sang, et j'aimais mieux mourir que vivre après une telle destruction de bonnes gens. Ce fut l'une des causes. L'autre fut que je me sus vendue aux Anglais ; et j'eusse eu plus cher mourir que d'être en la main des Anglais, mes adversaires.

Vos saintes vous l'avaient-elles conseillé ?

Sainte Catherine me disait presque chaque jour de ne point sauter, que Dieu m'aiderait et même ceux de Compiègne. Je dis à sainte Catherine : « Puisque Dieu aidera ceux de Compiègne, je veux y être. » Sainte Catherine me dit : « Prenez tout en gré et sans défaillir ; vous ne serez pas délivrée avant d'avoir vu le Roi des Anglais. » Je lui répondis : « Vrai, je voudrais ne le point voir ; j'aimerais mieux mourir que d'être mise en la main des Anglais. »

Est-il vrai que vous ayez dit à sainte Catherine et à sainte Marguerite : « Dieu laissera-t-il mourir si mauvaisement ces bonnes gens de Compiègne ? »

Je n'ai pas dit *si mauvaisement*, mais « Comment Dieu laissera-t-il mourir ces bonnes gens de Compiègne qui ont été et sont si loyaux à leur seigneur ?... » Après être tombée, je fus deux ou trois jours sans vouloir manger. Pour ce saut je fus si grevée que je ne pouvais ni manger ni boire ; et toutefois je fus réconfortée par sainte Catherine, qui me dit de me confesser et d'en requérir pardon à Dieu ; et que sans faute ceux de Compiègne auraient secours avant la Saint-Martin d'hiver. Alors je me pris à revenir et à manger, et fus bientôt guérie.

Quand vous avez fait ce saut, croyiez-vous vous tuer ?

Non, mais en sautant je me recommandai à Dieu... j'espérais au moyen de ce saut échapper et éviter d'être livrée aux Anglais.

Quand la parole vous fut revenue, n'avez-vous point renié et maugréé Dieu et ses saints ? Cela est prouvé par information.

Je n'ai point mémoire d'avoir oncques renié ou maugréé Dieu et ses saints, en ce lieu ou ailleurs.

Voulez-vous vous en rapporter à l'information faite ou à faire ?

Je m'en rapporte à Dieu et non à autre, et à bonne confession.

Vos voix vous demandent-elles délai pour répondre ?

Quelquefois sainte Catherine me répond ; quelquefois je manque de la comprendre à cause des grands troubles de la prison et du bruit que font mes gardiens. Quand je fais une requête à sainte Catherine, toutes deux font requête à Notre-Seigneur ; ensuite, de l'ordre de Notre-Seigneur, elles me donnent réponse.

Quand vos saintes viennent à vous, y a-t-il de la lumière avec elles ? N'avez-vous pas vu de la lumière une certaine fois que vous entendîtes la voix dans le château, sans savoir si la voix était dans votre chambre ?

Il n'est jour que mes saintes ne viennent dans le château, et elles ne viennent pas sans lumière. Et de la voix dont vous me parlez, je ne me souviens pas si cette fois-là j'ai vu de la lumière ou même sainte Catherine... J'ai demandé trois choses à mes voix : 1° ma délivrance, 2° que Dieu vienne en aide aux Français et garde bien les villes de leur obéissance, 3° le salut de mon âme. — S'adressant à ses juges : Si ainsi est que je sois menée à Paris, faites, je vous en prie, que j'aie le double de mes interrogatoires et réponses, afin que je les baille à ceux de Paris et que je puisse leur dire : « Voici comme j'ai été interrogée à Rouen, et mes réponses » : de cette manière, je ne serai pas travaillée de nouveau de tant de demandes.

Vous avez dit que monseigneur de Beauvais se mettait en grand danger de vous mettre en cause : de quel danger avez-vous parlé ? En quel péril ou danger nous plaçons-nous, vos juges et tous les autres ?

J'ai dit à monseigneur de Beauvais : « Vous dites que vous êtes mon juge ; je ne sais si vous l'êtes ; mais avisez bien à ne pas mal juger, parce que vous vous mettriez en grand danger ; et je vous en avertis, afin que si Notre-Seigneur vous en châtie, j'aie fait mon devoir de vous le dire. »

Mais quel est ce péril ou danger ?

Sainte Catherine m'a dit que j'aurais secours ; je ne sais si ce sera d'être délivrée de la prison, ou si, quand je serai en jugement, il viendra quelque trouble par le moyen duquel je pourrai être délivrée. Le secours me viendra, je pense, de l'une ou de l'autre manière. Au surplus, mes voix me disent que je serai délivrée par une grande victoire ; et elles ajoutent : « Prends tout en gré ; n'aie souci de ton martyre ; tu viendras finalement au royaume du paradis ... » Elles m'ont dit cela simplement et absolument, et sans faillir. Ce qu'il faut entendre par mon martyre, c'est la peine et l'adversité que je souffre en prison ; je ne sais si j'aurai plus grande peine à souffrir ; de cela je m'en rapporte à Dieu.

Depuis que vos voix vous ont dit que vous iriez finalement au royaume de paradis, vous tenez-vous assurée d'être sauvée et de ne pas être damnée en enfer ?

Je crois fermement ce que mes voix m'ont dit, que je serai sauvée ; je le crois aussi fermement que si je l'étais déjà.

Après cette révélation, croyez-vous que vous ne puissiez plus pécher mortellement ?

Je n'en sais rien, et du tout m'en attends à Notre-Seigneur.

C'est là une réponse de grand poids...

Oui, et que je tiens pour un grand trésor !

SIXIEME INTERROGATOIRE SECRET.

Et le même jour, mercredi 14 *mars, après midi*, ont comparu au même lieu susdit, vénérables et discrètes personnes les seigneurs et maîtres Jean Delafontaine, commissaire de nous, évêque susdit, et Jean Lemaître, vicaire dudit seigneur inquisiteur, – assistés de Nicolas Midi et Gérard Feuillet ; témoins *ad hoc*, frère Ysambard de la Pierre et Jean Manchon.

Et tout d'abord, ladite Jeanne s'exprime ainsi : Au sujet de la réponse que je vous ai faite ce matin sur la certitude de mon salut, j'entends cette réponse ainsi : pourvu que je tienne la promesse que j'ai faite à Notre-Seigneur de bien garder lu virginité de mon corps et de mon âme.

Avez-vous besoin de vous confesser, puisque vous croyez à la révélation de vos voix que vous serez sauvée ?

Je ne sais pas avoir péché mortellement ; mais si j'étais en péché mortel, je pense que saintes Catherine et Marguerite m'abandonneraient aussitôt... Je crois que l'on ne peut trop nettoyer sa conscience.

Depuis que vous êtes dans cette prison, n'avez-vous pas renié ou maugréé Dieu ?

Non. Quelquefois je dis *bon gré Dieu*, ou *saint Jean* ou *Notre-Dame* ; ceux qui peuvent avoir rapporté ont mal compris.

Prendre un homme à rançon et le faire mourir prisonnier, n'est-ce point péché mortel ?

Je ne l'ai point fait.

Qu'avez-vous fait de Franquet d'Arras, que l'on fit mourir à Lagny ?

Je consentis qu'il mourût s'il l'avait mérité, parce qu'il avait confessé être meurtrier, voleur et traître ; son procès dura quinze jours ; il eut pour juge le bailli de Senlis et les gens de la justice de Lagny. J'avais requis avoir ce Franquet contre un homme de Paris, maître de l'hôtel de l'Ours. Quand je sus la mort de ce dernier, et que le bailli m'eut dit que je voulais faire grand tort à la justice de délivrer Franquet, je dis au bailli : « Puisque mon homme est mort, faites de l'autre ce que vous devrez faire par justice. »

Avez-vous baillé ou fait bailler de l'argent à celui qui avait pris Franquet ?

Je ne suis pas monnoyer ou trésorier de France pour bailler ainsi de l'argent.

Nous vous rappelons : 1° que vous avez attaqué Paris un jour de fête ; 2° que vous avez eu le cheval de monseigneur l'évêque de Senlis ; 3° que vous vous êtes précipitée de la tour de Beaurevoir ; 4° que vous portez un habit d'homme ; 5° que vous avez consenti à la mort de Franquet d'Arras : ne pensez-vous point avoir en cela fait péché mortel ?

Pour ce qui est de l'attaque de Paris, je ne crois pas être en péché mortel ; si je l'ai fait, c'est à Dieu d'en connaître et au prêtre en confession. — Quant au cheval de monseigneur l'évêque de Senlis, je crois fermement que je n'en ai pas de péché envers Notre-Seigneur : ce cheval fut estimé deux cents écus d'or, dont il eut assignation ; toutefois ce cheval fut renvoyé au sire de la Trémouille, pour le rendre à monseigneur de Senlis ; il ne m'était pas bon pour chevaucher... ; ce n'est d'ailleurs pas moi qui l'avais pris ; au surplus, je ne voulais pas le garder, ayant appris que l'évêque était mécontent qu'on le lui eût enlevé, et en outre ce cheval ne valait rien pour la guerre. Je ne sais si l'évêque a été payé, ni si son cheval lui a été restitué ; je crois que non. — Quant à ma chute de la tour de Beaurevoir, je ne l'ai pas faite par désespoir, mais dans la pensée de me sauver et d'aller au secours de tous ces braves gens qui étaient en péril. Après ma chute je me suis confessée et ai demandé pardon. Dieu m'a pardonné : ce n'a pas été bien à moi, j'ai mal fait, mais je sais par révélation de sainte Catherine qu'après la confession que j'en ai faite, j'en ai été pardonnée. C'est par le conseil de sainte Catherine que je m'en suis confessée.

En avez-vous fait pénitence ?

Oui, et ma pénitence m'est venue en grande partie du mal que je me suis fait en tombant... Vous me demandez si ce mal que j'ai fait de sauter ainsi, je crois que c'est péché mortel ? je n'en sais rien, mais je m'en rapporte à Dieu. — Quant à mon habit, puisque je le porte du commandement de Dieu et pour son service, je ne crois point mal faire ; aussitôt qu'il plaira à Dieu de me le prescrire, je le déposerai...

Tout d'abord, Jeanne a été charitablement exhortée, avertie et requise, si elle a fait quelque chose qui soit contre notre foi, qu'elle s'en doit rapporter à la détermination de la sainte mère Église :

Que mes réponses, a-t-elle dit, soient vues et examinées par les clercs, et puis qu'on me dise s'il y a quelque chose contre la foi chrétienne. Je saurai bien par mon conseil ce qui en est, et dirai ensuite ce qu'il en aura jugé. Et toutefois s'il y a rien de mal contre la foi chrétienne que Notre-Seigneur a commandée, je ne le voudrais soutenir et serais bien fâchée d'aller à l'encontre.

Nous lui avons alors fait connaître l'Église triomphante et l'Église militante, et ce qu'il en est de l'une et de l'autre. Requise de soumettre à la détermination de l'Église militante ce qu'elle a dit ou fait, soit bien, soit mal :

Je ne vous en répondrai autre chose pour le présent, a-t-elle dit.

Sous le serment que vous avez prêté, dites-nous comment vous avez pensé vous échapper du château de Beaulieu entre deux pièces de bois ?

Oncques ne fus prisonnière en lieu quelconque que je ne m'en fusse échappée volontiers. Étant en ce château, j'aurais enfermé mes gardiens dans la tour, n'eût été le portier qui m'avisa et rencontra. Il ne plaisait pas à Dieu que j'échappasse pour cette fois ; il fallait que je visse le Roi des Anglais, comme mes voix me l'avaient dit et comme il est écrit ci-dessus.

Avez-vous de Dieu ou de vos voix permission de sortir de prison quand il vous plaira ?

Je l'ai demandée plusieurs fois, mais je ne l'ai pas encore.

Partiriez-vous maintenant si vous voyiez votre point de partir ?

Si je voyais la porte ouverte je m'en irais, ce me serait le congé de Notre-Seigneur. Si je voyais la porte ouverte, mes gardiens et les autres Anglais hors d'état de résister, vraiment je verrais là mon congé et un secours que Notre-Seigneur m'enverrait ; mais sans ce congé je ne m'en irais pas, à moins de faire une entreprise de vive force pour m'en aller et savoir si Notre-Seigneur serait content, et ce en vertu du proverbe : « Aide-toi, Dieu t'aidera » ; et je dis cela afin que si je m'évade, on ne dise pas que je l'ai fait sans le congé de Dieu.

Puisque vous demandez à entendre la messe, ne vous semble-t-il pas qu'il serait plus honnête d'être en habit de femme ?... Qu'aimeriez-vous mieux : prendre habit de femme et entendre la messe, ou demeurer en habit d'homme et non l'entendre ?

Assurez-moi d'abord que j'entendrai la messe si je suis en habit de femme, et sur ce je vous répondrai.

Eh bien, je vous l'assure, vous entendrez la messe si vous prenez habit de femme.

Et que dites-vous, si j'ai juré et promis à notre Roi mon maître de ne pas déposer cet habit ! Eh bien, je vous réponds ceci : Faites-moi faire une robe longue jusqu'à terre, sans queue, donnez-la-moi pour aller à la messe, et puis au retour je reprendrai l'habit que j'ai.

Je vous le dis encore une fois, consentez à prendre habit de femme pour aller entendre la messe.

Je me conseillerai sur ce, et puis vous répondrai ; mais je vous en supplie, en l'honneur de Dieu et Notre-Dame, permettez-moi d'entendre la messe en cette bonne ville.

Consentez simplement et absolument à prendre habit de femme.

Remettez-moi un habit comme une fille de vos bourgeois, c'est-à-dire une houppelande longue ; je le prendrai pour aller entendre la messe... Je vous en requiers le plus instamment que je puis, permettez-moi de l'entendre avec l'habit que je porte en ce moment, et sans y rien changer !

Voulez-vous soumettre à la décision de l'Église vos faits et vos dits ?

Mes œuvres et mes faits sont tous en la main de Dieu ; du tout je m'en attends à lui. Je vous certifie que je ne voudrais rien dire ou faire contre la foi chrétienne : si j'avais rien fait ou dit qui fût sur mon corps et que les clercs pussent dire contraire à la foi chrétienne que Notre-Seigneur a établie, je ne le voudrais soutenir et le bouterais dehors.

Voulez-vous point de ce vous soumettre à l'ordonnance de l'Église ?

Je ne vous en répondrai maintenant autre chose. Envoyez-moi un clerc samedi, si vous ne voulez venir vous-même, et je lui répondrai de ce à l'aide de Dieu, et ce sera mis en écrit.

Quand vos voix viennent, leur faites-vous révérence absolument comme à un saint ou une sainte ?

Oui, et si parfois je ne l'ai fait, je leur en ai depuis demandé merci et pardon. Je ne saurais leur faire si grande révérence comme il leur appartient, car je crois fermement que ce sont saintes Catherine et Marguerite. Je pense de même de saint Michel.

Pour ce qui est des saints du paradis on fait volontiers oblation de cierges, etc. : aux saintes qui viennent à vous, n'avez-vous point fait oblation de cierges allumés ou autre chose, dans l'église ou ailleurs, ou fait dire des messes ?

Non, si ce n'est à l'offrande de la messe, dans les mains du prêtre, en l'honneur de sainte Catherine, l'une des saintes qui m'apparaissent.

Je n'ai point allumé autant de cierges que je le voudrais à sainte Catherine et à sainte Marguerite, qui sont au paradis, et je crois fermement que ce sont elles qui viennent à moi.

Quand vous placez des luminaires devant l'image de sainte Catherine, les placez-vous en l'honneur de celle qui vous est apparue ?

Je le fais en l'honneur de Dieu, de Notre-Dame et de sainte Catherine qui est au ciel, et de celle qui se montre à moi.

Placez-vous ces luminaires en l'honneur de sainte Catherine qui s'est montrée à vous, qui vous est apparue ?

Oui ; je ne mets point de différence entre celle qui m'apparaît et celle qui est au ciel.

Faites-vous, accomplissez-vous toujours ce que vos voix vous commandent ?

De tout mon pouvoir j'accomplis le commandement que Notre-Seigneur m'a transmis par mes voix, et ce autant que je les sais entendre. Mes voix ne me commandent rien sans le bon plaisir de Notre-Seigneur.

En fait de guerre, avez-vous rien fait sans le conseil de vos voix ?

Je vous en ai déjà répondu ; relisez bien votre livre, vous le retrouverez... À la demande des gens d'armes, il fut fait une vaillance d'armes devant Paris, et à la demande du Roi lui-même, une aussi devant la Charité : ce ne fut ni contre ni de l'ordre de mes voix.

Avez-vous oncques fait quelque chose contre leur commandement et volonté ?

Tout ce que j'ai pu et su faire, je l'ai fait et accompli à mon pouvoir. Quant à ce qui est de la chute du donjon de Beaurevoir, je la fis contre leur commandement, mais je ne m'en pus tenir. Quand mes voix virent ma nécessité, et que je ne savais et pouvais tenir, elles secoururent ma vie et me gardèrent de me tuer. Quelque chose que je fisse oncques en mes grandes affaires, elles m'ont toujours secourue, et c'est signe que ce sont de bons esprits.

N'avez-vous point autre signe que ce sont de bons esprits ?

Saint Michel me l'a certifié avant que les voix me vinssent.

Comment avez-vous connu que c'était saint Michel ?

Par le parler et le langage des anges. Je crois fermement que ce sont des anges.

Mais comment savez-vous que c'était le langage des anges ?

Je le crus aussitôt, et j'eus cette volonté de le croire... Quand saint Michel vint à moi, il me dit : « Sainte Catherine et sainte Marguerite viendront à toi, suis leur conseil ; elles ont été choisies pour te conduire et te conseiller en tout ce que tu as à faire : crois ce qu'elles te diront, c'est l'ordre de Notre-Seigneur. »

Si le diable se mettait en forme ou signe d'ange, comment reconnaîtriez-vous si c'est un bon ou mauvais ange ?

Je reconnaîtrais bien si c'est saint Michel ou une chose contrefaite. La première fois j'eus grand doute si c'était saint Michel, et j'eus grand' peur. Je l'ai vu maintes fois avant de savoir que ce fut saint Michel.

Pourquoi l'avez-vous plutôt reconnu cette fois où vous dites avoir cru que c'était lui, que la première fois qu'il vous est apparu ?

La première fois j'étais jeune enfant et j'eus peur ; depuis, il m'a si bien instruite, et s'est si bien manifesté à moi, que je crus fermement que c'était lui.

Quelle doctrine vous enseigna-t-il ?

Sur toutes choses, il me disait que je fusse bonne enfant et que Dieu m'aiderait, de venir au secours du Roi de France, entre autres choses ; la plus grande partie de ce qu'il m'a enseigné est déjà dans ce livre où vous écrivez ; il me racontait la grande pitié qui était au royaume de France.

Quelle était la hauteur et la stature de cet ange ?

Samedi j'en répondrai, avec autres choses dont je dois répondre, ce qu'il en plaira à Dieu.

Ne croyez-vous pas que c'est grand péché, et qui offense sainte Catherine et sainte Marguerite qui vous apparaissent, que d'agir contre leur commandement ?

Oui, certes ; et le plus grand que j'aie commis oncques a été, à mon avis, le saut de la tour de Beaurevoir, ce dont je leur ai crié merci, et des autres offenses que j'ai pu leur faire.

Sainte Catherine et sainte Marguerite prendraient-elles vengeance corporelle pour cette offense ?

Je ne sais et ne le leur ai pas demandé.

Vous avez prétendu que pour avoir dit la vérité les hommes étaient quelquefois pendus : connaîtriez-vous donc en vous quelque crime ou faute pour lesquels vous pussiez ou dussiez mourir, si vous le confessiez ?

Non, je n'en connais pas.

En quelle forme, espèce, grandeur et habit saint Michel vous vient-il ?

En la forme d'un très-vrai prud'homme : de son habit et du reste je ne dirai rien de plus. Quant aux anges, je les ai vus de mes yeux ; vous n'en aurez pas autre chose. Je crois les faits et dits de saint Michel qui m'est apparu aussi fermement que je crois que Notre-Seigneur Jésus-Christ souffrit mort et passion pour nous. Et ce qui me porte à le croire, c'est le bon conseil, confort et bonne doctrine qu'il m'a faits et donnés.

Voulez-vous, pour tous vos dits et faits, soit bien ou mal, vous soumettre à la décision de notre sainte mère Église ?

L'Église ! je l'aime et la voudrais soutenir de tout mon pouvoir, pour notre foi chrétienne ; ce n'est pas moi que l'on devrait empêcher d'aller à l'église et d'entendre la messe... Quant aux bonnes œuvres que j'ai faites et à mon arrivée auprès du Roi, il faut que je m'en attende au Roi du ciel, qui m'a envoyée à Charles, roi de France, fils de Charles qui a été roi de France... — Vous verrez que les Français gagneront bientôt une grande victoire ; que Dieu enverra besogne si grande que presque tout le royaume de France en sera ébranlé. Je le dis, afin que quand cela sera arrivé, on ait mémoire que je l'ai dit.

Quand cela, arrivera-t-il ?

Je m'en attends à Notre-Seigneur.

Vous en rapporterez-vous à la détermination de l'Église ?

Je m'en rapporte à Dieu qui m'a envoyée, à Notre-Dame, à tous les saints et saintes du paradis. Et m'est avis que c'est tout un, Dieu et l'Église, et qu'on n'en doit point faire de difficulté. Pourquoi, vous, y faites-vous difficulté !

Il existe une Église triomphante où sont Dieu, les saints, les anges et les âmes sauvées. Il existe une autre Église, l'Église militante, où sont le Pape, vicaire de Dieu sur la terre ; les cardinaux, les prélats de l'Église, le clergé, tous les bons chrétiens et catholiques ; cette Église, régulièrement assemblée, ne peut errer, étant régie par le Saint-Esprit. Voulez-vous vous en rapporter à cette Église, et que nous venons de vous définir ?

Je suis venue au Roi de France de par Dieu, de par la bienheureuse Vierge Marie, tous les saints et saintes du paradis, et l'Église victorieuse de là-haut, et de leur commandement. À cette Église je soumets toutes mes bonnes actions, tout ce que j'ai fait et ferai. De dire si je me soumettrai à l'Église militante, je ne répondrai maintenant autre chose.

Que dites-vous au sujet de l'habit de femme qui vous est offert pour pouvoir aller entendre la messe ?

Je ne le prendrai pas encore, tant qu'il plaira à Notre-Seigneur. Et s'il arrive que je doive être menée jusqu'en jugement, qu'il me faille dévêtir en jugement, je requiers les seigneurs de l'Église de me faire la grâce d'avoir une chemise de femme et un capuchon sur la tête : j'aime mieux mourir que de révoquer ce que Dieu m'a fait faire, et je crois fermement que Dieu ne laissera advenir de me mettre si bas que je n'aie secours bientôt de lui et par miracle.

Puisque vous dites que vous portez l'habit d'homme par le commandement de Dieu, pourquoi demandez-vous une chemise de femme pour l'article de la mort ?

Il me suffit qu'elle soit longue.

Votre marraine qui a vu les fées passe-t-elle pour femme sage ?

Elle est tenue et réputée bonne et prude femme, non devineresse ni sorcière.

Vous avez dit que vous prendriez habit de femme, et qu'on vous laissât aller : est-ce que cela plairait à Dieu ?

Si j'avais congé de m'en aller en habit de femme, je me remettrais bientôt en habit d'homme et ferais ce que Dieu m'a commandé : je vous l'ai déjà répondu... — Pour rien au monde je ne ferais serment de ne plus m'armer et mettre en habit d'homme ; il faut que j'obéisse aux ordres de Notre-Seigneur.

Quel âge et quels vêtements ont sainte Catherine et sainte Marguerite ?

Vous êtes répondus de ce que vous en aurez de moi, et n'en aurez pas d'autres ; je vous ai dit ce que j'en sais de plus certain.

Avant aujourd'hui, croyiez-vous que les fées fussent de mauvais esprits ?

Je n'en sais rien.

Savez-vous si sainte Catherine et sainte Marguerite haïssent les Anglais ?

Elles aiment ce que Dieu aime ; elles haïssent ce que Dieu hait.

Dieu hait-il les Anglais ?

De l'amour ou haine que Dieu a aux Anglais, ou de ce qu'il fera de leurs âmes, je ne sais rien : mais je sais bien qu'ils seront boutés tous hors de France, excepté ceux qui y mourront, et que Dieu enverra victoires aux Français contre les Anglais.

Dieu était-il pour les Anglais quand ils étaient en prospérité en France ?

Je ne sais si Dieu haïssait les Français ; mais je crois qu'il voulait les faire battre pour leurs péchés, s'ils étaient en péché.

Quel garant et quel secours attendez-vous avoir de Notre-Seigneur de ce que vous portez habit d'homme ?

De cet habit et d'autres choses que j'ai faites, je n'ai voulu avoir autre récompense que le salut de mon âme.

Quelles armes avez-vous offertes à Saint-Denis ?

Un *blanc harnoys* entier, tel qu'il le faut à un homme d'armes, avec une épée que j'avais gagnée devant Paris.

Pourquoi avez-vous fait cette offrande ?

Par dévotion, et comme ont coutume de faire les gens d'armes quand ils sont blessés. Ayant été blessée devant Paris, je les offris à Saint-Denis, parce que c'est le cri de la France.

L'avez-vous fait pour que ces armes fussent adorées ?

Non.

À quoi servaient ces cinq croix qui étaient sur l'épée que vous avez trouvée à Sainte-Catherine de Fierbois ?

Je n'en sais rien.

Qui vous a portée à faire peindre sur votre étendard des anges, avec bras, pieds, jambes et vêtements ?

Vous en avez déjà été répondus.

Les avez-vous fait peindre tels qu'ils viennent à vous ?

Non ; je les ai fait peindre en la manière qu'ils sont peints dans les églises.

Les avez-vous oncques vus en la manière qu'ils furent peints ?

Je ne vous en dirai autre chose.

Pourquoi ne fîtes-vous pas peindre la clarté qui vient à vous avec l'ange ou les voix ?

Cela ne me fut point commandé.

NEUVIÈME INTERROGATOIRE SECRET.

Le même jour, 17 *mars, après midi*, nous, évêque, et nous, vicaire de l'inquisiteur, susdit, avons siégé avec l'assistance de vénérables et discrètes personnes les seigneurs et maîtres Jean Beaupère, Jacques de Touraine, Nicolas Midi, Pierre Maurice, Gérard Feuillet, Thomas de Courcelles, Jean Delafontaine, en présence de frère Ysambard de la Pierre et de John Gris.

Nous avons interrogé ladite Jeanne ainsi qu'il suit :

Les deux anges peints sur votre étendard représentaient-ils saint Michel et saint Gabriel ?

Ils n'y étaient que pour l'honneur de Noire-Seigneur qui était peint sur l'étendard. Je n'y ai fait représenter ces deux anges que pour honorer Notre-Seigneur, qui y était figuré tenant le monde.

Les deux anges figurés sur votre étendard étaient-ils ceux qui gardent le monde ? Pourquoi n'y en avait-il pas davantage, vu qu'il vous avait été commandé par Dieu de prendre cet étendard ?

L'étendard était commandé par Notre-Seigneur, par les voix de saintes Catherine et Marguerite, qui me dirent : « Prends l'étendard de par le Roi du ciel », et parce qu'elles m'avaient dit : « Prends l'étendard de par le Roi du ciel », je fis faire cette figure de Dieu et de deux anges : j'ai tout fait par leur commandement.

Leur avez-vous demandé si, par la vertu de cet étendard, vous gagneriez toutes les batailles où vous vous trouveriez, et si vous auriez victoire ?

Elles m'ont dit de le prendre hardiment, que Dieu m'aiderait.

Qui aidait plus, vous à votre étendard ou votre étendard à vous ?

De la victoire de mon étendard ou de moi-même, c'était tout à Notre-Seigneur.

L'espoir d'avoir victoire était-il fondé en votre étendard ou en vous ?

Il était fondé en Notre-Seigneur et non ailleurs.

Si un autre que, vous eût porté cet étendard, eût-il eu aussi bonne fortune que vous de le porter ?

Je n'en sais rien, je m'en attends à Notre-Seigneur.

Si un des gens de votre parti vous eût remis son étendard à porter, auriez-vous eu en lui aussi bonne confiance qu'en celui qui vous avait été remis de par Dieu ? Et mêmement l'étendard de votre Roi : s'il vous avait été remis, auriez-vous eu en lui aussi bonne confiance que dans le vôtre ?

Je portais plus volontiers celui qui m'était ordonné de Notre-Seigneur ; et cependant du tout je m'en attendais à Notre-Seigneur.

De quoi servait le signe que vous mettiez sur vos lettres, et ces mots : Jhesus Maria *?*

Les clercs qui écrivaient mes lettres l'y mettaient ; aucuns me disaient qu'il m'appartenait de mettre ces deux mots : *Jhesus Maria.*

Ne vous a-t-il point été révélé que si vous perdiez votre virginité, vous perdriez votre bonheur, et que vos voix ne vous viendraient plus ?

Cela ne m'a point été révélé.

Si vous étiez mariée, croyez-vous que vos voix vous viendraient ?

Je ne sais, et m'en attends à Notre-Seigneur.

Pensez-vous et croyez-vous fermement que votre Roi fit bien de tuer ou faire tuer Monseigneur le duc de Bourgogne ?

Ce fut grand dommage pour le royaume de France ; et quelque chose qu'il y eût entre eux, Dieu m'a envoyée au secours du Roi de France.

Puisque vous avez déclaré à monseigneur de Beauvais que vous répondriez à lui et à ses commissaires comme vous feriez devant notre très-saint seigneur le Pape, et qu'il y a beaucoup de questions auxquelles vous ne voulez répondre, répondriez-vous devant le Pape plus pleinement que vous ne faites devant nous ?

Je vous ai répondu tout le vrai que j'ai su, et si je savais aucune chose qui me vint à la mémoire que je n'aie dite, je la dirais volontiers.

Ne vous semble-t-il pas que vous soyez tenue de répondre plus pleinement à notre seigneur le Pape, vicaire de Dieu, de tout ce qu'on vous demanderait touchant la foi et le fait de votre conscience, que vous ne répondez à nous ?

Eh bien, que l'on me mène devant lui, et je répondrai devant lui tout ce que je devrai répondre.

De quelle matière était un de vos anneaux sur lequel il était écrit «Jhesus Maria *?*

Je ne le sais proprement ; s'il est d'or, il n'est pas de fin or : je ne sais s'il est d'or ou de laiton ; il y avait trois croix, et non autre signe que je sache, excepté *Jhesus Maria.*

Pourquoi était-ce que vous regardiez volontiers cet anneau quand vous alliez en fait de guerre ?

Par plaisance et en l'honneur de mon père et de ma mère ; j'avais cet anneau en la main et au doigt quand j'ai touché sainte Catherine qui m'apparaît.

Quelle partie de sainte Catherine ?

Vous n'en aurez autre chose.

Avez-vous oncques baisé ou embrassé saintes Catherine ou Marguerite ?

Je les ai embrassées toutes deux.

Fleuraient-elles bon ?

Il est bon à savoir, elles sentaient bon.

En les embrassant, avez-vous senti de la chaleur ou autre chose ?

Je ne les pouvais point embrasser sans les sentir et toucher.

Par quelle partie les embrassiez-vous, par haut ou par bas ?

Il convient mieux de les embrasser par le bas que par haut.

Ne leur avez-vous pas donné de couronnes ?

En leur honneur à leurs images plusieurs fois dans les églises j'ai mis des couronnes. Quant à celles qui m'apparaissent, je ne leur en ai point baillé dont j'aie mémoire.

Quand vous posiez des couronnes de fleurs en l'arbre dont vous nous avez parlé plus haut, les mettiez-vous en l'honneur de celles qui vous apparaissent ?

Non.

Quand ces saintes viennent à vous, leur faites-vous point la révérence ; fléchissez-vous le genou devant elles ? vous inclinez-vous ?

Oui, et le plus que je puis leur faire révérence, je la leur fais ; je sais que ce sont elles qui sont au royaume de paradis.

Savez-vous rien de ceux qui vont en l'air avec les fées ?

Je n'en fis oncques ou sus quelque chose, mais j'en ai bien ouï parler, et qu'on y allait le jeudi, mais je n'y crois point. Je crois que c'est sorcellerie.

N'a-t-on pas fait flotter votre étendard autour de la tête de votre Roi pendant qu'on le sacrait à Reims ?

Non, que je sache.

Pourquoi fut-il plus porté en l'église de Reims au sacre que ceux des autres capitaines ?

Il avait été à la peine, c'était bien raison qu'il fût à l'honneur...

Le dimanche de la Passion de Notre-Seigneur, dix-huitième jour du mois de mars, nous, évêque, et nous, frère Jean Lemaitre, vicaire de l'inquisiteur, avons exposé que Jeanne vient d'être interrogée pendant plusieurs jours, et que grand nombre de ses réponses ont été mises en écrit ; avons alors conclu et arrêté ce qui suit :

Chacun des docteurs et maîtres aura à examiner et étudier à part soi la matière en toute diligence, et à rechercher dans les livres authentiques l'opinion des docteurs sur chacune desdites assertions. Jeudi prochain nous les réunirons de nouveau pour en conférer. Ce jour-là, chacun aura à nous soumettre son avis.

En outre, nous avons arrêté que d'ici-là il sera extrait des interrogatoires et réponses de Jeanne certains articles qui seront proposés contre elle en justice, devant nous juges.

Vu ces assertions, après avoir pris l'opinion et en avoir longuement conféré avec chacun des assistants, nous, juges, avons conclu et arrêté que les assertions ainsi extraites du registre des déclarations de Jeanne seront rédigées en un très-petit nombre d'articles sous forme de propositions ; que les articles ainsi dressés seront ensuite communiqués à tous et à chacun des docteurs et maîtres, qui pourront ainsi plus facilement arrêter leur avis.

En présence de tous les susnommés, il a été fait lecture à Jeanne du registre qui contient les questions à elle faites et ses réponses. Cette lecture a été faite en présence de ladite Jeanne par G. Manchon, greffier, et en langue française.

La lecture du contenu dudit registre achevée, elle a dit :

Je crois bien avoir parlé ainsi qu'il est écrit dans le registre, et ainsi qu'il a été lu ; je n'y contredis sur aucun point.

Nous lui avons dit que plusieurs fois déjà, et hier notamment, elle avait demandé qu'à cause de la solennité de ces jours et du temps, il lui fût permis d'entendre la messe aujourd'hui, dimanche des Rameaux : en conséquence, nous venons lui demander si, pour le cas où cette faveur lui serait accordée, elle consentirait à retirer son vêtement d'homme et à en prendre un de femme, ainsi d'ailleurs qu'elle avait coutume d'en porter au lieu de sa naissance, et comme en portent toutes les femmes de son pays ?

Ladite Jeanne a répondu en nous demandant de nouveau permission d'entendre la messe avec l'habit qu'elle porte, et de recevoir avec ce même habit l'Eucharistie le jour de Pâques.

Répondez, lui avons-nous dit, à ce que nous vous demandons ; dites-nous si, dans le cas où il vous serait permis d'entendre la messe, vous consentiriez à abandonner l'habit que vous portez ?

Je ne suis pas consultée là-dessus, a-t-elle dit, et ne puis encore prendre habit de femme.

Voulez-vous avoir conseil de vos saintes pour savoir si vous devez prendre des vêtements de femme ?

Ne peut-il donc, a-t-elle répondu, m'être permis d'entendre la messe dans l'état où je suis ? je le désire ardemment ! Quant à changer mon habit, je ne le puis, ce n'est pas en mon pouvoir.

Alors tous les assistants se sont joints à nous, et chacun l'a exhortée, pour un si grand bien et pour satisfaire aux sentiments de dévotion dont elle paraît animée, de consentir à prendre le seul vêtement qui soit convenable à son sexe.

Cela, a-t-elle déclaré, n'est pas en mon pouvoir ; si c'était en moi, ce serait bientôt fait !

Parlez-en à vos voix, ont dit les assistants, pour savoir si vous pouvez reprendre votre vêtement de femme, afin que vous puissiez à Pâques recevoir le viatique ?

Je ne puis changer mon habit ; je serai donc privée du viatique. Je vous en supplie, messeigneurs, permettez-moi d'entendre la messe en habit d'homme ; ce vêtement ne change pas mon âme, et n'est pas contraire aux lois de l'Église !...

CLOTURE DU PROCÈS D'OFFICE.

De tout ce qui précède, messire Jean d'Estivet, promoteur, a demandé qu'il lui soit délivré un instrument public ; présents les seigneurs et maîtres Adam Millet, William Brolbster et Pierre Orient, des clergés de Rouen, de Londres et de Châlons.

Après lecture de ces articles, il a été délibéré qu'à la suite du procès *préparatoire* jusqu'ici dirigé de notre office, ainsi que nous, évêque, puis nous, vicaire, l'avons décrété et conclu, il y aura lieu de procéder désormais par procès *ordinaire*[3].

Il a été en outre délibéré que les articles dont il vient d'être donné lecture ont été bien composés ; que Jeanne devra être interrogée et entendue sur chacun d'eux ; que ces articles seront proposés, au nom du promoteur, par quelque solennel avocat, ou par le promoteur lui-même ; que si Jeanne refuse d'y répondre après qu'il lui aura été, au préalable, adressé une monition canonique, lesdits articles seront tenus pour confessés.

À la suite de cette délibération, nous, juges, avons arrêté que les articles dont il s'agit seront dès demain proposés par notre promoteur, et que Jeanne devra être, au fur et à mesure, interrogée sur chacun d'eux et entendue en ses réponses.

Le promoteur a déposé le texte de l'accusation dressé par lui contre Jeanne, dans lequel se trouvent relatés les articles dont il vient d'être parlé, et dont la teneur sera transcrite plus bas.

Puis, nous, juges, vu la requête du promoteur, de l'avis de chacun des assistants, avons arrêté et arrêtons que les articles que le promoteur vient de produire seront sur-le-champ lus et exposés en français à ladite Jeanne, qui, sur chacun d'eux, aura à répondre ce qui est à sa connaissance ; et que s'il est quelques points sur lesquels elle demande délai, délai de droit lui sera accordé.

Alors, le promoteur a juré de calomnie entre nos mains (c'est-à-dire affirmé sous serment qu'il n'était guidé dans sa poursuite par faveur, rancune, haine ou crainte, mais uniquement animé du zèle de la foi).

---

3. Ce « procès ordinaire » ou réquisitoire a été dressé par Jean d'Estivet en soixante-dix articles qui résument les opinions avancées par Jeanne lors de l'interrogatoire. À ces articles, il lui est demandé de répondre, article par article, par « je crois » ou « je ne crois pas ». On lui laisse toutefois la possibilité d'obtenir un délai de réponse. Nous en retenons ici les plus pertinents.

Ces préliminaires remplis, nous, évêque, avons adressé à Jeanne une monition canonique ; nous lui avons dit que tous les assistants étaient des personnages ecclésiastiques de science consommée, experts en droit divin et en droit humain, qui veulent et entendent procéder envers elle, ainsi qu'ils l'ont du reste fait jusque-là, avec mansuétude et piété, et qui, bien loin de chercher la vengeance et le châtiment, ne désirent au contraire que son instruction et son retour dans la voie de la vérité et du salut. « Mais parce que vous n'êtes ni assez docte ni assez instruite en ces matières ardues pour, par vous-même, pourvoir à ce que vous avez à faire et à dire, nous vous offrons de choisir pour conseil tel des assistants qu'il vous plaira désigner ; si vous ne savez vous-même faire ce choix, nous vous offrons de le faire pour vous, et de vous désigner quelques-uns qui vous conseilleront sur ce que vous avez à répondre ou à faire, à la condition, toutefois, que sur les choses de pur fait vous répondiez vous-même, et à charge par vous de jurer de dire la vérité sur les faits qui vous sont personnels. »

À notre exhortation, Jeanne a répondu en ces termes :

Premièrement, de ce que vous m'admonestez de mon bien et de notre foi, je vous remercie, et toute la compagnie aussi ; quant au conseil que vous m'offrez, aussi je vous remercie ; mais je n'ai pas l'intention de me départir du conseil de Notre-Seigneur. Quant au serment que vous voulez que je fasse, je suis prête à dire vérité sur tout ce qui touche le procès.

Et elle a juré ainsi, les mains sur les saints Évangiles.

Après cela il a été, de notre ordre, fait lecture des articles contenus au libelle que le promoteur vient de déposer. Chacun de ces articles a été lu à Jeanne en langue française par Thomas de Courcelles, et elle a été interpellée de répondre successivement sur chacun de ces articles, ce qu'elle a fait. L'accomplissement de cette formalité a rempli la fin de la séance d'aujourd'hui, et toute la séance du lendemain.

ARTICLE 1er. « Et d'abord, d'après le droit divin comme d'après le droit canonique et civil, c'est à vous, évêque, comme juge ordinaire, et à vous, vicaire, comme inquisiteur de la foi, qu'il appartient de chasser, de détruire, d'extirper radicalement dans votre diocèse et dans tout le royaume de France les hérésies, sortilèges, superstitions et autres crimes de cette nature ; c'est à vous qu'il appartient de punir, de corriger, d'amender les hérétiques et tous ceux qui affichent, disent, professent, ou de quelque autre manière que ce soit, agissent contre notre foi catholique, à savoir : les sorciers, les devins, les invocateurs de démons, ceux qui pensent mal de la foi, tous les criminels de cette sorte, leurs fauteurs et complices saisis dans votre diocèse ou dans votre juridiction, non seulement pour les méfaits qu'ils y auraient commis, mais même pour la partie de leurs méfaits qu'ils auraient commis ailleurs : sauf, à cet égard, la faculté et le devoir qu'ont aussi les autres juges compétents de les poursuivre dans leurs diocèses, limites et juridictions respectives. Et votre pouvoir, quant à ce, existe contre toute personne laïque, quels que soient son état, son sexe, sa qualité, sa prééminence : à l'égard de tous vous êtes juges compétents. »

Demande. — Qu'avez-vous à dire à cet article ?

Réponse. — Je crois bien que notre seigneur le Pape de Rome, les évêques et autres gens d'Église sont établis pour garder la foi chrétienne et punir ceux qui y défaillent ; mais quant à moi, de mes faits je ne me soumettrai qu'à l'Église céleste, c'est-à-dire à Dieu, à la Vierge Marie, aux saints et aux saintes du paradis. Je crois fermement n'avoir pas failli en notre foi, et pour rien au monde n'y voudrais faillir.

ARTICLE 2. « L'accusée, non seulement cette année-ci, mais dès son enfance, et non seulement dans le diocèse de vous, évêque, et la juridiction de vous, vicaire, mais aussi dans beaucoup d'autres lieux de ce royaume, a fait, composé, combiné, ordonné une foule de sacrilèges et de superstitions ; elle s'est faite devineresse ; elle s'est fait adorer et vénérer ; elle a invoqué les démons et les malins esprits, les a consultés, fréquentés, a fait et eu avec eux des pactes, traités et conventions, en a fait usage, a fourni a d'autres agissant comme elle aide, secours et faveur, en a conduit beaucoup à agir comme elle ; elle a dit, affirmé et soutenu qu'agir ainsi, user ainsi de sortilège, de divinations, de superstitions n'était pas un péché, n'était pas chose défendue, mais au contraire chose licite, louable, digne d'être approuvée ; elle a ainsi induit dans ses erreurs et maléfices un très-grand nombre de personnes de divers états, de l'un et de l'autre sexe, et imprimé dans leurs cœurs les erreurs les plus funestes. Jeanne a été prise et arrêtée dans les limites de votre diocèse de Beauvais, en flagrant délit de perpétration de tous ces méfaits. »

D. — *Qu'avez-vous à dire à cet article ?*

R. — Je nie avoir jamais usé de sortilèges, d'œuvres superstitieuses ou de divinations. Quant à m'être fait adorer, si aucuns ont baisé mes mains ou mes vêtements, ce n'a point été de moi-même et de ma volonté ; j'ai cherché à m'en défendre et à y obvier autant qu'il a été en moi. Et pour ce qui est du reste de l'article, je nie.

ARTICLE 3. « L'accusée est tombée en plusieurs erreurs diverses et détestables qui sentent l'hérésie. Elle a dit, vociféré, proféré, publié et inculqué au cœur des simples des propositions fausses, mensongères, voisines de l'hérésie, hérétiques même, contraires à notre foi catholique, à ses principes, aux règles évangéliques, aux statuts établis ou approuvés par les conciles généraux : propositions contraires non seulement au droit divin, mais canonique et civil ; propositions scandaleuses, sacrilèges, contraires aux bonnes mœurs, offensantes pour les oreilles pieuses ; elle a fourni aide, conseil et faveur aux gens qui ont dogmatisé, affirmé ou promulgué de telles propositions. »

D. — *Qu'avez-vous à dire à cet article ?*

R. — Je nie, et j'affirme au contraire avoir toujours défendu l'Église autant qu'il a été en mon pouvoir.

ARTICLE 4. « Mais il est temps de vous édifier plus complètement et plus directement, seigneurs juges, sur les offenses, excès, crimes et délits commis par l'accusée dans le diocèse de Beauvais et ailleurs, en plusieurs et divers lieux :

« Il est de vérité que l'accusée est née au village de Grus, de Jacques d'Arc et d'Ysabelle, sa femme ; qu'elle a vécu jusqu'à dix-sept ans ou environ au village de Dompremy, sur la Meuse, au diocèse de

Toul, au bailliage de Chaumont en Bassigny, prévôté de Monteclaire et d'Andelot. Dans son enfance, elle ne fut pas instruite dans les croyances et les principes de notre foi ; mais par quelques vieilles femmes, elle fut initiée à la science des sortilèges, divinations, œuvres superstitieuses et arts magiques. Beaucoup d'habitants de ces villages ont été connus de tout temps pour user de ces sortes de maléfices. Jeanne a dit elle-même qu'elle avait appris de plusieurs, notamment de sa marraine, beaucoup de choses touchant ses visions et les apparitions des *fées ;* par d'autres aussi, elle a été pénétrée des détestables et pernicieuses erreurs de ces mauvais esprits, tellement que, dans ses interrogatoires devant vous, elle a confessé que maintenant encore elle ne savait si les fées étaient ou non de mauvais esprits. »

D. — *Qu'avez-vous à dire sur cet article ?*

R. — Pour la première partie, cela est vrai, en ce qui concerne mon père, ma mère et le lieu de ma naissance. Quant aux *fées*, je ne sais ce que c'est. En ce qui touche mon instruction, j'ai appris ma croyance et ai été élevée bien et dûment à faire ce qu'une bonne enfant doit faire. Pour ce qui est de ma marraine, je m'en réfère à ce qu'autrefois j'en ai dit. Vous me demandez de dire *Credo ?* Demandez à mon confesseur, à qui je l'ai dit.

ARTICLE 13. « Jeanne attribue à Dieu, à ses anges et à ses saints, des ordres qui sont contre l'honnêteté du sexe et que la loi divine prohibe, des choses abominables à Dieu et aux hommes, interdites sous peine d'anathème par les censures ecclésiastiques, comme de s'habiller de vêtements d'homme courts, étroits, dissolus, tant ceux du dessous que les autres ; c'est en vertu de ces ordres prétendus qu'elle s'est revêtue de vêtements somptueux et pompeux en drap d'or et en fourrures, et non seulement elle s'est habillée de vêtements courts, elle s'est vêtue de tabards, de vêtements ouverts de chaque côté, et il est de notoriété qu'elle a été prise couverte d'un manteau en drap d'or flottant. On la voyait sans cesse un chapeau sur la tête, les cheveux courts coupés en rond à la manière des hommes. En un mot, mettant de côté la pudeur de son sexe, elle a agi non seulement contre toute décence de femme, mais même contre la retenue qui convient aux hommes de mœurs régulières, usant d'ornements et de vêtements que les hommes dissolus ont seuls coutume d'employer, et allant jusqu'à porter des armes offensives. Attribuer tout cela à l'ordre de Dieu, à l'ordre que lui auraient transmis des anges et même des vierges saintes, c'est blasphémer Dieu et les saints, détruire la loi divine et violer les règles canoniques ; c'est scandaliser le sexe et son honnêteté, renverser toute décence, justifier tous les exemples de dissolution et y pousser les autres. »

D. — *Qu'avez-vous à dire sur cet article ?*

R. — Je n'ai blasphémé Dieu ni ses saints.

ARTICLE 14. « Jeanne affirme qu'elle a bien fait de se vêtir d'habits que portent seuls les hommes dissolus ; elle prétend continuer à ne pas les mettre de côté tant qu'elle n'en aura pas reçu, par révélation, l'ordre exprès de Dieu ; par là, elle outrage Dieu, les anges et les saints. »

D. — *Qu'avez-vous à dire sur cet article ?*

R. — Je ne fais pas mal de servir Dieu ; demain, je vous répondrai.

L'un des assistants : *Avez-vous eu révélation ou ordre de porter un habit d'homme ?*

J'ai répondu ailleurs là-dessus, je m'en réfère à mes dires précédents... Demain, je répondrai... Je sais bien qui m'a fait prendre un habit d'homme, mais je ne sais comment je puis le révéler.

ARTICLE 15. « Jeanne ayant plusieurs fois demandé qu'il lui fût permis d'entendre la messe, a été engagée à quitter l'habit qu'elle porte et à reprendre son habit de femme ; on lui a laissé espérer qu'elle serait admise à entendre la messe et à recevoir la communion, si elle voulait renoncer entièrement à l'habit d'homme et en prendre un de femme comme il convient à son sexe, elle s'y est refusée. En d'autres termes, elle a mieux aimé ne pas s'approcher des sacrements et ne pas assister aux offices divins, que mettre de côté son habit, prétendant que cela déplairait à Dieu. En quoi apparaît son entêtement, son endurcissement, son défaut de charité, sa désobéissance à l'Église, son mépris des divins sacrements. »

D. — *Qu'avez-vous à dire sur cet article ?*

R. — J'aime mieux mourir que révoquer ce que j'ai fait de l'ordre de Notre-Seigneur.

D. — *Voulez-vous, pour entendre la messe, abandonner l'habit d'homme ?*

R. — Je ne l'abandonnerai pas encore, le moment n'est pas venu. Si vous refusez de me laisser ouïr la messe, il est au pouvoir de Notre-Seigneur de me la faire ouïr, quand il lui plaira, sans vous... Je reconnais avoir été admonestée de reprendre un habit de femme... Quant à l'irrévérence et autres séquelles, je les nie.

Article 16. « Antérieurement et depuis sa capture, Jeanne, au château de Beaurevoir et à Arras, a été plusieurs fois avertie avec douceur, par de nobles personnages des deux sexes, d'abandonner son habit d'homme et de reprendre un vêtement convenable. Elle s'y est absolument refusée, et aujourd'hui encore elle s'y refuse avec persistance ; elle dédaigne aussi de se livrer aux œuvres de femme, se conduisant en tout plutôt comme un homme que comme une femme. »

D. — *Qu'avez-vous à dire sur cet article ?*

R. — À Arras et à Beaurevoir, j'ai été invitée de prendre un vêtement de femme ; alors j'ai refusé et je refuse encore. Quant aux œuvres dont vous me parlez, il y a assez d'autres femmes pour les faire.

Article 17. « Lorsque Jeanne se trouva en présence de Charles, ainsi vêtue et armée, elle lui promit entre autres ces trois choses : qu'elle ferait lever le siège d'Orléans ; qu'elle le ferait sacrer à Reims ; qu'elle le vengerait de ses ennemis, qui tous, Anglais ou Bourguignons, seraient, grâce à elle, tués ou chassés du royaume. Bien des fois et en bien des lieux elle a répété publiquement les mêmes vanteries, et, pour leur donner plus de poids, alors et bien souvent depuis, elle a usé de divinations, et par ce moyen dévoilé les mœurs, la vie entière, les actes les plus secrets de personnes mises en sa présence, qu'elle n'avait jusque-là ni vues ni connues : elle se vantait de tout savoir par révélation. »

D. — *Qu'avez-vous à dire sur cet article ?*

R. — De par Dieu, j'ai apporté à mon Roi la nouvelle que notre Sire lui rendrait son royaume, le ferait couronner à Reims et bouterait dehors ses adversaires ; j'ai été messagère de par Dieu, quand j'ai dit au Roi qu'il me mît hardiment en œuvre et que je lèverais le siège d'Orléans... J'entends parler de tout le royaume, et si monseigneur de Bourgogne et les autres sujets du Roi ne viennent en obéissance, le Roi saura les y faire rentrer par force. Quant à la fin de l'article, de connaître Robert de Baudricourt et mon Roi, je m'en tiens à ce qu'autrefois j'en ai dit.

Article 18. « Tant que Jeanne est restée avec Charles, elle l'a dissuadé de toutes ses forces, lui et les siens, de consentir aucun traité de paix, aucun arrangement avec ses adversaires ; les excitant toujours au meurtre et à l'effusion du sang, affirmant qu'il ne pouvait y avoir de paix qu'avec la lance et l'épée ; que Dieu le voulait ainsi, parce que les ennemis du Roi ne quitteraient pas autrement ce qu'ils occupent dans le royaume : les combattre ainsi, c'est, disait-elle, un des plus grands biens qui puissent advenir à toute la chrétienté. »

D. — *Qu'avez-vous à dire sur cet article ?*

R. — Quant à monseigneur de Bourgogne, je l'ai requis par mes ambassadeurs et mes lettres qu'il y eût paix entre mon Roi et lui ; mais, quant aux Anglais, la paix qu'il leur faut, c'est qu'ils s'en aillent dans leur pays, en Angleterre : j'ai répondu au surplus de l'article, et m'en réfère à cette réponse.

Article 20. « Elle a mis un sort dans son anneau, dans son étendard, dans certaines pièces de toile et panonceaux qu'elle portait et faisait porter par ses gens, et aussi dans l'épée trouvée par révélation, selon elle, à Sainte-Catherine de Fierbois, disant que ces choses étaient bien heureuses. Elle a fait dessus beaucoup d'exécrations et conjurations, en des lieux nombreux et divers, assurant publiquement que par eux elle ferait de grandes choses et obtiendrait victoire sur ses adversaires ; qu'à ceux de ses gens qui portaient des panonceaux de cette espèce il ne pouvait rien arriver de fâcheux. Elle a dit tout cela à Compiègne, la veille du jour où étant sortie pour attaquer monseigneur le duc de Bourgogne, elle fut prise et beaucoup des siens blessés, tués ou pris. Elle en avait dit autant à Saint-Denis, quand elle avait excité son armée à attaquer Paris. »

D. — *Qu'avez-vous à dire sur cet article ?*

R. — Je m'en rapporte à ce que j'ai déjà répondu... Dans tout ce que j'ai fait il n'y a jamais eu sorcellerie ni art mauvais : je m'en rapporte du bonheur de ma bannière au bonheur que Notre-Seigneur lui a envoyé.

ARTICLE 21. « Jeanne, par témérité ou présomption, a fait écrire des lettres en tête desquelles elle a placé les noms de *Jhésus Maria*, avec une croix au milieu : Ces lettres, elle en a fait adresser en son nom au Roi notre seigneur, à monseigneur Bedford, régent de France ; aux seigneurs et capitaines qui étaient alors au siège devant Orléans, contenant une foule de choses mauvaises, pernicieuses, contraires à la foi catholique, et dont la teneur se trouve dans l'article qui suit. »

D. — *Qu'avez-vous à dire sur cet article ?*

R. — Je n'ai pas fait les lettres dont vous me parlez par orgueil ou présomption, mais par commandement de Notre-Seigneur : je reconnais et je confesse bien le contenu de ces lettres, moins trois mots. Si les Anglais eussent cru mes lettres, ils n'eussent été que sages, et avant sept ans ils s'en apercevront bien !

ARTICLE 25. « Usurpant l'office des anges, Jeanne a dit et affirmé qu'elle avait été et était l'envoyée de Dieu, et elle l'a dit même pour des cas qui tendent ouvertement à la violence et à l'effusion du sang humain : propos on ne peut plus étrangers à la sainteté, horribles, abominables pour toute âme pieuse.

D. — *Qu'avez-vous à dire sur cet article ?*

R. — Premièrement, j'ai requis qu'on fît la paix, et c'était seulement au cas où on ne voudrait faire la paix que j'étais toute prête à combattre.

ARTICLE 51. « Jeanne ne craint pas de proclamer que saint Michel, archange de Dieu, est venu à elle avec grande multitude d'anges, dans la maison d'une femme où elle était descendue à Chinon : il se serait promené avec elle la tenant par la main ; ils auraient monté ensemble les degrés du château et gagné ensemble l'appartement du Roi ; l'ange aurait fait la révérence au Roi, se serait incliné devant lui, entouré de cette multitude d'anges dont les uns avaient une couronne sur la tête, les autres des ailes. Dire de telles choses des archanges et des saints anges, c'est présomption, témérité, mensonge, alors que dans les livres saints on ne lit pas qu'ils aient fait pareille révérence, pareille démonstration à aucun saint, pas même à la bienheureuse Vierge, mère de Dieu. Jeanne a dit que l'archange saint Gabriel était souvent venu à elle avec le bienheureux Michel, et quelquefois même avec mille milliers d'anges. Elle a aussi proclamé que le même ange à sa prière avait apporté dans cette société d'anges une couronne, la plus précieuse possible, pour la poser sur la tête du Roi, couronne qui aujourd'hui serait déposée dans le trésor de son Roi : son Roi eût été couronné à Reims avec cette couronne, s'il eût différé son sacre de quelques jours : ce n'est qu'à cause de la célérité extrême de son couronnement qu'il en a reçu une autre. Tout cela ce sont des mensonges imaginés par Jeanne à l'instigation du diable, ou suggérés par les démons dans des apparitions trompeuses, pour se jouer de sa curiosité, elle qui cherche des secrets au-dessus de sa portée et au-dessus de sa condition. »

D. — *Qu'avez-vous à dire sur cet article ?*

R. — Au sujet de l'ange qui apporta le signe, j'ai déjà répondu. Quant à ce que le promoteur propose au sujet de mille milliers d'anges, je ne suis pas recolente de l'avoir dit, c'est-à-dire du nombre ; j'ai bien dit que je n'ai oncques été blessée, que je n'aie eu grand confort et grand secours de Dieu et de saintes Catherine et Marguerite... Quant à la couronne, ailleurs aussi j'ai répondu. De la conclusion que le promoteur met contre mes faits, je m'en attends à Dieu, Notre-Seigneur ; et où la couronne fut faite et forgée, je m'en attends à Notre-Seigneur.

ARTICLE 53. « Au mépris des ordres de Dieu et des saints, Jeanne, dans sa présomption et son orgueil, est allée jusqu'à prendre commandement sur des hommes ; elle s'est constituée chef de guerre, et a eu sous ses ordres jusqu'à seize mille hommes, parmi lesquels des princes, barons, une foule de gentilshommes : elle les a tous fait guerroyer, étant leur principal capitaine. »

D. — *Qu'avez-vous à dire à cet article ?*

R. — Quant au fait d'être chef de guerre, j'en ai répondu ailleurs ; si j'ai été chef de guerre, c'était pour battre les Anglais. Quant à la conclusion de l'article, je m'en rapporte à Dieu.

ARTICLE 54.« Jeanne se commet avec les hommes d'une façon inconvenante, refuse d'avoir société et communauté avec les femmes, ne veut vivre qu'avec les hommes, se fait servir par eux, même dans son particulier et pour les détails les plus secrets : jamais on n'avait vu ni ouï dire pareille chose d'une femme chaste et pieuse. »

D. — *Qu'avez-vous à dire à cet article ?*

R. — Il est vrai que mon gouvernement était sur des hommes ; mais quant à mon logis et gîte, le plus souvent j'avais une femme avec moi. Et quand j'étais en guerre je me couchais toute vêtue et armée, ne pouvant alors recouvrer de femmes. Quant à la conclusion de l'article, je m'en rapporte à Dieu.

ARTICLE 55. « Jeanne a abusé des révélations et des prophéties qu'elle dit avoir eues de Dieu, pour se procurer par là lucre et profit temporels : au moyen de ces prétendues révélations, elle s'est acquis de grandes richesses, un grand étalage, un grand état de maison en officiers, chevaux et parures ; elle a obtenu de grands revenus à ses frères et parents, imitant en cela les faux prophètes, qui, pour acquérir un gain temporel ou gagner les faveurs des rois, ont coutume de simuler qu'ils ont eu révélations de Dieu sur les choses qu'ils savent être du goût de leurs princes : abusant des oracles divins, elle a attribué ainsi ses mensonges à Dieu. »

D. — *Qu'avez-vous à dire à cet article ?*

R. — J'ai ailleurs répondu. Quant aux dons faits à mes frères, ce que le Roi leur a donné c'est de sa grâce, sans que je l'aie requis. Quant à la charge que donne le promoteur, et à la conclusion de l'article, je m'en rapporte à Notre-Seigneur.

ARTICLE 56. « Jeanne a bien des fois proclamé avoir deux conseillers qu'elle appelle conseillers *de la fontaine*, et qui sont venus à elle depuis qu'elle a été prise, ainsi qu'il résulte des déclarations faites par Catherine de la Rochelle devant l'official de Paris. Cette Catherine a dit que Jeanne, si elle n'est pas bien gardée, sortira de prison par le secours du diable. »

D. — *Qu'avez-vous à dire à cet article ?*

R. — Je m'en tiens à ce que j'en ai déjà dit ; et quant aux conseillers de la fontaine, je ne sais ce que c'est. Je crois bien y avoir une fois entendu sainte Catherine et sainte Marguerite. Je nie la conclusion de l'article. À cet instant elle a juré par son serment qu'elle ne voudrait point que le diable la tirât hors de la prison.

ARTICLE 60. « Au mépris des lois et sanctions de l'Église, Jeanne a plusieurs fois devant ce tribunal refusé de dire la vérité ; par là, elle rend suspect tout ce qu'elle a dit ou fait en matière de foi et de révélations, puisqu'elle n'ose les révéler à des juges ecclésiastiques ; elle redoute le juste châtiment qu'elle a mérité, et dont elle paraît avoir conscience elle-même, quand, à ce propos, elle a en justice allégué ce proverbe, que « pour dire la vérité, on était souvent pendu ». Aussi a-t-elle souvent dit : « Vous ne saurez pas tout », et encore : « J'aimerais mieux avoir la tête coupée que de tout vous dire. »

D. — *Qu'avez-vous à dire sur cet article ?*

R. — Je n'ai point pris délai, fors pour plus sûrement répondre à ce qu'on me demandait. Quand je doute si je dois répondre, je demande délai pour savoir si je dois dire. Quant au conseil de mon Roi, pour ce qu'il ne touche pas le procès, je ne l'ai voulu révéler. Du signe donné au Roi, je l'ai dit, parce que les gens d'Église m'ont condamnée à le dire.

ARTICLE 61. « Avertie d'avoir à soumettre tous ses dits et actions à l'Église militante, après qu'on lui a eu fait connaître la distinction entre l'Église militante et l'Église triomphante, Jeanne a déclaré se soumettre à l'Église triomphante, et refusé de se soumettre à l'Église militante, confessant par là qu'elle comprend mal l'article de foi : « *Je crois en l'Église une, sainte, catholique* », et qu'elle est dans l'erreur sur ce point. Elle a dit ne relever que de Dieu, et qu'elle s'en rapportait de ses faits à Dieu et à ses saints, et non au jugement de l'Église. »

D. — *Qu'avez-vous à dire sur cet article ?*

R. — Je veux porter honneur et révérence à l'Église militante de tout mon pouvoir. De m'en rapporter de mes faits à cette Église militante, il faut que je m'en rapporte à Notre-Seigneur qui me l'a fait faire.

D. — *Vous en rapporterez-vous à l'Église militante quant à ce que vous avez fait ?*

R. — Envoyez-moi le clerc samedi prochain et je vous en répondrai.

ARTICLE 62. « Jeanne a travaillé à scandaliser le peuple, à l'induire à croire à ses discours, se donnant l'autorité de Dieu et des anges, s'élevant, pour mettre les hommes en erreur, au-dessus de tout pouvoir ecclésiastique, comme ont coutume de faire les faux prophètes qui établissent des sectes d'erreur et de perdition, et se séparent de l'unité de l'Église. Chose pernicieuse dans la religion chrétienne, qui, si les évêques n'y pourvoient, peut détruire l'autorité ecclésiastique : de tous côtés, en effet, s'élèveront des hommes et des femmes qui, prétendant avoir des révélations de Dieu et des anges, sèmeront le mensonge et l'erreur, comme il est arrivé déjà à beaucoup depuis que cette femme s'est élevée et a commencé à scandaliser le peuple chrétien et à publier ses fourberies. »

D. — *Qu'avez-vous à dire sur cet article ?*

R. — Samedi prochain j'en répondrai.

ARTICLE 65. « Bien des fois Jeanne a dit qu'elle demandait à Dieu de lui envoyer révélation expresse par les anges et par saintes Catherine et Marguerite sur ce qu'elle doit faire, par exemple sur le point de savoir si elle doit faire connaître la vérité en justice sur certains points et certains faits qui lui sont personnels. C'est tenter Dieu ; lui demander ce qui ne doit pas lui être demandé, parce qu'il n'y a pas nécessité et que l'homme avec ses seules recherches peut y suffire. Lors du saut de la tour de Beaurevoir, elle semble avoir manifestement tenté Dieu. »

D. — *Qu'avez-vous à dire sur cet article ?*

R. — J'en ai répondu et ne veux, sans le congé de Notre-Seigneur, révéler ce qui m'a été révélé. Ce n'est pas sans nécessité que je requiers Dieu. Je voudrais qu'il m'en envoyât encore plus, afin qu'on aperçût mieux que je suis venue de par Dieu, et que c'est lui qui m'a envoyée.

ARTICLE 66. « Plusieurs des faits et dits qui viennent d'être relevés, les uns sont opposés au droit divin, au droit évangélique, au droit canonique, au droit civil et aux règles des conciles généraux ; d'autres sont sortilèges, divinations ou superstitions ; d'autres respirent l'hérésie et l'erreur de foi ; d'autres sont attentatoires à la paix, et poussent à l'effusion du sang humain ; d'autres constituent des blasphèmes contre Dieu, les saints et les saintes, et sont blessants pour les oreilles pieuses. Sur tout cela, l'accusée, par son audace téméraire, à l'instigation du diable, a offensé Dieu et péché contre la sainte Église ; elle a été une cause de scandale ; elle est sur tous les points notoirement diffamée ; elle doit être punie et corrigée par vous. »

D. — *Qu'avez-vous à dire sur cet article ?*

R. — Je suis bonne chrétienne : de tout ce dont vous me chargez je m'en rapporte à Notre-Seigneur.

ARTICLE 69. « Sur tout ce qui précède l'accusée est véhémentement suspectée, scandalisée, et, autant que possible, auprès de tous les gens honnêtes et sérieux, diffamée. Mais sur tout ce qui précède elle n'est ni corrigée ni amendée ; elle a différé et diffère, elle a refusé et refuse de se corriger et amender ; elle a continué et persévéré, continue et persévère dans ses erreurs, bien que, soit par vous, juges, soit par grand nombre de gens d'Église notables et autres personnes honnêtes, elle ait été, charitablement et autrement, dûment et suffisamment avertie, sommée et requise. »

D. — *Qu'avez-vous à dire sur cet article ?*

R. — Les délits proposés par le promoteur contre moi, je ne les ai pas faits. Du surplus, je m'en rapporte à Notre-Seigneur. De tous les délits proposés contre moi, je ne crois pas en avoir commis aucun contre la foi chrétienne.

D. — *Si vous aviez fait aucune chose contre la foi chrétienne, voulez-vous vous en soumettre à l'Église et à ceux à qui en appartient la correction ?*

R. — Samedi, après dîner, je vous en répondrai.

ARTICLE 70. « Toutes et chacune des propositions contenues aux articles qui précèdent sont vraies, notoires, manifestes : la voix publique, la renommée, s'en sont préoccupées et s'en préoccupent : l'accusée a reconnu et confessé plusieurs fois et suffisamment pour vraie, devant des témoins probes et dignes de foi en jugement et hors jugement, les faits pour lesquels elle est poursuivie. »

D. — *Qu'avez-vous à dire sur cet article ?*

R. — Je nie tout ce que je n'ai pas reconnu et confessé.

CONCLUSION. – « Conviction acquise par vous de la vérité de tout ou partie des articulations qui précèdent, de manière à satisfaire au but proposé, qui est que vous soyez mis à même de vous prononcer en connaissance de cause, le promoteur conclut qu'il soit ultérieurement jugé par vous sur le tout, ainsi que de droit et de raison.

« Implorant humblement ledit promoteur votre office sur toutes ces choses, ainsi qu'il convient. »

Et le samedi suivant, dernier jour du mois de mars[4], veille de Pâques, Jeanne a été interrogée ainsi qu'il suit, touchant quelques points sur lesquels elle a, ainsi qu'on l'a vu, demandé délai pour répondre :

Voulez-vous vous en rapporter au jugement de l'Église qui est sur terre, de tout ce que vous avez dit et fait, soit bien, soit mal ? Spécialement, voulez-vous vous en référer à l'Église des cas, crimes et délits qui vous sont imputés, et de tout ce qui touche votre procès ?

Sur tout ce qui m'est demandé, je m'en rapporterai à l'Église militante, pourvu qu'elle ne me commande chose impossible à faire. Et je répute chose impossible à faire de déclarer que mes faits et dits, et tout ce que j'ai répondu au sujet de mes visions et révélations, je ne l'ai pas fait et dit de par Dieu : cela, je ne le déclarerai pour rien au monde. Et ce que Dieu m'a fait faire, commandé ou commandera, je ne manquerai de le faire pour homme qui vive. Il me serait impossible de le révoquer. Et au cas que l'Église voulut me faire faire chose contraire au commandement qui m'a été fait par Dieu, je n'y consentirais pour quoi que ce soit.

Si l'Église militante vous dit que vos révélations sont illusions ou choses diaboliques, vous en rapporterez-vous à l'Église ?

Je m'en rapporterai à Dieu, dont je ferai toujours le commandement. Je sais bien que ce qui est contenu en mon procès m'est venu par le commandement de Dieu : ce que j'affirme dans le procès, que j'ai agi par ordre de Dieu, il m'est impossible de faire le contraire. Au cas où l'Église me prescrirait le contraire, je ne m'en rapporterais à aucun homme au monde, mais à Dieu seul, dont je suivrai toujours le commandement.

Ne vous croyez-vous donc pas soumise à l'Église de Dieu qui est sur la terre, c'est-à-dire au Pape, notre seigneur ; aux cardinaux, aux archevêques, évêques et autres prélats de l'Église ?

4. Les deux jours suivants correspondent, cette année 1431, au triduum pascal. Les débats ne reprennent que le lundi de Pâques. Ce jour-là, les juges reprennent l'ensemble des éléments et arrivent à la conclusion que Jeanne est passible d'insoumission – que l'accusateur, Jean d'Estivet, résumé dans un libelle de douze articles. Jeanne est déclarée suspecte en la foi et ses révélations mensongères et présomptueuses, même si certains assesseurs voudraient se laisser le temps de soumettre le dossier au pape et d'exposer à nouveau les faits à Jeanne. De façon exceptionnelle encore dans un procès d'inquisition, l'Université de Paris et le chapitre canonial de Rouen sont sollicités, ce dernier réservant sa réponse à la décision de la grande institution à l'origine de ce procès en hérésie.

Oui, je m'y crois soumise : mais Dieu premier servi.

Avez-vous donc commandement de vos voix de ne pas vous soumettre à l'Église militante, qui est sur la terre, ni à son jugement ?

Je ne réponds rien que je prenne dans ma tête ; ce que je réponds est du commandement de mes voix : elles ne me commandent point de désobéir à l'Église, mais Dieu premier servi.

Au château de Beaurevoir, à Arras ou ailleurs, aviez-vous des limes ?

Si l'on en a trouvé sur moi, je n'ai rien à répondre.

Cela fait, nous nous sommes retirés, remettant à un autre jour les suites du présent procès de foi.

Et le jeudi suivant 5 avril, nous, juges, avons transmis les douze articles dont il s'agit à chacun des docteurs et maîtres à ce connaissant que nous savons se trouver dans cette ville, nous vous prions, et en faveur de la foi, vous requérons qu'avant mardi prochain vous nous donniez par écrit, et sous votre sceau, conseil salutaire au sujet des assertions portées aux douze articles ci-joints, sur le point de savoir si, lesdites assertions par vous mûrement pesées, considérées et comparées, toutes ou quelques-unes vous semblent contraires à la foi orthodoxe, ou, sur quelque point, contraires à la sainte Écriture, aux décisions de la sainte Église romaine, aux décisions des docteurs approuvés par l'Église ou aux sanctions canoniques ; si toutes ou quelques-unes vous semblent scandaleuses, téméraires, perturbatrices de la chose publique, injurieuses, criminelles, contraires aux bonnes mœurs, ou coupables de quelque autre manière que ce soit.

Viennent ensuite les délibérations données sur lesdits douze articles, délibérations qui nous sont parvenues successivement pendant les jours qui ont suivi.

Le mercredi dix-huitième jour du mois d'avril[5],nous, juges, connaissant déjà par les délibérations et opinions d'un grand

5. À cette date, l'évêque attend les réponses des institutions et de divers assesseurs pour conduire plus avant le procès. Jeanne est tombée malade, très probablement d'une intoxication alimentaire peut-être due à une carpe offerte par l'évêque. Pierre Cauchon offre à Jeanne de faire venir les religieux de son choix pour l'éclairer sur les conséquences de ses opinions.

nombre de docteurs en théologie et en droit canon, de licenciés et autres gradués, les erreurs nombreuses et considérables relevées dans les réponses et assertions de Jeanne susdite, et sachant qu'elle s'expose, si elle ne se corrige pas, à de sérieux dangers ;

Pour cette raison, nous avons décidé de l'exhorter charitablement et admonester doucement ; et de la faire admonester doucement par plusieurs hommes de science et de probité, docteurs et autres, afin de la ramener dans la voie de la vérité et à une profession sincère de notre foi ;

À cet effet, nous nous sommes rendus aujourd'hui au lieu de sa prison, ayant avec nous Guillaume Lebouchier, Jacques de Touraine, Maurice de Quesney, Nicolas Midi, Guillaume Adelie, Gérard Feuillet et Guillaume Haiton.

En leur présence, nous, évêque, avons adressé la parole à Jeanne, qui s'est dite malade. Nous lui avons dit que les docteurs et maîtres qui nous accompagnent sont venus la voir amicalement et charitablement pour la visiter dans sa souffrance, et lui apporter consolation et confort.... Puis, nous lui avons rappelé qu'elle avait été pendant beaucoup de jours, à diverses reprises, et en présence de nombreux ecclésiastiques pleins de sagesse, interrogée sur des points graves et ardus concernant la foi ; qu'elle avait fait des réponses variées et diverses que des hommes savants et lettrés avaient examinées avec la plus scrupuleuse attention ; qu'ils avaient noté plusieurs de ses dires et aveux qui, au point de vue de la foi, leur ont paru périlleux ; mais elle n'est qu'une pauvre femme illettrée, qui ignore les Écritures : nous venons à elle, et nous lui offrons des hommes doctes, savants, bienveillants et honnêtes, qui vont lui donner, comme c'est leur devoir, les connaissances qu'elle n'a pas. Et en même temps nous avons exhorté les docteurs et maîtres ici présents de donner à Jeanne des conseils utiles au salut de son corps et de son âme, et ce, en vertu du devoir qui les tient attachés à la doctrine de la vraie foi. Si Jeanne en connaît d'autres qui lui paraissent plus aptes que les docteurs ici présents, nous lui offrons de les lui envoyer pour la conseiller et instruire sur ce qu'elle doit faire, soutenir et croire. Nous lui avons ajouté que tous nous sommes gens d'Église toujours disposés par vocation, volonté, inclination, à rechercher par tous les moyens le salut de l'âme et du corps, absolument comme nous le ferions pour nos proches et pour nous-mêmes. Nous serons heureux de lui fournir chaque jour de tels hommes pour lui procurer l'instruction que nous lui devons, et faire envers elle tout ce que l'Église a coutume de faire en de telles circonstances, elle qui ne ferme pas le bercail à la brebis repentante. Finalement, nous lui avons dit de prendre en grande considération cette admonition que nous lui adressons pour son salut, et d'y donner suite avec efficacité ; car, si elle allait à l'encontre de nos paroles, si elle s'opiniâtrait dans son propre sens en ne consultant que son cerveau inexpérimenté, il nous faudrait l'abandonner ; et elle peut envisager à quel péril elle s'exposerait en ce cas. C'est ce péril que nous cherchons à lui éviter de toutes les forces de notre affection.

À quoi Jeanne a répondu :

Je vous remercie de ce que vous me dites pour mon salut... Il me semble, vu le mal que j'ai, que je suis en grand danger de mort ; s'il en est ainsi, que Dieu veuille faire son plaisir de moi, je vous demande d'avoir confession, et mon Sauveur aussi, et d'être mise en terre sainte !

Si vous voulez avoir les droits et sacrements de l'Église, lui avons-nous dit, il faut que vous fassiez comme les bons catholiques, et que vous vous soumettiez à l'Église. Si vous persévérez dans votre intention de ne pas vous soumettre à l'Église, on ne pourrait vous administrer les sacrements que vous demandez, excepté le sacrement de la Pénitence, que nous sommes toujours prêts à vous donner ?

Je n'ai pour le moment rien autre chose à vous dire [6].

Obéissant à notre ordre, ledit seigneur archidiacre a commencé à instruire ladite Jeanne en lui exposant grand nombre de choses contenues en une cédule dont la teneur va être transcrite dans un

6. Si la plupart des juges ont jugé Jeanne fautive, beaucoup pensent encore que c'est faute d'instruction qu'elle ne se corrige pas. Les tentatives de conciliation à huis clos ayant échoué, c'est en public que Pierre Cauchon tente de la ramener à la vérité par la voix de Jean de Châtillon, chanoine d'Evreux, qui expose les six points sur lesquels Jeanne encoure le jugement de l'Église.

instant[7]. Il lui a d'abord exposé que tous les fidèles du Christ sont tenus et obligés de croire à la foi chrétienne et aux divers articles de cette foi, et il l'a avertie et requise, au moyen d'une monition générale, de vouloir bien se corriger et amender, elle et ses faits : il lui a rappelé que c'était l'avis de vénérables docteurs et maîtres, d'expérience et d'habileté consommées.

À cette monition générale, Jeanne a répondu :

« Lisez votre livre (voulant parler de l'écrit que ledit seigneur archidiacre avait à la main) ; lisez votre livre, et puis je répondrai. Je m'attends de tout à Dieu, mon créateur ; je l'aime de tout mon cœur ! »

Interrogée si elle a quelque chose de plus à dire à cette monition générale, elle a répondu :

« Je m'attends à mon juge : c'est le Roi du ciel et de la terre. »

Ensuite, ledit seigneur archidiacre, procédant aux monitions particulières, a, conformément à un écrit qu'il avait sous les yeux, parlé ainsi qu'il suit :

L'archidiacre susdit a parlé ainsi à Jeanne en langue française.

Voici ce qu'elle a répondu :

Sur le 1er et sur le 2e article, elle a dit :

Là-dessus, je réponds aujourd'hui comme je l'ai fait précédemment.

Au sujet de l'Église militante, elle a dit :

Je crois bien à l'Église qui existe ici-bas ; mais de mes dires et de mes faits, ainsi que je l'ai déclaré ailleurs, je m'en attends et m'en réfère au seul Dieu Notre-Seigneur.

Je crois bien que l'Église militante ne peut errer ni faillir ; mais quant à mes dires et à mes faits, je les soumets et m'en rapporte du tout à Dieu, qui m'a fait faire tout ce que j'ai fait ;... je me soumets à Dieu, mon créateur, qui m'a fait faire toutes ces choses ; je m'en rapporte à lui là-dessus et à ma propre personne.

---

7. Jean de Châtillon lui reproche alors son orgueil face aux clercs plus savants, son indocilité face à l'Église militante, l'indécence de son habit d'homme, son mensonge au sujet de ses révélations et apparitions et enfin sa prétention à connaître l'avenir et les volontés de Dieu.

Voulez-vous dire par là que vous n'avez pas de juge sur la terre ? Est-ce que notre saint Père le Pape n'est point votre juge ?

Je ne vous dirai autre chose. J'ai un bon maître qui est Dieu, c'est à lui que je m'attends de tout et non à aucun autre.

Si vous ne voulez pas croire à l'Église, si vous ne voulez pas croire l'article du Credo : l'Église une, sainte, catholique, *vous serez déclarée hérétique et, par d'autres juges, punie de la peine du feu ?*

Je ne vous dirai pas autre chose ; et si je voyais le feu, je dirais tout ce que je vous dis et n'en ferais autre chose.

Si un concile général, c'est-à-dire notre saint Père le Pape, les cardinaux, les évêques, etc., étaient ici, ne voudriez-vous donc point vous en rapporter et vous soumettre à ce sacré concile ?

Vous ne tirerez rien autre chose de moi là-dessus.

Voulez-vous vous soumettre à notre saint Père le Pape ?

Menez-m'y, je lui répondrai. (Elle n'a rien voulu répondre de plus.)

Au sujet du 3e article, elle a répondu :

Quant à mon vêtement, je veux bien prendre une robe longue et un chaperon de femme pour aller à l'Église et y recevoir le sacrement de l'Eucharistie, ainsi que je l'ai dit ailleurs, pourvu qu'aussitôt après je puisse défaire cet habit et reprendre celui que je porte en ce moment... Quand j'aurai fait ce pourquoi je suis envoyée de Dieu, je reprendrai habit de femme.

Croyez-vous bien faire de porter un habit d'homme ?

Je m'en rapporte à Notre-Seigneur.

Au sujet du 4e article, elle a répondu :

Je n'ai blasphémé ni Dieu ni les saintes.

Lorsque saintes Catherine et Marguerite viennent à vous, faites-vous le signe de la croix ?

Quelquefois je le fais, d'autres fois non.

Au sujet du 5e article, elle a répondu :

Quant à mes révélations, je m'en rapporte à mon juge, c'est-à-dire à Dieu... Mes révélations me viennent de Dieu, en droiture.

Au sujet du signe remis à votre Roi, voulez-vous vous ou rapporter à l'archevêque de Reims, au sire de Boussac, à Charles de Bourbon, au seigneur de la Trémouille et à Étienne dit la Hire, auxquels ou à quelques-uns desquels vous auriez dit avoir montré la couronne, et qui auraient été présents quand l'ange l'aurait apportée au Roi, lequel ensuite l'aurait remise audit archevêque ? Ou bien, consentez-vous vous en rapporter à quelques-uns de votre parti qui écriraient sous leur sceau ce qui en est ?

Baillez-moi un messager, et je leur écrirai ce que je pense de tout ce procès que vous me faites là. (Elle n'a voulu croire ni s'en rapporter autrement à eux.)

Au sujet du 6e article, elle a répondu :

Je m'en rapporte à mon juge, c'est-à-dire à Notre-Seigneur, et à ce que j'ai autrefois répondu qui est écrit dans le livre.

Si on vous envoie trois ou quatre clercs de votre parti, qui viennent ici avec un sauf-conduit, voudrez-vous vous en rapporter à eux au sujet de vos apparitions et de tout ce qui est contenu en votre procès ?

Qu'on les fasse venir, je répondrai. (Elle n'a voulu s'en rapporter ni s'en remettre autrement au sujet du procès.)

Voulez-vous vous en rapporter ou vous soumettre à l'Église de Poitiers où vous avez été examinée ?

Me croyez-vous prendre de cette manière, et par là m'attirer à vous !

Ensuite, pour terminer, et d'abondance, elle a été de nouveau généralement avertie par le seigneur archidiacre d'avoir à se soumettre à l'Église, sous peine que l'Église l'abandonne. Il lui a été dit et répété que si l'Église l'abandonnait, elle serait en grand péril de son corps et de son âme, et pourrait courir danger des peines du feu éternel quant à son âme, et, par sentence d'autres juges, danger des peines du feu temporel pour son corps ?

À quoi elle a répondu :

Vous ne ferez pas ce que vous dites contre moi que mal ne vous en prenne au corps et à l'âme !

Dites-nous une raison, une seule qui vous fasse refuser de vous en rapporter à l'Église ?

(Silence de l'accusée.)

Alors plusieurs docteurs et autres gens compétents, de divers états et facultés, se sont mis à l'admonester et à la conseiller avec douceur. Ils l'ont exhortée à se soumettre à l'Église universelle, à notre saint Père le Pape et au sacré concile général. Ils lui ont laissé voir les périls auxquels elle expose et son âme et son corps en refusant de se soumettre, elle et ses faits, au jugement de l'Église militante.

Elle a répondu comme ci-dessus.

Et alors, nous, évêque, avons dit à Jeanne de se bien aviser, de bien prendre garde aux monitions, conseils et exhortations qui viennent de lui être faites, d'y réfléchir très-sérieusement ailleurs.

Jeanne s'est exprimée ainsi :

« Quel temps me donnez-vous pour m'aviser ? »

Nous lui avons dit qu'elle pouvait s'aviser de suite, et répondre ce qu'elle voudrait. Mais comme elle n'a rien voulu répondre de plus, nous nous sommes retirés, et l'avons fait reconduire en prison.

Vu l'endurcissement de son âme et sa façon de répondre, nous, juges, craignant que le supplice de la torture lui profite peu [8], avons décidé qu'il y a lieu d'y surseoir, du moins quant à présent, et jusqu'à ce que nous ayons eu là-dessus avis plus complet [9].

8. Sur le sujet, Olivier Bouzy expose le fait que la question fut mise au vote le 12 mai et que, paradoxalement, ce sont les adversaires de Jeanne qui se sont pour la plupart opposés à la torture. Le droit canon stipule en effet que l'accusé soumis à la torture d'Église (qui est non mutilante et ne doit verser le sang contrairement à la torture civile) durant les trois jours réglementaires et qui n'avouerait pas est ipso facto déclaré innocent et réhabilité en public (O. Bouzy, *Jeanne d'Arc, mythes et réalités*, p. 123).

9. L'université écrit alors à Henry VI et à Cauchon pour les féliciter de leur zèle et de leur sagesse, ainsi que de la nécessité à conclure promptement le procès. La réponse de l'Université de Paris ayant été rendue le 14 mai, après consultation des facultés de théologie et de droit canon, nation par nation et celle-ci

Après avoir été ainsi admonestée et exhortée, Jeanne a répondu :

Quant à mes dires et à mes faits, tels que je les ai déclarés au procès, je m'y rapporte et les veux soutenir !

Ne vous croyez-vous donc pas, lui avons-nous demandé, tenue de soumettre vos dires et vos faits à l'Église militante ou à tout autre qu'à Dieu ?

La manière, a-t-elle répondu, que j'ai toujours dite et tenue, je la veux encore dire et maintenir... Si j'étais en jugement, que je visse le feu allumé, les bourrées préparées et le bourreau prêt à bouter le feu, et si moi-même j'étais dans le feu, je ne dirais autre chose et soutiendrais jusqu'à la mort tout ce que j'ai dit !

Le jeudi d'après la Pentecôte, vingt-quatrième jour de mai, dans la matinée[10], nous, juges, nous sommes rendus en une assemblée solennelle, publiquement tenue dans le cimetière de l'abbaye de Saint-Ouen de Rouen.

Jeanne a été placée en face de nous sur un échafaud ou ambon dressé à cet effet.

Tout d'abord, nous avons chargé maître Guillaume Érard, docteur en théologie, prédicateur de grand renom, de prononcer un sermon solennel pour l'admonition salutaire de Jeanne et de la grande foule de peuple qui nous entoure.

Ce docteur a commencé en prenant pour texte cette parole de Dieu, en saint Jean, chapitre XV : « *Une branche ne peut porter de fruit si elle ne reste attachée à la vigne.* »

Puis il a expliqué solennellement comment tous les catholiques doivent rester attachés à la vraie vigne de la sainte mère Église que

conduisant à reconnaître Jeanne suspecte d'hérésie, le 19 mai, les juges décident de suivre cette décision mais de soumettre Jeanne à une ultime admonestation. Cette dernière est lue, le 23 mai par Pierre Maurice.

10. Cette abjuration de Jeanne provoqua une colère très vive dans la garnison anglaise. Le jour même, au cimetière Saint-Ouen, des pierres furent jetées depuis la foule sur les juges. Dans les jours qui suivirent, et même après le relaps de Jeanne, les juges, Pierre Cauchon en tête, furent physiquement menacés à chaque fois qu'ils approchaient Jeanne (cf. O. Bouzy, *Jeanne d'Arc, mythes et réalités*, p. 116 et suiv.).

le Christ a plantée : il a montré Jeanne allant d'erreur en erreur, de crime en crime, au grand scandale du peuple chrétien, jusqu'à son entière séparation d'avec la sainte mère Église. Enfin, il l'a admonestée et exhortée, elle et le peuple entier, par l'enseignement le plus édifiant.

En terminant, il lui a parlé en ces termes :

« Jeanne, voici vos seigneurs juges qui, à diverses reprises, vous ont sommée et requise de bien vouloir vous soumettre, vous, vos dires et vos faits, à notre mère sainte Église, en vous montrant qu'il existe dans vos dires et dans vos faits beaucoup de choses qui, ainsi qu'il a paru aux clercs, ne sont bonnes ni à dire ni à soutenir. »

À quoi Jeanne a dit :

Je vais vous répondre... Quant à ma soumission à l'Église, j'ai répondu aux clercs sur ce point... Je leur ai répondu aussi au sujet de toutes les œuvres que j'ai dites et faites... Qu'on les envoie à Rome devers notre saint Père le Pape, auquel après Dieu je m'en rapporte... Mes dires et mes faits, je les ai faits de par Dieu... ;

Elle a été de ce admonestée jusqu'à la tierce monition. Mais cette femme n'a voulu rien dire autre chose.

Notre sentence était ainsi déjà lue en grande partie, lorsque Jeanne a commencé à parler et a dit :

Je veux tenir tout ce que l'Église ordonne, tout ce que vous, juges, voudrez dire et prononcer ; du tout je m'en rapporterai à vos ordres !

Puis, à plusieurs reprises, elle a dit :

Puisque les gens d'Église décident que mes apparitions et révélations ne sont soutenables ni croyables, je ne les veux croire ni soutenir : du tout je m'en rapporte à vous et à notre sainte mère Église !

Alors, en présence de tous les susnommés, en présence aussi d'une immense quantité de peuple et de clergé, elle a fait et proféré sa révocation et son abjuration suivant une formule écrite en français, qui lui a été lue ; formule qu'elle a prononcée elle-même et dont elle a signé de sa propre main la cédule dont la teneur suit :

« Toute personne qui a erré et mespris en la foy chrestienne, et depuis, par la grâce de Dieu, est retournée en lumière de vérité et à l'union de nostre mère saincte Église, se doit moult bien garder que l'ennemi d'enfer ne le reboute et face recheoir en erreur et en damnacion. – Pour ceste cause, je Jehanne, communement appellée la Pucelle, misérable pécheresse, après ce que j'ai cogneu les las de erreur ouquel je estois tenue, et que, par la grâce de Dieu, sui retournée à nostre mère saincte Église, affin que on voye que non pas fainctement, mais de bon cuer et de bonne volonté, sui retournée à icelle, je confesse que j'ay très-griefment péchié, en faignant mençongeusement avoir eu révélacions et apparicions de par Dieu, par les anges et saincte Katherine et saincte Marguerite, en séduisant les autres, en créant folement et légièrement, en faisant supersticieuses divinacions, en blasphemant Dieu, ses sains et ses sainctes ; en trespassant la loy divine, la saincte Escripture, les droiz canons ; en portant habit dissolu, difforme et deshonneste contre la décence de nature, et cheveux rongnez en ront en guise de homme, contre toute honnesteté du sexe de femme ; en portant aussi armeures par grant présumpcion ; en désirant crueusement effusion de sang humain ; en disant que toutes ces choses j'ay fait par le commandement de Dieu, des angelz et des sainctes dessusdictes, et que en ces choses j'ay bien fait et n'ay point mespris ; en mesprisant Dieu et ses sacremens ; en faisant sédicions et ydolatrant, par aourer, mauvais esperis, et en invocant iceulx. Confesse aussi que j'ay été scismatique et par pluseurs manières ay erré en la foy. Lesquelz crimes et erreurs, de bon cuer et sans ficcion, je, de la grâce de Nostre-Seigneur, retournée à voye de vérité, par la saincte doctrine et par le bon conseil de vous et des docteurs et maistres que m'avez envoyez, abjure de ceste regnie, et de tout y renonce et m'en dépars. Et sur toutes ces choses devantdictes, me soubzmetz à la correccion, disposicion, amendement et totale déterminacion de nostre saincte mère Église et de vostre bonne justice. Aussi je vous jure et prometz à monseigneur saint Pierre, prince des apostres, à notre saint Père le Pape de Romme, son vicaire, et à ses successeurs, et à vous, messeigneurs, révérend père en Dieu monseigneur l'évesque de Beauvais, et religieuse personne frère Jehan Lemaistre, viçaire de monseigneur l'inquisiteur de la foy, comme à mes juges, que jamais, par quelque enhortement ou autre manière, ne retourneray aux erreurs devantdiz, desquelz il a pleu à Nostre-Seigneur moy délivrer et oster ; mais à tousjours demourray en l'union de nostre mère saincte Église, et en l'obéissance de nostre saint Père le Pape de Romme. Et cecy je diz, afferme et jure par Dieu le Tout-Puissant, et par ces sains Évangiles. Et eu signe de ce, j'ay signé ceste cédule de mon signe. *(Ainsi signé :)* JEHANNE »

Après que sa révocation et son abjuration eurent été, ainsi qu'il vient d'être dit, reçues par nous, juges, nous, évêque, avons rendu définitivement notre sentence en ces termes :

Mais, parce que, bien des fois charitablement avertie et bien longtemps attendue, revenant enfin, avec le secours de Dieu, dans le sein de l'Église ta sainte mère, d'un cœur contrit, nous aimons à le croire, et d'une foi non feinte, tu as enfin ouvertement révoqué tes erreurs ; parce que, les ayant rejetées loin de toi dans une solennité publique, tu les as abjurées de vive voix et par ta propre bouche avec toute l'hérésie dont tu étais chargée : selon la forme voulue par les sanctions ecclésiastiques, des liens de l'excommunication qui te tenaient enchaînée, nous te déclarons affranchie par les présentes, à charge par toi de revenir à l'Église d'un cœur, vrai et d'une foi sincère, et d'observer ce qui t'a été déjà enjoint et ce que nous devrons encore t'enjoindre. Mais parce que tu as péché témérairement envers Dieu et la sainte Église, finalement, définitivement, pour pénitence salutaire, nous te condamnons à la prison perpétuelle, avec le pain de douleur et l'eau d'angoisse, afin que tu pleures tes fautes, et que tu ne commettes plus ce que tu auras à pleurer désormais ! »

Nous, et les personnes qui nous assistent, lui avons exposé combien Dieu en ce jour lui a fait miséricorde, et combien les gens d'Église se sont montrés miséricordieux en la recevant à la grâce et au pardon de la sainte mère Église. En retour, il faut qu'elle, Jeanne, obéisse avec humilité à la sentence et aux ordres des juges et des ecclésiastiques, qu'elle abandonne entièrement ses erreurs et toutes ses inventions pour n'y jamais plus revenir, parce que, au cas où elle y reviendrait, l'Église ne pourrait plus l'admettre au pardon, et devrait la délaisser tout à fait. Nous lui avons dit d'abandonner ses habits d'homme et de prendre un vêtement de femme, ainsi que l'Église le lui a ordonné.

À toutes nos observations Jeanne a répondu qu'elle prendra volontiers des vêtements de femme, et qu'en toutes choses elle obéira aux gens d'Église.

Des vêtements de femme lui ayant été offerts, elle s'en est aussitôt vêtue, après s'être dépouillée de l'habit d'homme qu'elle portait ; et ses cheveux qu'elle avait jusque-là taillés en rond au-dessus des oreilles, elle a voulu et permis qu'on les lui rasât et enlevât.

CAUSE DE RELAPSE.

JEANNE REPREND SON HABIT D'HOMME.

Le lundi vingt-huitième jour du mois de mai, lendemain de la Sainte-Trinité, nous, juges susdits, nous sommes rendus au lieu de la prison de Jeanne, pour connaître l'état et les dispositions de son âme. S'y sont trouvés en même temps que nous, les seigneurs et maîtres Nicolas de Venderès, Guillaume Haiton, Thomas de Courcelles, frère Ysambard de la Pierre ; – témoins : Jacques Camus, Nicolas Bertin, Julien Floquet et John Gris.

Et, parce que Jeanne était vêtue d'un habit d'homme, c'est-à-dire d'une robe courte, d'un chaperon, d'un gippon et autres effets à usage d'homme, quoique, d'après notre ordre, elle eût, quelques jours auparavant, consenti à se défaire de ces vêtements, nous lui avons demandé quand et pourquoi elle avait repris cet habit ?

Elle nous a répondu :

J'ai repris naguère habit d'homme et laissé habit de femme.

Pourquoi l'avez-vous pris, et qui vous l'a fait prendre ?

Je l'ai pris de ma volonté et sans nulle contrainte... J'aime mieux habit d'homme que de femme.

Vous avez promis et juré de non reprendre habit d'homme ?

Je n'ai oncques entendu faire serment de ne le point prendre.

Pourquoi l'avez-vous repris ?

Pource qu'il m'est plus licite de le reprendre et avoir habit d'homme, étant avec des hommes, que d'avoir habit de femme.... Je l'ai repris pour ce qu'on ne m'a point tenu ce qu'on m'avait promis, c'est à savoir que j'irais à la messe et recevrais mon Sauveur, et qu'on me mettrait hors des fers.

N'avez-vous pas fait abjuration et promis de ne plus reprendre cet habit ?

J'aime mieux mourir que d'être aux fers ! mais si ou veut me laisser aller à la messe et être hors des fers, et me mettre en prison gracieuse (et que j'aie une femme pour compagne), je serai bonne et ferai ce que l'Église voudra.

Et comme nous, juges, avons entendu dire par quelques personnes qu'elle était revenue à ses anciennes illusions au sujet de ses révélations prétendues, nous lui avons adressé cette question :

Depuis jeudi dernier (jour de son abjuration) n'avez-vous point ouï vos voix ?

Oui, je les ai entendues.

Que vous ont-elles dit ?

Elles m'ont dit : « Dieu te mande par nous la grande pitié qu'il a de cette grande trahison que tu as consentie, de faire abjuration et révocation pour sauver ta vie ! Tu t'es damnée pour sauver ta vie !... » Avant jeudi dernier, mes voix m'avaient bien dit ce que je ferais et que j'ai fait ce jour-là... Quand j'étais sur l'échafaud jeudi, mes voix me dirent, pendant que le prêcheur parlait : « Réponds-lui hardiment, à ce prêcheur ! » Et, en effet, c'est un faux prêcheur, il m'a reproché plusieurs choses que je n'ai pas faites ;... si je disais que Dieu ne m'a pas envoyée, je me damnerais ; vrai est que Dieu m'a envoyée... mes voix m'ont dit depuis jeudi : « Tu as fait grande mauvaiseté de ce que tu as fait, de confesser que tu n'avais pas bien fait. »... Tout ce que j'ai dit et révoqué, je l'ai dit par peur du feu...

Croyez-vous que vos voix soient saintes Catherine et Marguerite ?

Oui, je le crois, et qu'elles viennent de Dieu.

Dites-nous la vérité au sujet de cette couronne dont il est mention en votre procès ?

De tout, je vous en ai dit la vérité en mon procès, le mieux que j'ai su.

Sur l'échafaud, au moment de votre abjuration, vous avez reconnu devant nous, juges, et devant beaucoup d'autres, en présence de tout le peuple, que mensongèrement vous vous étiez vantée que vos voix fussent sainte Catherine et sainte Marguerite ?

Je ne l'ai point entendu ainsi faire ou dire. Je n'ai point dit ou entendu révoquer mes apparitions, c'est à savoir que ce fussent saintes Catherine et Marguerite ; tout ce que j'ai fait, c'est par peur du feu ; je n'ai rien révoqué que ce ne soit contre la vérité... J'aime mieux faire pénitence en une fois, c'est-à-dire mourir, qu'endurer plus longuement peine de prison... je n'ai oncques fait chose contre Dieu ou la foi, malgré tout ce qu'on m'a fait révoquer... Ce qui était en la cédule d'abjuration, je ne l'ai pas compris... je n'ai alors entendu rien révoquer qu'autant que ce serait du bon plaisir de Dieu... Si les juges le veulent, je reprendrai habit de femme : sur le surplus, je n'en ferai autre chose... »

Après cette audition, nous nous sommes éloignés d'elle, pour agir et procéder ultérieurement ainsi que de droit et de raison.

Le lendemain, mardi de la Trinité, vingt-neuvième jour du mois de mai, nous, juges, avons convoqué dans la chapelle du manoir archiépiscopal de Rouen les docteurs et autres personnes habiles tant en théologie qu'en droit canon et civil.

Nous avons ajouté que, dans l'après-midi du même jour jeudi 24 mai, le vicaire du seigneur inquisiteur, notre coassistant, était allé la trouver dans sa prison, et l'avait charitablement avertie de persister dans son bon propos et se bien garder de toute rechute. Obéissant aux ordres de l'Église, Jeanne alors avait retiré l'habit qu'elle portait et en avait pris un de femme : le tout ainsi qu'il a été également développé plus au long en temps et lieu. – Mais depuis ce jour-là, poussée par le diable, voilà qu'en présence de plusieurs personnes elle a de nouveau déclaré que ses voix et que les esprits qui lui apparaissent sont revenus à elle, et lui ont dit beaucoup de choses ; voilà que, rejetant son vêtement de femme, elle a de nouveau repris un vêtement d'homme ! – Aussitôt que nous, juges, avons eu avis de cette rechute, nous nous sommes empressés de retourner auprès d'elle et de l'interroger...

Et à cet instant, en présence de tous les susnommés, dans ladite chapelle du manoir archiépiscopal de Rouen, nous, évêque, avons ordonné la lecture des déclarations et affirmations que Jeanne a prononcées hier devant nous, et qui sont reproduites plus haut.

Après avoir ainsi recueilli les avis, nous, juges, avons remercié les assistants et arrêté qu'il sera ultérieurement procédé contre Jeanne, comme relapse, ainsi que de droit et de raison.

Le lendemain mercredi, avant-dernier jour du mois de mai, Jeanne a été, en vertu du mandement qui précède, citée, de notre part, à l'effet d'entendre dire droit, pour le même jour, ainsi qu'il conste plus au long de la teneur de la relation qui suit, à nous faite par l'exécuteur de nos mandements :

Le mercredi 30 mai, vers neuf heures du matin, nous, juges, nous sommes rendus sur la place du Vieux-Marché de Rouen, près de l'église Saint-Sauveur.

Devant nous a été amenée ladite Jeanne, en présence du peuple qui s'est trouvé réuni en ce lieu en une immense multitude.

Elle a été placée sur un échafaud ou ambon.

Pour son admonition salutaire et pour l'édification de cette immense multitude, il a été fait une solennelle prédication par le docteur insigne Nicolas Midi, qui a pris pour texte cette parole de l'Apôtre, en la Ire aux Corinthiens, chap. XII : « Si un membre vient à souffrir, les autres souffrent aussi. »

Ce sermon achevé, nous, évêque, avons encore une fois averti Jeanne de pourvoir h son salut, de réfléchir à ses méfaits, de s'en repentir, d'en avoir une vraie contrition. Nous l'avons exhortée d'en croire l'avis des clercs, des personnes notables qui l'ont enseignée et instruite de tout ce qui a trait au salut. Nous l'avons tout particulièrement exhortée d'en croire les bons avis des deux vénérables Frères Prêcheurs qui sont en ce moment à ses côtés, que nous lui avons envoyés pour l'entretenir jusqu'au dernier moment et lui fournir en toute sûreté des admonitions salutaires, des conseils utiles à son salut.

Ensuite, nous, évêque et vicaire susdits, ayant égard à tout ce qui précède, d'où il ressort que cette femme n'a jamais véritablement abandonné ses erreurs, sa témérité obstinée, ni ses crimes inouïs ; qu'elle a même montré toute la malice de son obstination diabolique dans ce semblant trompeur de contrition, de pénitence et d'amendement ; malice plus damnable encore par le parjure du saint nom de Dieu et le blasphème de la majesté ineffable ; la considérant à tous ces titres obstinée, incorrigible, hérétique, retombée en hérésie, et tout à fait indigne de la grâce entière et de la communion que, par notre précédente sentence, nous lui avions accordée : tout vu et tout considéré, après mûre délibération et conseil de grand nombre de docteurs, nous avons enfin procédé à la sentence définitive en ces termes :

« Au nom du Seigneur, *Amen*. Toutes les fois que le *virus* empoisonné de l'hérésie s'attache avec persistance à un membre de l'Église, et le transforme en un membre de Satan, on doit veiller avec un soin extrême à ce que l'horrible contagion de cette lèpre pernicieuse ne gagne pas les autres parties du corps mystique du Christ. Les décisions des saints Pères ont voulu que les hérétiques endurcis fussent séparés du milieu des justes, afin de ne pas réchauffer, au grand péril des autres, dans le sein de la pieuse mère Église, cette vipère homicide. – C'est pourquoi, nous, Pierre, par la miséricorde divine évêque de Beauvais, et nous, frère Jean Lemaître, vicaire de l'insigne docteur Jean Graverend, inquisiteur du mal hérétique, spécialement délégué par lui dans cette cause, tous deux juges compétents en ce procès : déjà, par un juste jugement, nous avions déclaré cette femme tombée en diverses erreurs et divers crimes de schisme, d'idolâtrie, d'invocation de démons et autres nombreux. Mais parce que l'Église ne ferme pas son sein à l'enfant qui revient à elle, nous avions pensé que d'un esprit pur et d'une foi non feinte tu t'étais éloignée de tes erreurs et de tes crimes (attendu qu'un certain jour tu y avais renoncé et avais publiquement fait serment, vœu et promesse de ne jamais retourner à tes erreurs ou hérésies, de résister à toutes les tentations et de rester fidèlement attachée à l'unité de l'Église catholique et à la communion du Pontife romain, ainsi que le constate plus au long un écrit signé de ta propre main). Mais après cette abjuration de tes erreurs, l'auteur du schisme et de l'hérésie a fait irruption dans ton cœur, qu'il a de nouveau séduit ; et il est devenu manifeste par tes confessions et assertions spontanées – ô honte ! – que comme le chien qui revient à ce qu'il a vomi, toi, tu es revenue à tes erreurs et à tes crimes ; et il nous a été prouvé de la manière la plus certaine que tes inventions coupables et tes erreurs tu n'y avais renoncé qu'en paroles et d'une manière mensongère, mais non d'un esprit sincère et fidèle : *à ces causes*, te déclarant retombée dans tes erreurs anciennes, et dans la sentence d'excommunication que tu avais d'abord encourue, nous décrétons que tu es hérétique relapse ; par notre présente sentence que, siégeant en tribunal, nous proférons et prononçons dans cet écrit, nous te déclarons comme un membre pourri, et pour que tu ne vicies pas les autres, rejetée de l'unité de l'Église, séparée de son corps, abandonnée au pouvoir séculier, comme de fait, par les présentes, nous te rejetons, séparons et abandonnons : priant ce même pouvoir séculier, en deçà de la mort et de la mutilation des membres, de modérer son jugement envers toi ; et si des signes vrais de pénitence apparaissent en toi, que le sacrement de la Pénitence te soit administré ! »

Moi, *Boisguillaume*, prêtre, greffier susqualifié, j'affirme avoir dûment collationné la copie qui précède avec la minute originale du procès ; pour quoi, j'ai marqué cette présente copie de mon signe manuel, ce que vont faire après moi les deux autres greffiers, me signant à cet endroit de ma propre main. (*Signé :*) Boisguillaume. (Traduit.)

Et moi, *Guillaume Manchon*, prêtre du diocèse de Rouen, notaire apostolique et impérial, j'affirme avoir assisté à la collation qui a été faite du procès susdit, avec les greffiers signés ci-dessus et ci-dessous ; j'affirme que cette collation de la présente copie avec la minute originale du procès a été faite dûment. Pour quoi, ainsi que les deux autres greffiers, j'ai souscrit la présente copie de ma propre main, y apposant ici mon signe manuel, de ce requis. (*Signé :*) G. Manchon. (Traduit.)

Et moi, *Nicolas Taquel*, prêtre du diocèse de Rouen, notaire public juré impérial et de la cour archiépiscopale de Rouen, appelé comme greffier à une partie du procès qui précède, j'affirme avoir vu et entendu collationner la présente copie avec le registre original dudit procès ; j'affirme que cette collation a été faite dûment. Pour quoi, avec les deux autres greffiers qui précèdent, j'ai souscrit de ma propre main le présent procès, y apposant, ici, mon signe manuel, de ce requis. (*Signé :*) N. Taquel. (Traduit.)

Journal d'un bourgeois de Paris

Notice

Parmi les sources contemporaines relatives à Jeanne d'Arc, le Journal d'un bourgeois de Paris *offre un document de premier plan. Ce texte anonyme a été rédigé par un habitant de Paris entre 1405 et 1449. Constituant une véritable chronique des règnes de Charles VI et de Charles VII, ce texte rapporte, sous forme de paragraphes, ou* items, *les principaux événements politiques et religieux qui marquent la capitale à la fin du XVe siècle, les grandes phases du conflit franco-anglais ainsi qu'une multitude de renseignements très pragmatiques sur la vie quotidienne dans la cité et ses environs à cette période.*

Deux versions médiévales de ce journal sont conservées, une complète aux archives du Vatican, dont on connaît quatre copies du XVIe siècle, et l'autre partielle à Oxford, expurgée de tous les passages hostiles à l'Angleterre.

Après plusieurs propositions d'identification, l'auteur anonyme du Journal *a été reconnu par Alexandre Tuetey, éditeur de ce texte en 1881, en la personne de Jean Chuffart, chanoine de Notre-Dame de Paris, farouche partisan de la double monarchie et tardivement rallié à Charles VII.*

Né à Tournai, Jean Chuffart avait poursuivi ses études à l'université de Paris au sein de la nation de Picardie. Licencié ès lois, il devient, grâce au soutien probable du duc de Bourgogne, chanoine de Notre-Dame de Paris et obtient, après l'éviction de Jean Gerson, le titre de doyen du chapitre associé à celui très prestigieux de chancelier de l'Université. Il cumule également la fonction, non moins chargée politiquement, de chancelier de la reine Isabeau de Bavière, dont il sera l'exécuteur testamentaire. Il parviendra pourtant, après le retour de Charles VII, en 1437, à se faire nommer conseiller-clerc au parlement.

Le journal qu'il tient à partir de 1405 lui permet d'exprimer sa compassion pour les souffrances de ses concitoyens parisiens, sentiment qui guide vraisemblablement ses engagements politiques. Favorable à une monarchie contrôlée telle qu'elle se dessine dans l'ordonnance cabochienne de 1413, naturellement hostile au parti Orléans/Armagnac, il se rallie à

Jean sans Peur, dont l'assassinat en 1419 le précipite dans la collaboration à la double monarchie, soutenue par le nouveau duc de Bourgogne Philippe. Ce choix politique ne le dispense pas d'un regard critique à l'égard de ce dernier et son anglophilie de devoir tourne court après 1430. Son retournement de 1436 ne le soulage jamais véritablement de sa haine à l'égard des Armagnacs et sa seule vraie patrie reste l'Université de Paris.

L'épisode de Jeanne d'Arc s'inscrit au cœur du récit de Jean Chuffart et au plus vif de son engagement en faveur de la « collaboration ». Il est donc naturellement hostile à cette incarnation de l'espoir armagnac et intrinsèquement dubitatif quant à la nature divine de l'action de Jeanne. Passant sous silence les exploits de la Pucelle (le sacre de Reims), il insiste lourdement sur ses échecs (le siège de Paris) et l'odeur de soufre qui se dégage, selon lui et ses collègues universitaires, de sa personne.

Nous mentionnons ici les extraits du Journal *édités par Alexandre Tuetey, directement relatifs à Jeanne d'Arc ou à ses actions.*

Année 1429

Chapitre 503

Item (avril 1429), en celui temps il avait une Pucelle, comme on disait, sur la rivière de Loire, qui se disait prophète, et disait : « *Telle chose arrivera vraiment* ». Et elle était du tout contraire au régent de France [1] et à ses aidants. Et disait on que malgré tous ceux qui tenaient le siège devant Orléans, elle entrerait en la cité avec beaucoup d'Armagnacs [2] et grande quantité de vivres, que oncques ceux de l'ost ne s'en meurent ; et ainsi on les voyait passer à un trait ou deux d'arc près d'eux, et ils avaient si grande nécessité de vivres qu'un homme eut bien mangé pour III blancs de pain à son dîner. Et plusieurs autres choses d'elle racontaient ceux qui mieux aimaient les Armagnacs que les Bourguignons ni que le régent de France ; ils affirmaient, que quant elle était bien petite, qu'elle gardait les brebis, que les oiseaux des bois et des champs, quant elle les appelait, venaient manger son pain en son giron comme de proches parents. *In veritate appocrisium est (en vérité, ceci est controuvé).*

Chapitre 504

Item, en celui temps levèrent le siège les Armagnacs et firent partir les Anglais par force de devant Orléans, mais ils allèrent devant Vendôme et la prirent, comme on disait. Et partout allait celle Pucelle armée avec les Armagnacs et portait son étendard, où était [tant] seulement [en] écrit *Jhesus*, et disait on qu'elle avait dit à un capitaine anglais [3] qu'il se départit du siège avec sa compagnie, ou mal

1. Il s'agit de Jean de Bedford, frère du roi Henry V et régent du royaume de France au nom de son neveu Henry VI.

2. Nom générique donné aux opposants à la double monarchie, anciens partisans de Louis d'Orléans rassemblés à partir de 1410 autour de son fils Charles sous la houlette de son beau-père Bernard VII d'Armagnac et ralliés à la cause du Dauphin Charles en 1418.

3. William Glasdale, lieutenant du comte de Salisbury au pays de Mâconnais en 1424, « moult renommé en fait d'armes », qui fut chargé de la conduite du siège d'Orléans après la mort de Salisbury, se noya avec

leur viendrait et honte à tous, lequel la diffama moult de langage, comme clamer ribaude et putain ; et elle lui dit que malgré eux tous ils partiraient bientôt, mais il ne le verrait jamais, et si seraient grand partie de sa gent tuez. Et ainsi en advint-il, car il se noya le jour devant que la prise fut faite, et depuis fut repêché et [fut] dépecé [par quartiers, et bouillu et embaumé, et apporté] à Saint-Mery, et fut VIII ou X jours en la chapelle devant le cellier, et nuit et jour brûlaient devant son corps un cierge ou torches, et après fut emporté en son pays pour enterrer.

Chapitre 519

Item, la vigile de la Nativité Notre-Dame en septembre, vinrent assaillir aux murs de Paris les Armagnacs et espéraient le prendre d'assaut, mais peu y conquirent, si ce n'est douleur, honte et dommages, car plusieurs d'eux furent navrés pour toute leur vie, qui par avant l'assaut étaient tous sains, mais fol ne croit jamais tant qu'il prend, pour eux le dit, qui étaient pleins de si grand malheur et de si mauvaise créance que pour le dit d'une créature qui était en forme de femme avec eux, qu'on nommait la Pucelle, qui c'était, Dieu le sait, le jour de la Sainte Nativité Notre-Dame firent conjuration, tous d'un accord, de celui jour assaillir Paris. Et s'assemblèrent bien douze mille ou plus, et vinrent [environ] heure de grand messe, entre onze et douze, leur Pucelle avec eux et très grande foison de chariots, charrettes et chevaux, tous chargés de grands fagots pour emplir les fossés de Paris ; et commencèrent à assaillir entre la porte Saint-Honoré et la porte Saint-Denis, et fut l'assaut très cruel, et en assaillant disaient moult de vilaines paroles à ceux de Paris. Et là était leur Pucelle, à tout son étendard sur le condos des fossés, qui disait à ceux de Paris : « Rendez-vous, de par Jésus, à nous tôt, car se vous ne vous rendez avant qu'il soit [la] nuit, nous y entrerons par force, que vous le vouliez ou non, et tous serez mis à mort sans merci. » « Voire, dit un, paillarde, ribaude ! » Et tire de son arba-

plusieurs centaines d'Anglais le jour de l'assaut donné à la bastille des Tourelles, au moment de la chute du pont de bois qui réunissait cette bastille au boulevard des Tourelles ; pont incendié par les Orléanais (*V. le Journal du siège*, Quicherat, *Procès de Jeanne d'Arc*).

lète droit à elle et lui perce la jambe tout outre, et elle de s'enfouir, un autre perça le pied tout outre à celui qui portait son étendard ; quant il se senti navré, il leva sa visière pour voir à ôter le vireton de son pied, et un autre lui tire dessus, et le saigne entre les deux yeux et le navre à mort, dont la Pucelle et le duc d'Alençon jurèrent depuis que mieux ils aimassent avoir perdu quarante des meilleurs hommes d'armes de leur compagnie. L'assaut fut moult cruel d'une part et d'autre, et dura bien jusques à quatre heures après dîner, sans que on sut qui eut le meilleur. Un peu après quatre heures ceux de Paris prirent cœur en eux, et tellement les accablèrent de canons et d'autres traits qu'il leur convint par force de reculer, de laisser leur assaut et de s'en aller ; qui mieux s'en pouvait aller était le plus heureux, car ceux de Paris avaient de grands canons qui jetaient de la porte Saint-Denis jusques par delà Saint-Ladre largement, qui leur jetaient au dos, dont moult furent épouvantés ; ainsi furent mis à la fuite, mais homme ne sorti de Paris pour les suivre, par peur de leurs embûches. En eux en allant ils boutèrent le feu en la grange des Mathurins, près des Pocherons, et mirent de leurs gens qui mors étaient à l'assaut, qu'ils avaient troussez sur leurs chevaux, dedans celui feu à grande foison, comme faisaient les païens à Rome jadis. Et maudissaient moult leur Pucelle, qui leur avait promis que sans nulle fauteils gagneraient à cette assaut la ville de Paris par force, et qu'elle y gîterait celle nuit, et eux tous, et qu'ils seraient tous enrichis des biens de la cité, et que tous seraient mis, qui y mettraient aucune défense, à l'épée ou brûlé en sa maison ; mais Dieu qui mua la grande entreprise d'Holopherne par une femme nommée Judith ordonna par sa pitié autrement qu'ils ne pansaient. Car le lendemain [4] y vinrent quérir par sauf-conduit leurs mors, et le héraut qui vint avec eux fut sarmenté du capitaine de Paris combien il y avait eu de navrez de leurs gens, lequel jura qu'ils étaient bien quinze cens, dont bien cinq cent ou plus étaient mors ou navrez à mort. Et vrai est qu'en celui assaut n'avait aussi comme nul hommes d'armes qu'environ soixante ou cinquante Anglais qui moult y firent bien leur devoir ; car la plus grande partie de leur charroi, en quoi ils

4. Le lendemain de l'assaut donné à Paris, des reliques égarées on ne sait par quel hasard furent trouvées dans les champs et offertes au chapitre de Notre-Dame par un garçon de la confrérie de S. Crépin et S. Crépinien ; le 9 décembre 1429, par décision des chanoines, ces reliques durent être soumises à l'examen de l'official.

avaient amené leurs bourrées, ceux de Paris leur ôtèrent, car bien ne leur devait pas venir de vouloir faire telle attaque le jour de la sainte Nativité Notre-Dame.

Chapitre 522

Environ huit jours [après], vint le cardinal de Winchester à belle compagnie[5] et puis firent plusieurs conseils, tant que enfin, à la requête de l'Université, de Parlement et de la bourgeoisie de Paris, fut ordonné que le duc anglais de Bedford serait gouverneur de Normandie, et que le duc de Bourgogne serait régent de France[6]. Ainsi fut fait, mais, moult laissait envie le duc de Bedford ledit gouvernement, si faisait sa femme, mais à faire leur convint[7]. Et quant les Anglais furent partis, qui partirent à un samedi au soir, et allèrent à Saint-Denis, faisant du mal assez, le duc de Bourgogne se parti après, et prit trêves aux Armagnacs jusques à Nöel ensuivant, c'est assavoir, pour la ville de Paris et pour les faubourgs d'autour tant seulement ; et tous les villages d'entour Paris étaient soumis aux Armagnacs, ne homme de Paris n'osait mettre le pied hors des faubourgs qui ne fut mort, ou perdu, ou rançonné de plus qu'il n'avait vaillant, ne si osait revancher ; et si ne venait rien à Paris pour vie de corps d'homme, qui ne fut rançonné deux ou trois fois plus qu'elle ne valait. Le cent de petits costeretz valait vingt quatre sols parisis ; le molle, sept sols ou huit sols ; deux œufs, quatre deniers parisis ; un petit fromage tout nouvel fait, quatre blancs ; le boisseau de pois, quatorze ou quinze blancs [...].

5. C'est le jeudi six octobre que « vint et entra à Paris le cardinal d'Excêtre, auquel fu au devant le duc de Bourgogne à grand compaignie » (Arch. nat.).

6. Des lettres données le 13 octobre 1429 à la relation du grand conseil tenu par le régent, assisté du cardinal d'Angleterre, du duc de Bourgogne, du sire de Scales, de Jean Falstaff, confièrent le gouvernement de Paris et des bailliages limitrophes ainsi que la lieutenance à Philippe le Bon, qui s'était assuré l'adhésion du duc de Bedford, « occupé, disait-on, au gouvernement du royaume, mesmement du duchié de Normandie ». Les lettres du 13 octobre furent publiées le même jour au Palais, dans la grande salle sur la Seine, au milieu d'un concours empressé de population, en présence du duc de Bourgogne, qui fit également promulguer la trêve conclue avec Charles VII (Arch. nat.).

7. Le duc de Bedford et sa femme quittèrent Paris le lundi 17 octobre, en compagnie du duc de Bourgogne qui « les convoya jusques à Saint-Denis où ils demourerent tous au giste, et le mardi ensuivant parti le duc de Bourgogne pour aler en son païs de Flandres pour attendre et recevoir sa fiancée fille du roy de Portugal » (Arch. nat.).

Année 1430

Chapitre 527

Item, le vingt et unième jour de mars, vinrent les Armagnacs s'emparer de gens et bestial, et firent celui jour moult de maux. Si le vint on dire à Paris au Sire de Saveuse [8], lequel s'arma lui et sa gent, et avec lui, plusieurs de Paris, avec lesquels avait [un quartenier], un échevin de Paris et receveur des aides nommé Colinet de Neuville, le bâtard de Saint-Pol [9], le bâtard de Saveuse, tout fut pris, [lesquels] aussitôt qu'ils furent aux champs, se séparèrent sans eux tenir ensemble, et tous furent pris en moins d'une heure, dont les Armagnacs eurent très grande finance.

Chapitre 528

Item, quand les Armagnacs virent que leurs choses de toutes parts leurs venaient si bien à point, si s'enhardirent et vinrent le vendredi ensuivant vingt troisième jour de mars, environ minuit, à toutes échelles devant Saint-Denis, et l'escaladèrent et entrèrent dedans, y tuèrent les bonnes gens qui faisaient celle nuit le guet sans merci, et après allèrent parmi la ville tuant et assassinant autant qu'ils en rencontraient, et pillèrent celle nuit la ville et tuèrent grande foison des Picards qui y étaient en garnison, et emmenèrent presque tous leurs chevaux, et quand ils furent bien troussez, ils laissèrent la ville et s'en allèrent à tout leur pillage qui moult grand était et trop.

---

8. Probablement Philippe de Saveuse, seigneur de Saveuse après la mort de son frère Hector vers 1426.

9. Jean de Luxembourg, seigneur de Montmorency, reçut des Anglais en 1429 le commandement de la forteresse de Meaux et fut créé chevalier de la main même du duc de Bedford lors de l'expédition de ce prince sous les murs de Senlis ; le bâtard de Saint-Pol était du nombre des personnages qui assistèrent aux noces de Philippe le Bon célébrées à Bruges le 10 janvier 1430 ; le jeune roi d'Angleterre l'attacha à sa personne comme grand maître de son hôtel ; c'est en cette qualité qu'on le vit figurer au festin donné au Palais après le sacre de Henri VI, au mois de décembre 1431 (Monstrelet). Jean de Luxembourg prit part en 1452 à la campagne contre les Gantois et y arma chevalier le comte d'Étampes (Chastellain).

Chapitre 529

Item, en celui temps furent aucuns des grands de Paris, comme de Parlement et du Châtelet, et des marchands et gens de métier, qui firent ensèmble conjuration de mettre les Armagnacs dedans Paris, à quelques dommages que ce fut, et devaient être signez de certains signes quand les Armagnacs entreraient à Paris, et qui n'aurait ce signe était en péril de mort. Et y avait un carme nommé frère Pierre d'Allée, qui était porteur et rapporteur des lettres de un lès et d'autre, mais Dieu ne voulût pas souffrir que si grand homicide fut fait en la bonne cité de Paris, car le carme fut pris, qui moult en accusa par torture qu'on lui fit. Et vrai fut que la semaine de la Passion, entre Pâque fleurie et le dimanche devant, on en prit plus de cent cinquante, et la vigile de Pâques fleuries [10], on en coupa à six la tête aux Halles ; on en noya, aucuns moururent par force de tortures, aucuns achetèrent leur liberté, aucuns s'enfouirent sans revenir. Quant les Armagnacs virent qu'ils avaient failli à leur entreprise, ils furent tous désespérés, et n'épargnaient ni femme ni enfant qu'ils ne prissent, [et] venaient jusques aux portes de Paris sans contredit de personne, mais on attendait de jour en jour le Duc de Bourgogne, qui n'alla ne vint, passa janvier, février, mars et avril.

Chapitre 531

Item, le vingt cinquième jour dudit mois [11], le lendemain de Saint-Marc, firent tant les Armagnacs, par leur force ou par leur trahison, qu'ils gagnèrent l'abbaye de Saint-Maur-des-Fossés ; et partout leur venait bien, ne oncques puis que le conte de Salisbury fut tué devant Orléans, ne furent les Anglais en face dont il ne leur convint partir à très grand damage ou à très grand honte pour eux.

10. Le dimanche des Rameaux.

11. Avril 1430.

Chapitre 533

Item, le vingt sixième jour dudit mois, l'an mil quatre cent trente, firent faire les gouverneurs de Paris [grands] feux, comme on fait à la Saint-Jean d'été [12], pour ce que le peuple s'ébahissait de ce que les Armagnacs avaient partout le meilleur où ils venaient, et firent entendre au peuple que c'était pour le jeune roi Henry qui se tenait roi de France et d'Angleterre, qui était arrivé à Boulogne, lui et grand foison de soudoyés, pour combattre les Armagnacs, dont il n'était rien, ni du duc de Bourgogne nouvelle nulle n'était. Si était le monde aussi comme au désespoir de ce que on ne gagnait rien, et que les gouverneurs leur faisaient ainsi entendant que bientôt ils auraient secours, dont quelque seigneur ne faisait nul semblant de secours, ne d'aucun traité, pour quoi[moult] des ménagiers de Paris se départaient, de quoi Paris s'affaiblissait moult.

Chapitre 536

Item, le vingt troisième jour de mai, fut prise devant Compiègne, dame Jehanne, la Pucelle aux Armagnacs, par messire Jehan de Luxembourg et ses gens, et bien mille Anglais qu'ils venaient à Paris, et furent bien quatre cent des hommes à la Pucelle que tuez, que noyez. Après ce, le dimanche ensuivant, vinrent les mille Anglais à Paris et allèrent assiéger les Armagnacs qui étaient dedans l'abbaye de Saint-Maur-[des-Fossés], si ne se tinrent point et rendirent ladite abbaye, sauve leur vie, sans rien emporter que un baston à leur poing, et étaient bien cent ; et ce fut le deuxième jour de juin mille quatre cent trente.

Chapitre 546

Item, le troisième jour de septembre, à un dimanche, furent prê-

12. Le jeudi 28 avril 1430 vint la nouvelle à Paris que le jeune roi d'Angleterre venait de débarquer à Calais. Pour célébrer son heureuse arrivée, le chancelier fit chanter un *Te Deum* à Notre-Dame et allumer des feux de joie dans les rues de Paris ; le lendemain il y eut processions générales à Notre-Dame et à Sainte-Geneviève (Arch.nat.).

chées au parvis Notre-Dame deux femmes, qui environ demi an devant avaient été prises à Corbeil et amenées à Paris, dont la plus aînée Pierronne [13] était de Bretagne bretonnante ; elle disait et vrai propos avait que Dame Jehanne, qui se armait avec les Armagnacs, était bonne, et ce qu'elle faisait était bien fait et selon Dieu.

Chapitre 547

Item, elle reconnu avoir deux fois reçu le précieux corps Notre-Seigneur en un jour.

Chapitre 548

Item, elle affermait et jurait que Dieu lui apparaissait souvent en humanité, et parlait à elle comme ami fait à autre, et que la dernière fois qu'elle l'avait vu, il était long vêtu de robe blanche, et avait une hucque vermeille par dessous, qui est aussi comme blasphème. Si ne s'en voulu oncques révoquer de l'affirmer, en son propos qu'elle voyait Dieu souvent [vêtu] ainsi, par quoi ce dit jour elle fut jugée à être brûlée, et le fut, et mourut en ce propos ce dit jour de dimanche, et l'autre fut délivrée pour celle heure.

13. Pierronne la Bretonne, ou Perinaïk, ainsi que la nomme M. de la Villemarqué, était l'une des pénitentes du frère Richard ; elle suivit Jeanne d'Arc à la sortie de Sully, fut prise à Corbeil par les Anglo-Bourguignons, jugée à Paris en cour d'Église, et périt comme la Pucelle sur le bûcher (Vallet de Viriville).

Année 1431

Chapitre 572

Item, la vigile du Saint — Sacrement en celui an, qui fut le XXXe jour de ma audit an trente et un, dame Jehanne qui avait été prise devant Compiègne, que on nommait la Pucelle, icelui jour fut fait un prêche à Rouen, elle étant en un échafaud que chacun la pouvait voir bien clairement, vêtue en habit de homme, et là lui fut démontré les grands maux douloureux qui par elle était advenus en Chrétienté, spécialement au royaume de France, comme chacun sait, et comment le jour de la Sainte Nativité Notre-Dame, elle était venue assaillir la ville de Paris à feu et à sang, et plusieurs grands péchés énormes qu'elle avait fait et fait faire, et comment à Senlis et ailleurs elle avait fait idolâtrer le simple peuple, car par sa fausse hypocrisie ils la suivaient comme Sainte pucelle, car elle leur donnait à entendre que le glorieux archange saint Michel, sainte Catherine et sainte Marguerite et plusieurs autres saints et saintes lui apparaissaient souvent et lui parlaient souvent, comme ami fait à l'autre et non pas comme à Dieu fait aucunes fois à ses amis, par révélations, mais corporellement et bouche à bouche ou ami à autre.

Chapitre 573

Item, vrai est qu'elle disait être âgée environ de dix sept ans, sans avoir honte que malgré père et mère et parents et amis, que souvent allait à une belle fontaine au pays de Lorraine, laquelle elle nommait Bonne Fontaine aux Fées Notre-Seigneur, et en celui lieu tous ceux du pays, quant ils avaient fièvres, ils allaient pour recouvrer guérison. Et là allait souvent la dite Jehanne la Pucelle sous un grand arbre qui la fontaine ombrageait, et s'apparurent à lui sainte Catherine et sainte Marguerite, qui lui dirent qu'elle allât à un capitaine que ils lui nommèrent, laquelle y alla sans prendre congé à père ni à mère ;

lequel capitaine la vêtit en guise d'homme, et l'arma et lui ceint l'épée, et lui bailla un écuyer et un valet, et en ce point fut montée sur un bon cheval. Et en ce point vint au roi de France et lui dit que du commandement de Dieu était venue à lui, et qu'elle le ferait être le plus grand seigneur du monde, et qu'il fut ordonné que tous ceux qui lui désobéiraient fussent occis sans pitié, et que saint Michel et plusieurs anges lui avaient baillé une couronne moult riche pour lui, et si avait une épée en terre aussi pour lui, mais elle ne lui baillerait tant que sa guerre fut perdue. Et tous les jours chevauchait avec le roi, à grande foison de gens d'armes, sans aucune femme, vêtue, attachée et armée en guise de homme, un gros baston en sa main, et quant aucun de ses gens se comportaient mal, elle frappait dessus de son baston grands coups, en manière de femme très cruelle.

Chapitre 574 et suiv.

Item, dit que elle est certaine de être [en] paradis en la fin de ses jours.

575 — Item, dit que elle est toute certaine que ce est saint Michel et sainte Catherine et sainte Marguerite qui à lui parlent souvent, et quant elle veut, et que bien souvent les a vu avec couronnes d'or en leurs têtes, et que tout ce qu'elle fait est du commandement de Dieu, et, plus fort, dit qu'elle sait grande partie des choses à advenir.

576 — Item, plusieurs fois a pris le précieux sacrement de l'autel toute armée, vêtue en guise de homme, les cheveux rondis, chaperon déchiqueté, gippon, chausses vermeilles attachées à foison d'aiguillettes, dont aucuns grands seigneurs et dames lui disaient en la reprenant de la dérision de sa vêture, que ce était peu priser Notre Seigneur de le recevoir en tel habit, femme qu'elle était, laquelle leur répondit promptement, car pour rien n'en ferait autrement et que mieux aimerait mourir que laisser l'habit de homme pour nulle défense, et que, se elle voulait, elle ferait tonner et autres merveilles, et que une fois on (voulu) lui faire [de son corps] déplaisir, mais elle sailli d'une haute tour en bas sans soi blesser aucunement [14].

14. Allusion à la chute que fit Jeanne d'Arc en essayant de s'échapper du château de Beaurevoir en Cam-

Chapitres 577-578

Item, en plusieurs lieux elle fit tuer hommes et femmes tant en bataille comme de vengeance volontaire, car qui n'obéissait aux lettres qu'elle faisait elle faisait tantôt mourir sans pitié quant elle en avait pouvoir, et disait et affirmait que elle ne faisait nulle rien que par le commandement que Dieu lui mandait très souvent par l'archange saint Michel, sainte Catherine et sainte Marguerite, lesquels lui faisaient ce faire, et non pas comme Notre Seigneur faisait à Moïse au mont de Sinaï, mais, proprement lui disaient des choses secrètes à advenir, et qu'ils lui avaient ordonné et ordonnaient toutes les choses qu'elle faisait, fut en son habit ou autrement.

578 — Telles fausses erreurs et pires avait assez dame Jehanne, et lesquelles lui furent toutes déclarées devant [tout] le peuple, dont ils eurent moult grande horreur quant ils ouïrent raconter les grandes erreurs qu'elle avait eues contre notre foi et avait encore, car pour chose que on lui démontra ses grands maléfices et erreurs, elle ne s'en effrayait ni se n'en étonnait, ainsi répondait hardiment aux articles que on lui proposait devant elle, comme celle qui était toute pleine de l'ennemi d'enfer ; et bien y paru, car elle voyait les clercs de l'Université de Paris qui si humblement la priaient qu'elle se repentit et révoquât de celle mauvaise erreur, et que tout lui serait pardonné par pénitence, ou, se non, elle serait devant tout le peuple brûlée et son âme damnée au fond d'enfer, et lui fut montré l'ordonnance et la place où le feu devait être fait pour la brûler bientôt, se elle ne se révoquait. Quant elle vit que c'était à certes, elle cria merci et se révoqua de bouche, et fut sa robe ôtée et vêtue en habit de femme, mais aussitôt qu'elle se vit en tel état, elle recommença son erreur comme devant, demandant son habit de homme. Et tantôt elle fut de tous jugée à mourir, et fut liée à une attache qui était sur l'échafaud qui était fait de plâtre, et le feu sus lui, et là fut bientôt éteinte et sa robe toute brûlée, et puis fut le feu tiré arrière, et fut vue de tout le peuple toute nue et tous les secrets qui peuvent être ou doivent [être] en femme, pour ôter les doutes du peuple. Et

---

brésis, où elle avait été enfermée par Jean de Luxembourg ; mais cette tentative d'évasion ne se rattache nullement aux obsessions dont l'héroïne aurait été l'objet durant sa captivité de la part d'un écuyer de Jean de Luxembourg, Aymon de Macy.

quant ils eurent assez et à leur gré vue toute morte liée à l'attache, le bourreau remit le feu grand sur sa pauvre charogne qui tantôt fut toute calcinée, et os et chair mise en cendre. Assez avait là et ailleurs qui disaient [qu'elle était martyre et pour son droit seigneur, autres disaient] que non et que mal avait fait qui l'avait tant gardée. Ainsi disait le peuple [15], mais quelle mauvaisetés ou bontés qu'elle eut faite, elle fut brûlée celui jour.

Chapitres 579-580

Et celle semaine fut pris le plus mauvais et le plus tirant et le mains piteux de tous les capitaines qui fussent de tous les Armagnacs, et était nommé pour sa mauvaiseté La Hire ; et fut pris par pauvres compagnons et fut mis ou château de Dourdan.

580 — Item, le jour Saint-Martin le Boulant fut faite une procession générale à Saint-Martin-des-Champs, et fit-on une prédication, et la fit un frère de l'ordre Saint-Dominique qui était inquisiteur de la foi, maître en théologie, et prononça derechef tous les faits de Jeanne la Pucelle. Et disait qu'elle avait dit qu'elle était fille de très pauvres gens, et que environ l'âge de treize ans elle s'était ainsi maintenue en guise de homme, et que son père et sa mère l'eussent volontiers faite dès lors mourir, s'ils eussent put sans blesser leur conscience, et pour ce se départie de eux accompagnée de l'ennemi d'enfer, et depuis voici homicide de chrétienté, plaine de feu et de sang, jusques à tant qu'elle fut brûlée ; et disait qu'elle se fut révoquée, et que on lui eut baillé pénitence, c'est assavoir, quatre ans en prison à

15. Tout ce qui est de nature à nous éclairer sur les manifestations de l'opinion publique au moment où Jeanne d'Arc remplissait sa sublime mission mérite de fixer l'attention des érudits ; aussi lira-t-on avec intérêt, croyons-nous, les propos tenus à Abbeville sur la Pucelle l'année même de sa mort, tels que nous les trouvons rapportés dans des lettres de rémission du 6 juillet 1432, lettres dont personne à notre connaissance n'a tiré parti : « Après que nos ennemis et adversaires, estant en leur compaignie la femme vulgaument nommée la Pucelle, furent venus en nostre ville de Paris, un certain jour, lesd. supplians (deux habitants d'Abbeville) estans en la compaignie d'un nommé Colin Broyart devant et assez pres de l'ostel d'un mareschal nommé Guillaume du Pont en nostre ville d'Abbeville, entendirent que aucuns parloient des faiz et abusions de ladicte nommée vulgaument la Pucele, et par especial un herault, auquel herault ledit Petit eust dit : Bran ! bran ! et que chose que dist ne fist icele femme n'était que abusion, et pareillement le dirent ledit Colin et autres dessus-diz, et que à icele femme l'en ne devait adjouster foy, et que ceux qui en icele avaient créance étaient folz et sentoient la persinée, ou paroles semblables en substance » (Arch. nat., JJ 175, n° 125).

pain et à eau, dont elle ne fit oncques jour, mais se faisait servir en la prison comme une dame, et l'ennemi s'apparu à lui troisième, c'est assavoir, saint Michel, sainte Catherine et sainte Marguerite, comme elle disait, qui moult avait [grand] peur qui ne la perdit, c'est assavoir, iceux ennemis ou ennemis en la forme de ces trois saints, et lui dit : « *Méchante créature, qui pour peur de la mort as laissé ton habit, n'aies peur, nous te garderons moult bien de tous.* » Par quoi sans attendre se dépouilla et se revêtit de toutes ses robes qu'elle vêtait quant elle chevauchait, que boutées avait ou feurre de son lit, et se fia en l'ennemi tellement qu'elle dit qu'elle se repentait de ce que oncques avait laissé son habit. Quant l'Université ou ceux de par elle virent ce et qu'elle était ainsi obstinée, si fut livrée à la justice laïque pour mourir. Quant elle se vit en ce point, elle appela les ennemis qui lui apparaissaient en guise de saints, mais oncques, puis qu'elle fut jugée, nul ne s'apparut à elle pour invocation qu'elle sut faire, adonc s'avisa, mais ce fut trop tard. Encore dit il en son sermon qu'ils étaient quatre, dont les trois avaient été prises, c'est assavoir, cette Pucelle, et Peronne et sa compagne, et une qui est avec les Armagnacs, nommée Katherine de la Rochelle [16], laquelle dit, que quant on sacre le précieux corps Notre Seigneur, que elle voyait merveilles du haut secret de Notre Seigneur Dieu ; et disait que toutes ces quatre pauvres femmes frère Richard le cordelier, qui après lui avait si grand suite quant il prêcha à Paris aux Innocents et ailleurs, les avait toutes ainsi gouvernées, car il était leur beau père, et que le jour de Noël en la ville de Jargeau il bailla à cette dame Jehanne la Pucelle trois fois le corps Notre Seigneur, dont il était moult à reprendre, et l'avait baillé à Peronne celui jour deux fois, par le témoignage de leur confession et d'aucuns qui présents furent aux heures qu'il leur bailla le précieux sacrement.

16. Catherine de la Rochelle avait rencontré Jeanne d'Arc à Jargeau et à Montfaucon en Berry, vers le mois de décembre 1429 ; après la prise de l'illustre héroïne, cette aventurière vint à Paris, y fut arrêtée et traduite devant l'official qui lui fit subir un interrogatoire ; elle déposa contre Jeanne d'Arc, donnant à entendre qu'elle sortirait de prison par le secours du diable, si l'on ne faisait bonne garde. L'autorité ecclésiastique relâcha sa prisonnière, car, au mois de juillet 1431, Catherine de la Rochelle se trouvait de nouveau dans les rangs des Armagnacs.

Chapitres 789-790

Item, en ce temps était très grande nouvelle de la Pucelle, dont devant a été faite mention, laquelle fut brûlée à Rouen par ses démérites ; et y avait adonc maintes personnes qui étaient moult abusées d'elle, qui croyaient fermement que par sa sainteté elle se fut échappée du feu et que on eut brûlé une autre, supposant que ce fut elle ; mais elle fut bien véritablement brûlée et toute la cendre de son corps fut pour vrai jetée en la rivière pour les sorcelleries qui s'en fussent pu ensuivre.

790 — Item, en celui temps, en amenèrent les gens d'armes une [17], laquelle fut à Orléans très honorablement reçue, et quant elle fut près de Paris, la grande erreur recommença de croire fermement que c'était la Pucelle ; et pour celle cause l'Université et le Parlement la firent venir à Paris bon gré mal gré, et fut montrée au peuple au Palais sur la pierre de marbre en la grand court, et là fut prêchée et traitée sa vie et tout son état, et dit qu'elle n'était pas pucelle, et qu'elle avait été mariée à un chevalier dont elle avait eu deux fils. Et avec ce disait qu'elle avait fait aucune chose, dont il convint qu'elle allât au Saint-Père, comme de main mise sur père [ou] mère, prêtre ou clerc, violences, et que pour garder son honneur ; car, comme elle disait, elle avait frappée sa mère par mésaventure, comme elle pensait férir une autre, et pour ce qu'elle eût bien maltraité sa mère, si n'eût été la grand ire où elle était, car sa mère la tenait pour ce qu'elle voulait battre une sienne commère. Et pour celle cause lui convenait aller à Rome ; et pour ce elle y alla vêtue comme un homme, et fut comme soudoyé en la guerre du Saint-Père Eugene, et [fit] homicide en ladite guerre par deux fois, et quant elle fut à Paris, encore retourna en la guerre, et fut en garnison et puis s'en alla.

---

17. Il s'agit de la fausse pucelle Claude, qui se faisait appeler Jeanne du Lys ; cette aventurière, mariée en novembre 1436 à un chevalier lorrain du nom de Robert des Armoises, dont elle eut deux fils, mena une existence pleine de péripéties de tout genre. Au début de sa carrière, Claude des Armoises eut, comme l'on sait, maille à partir avec l'Inquisition de Cologne, et ne parvint à s'échapper que grâce à la protection du comte Ulrich de Wurtemberg. Rentrée en France, la fausse pucelle fut mêlée aux événements militaires dont le Poitou était le théâtre en 1439, et vint à Orléans vers les mois de juillet et septembre de la même année. Après l'examen judiciaire dont cette intrigante fut l'objet à Paris au mois d'août 1440, elle disparaît complètement de la scène historique.

Perceval de Gagny

Journal

Notice

En 1846, Jules Quicherat édite le Journal *de Perceval de Cagny. Ce document est tiré de la transcription établie au XVIIe siècle par André Duchesne d'un journal rédigé à la fin du XVe siècle par un gentilhomme du Beauvaisis au service des ducs d'Alençon, Perceval de Cagny.*

Lorsqu'il rédige son mémoire, en 1438, ce dernier est âgé de quarante-six ans. Après avoir été panetier puis écuyer d'écurie, il a terminé sa carrière au service des ducs en qualité de maître d'hôtel. L'intérêt de son texte, sans prétention littéraire, est pourtant certain.

Rédigé seulement neuf ans après les faits, il offre un témoignage presque immédiat d'événements principalement connus par les pièces du procès de réhabilitation, après 1450. L'exactitude chronologique du récit confirme d'ailleurs la fiabilité de l'ensemble.

Le statut même du rédacteur, un des principaux officiers de l'hôtel d'un des plus fidèles compagnons d'armes de Jeanne, en fait une source de premier ordre. Le duc Jean d'Alençon est en effet le capitaine attaché par le roi au soutien militaire de Jeanne. Son affection admirative pour la Pucelle le conduira à l'assister dans l'ensemble de ses opérations militaires, avec notre Perceval de Cagny dans sa suite. Ce dernier partage d'ailleurs les sentiments de son maître au point de valoriser cette dernière au profit du duc dans plusieurs passages de son texte.

Comme l'a souligné Jules Quicherat, ce document éclaire d'une lumière nouvelle l'épisode de Jeanne d'Arc, en insistant à diverses reprises sur les obstacles rencontrés par Jeanne dans l'accomplissement de sa mission, tant de la part des capitaines que du Conseil du roi, voire du souverain lui-même, y compris après la validation de son inspiration divine par les docteurs de Poitiers et le « signe » de la libération d'Orléans. Qu'il s'agisse de l'itinéraire vers Reims, de la prise de Paris ou de la conquête de la Normandie, Jeanne voit ses propositions repoussées et son action systématiquement soumise à la volonté des puissants. Quicherat souligne à quel point cet ensemble d'entraves, jusqu'alors égrené dans les sources diverses et donc partiellement édulcoré, pèse ici à charge contre

Charles VII et ses conseillers dans l'analyse des échecs de la mission de la Pucelle.

Ainsi en est-il du voyage de Reims, obtenu, contre l'avis de du roi, sous la pression des humbles venus servir à leurs frais au couronnement de leur prince et rejoindre Jeanne partie camper « aux champs ». Ainsi en est-il au siège de Paris, en fait bien près de réussir sans les réticences du Conseil Royal. Perceval insiste encore sur l'inactivité forcée dont pâtit Jeanne d'Arc durant l'hiver 1429-1430 et sur son « évasion » de la cour qui la conduit au triste épisode de Compiègne.

C'est donc, en plus d'un pertinent rappel des faits, un point de vue affranchi des habituelles réserves que nous livre ici Perceval de Cagny comme une des sources essentielles de l'histoire de Jeanne d'Arc.

(Mise en français moderne : J.-B.-J. Ayroles, La Vraie Jeanne d'Arc, *t. III, Paris, 1897.)*

La venue de la Pucelle devers le roi

En cette année MCCCCXXVIII (a. st.), le (VIe) jour du mois de mars, une pucelle de l'âge de XVIII ans ou environ, des marches de Lorraine et de Barrois, vint devers le roi à Chinon. Elle était issue de gens de simple état et de labour ; elle disait toujours de fort merveilleuses choses en parlant de Dieu et de ses saints ; elle disait que Dieu l'avait envoyée à l'aide du gentil roi Charles pour le fait de sa guerre. De quoi le roi et tous ceux de sa maison, et les autres, de quelque état qu'ils fussent, se donnèrent de très grandes merveilles de ce qu'elle parlait et devisait des ordonnances et du fait de la guerre, autant et en aussi bonne manière qu'eussent pu et su le faire les chevaliers et les écuyers étant continuellement occupés du fait de la guerre. Elle fut très grandement examinée par des clercs, des théologiens et par d'autres, par des chevaliers et des écuyers, sur ce qu'elle disait de Dieu et du fait de ladite guerre ; et toujours elle se tint, et elle fut trouvée en un même propos. Elle prit et se mit en habits d'homme ; elle demanda au roi de lui faire faire des armures pour s'armer, telles qu'elle les indiquerait ; et qu'il lui donnât des chevaux pour elle et pour ses gens ; et il fut ainsi fait. Le roi la tint devers lui jusqu'au mois de mai, sans qu'elle allât nulle part. Avant sa venue, ni le roi ni les seigneurs de son sang ne savaient quel conseil prendre, et depuis, par son aide et conseil, les affaires vinrent toujours de bien en mieux.

Comment la Pucelle commença à faire la guerre aux Anglais

En l'an MCCCCXXIX, la Pucelle entreprit de vouloir montrer pourquoi elle était venue devers le roi. – Après la journée des Harengs, les Anglais des bastilles d'Orléans s'efforcèrent d'empêcher que nuls vivres pussent venir à ceux d'Orléans ; si bien que ceux-ci avaient très grand défaut de pain. Pour y pourvoir, ils envoyèrent plusieurs fois devers le roi qui assembla ses capitaines pour aviser par quelle manière, on pourrait leur mener des blés et d'autres vivres. Nul de ces derniers n'osa entreprendre pareille charge par crainte des Anglais, qui étaient d'un côté et d'autre de la ville, en bien grand nombre dans leurs bastilles ; et avec cela tenaient les villes et les places au-dessus et au-dessous de la rivière. La Pucelle, voyant que nul n'entreprenait de donner secours à cette noble place d'Orléans, et connaissant la très grande perte et dommage que ce serait pour le roi et son Roiaume, de perdre ladite place, requit le roi de lui donner de ses gens d'armes, et dit : « *Par mon Martin* – c'était son serment –, *je leur ferai mener des vivres* ». Le roi le lui accorda ; ce dont elle fut très joyeuse. Elle fit un étendard, auquel était l'image de Notre-Dame, et elle prit un jour pour se trouver à Blois, et dit que ceux qui devaient être en sa compagnie y vinssent, et qu'à ce jour les blés et les autres vivres fussent prêts à partir en charrettes, chevaux, et autrement. Elle ne demandait pas grande compagnie de gens, et elle disait : « *Par mon Martin, ils seront bien menés ; n'en faites doubte* ! »

Des vivres menés à Orléans

Le maréchal de Rais, La Hire, Gaucourt, Poton de Xaintrailles et d'autres capitaines furent à Blois au jour fixé pour la conduite des vivres, et les firent partir en grande quantité. La Pucelle les fit passer par devant les places de Beaugency, de Meung, et autres places garnies d'Anglais, sans avoir aucun empêchement pour le convoi ; et quand elle vint auprès d'Orléans, elle fit descendre des bateaux de ladite ville, elle y fit charger les vivres, y monta elle et ses gens, et ils entrèrent à Orléans, sans obstacle, soit des bastilles du pont, soit de celles qui étaient de l'autre côté de la rivière. Les habitants en furent très grandement réjouis, et à cause du grand besoin de vivres qu'ils ressentaient, et à cause de la venue de la Pucelle, et des gens de sa compagnie. Le sire de Gaucourt et quelques autres des capitaines demeurèrent avec elle.

Le bâtard d'Orléans et les autres capitaines dessus nommés retournèrent à Blois, ramenant ceux qui avaient porté les vivres. Elle les avait assurés qu'ils ne seraient nullement inquiétés à leur retour, et ainsi en fut-il. En même temps, elle leur avait ordonné de prendre le reste des vivres à Blois, et de revenir à Orléans par l'autre côté de la rivière, devers Paris, et de n'avoir aucune crainte des Anglais. Ils l'exécutèrent, comme elle le leur avait ordonné, et ils passèrent près des forteresses desdits Anglais, près de la ville, par entre les bastilles, sous leur vue, sans que nul ne bougeât de son logis, comme gens qui n'auraient su ni pu s'aider.

Comment la Pucelle prit et leva les bastilles d'Orléans

En cet an MCCCCXXIX, le IVe jour de mai, après dîner, la Pucelle appela les capitaines, et leur ordonna d'être prêts, eux et leurs gens, à l'heure qu'elle fixa. Elle fut prête elle-même et à cheval plus tôt que nul des autres capitaines ; et elle fit sonner sa trompille ; son étendard après elle, elle alla par la ville dire que chacun montât ; et elle vint faire ouvrir la porte de Bourgogne et se mit aux champs. Les gens delà ville, qui étaient bien équipés en guerre, avaient ferme espérance qu'en sa compagnie les Anglais ne pourraient leur faire de mal. Ils saillirent dehors en très grand nombre ; et après eux se mirent aux champs les maréchaux de Rais et de Boussac, le bâtard d'Orléans, le sire de Graville et les autres capitaines. La Pucelle leur ordonna de garder que les Anglais, qui étaient dans leurs bastilles en très grand nombre, ne pussent venir après elle et après ses gens, qui sortaient à pied de la ville. Elle prit peu de gens d'armes avec elle, et elle s'en alla devant la bastille de l'abbaye des Dames, nommée Saint-Loup, où se trouvaient environ trois cents Anglais. Sitôt que les gens d'Orléans y furent arrivés, ils allèrent incontinent à l'assaut. La Pucelle prit son étendard et vint se mettre sur le bord des fossés. Bientôt après ceux de la place voulurent se rendre à elle ; elle ne voulut pas les recevoir à rançon et elle dit qu'elle les prendrait malgré eux, et elle fit pousser de plus fort son assaut. Incontinent la place fut prise, et presque tous ses défenseurs furent mis à mort. Cela fait, elle retourna en la ville d'Orléans, et avec elle les seigneurs qui l'avaient attendue, qui tous se donnèrent merveille de ses faits et de ses paroles. Jamais les autres Anglais ne se mirent (dans la suite) en nulle ordonnance, ni ne firent semblant de saillir hors de leurs places, pas plus que s'ils n'eussent vu ou entendu chose qui dût leur déplaire.

Tout le jour du lendemain qui fut jeudi, ni la Pucelle ni aucun des capitaines ne bougèrent de la ville. Le vendredi, à l'heure des vêpres, elle dit que chacun fût prêt et armé, et elle passa la rivière en bateau du côté de la Sologne. Tous ne la suivirent pas, ainsi qu'elle s'y attendait. Aussitôt qu'elle fut descendue à terre, et une poignée de gens avec elle, elle alla, son étendard en main, se mettre devant la bastille des Augustins, et fit incontinent sonner trompilles pour l'assaut, et après, il ne se passa guère de temps que la place ne fût prise. Cela fait, ceux de sa compagnie pensaient qu'elle allait retourner coucher. en ville. Elle se logea en ladite bastille qui était bien garnie de vivres, et dit : « *Par mon Martin, j'aurai demain les tours de la bastille du pont, et je n'entrerai pas à Orléans, qu'elles ne soient en la main du bon duc Charles* » ; et elle manda à ceux qui étaient demeurés en la ville d'être devers elle dès le lendemain bon matin.

Glacidas était demeuré capitaine des tours et de la bastille des ponts, après la mort du comte de Salisbury, qui fut tué dans l'une d'elles par une pierre de canon, sans qu'on ait jamais pu savoir qui la fit partir, ni d'où elle était venue. La place semblait imprenable d'assaut à tous les gens de guerre ; et elle était garnie de tout ce qui sert à la défense d'une place assaillie. Ledit Glacidas avait avec lui, en la place, de sept à huit cents Anglais, tels que bon lui avait semblé pour y être en sûreté. Il n'y avait pas de capitaine à qui il ne semblât impossible que ladite place pût être prise en un mois, y eût-il la moitié plus de gens qu'ils n'étaient. La Pucelle dit à ceux qui étaient avec elle : « *Par mon Martin, je la prendrai demain, et je retournerai en ville pardessus les ponts.* »

Le samedi, à sept heures du matin, elle fit sonner ses trompilles, et fit savoir que chacun fut prêt d'aller donner l'assaut. Sur les sept heures elle prit son étendard, et s'alla mettre sur le bord des fossés, et incontinent du côté du dehors commencèrent les décharges d'un grand nombre de canons et de coulevrines. Ceux du dedans faisaient tout leur possible pour se défendre. On entra malgré eux dans les fossés. L'assaut fut donné en ce jour trois ou quatre fois ; et la Pucelle réconfortait toujours ses gens en leur disant : « *N'en doubtez pas, la place est nostre* ». Environ l'heure de vêpres, elle se mit au fond des fossés, et incontinent plusieurs échelles furent apportées, tandis que l'assaut recevait une nouvelle force du tir des couleuvrines et du nombre des gens de trait ; et sans beaucoup tarder nos gens entrèrent en la place.

Ledit Glacidas et les autres défenseurs plus haut placés se voyant pris pensèrent, pour se sauver, regagner une des tours ; mais la presse fut si grande que le pont se rompit, et ledit Glacidas et plusieurs autres furent noyés ; presque tous les autres furent mis à mort. Ainsi la place fut gagnée. Tous ceux qui virent le fait en furent tous émerveillés, et il n'y mourut pas du côté des vainqueurs plus de seize à vingt personnes. Les ponts étaient si démantelés que c'était merveille ; il semblait impossible qu'en huit jours on eut trouvé moyen d'y faire passer un homme ; en moins de trois heures la chose fut mise en tel état que la Pucelle, et ceux qui y voulurent passer, vinrent par-dessus les ponts coucher en ville.

Le départ des Anglais de devant Orléans

Le dimanche huitième jour de mai, les seigneurs de Fastolf, de Willoughhy, de Scales, et autres capitaines étant en bien grand nombre dans plusieurs autres bastilles du côté de devers la France, qui avaient vu de loin l'assaut que la Pucelle avait donné le mercredi à la bastille Saint-Loup, comment elle l'avait prise d'assaut, et comment ceux qui la défendaient avaient été mis à mort ; et qui, de leur place, avaient encore vu les assauts, donné par elle, le samedi, aux tours et à la bastille du pont et la place enlevée par assaut, ce même dimanche au matin, ces capitaines mirent le feu à leurs logis, et s'en allèrent, la plupart d'entre eux tout à pied, dans les villes et places de Meung et de Beaugency-sur-Loire. Ce fut ainsi que la noble cité d'Orléans fut secourue et mise en liberté par la Pucelle, envoyée de Dieu à l'aide du roi de France. Et huit ou dix jours après ces heureux événements, elle revint vers le roi à Chinon.

Au mois de mars précédent, après son arrivée à Chinon, la Pucelle, entre les autres affaires qu'elle disait avoir de par Jésus, affirmait que le bon duc d'Orléans était de sa charge, et que dans le cas où il ne reviendrait pas par deçà, elle aurait beaucoup de peine pour aller le quérir en Angleterre. Elle avait une très grande joie de s'employer au recouvrement de ses places. À cause de l'amitié et du bon vouloir qu'elle avait pour le duc d'Orléans, et aussi parce que c'était une partie de sa mission, elle se tint très près du duc d'Alençon qui avait épousé sa fille. Après son arrivée, elle ne fut pas longtemps à Chinon sans aller voir la duchesse d'Alençon, en l'abbaye de Saint-Florent, près de Saumur, où elle résidait. Dieu sait le joyeux accueil que lui firent la mère du duc, le duc et sa femme, ladite fille du duc d'Orléans, durant les trois ou quatre jours qu'elle passa audit lieu. Et après cela, et toujours depuis, elle se tint plus près et plus familière du duc d'Alençon que d'aucun autre ; et toujours, en parlant de lui, elle l'appelait Mon beau duc, et pas autrement.

L'entreprise de couronnement du Roi

Après la prise des bastilles devant Orléans, la Pucelle dit au roi, aux seigneurs, et à tout son conseil, qu'il était temps de se préparer à se mettre en chemin pour son couronnement à Reims. Pareil dessein sembla très difficile à exécuter à tous ceux qui en ouïrent parler. Ils disaient que, vu la puissance des Anglais et des Bourguignons ennemis du roi, considéré que le roi n'avait pas grandes finances pour soudoyer son armée, il lui était impossible de parfaire pareil chemin. La Pucelle dit : « Par mon Martin, je conduirai le gentil roi Charles et sa compagnie jusques audit lieu de Reins, sûrement et sans empêchement, et là vous le venez couronner ». Ces paroles venant après qu'elle avait ravitaillé Orléans et fait lever les bastilles de devant cette ville, nul n'osa contredire. Le roi fixa un jour auquel il serait à Gien-sur-Loire, et il tint parole. La Pucelle, qui avait toujours l'œil et la pensée aux affaires du duc d'Orléans, parla à son beau duc d'Alençon, et lui dit que, tandis que le roi ferait ses apprêts, et pendant le temps qu'il mettrait à faire son chemin pour aller à Gien, elle voulait aller délivrer la place de Jargeau qui faisait et donnait de grandes charges à la ville d'Orléans. Incontinent, le duc d'Alençon fit savoir aux maréchaux de Boussac et de Rais, au bâtard d'Orléans, à La Hire et à d'autres capitaines, de se trouver avec leurs gens à certain jour à un village près de Romorantin-en-Sologne ; et ainsi ils le firent.

L'assaut de Jargeau

En cet an MCCCCXXIX, le samedi XIe jour du mois de juin, environ deux heures après dîner, le duc d'Alençon, la Pucelle, le comte de Vendôme et les autres capitaines, ayant en leur compagnie de deux à trois mille combattants, et autant de gens des milices communales ou plus, vinrent assiéger la ville de Jargeau, que gardaient le comte de Suffolk, deux de ses frères, et de sept à huit cents Anglais. A l'arrivée, les gens des milices communales, à qui il était avis que rien ne pouvait tenir contre les entreprises de la Pucelle, se précipitèrent dans les fossés sans qu'elle y fût présente, et sans les gens d'armes occupés à se loger : il y en eut de bien battus ; ils se retirèrent. La chose demeura en cet état pour ce jour. La nuit, la Pucelle parla à ceux de dedans la ville, et leur dit : « *Rendez la place au Roi du Ciel et au gentil roi Charles, et vous en allez, ou autrement il vous mécherra* ». Ils ne tinrent pas compte des choses qu'elle leur dit. La nuit, les canons et les bombardes furent assis, et le dimanche venu, environ sur les neuf heures du matin, la Pucelle et le duc d'Alençon firent sonner les trompilles pour venir à l'assaut. La Pucelle prit son étendard, auquel était peint Dieu en sa majesté, et de l'autre côté... et un écu de France tenu par deux anges. Elle vint sur les fossés, et incontinent un bien grand nombre de gens d'armes et d'hommes des communes s'y précipitèrent, et l'assaut commença très dur ; il dura de trois à quatre heures. En la parfin, la place fut prise, quoiqu'il semblât impossible de la prendre d'assaut, vu les défenseurs qu'elle renfermait. De notre côté nous n'eûmes que seize ou vingt morts. Du côté de l'ennemi, le comte de Suffolk, son frère, et quarante ou cinquante autres furent faits prisonniers ; son autre frère et le reste des Anglais furent mis à mort.

Le lundi qui suivit, la Pucelle, le duc d'Alençon, après avoir ordonné pour la garde de Jargeau le nombre de gens qu'il leur sembla bon, s'en vinrent dîner, eux et ce qui restait de leur compagnie, en la ville d'Orléans et aux villages situés sur l'un et l'autre côté de la rivière. Ils séjournèrent ce jour et le lendemain qui fut mardi. Ce jour, la Pucelle fut très grandement festoyée par ceux de la ville. Le duc d'Alençon, tous les autres capitaines, chevaliers, écuyers, gens de guerre, bourgeois, tous les gens du commun qui l'avaient vue, en étaient si contents que plus ils ne pouvaient l'être, disant que Dieu l'avait envoyée pour remettre le roi en sa seigneurie. Dans la soirée elle appela son beau duc d'Alençon et lui dit : « *Je veux demain après dîner aller voir ceux de Meung. Faites que la compagnie soit prête à partir à cette heure-ci.* » Le lendemain, mercredi, la Pucelle, le duc d'Alençon, leur compagnie, et un bien grand nombre de gens du peuple, qui se mirent en la compagnie de la Pucelle, partirent après dîner et allèrent coucher auprès de Meung. A l'arrivée une escarmouche fut donnée à ceux de la place, et il n'en fut pas fait davantage.

Du siège de Beaugency

Le lendemain jeudi, XVIe jour de juin, la Pucelle, le duc d'Alençon et toute l'armée, vinrent sur l'heure de midi mettre le siège devant la place de Beaugency, et s'établirent dans la ville et aux environs. Tout le reste du jour il y eut des escarmouches devant la place. La nuit, on assit les canons et les bombardes. Messire Richard Guettin et Mathago avaient la garde de la place avec quatre cents Anglais sous leurs ordres. Le vendredi, le comte de Richemont, connétable de France, vint à l'armée, sur l'avis que lui avait fait arriver le duc d'Alençon dès qu'il alla devant Jargeau. Le roi cependant ne voulait pas qu'il se mêlât de sa guerre, et cela à la sollicitation du sire de La Trémoille qui tenait Richemont pour son ennemi ; et le sire de La Trémoille avait toute la voix du gouvernement du roi. Le Connétable amenant avec lui cinq ou six cents combattants, tout ce jour de vendredi se passa à faire des décharges de canons et de bombardes contre ceux de la place, qui, eux aussi, répondaient à ceux du dehors ; on escarmoucha, et chacun fit le mieux qu'il pouvait. Ceux de la place avaient bien connaissance des exploits qu'avait accomplis la Pucelle en ravitaillant la ville d'Orléans, en prenant les bastilles ; ce qui fut une grande merveille ; et en forçant Jargeau. Ils voyaient que rien ne pouvait résister contre la Pucelle, qu'elle mettait toute l'ordonnance dans l'armée et la conduisait comme elle voulait, ainsi que devraient et pourraient le faire le Connétable et les maréchaux. Ils se rendirent à la Pucelle et au duc d'Alençon, sauf leurs corps, leurs chevaux et leurs harnais.

La nuit du vendredi au samedi, des nouvelles vinrent à la Pucelle et au duc d'Alençon que les seigneurs de Talbot et Fastolf étaient arrivés avec grand renfort d'Anglais à Yenville-en-Beauce, et qu'ils s'avançaient pour les combattre.

La bataille de Patay

Le samedi XVIIIe jour de juin MCCCCXXIX, la Pucelle et le duc d'Alençon mettaient hors de la place de Beaugency les Anglais qui s'étaient rendus, lorsque leur arrivèrent les nouvelles que, durant la nuit qui venait de s'écouler, Talbot et Fastolf étaient venus à Meung quérir le sire de Scales et ceux de la garnison de la ville, qu'ils avaient abandonné la place et s'en allaient tous ensemble à Yenville. Environ sur les huit heures du matin, la Pucelle, le duc d'Alençon et toute leur armée s'étaient mis en campagne, pensant avoir la bataille avec les Anglais. Quand ils surent qu'ils s'en allaient, ils ordonnèrent l'avant-garde et l'armée, et ainsi rangés en bon ordre, ils marchèrent après les Anglais, et les rejoignirent près du village de Patay, à peu près à cinq lieues de Beaugency. Quand les Anglais s'aperçurent de la compagnie qui les suivait, ils s'installèrent dans un champ, et presque tous à pied se rangèrent en ordre de combat. L'avant-garde de nos gens fondit sur eux, et incontinent le gros de l'armée se joignit à elle ; sans guère de résistance les Anglais tournèrent à la déroute et à la fuite. De deux à trois mille furent tués : furent faits prisonniers les sires de Talbot, de Scales, le fils du comte de et de quatre à cinq cents autres ennemis. La Pucelle, le duc d'Alençon, le connétable de France, et toute la compagnie couchèrent au village de Patay et aux environs.

Le dimanche XIXe jour de juin, la Pucelle, le duc d'Alençon et toute la compagnie, dînèrent audit lieu de Patay. Le duc d'Alençon n'osa pas conduire le Connétable vers le roi à cause de la disgrâce dans laquelle il se trouvait, ainsi qu'il a été dit. Le comte de Richemont retourna en son château de Parthenay, content et joyeux de la victoire que Dieu avait donnée au roi, et très marri de ce que le roi ne voulait pas agréer son service. La Pucelle, le duc d'Alençon et toute la compagnie allèrent coucher à Orléans et autour de la ville ; ils y furent reçus très grandement. Ils allèrent par les églises remercier Dieu, la Vierge Marie et tous les benoîts saints du Paradis, de la grâce et de l'honneur que Dieu avait laits au roi et à eux tous, publiant que c'était par le moyen de la Pucelle, et que sans elle jamais si grandes merveilles n'auraient pu être accomplies. La Pucelle, le duc d'Alencon, et toute la compagnie furent audit lieu et aux pays des environs, depuis le dimanche jusqu'au vendredi suivant, XXIIIe jour du même mois.

Le commencement du sacre du Roi

Ce vendredi bien matin, la Pucelle dit au duc d'Alencon : « *Faites sonner les trompilles et montez à cheval. Il est temps d'aller vers le gentil roi Charles pour le mettre au chemin de son sacre à Reims.* » Ainsi il fut fait. Tous montèrent à cheval et ceux de la ville et ceux des champs. Ce même jour, ils prirent gîte auprès du roi en la ville de Gien-sur-Loire. Le roi fit grande fête et montra grande joie de la venue de la Pucelle, du duc d'Alencon et de leur compagnie. Ce jour, il y eut de longs et joyeux entretiens entre tous les seigneurs, les chevaliers, les écuyers, les gens de guerre, et les gens de tout état, quels qu'ils fussent. Tous tenaient à très grande merveille les grands faits de guerre advenus le samedi précédent, par l'entreprise de la Pucelle, à eux et à toute sa compagnie. Je crois bien que jamais homme vivant ne vit la pareille, telle que de mettre en un jour en l'obéissance du roi trois notables places, à savoir la ville et le château de Meung-sur-Loire, la ville et le château de Beaugency, la ville et le château d'Yenville-en-Beauce, et de gagner une journée telle que celle d'auprès de Patay, sur les Anglais qui étaient au nombre de... mille, et nos gens environ...

Le roi fut audit lieu de Gien jusques au mercredi 29 juin. La Pucelle fut très marrie du long séjour qu'il y fit, par la persuasion de quelques gens de sa maison qui le déconseillaient d'entreprendre le chemin de Reims, disant qu'entre Gien et Reims il y avait plusieurs cités, villes fermées, châteaux et places bien garnis d'Anglais et de Bourguignons. La Pucelle disait qu'elle le savait bien, et que de tout cela elle ne faisait nul compte. Par dépit elle partit et alla camper aux champs, deux jours avant le départ du roi. Quoique le roi manquât d'argent pour solder son armée, tous, chevaliers, écuyers, gens de guerre et gens du peuple, se montraient prêts à aller servir le roi pour ce voyage en la compagnie de la Pucelle, disant qu'ils iraient partout où elle voudrait aller. Elle disait : « *Par mon Martin, je mènerai le roi Charles et sa compagnie sûrement, et il sera couronné audit lieu de Reims* ».

Le 29 juin, après plusieurs conseils, le roi partit et prit son chemin pour aller droit à la cité de TRoies-en-Champagne. Sur son chemin, toutes les forteresses, à droite et à gauche de sa voie, se mirent en obéissance. Il arriva devant le dit lieu de TRoies après dîner, le vendredi, VIIIe jour de juillet. Les hommes de la garnison et les bourgeois de la ville lui furent désobéissants. Ce jour-là et le lendemain il y eut de grandes escarmouches, et le dimanche, X^e^ jour, ils se mirent en l'obéissance du roi. Après dîner, il fut très honorablement reçu en cette ville, où il séjourna jusqu'au mardi suivant. Partout où la Pucelle venait, elle disait à ceux qui tenaient les places : « *Rendez-vous au Roi du Ciel et au gentil roi Charles* ». Elle était toujours la première pour venir parler aux barrières.

Le mardi, le roi partit de TRoies, et le jeudi qui suivit, il fut très honorablement reçu en la cité de Châlons. Le long du chemin, toutes les forteresses du pays se mirent en son obéissance, parce que la Pucelle envoyait quelques-uns de ceux qui étaient sous son étendard dire par chacune d'elle à ceux qui les occupaient : « *Rendez-vous au Roi du Ciel et au gentil roi Charles* » ; et ceux-ci, ayant connaissance des grandes merveilles advenues et accomplies à la présence de la Pucelle, se mettaient franchement en l'obéissance du roi, quelques-uns du moins. Quant à ceux qui refusaient, elle y allait en personne, et tous lui obéissaient. En allant son chemin, elle se tenait quelquefois dans le gros de l'armée avec le roi, d'autres fois à l'avant-garde, et d'autres fois à l'arrière-garde, ainsi qu'elle le voyait convenable à son dessein. Le vendredi le roi partit dudit lieu de Châlons.

Le jour que le Roi arriva à Reims et fut sacré

En l'an MCCCCXXIX, le samedi, XVIe jour de juillet, après dîner, le roi arriva en la ville de Reims. Furent à sa rencontre l'Archevêque et tous les collèges de la ville, les bourgeois et d'autres en bien grand nombre, tous faisant éclater grande joie en criant *Nouel* pour sa venue. Le jour et toute la nuit suivante, les officiers du roi et ceux de son conseil firent de très grandes diligences, chacun en ce que demandait son office, pour le fait et l'état du sacre et du couronnement du roi, qui eut lieu le lendemain.

Le dimanche, XVIIe jour dudit mois, le roi fut sacré et couronné à Reims par Regnault de Chartres, archevêque du lieu, accompagné de plusieurs évêques, abbés et autres gens d'Église, comme au cas il appartenait. Ce jour, le duc d'Alençon fit chevalier le roi, et le servit comme pair de France au lieu du duc de Bourgogne, alors ennemi du roi et allié avec les Anglais. Ce jour, les comtes de Clermont, de Vendôme, et de Laval, qui ce jour même fut fait comte, servirent le roi, au lieu des autres pairs de France qui n'y étaient pas. Le roi demeura à Reims jusqu'au jeudi suivant, et ce jour-là il alla dîner, souper et coucher en l'abbaye de Saint-Marcoul, où lui furent apportées les clefs de la cité de Laon.

Comment le Roi après son sacre prit son chemin à venir

La Pucelle avait l'intention de remettre le roi en sa seigneurie, et le Roiaume en son obéissance. Pour cela, après la délivrance du comté de Champagne, elle le fit mettre en voyage afin de venir vers Paris, et en s'y rendant il fit de bien grandes conquêtes. Le samedi XXIIIe jour dudit mois, le roi vint dîner, souper et coucher en la cité de Soissons. Il y fut reçu et obéi le plus honorablement que purent et surent le faire les gens d'Église, bourgeois, et autres gens de la ville, car tout y était très pauvre par suite du sac auquel elle avait été abandonnée, par désobéissance au roi, lorsqu'elle fut prise sur les Bourguignons.

Le vendredi XXIXe du même mois, le roi et son armée furent tout le jour devant Château-Thierry, et ses gens presque tout le jour en ordre de bataille, dans l'attente que le duc de Bedford devait venir les combattre. Sur le soir la place se rendit, et le roi y séjourna jusqu'au lundi, premier jour d'août. Ce jour le roi coucha à Montmirail-en-Brie.

Le mardi IIe jour du même mois d'août, il vint prendre gîte en la ville de Provins, où il fut reçu le mieux que faire se put. Il y séjourna jusques au vendredi suivant, V^{e} jour du mois. Le dimanche, vu, le roi vint dîner souper et coucher à Coulommiers-en-Brie. Le mercredi, X du mois, le roi et sa compagnie vinrent prendre gîte en la ville de La Ferté-Milon.

Le lendemain jeudi, ce fut à Crépy-en-Valois, et le lendemain vendredi à Lagny-le-Sec. Le lendemain, samedi, le roi tint les champs tout le jour près de Dammartin-en-Gouelle, pensant que les Anglais viendraient le combattre ; mais ils ne vinrent pas. Pendant le temps que le roi mit à faire son chemin de Reims à Dammartin-en-Gouelle, la Pucelle fit grande diligence pour réduire plusieurs places et les mettre en l'obéissance du roi. Il en fut ainsi ; par elle, à la suite de ses démarches, plusieurs furent faites françaises.

Comment le Roi et le duc de Bedford furent l'un devant l'autre

Le dimanche XIVe jour d'août, la Pucelle, le duc d'Alençon, le comte de Vendôme, les maréchaux et autres capitaines, à la tête de VI à VII mille combattants, à l'heure de vêpres, vinrent s'échelonner en un seul rang près de Montépilloy, à deux lieues environ de la cité de Senlis. Le duc de Bedford, et les capitaines anglais, commandant de VIII à IX mille Anglais, étaient campés à demi-lieue, près de Senlis, entre nos gens et la ville, sur une petite rivière, en un village nommé La Victoire. Ce soir, nos gens allèrent escarmoucher avec les Anglais près de leur campement ; et à cette escarmouche, il fut fait des prisonniers de part et d'autre ; du côté des Anglais, le capitaine d'Orbec et X ou XII autres y trouvèrent la mort ; il y eut des blessés des deux côtés. La nuit vint, et chacun se retira dans son camp.

Le lundi XVe jour d'août MCCCCXXIX, dans la pensée qu'on aurait la bataille ce jour-là même, la Pucelle, le duc d'Alençon, la compagnie, chacun de ceux qui composaient l'armée, se mirent, à part soi, dans le meilleur état de conscience que faire se peut ; ils ouïrent la messe le plus matin possible ; et après ce, à cheval. Ils vinrent mettre l'armée près de l'armée des Anglais. Ceux-ci n'avaient pas bougé du lieu où ils avaient couché. Toute la nuit ils s'étaient fortifiés avec des pieux, en creusant des fossés, en mettant leurs charrois devant eux ; la rivière protégeait leurs derrières. Il y eut tout le jour de grandes escarmouches, sans que les Anglais fissent jamais quelque semblant de vouloir sortir de leur position, sinon pour combat d'escarmouche. Quand la Pucelle vit qu'ils ne sortaient pas, elle vint son étendard en main se mettre à l'avant-garde, et s'avança assez pour venir frapper aux fortifications des Anglais. En cette attaque il y eut des morts de côté et d'autre. Les Anglais ne donnant aucun signe de vouloir sortir avec leurs grandes forces, la Pucelle fit retirer tout son monde jusqu'au gros de l'armée ; et il leur fut mandé de sa part, de la part du duc d'Alençon, des capitaines, que s'ils voulaient sortir de leur parc pour donner la bataille, nos gens se reculeraient, et les laisseraient se mettre en leur ordonnance de combat. Ils ne voulurent pas accepter, et ils se tinrent tout le jour sans sortir de leurs fortifications, sinon pour de légers engagements. La nuit venue, nos gens revinrent à leur campement. Le roi fut tout ce jour à Montépilloy. Etaient en sa compagnie le duc de Bar qui l'avait rejoint à Provins, le comte de Clermont et d'autres capitaines. Quand le roi vit qu'on ne pouvait faire sortir les Anglais de leur position et que la nuit approchait, il retourna prendre gîte à Crépy.

La Pucelle, le duc d'Alençon et leur compagnie, se tinrent toute la nuit en leur lieu de campement. Pour savoir si les Anglais ne se mettraient pas à leur poursuite, le mardi bien matin, ils se reculèrent à Montépilloy, et ils se tinrent jusques environ l'heure de midi, que des nouvelles leur vinrent que les Anglais retournaient à Senlis et droit à Paris. Nos gens rejoignirent alors le roi à Crépy.

Le mercredi XVIIe jour du même mois, les clefs de la ville de Compiègne furent apportées au roi, et le lendemain, jeudi, le roi et sa compagnie allèrent prendre gîte en cette cité.

Comment le Roi vint à Compiègne

Avant que le roi partit de Crépy, il disposa que le comte de Vendôme, les maréchaux de Boussac et de Rais et d'autres capitaines en leur compagnie iraient devant la cité de Senlis. Après leur arrivée devant la place, ceux du dedans considérèrent les grandes conquêtes que le roi avait faites en peu de temps par l'aide de Dieu et le moyen de la Pucelle, et qu'ils avaient vu le duc de Bedford avec toutes ses forces, qui près de leur ville, n'avait pas osé combattre le roi et ses fidèles, mais que chefs et soldats s'étaient reculés à Paris et ailleurs aux autres places ; et ils se rendirent au roi et à la Pucelle. Le comte de Vendôme demeura gouverneur et gardien de la place, et il y acquit honneur et chevanche.

Quand le roi se trouva audit lieu de Compiègne, la Pucelle fut très marrie du séjour qu'il y voulait faire. Il semblait à sa manière qu'à cette heure il fût content de la grâce que Dieu lui avait faite, sans vouloir autre chose entreprendre. La Pucelle appela le duc d'Alençon et lui dit : « *Mon beau duc, faites apprêter vos gens et ceux des autres capitaines, et elle ajouta : par mon Martin, je veux aller voir Paris de plus près que je ne l'ai vu.* »

Le mardi XXIIIe jour d'août, la Pucelle et le duc d'Alençon partirent de Compiègne d'auprès du roi avec une belle compagnie de gens. En faisant leur chemin, ils vinrent recueillir une partie de ceux qui avaient été au recouvrement de Senlis, et le vendredi suivant XXVIe jour du même mois, la Pucelle, le duc d'Alençon et leur compagnie étaient logés en la ville de Saint-Denis. Quand le roi sut qu'ils étaient ainsi logés à Saint-Denis, il vint à son grand regret en la ville de Senlis. Il semblait qu'il fût conseillé dans le sens contraire au vouloir de la Pucelle, du duc d'Alençon, et de ceux de leur compagnie.

Comment le duc de Bedford abandonna Paris

Quand le duc de Bedford vit que la cité de Senlis était française, il laissa Paris au gouvernement des bourgeois, du sire de l'Isle-Adam et des Bourguignons de sa compagnie, et n'y laissa guère d'Anglais. Il s'en alla à Rouen très marri, et en grande crainte que la Pucelle ne remît le roi en sa seigneurie. Depuis que la Pucelle fut arrivée à Saint-Denis, deux ou trois fois par jour, nos gens étaient à l'escarmouche aux portes de Paris, tantôt en un lieu, tantôt à un autre, parfois au moulin à vent entre la porte Saint-Denis et La Chapelle. Il ne se passait pas de jour que la Pucelle ne vînt faire les escarmouches ; elle se plaisait beaucoup à considérer la situation de la ville, et par quel endroit il lui semblerait plus convenable de donner un assaut. Le duc d'Alençon était le plus souvent avec elle. Mais parce que le roi n'était pas venu à Saint-Denis, quelque message que la Pucelle et le duc d'Alençon lui eussent envoyé, ledit duc d'Alençon alla vers lui le premier jour de septembre. Il lui fut dit que le roi partirait le 2, et le duc revint à sa compagnie, et parce que le roi ne venait pas, le duc d'Alençon retourna vers lui le lundi suivant, Ve du mois. Il fit tant que le roi se mit en chemin, et le mercredi il fut à dîner à Saint-Denis ; ce dont la Pucelle et toute la compagnie furent très réjouis. Et il n'y avait personne, de quelque état qu'il fût, qui ne dît : « *Elle mettra le roi dans Paris, si à lui ne tient* ».

Comment la Pucelle donna l'assaut à la ville de Paris

Le jeudi MCCCCXXIX, jour de Notre-Dame, VIIIe jour de septembre, la Pucelle, le duc d'Alençon, les maréchaux de Boussac et de Rais, d'autres capitaines avec grand nombre de gens d'armes et d'hommes de trait, partirent, sur les VIII heures, de La Chapelle, près de Paris, en belle ordonnance, les uns pour livrer la bataille, les autres pour garder de surprise ceux qui donneraient l'assaut. La Pucelle, le maréchal de Rais, le sire de Gaucourt, et par l'ordonnance de la Pucelle ceux que bon lui sembla, allèrent donner l'assaut à la porte Saint-Honoré. La Pucelle prit son étendard en main, et entra avec les premiers dans les fossés, en face du marché aux pourceaux. L'assaut fut dur et long. C'était merveille d'ouïr le bruit et le fracas des canons et des couleuvrines que ceux du dedans jetaient à ceux du dehors ; et le sifflement de toute espèce d'armes de trait, en si grand nombre qu'elles étaient comme innombrables. Et quoique la Pucelle et grand nombre de chevaliers, d'écuyers et d'autres gens de guerre, fussent descendus dans les fossés, que d'autres se tinssent sur le bord et aux environs, très peu furent atteints et portés à terre de coups de pierres de canon ; mais par la grâce de Dieu et l'heur de la Pucelle, nul homme n'en mourut, ni ne fut blessé au point de ne pouvoir revenir à son aise et sans aide à son logis.

L'assaut dura depuis l'heure de midi jusqu'à environ l'heure du jour faillant, et après le soleil couchant la Pucelle fut frappée à la cuisse d'un trait d'arbalète à hausse pied. Et après qu'elle eut été atteinte, elle s'efforçait plus fort de dire que chacun s'approchât des murs et que la place serait prise. Mais parce qu'il était nuit, qu'elle était blessée, et que les gens étaient lassés du long assaut qu'ils avaient fait, le sire de Gaucourt et d'autres vinrent prendre la Pucelle, et, contre son vouloir, l'emmenèrent hors des fossés. Et ainsi faillit l'assaut. Elle avait très grand regret d'ainsi se départir, et disait : « *Par mon martin, la place eût été prise !* » Ils la mirent à cheval, et la ramenèrent à son logis audit lieu de La Chapelle, où rentrèrent tous les autres de la compagnie du roi, le duc de Bar, le comte de Clermont, qui ce jour étaient venus de Saint-Denis.

Comment la Pucelle partit de Paris

Le vendredi, IXe jour du même mois, la Pucelle, quoiqu'elle eût été blessée le jour précédent à l'assaut de Paris, se leva bien matin, et fit venir son beau duc d'Alençon par lequel elle donnait ses ordres ; et elle le pria de faire sonner les trompilles et de monter à cheval pour retourner devant Paris ; et affirma par son Martin que jamais elle n'en partirait sans avoir la ville.

Le duc d'Alençon et d'autres capitaines avaient bien le vouloir de seconder son entreprise et de retourner ; mais quelques-uns ne le voulaient pas. Tandis qu'ils étaient en ces pourparlers, le baron de Montmorency, qui avait toujours tenu le parti contraire au roi, vint de l'intérieur de la ville accompagné de L ou LX gentilshommes se mettre en la compagnie de la Pucelle ; ce qui donna plus de cœur et accrut le courage de ceux qui avaient la bonne volonté de retourner devant la ville. Tandis que se faisait le rapprochement, arrivèrent, de la part du roi qui était à Saint-Denis, le duc de Bar et le comte de Clermont. Ils prièrent la Pucelle que, sans aller plus loin, elle retournât auprès du roi à Saint-Denis. De la part du roi, ils prièrent aussi d'Alençon, et commandèrent à tous les autres capitaines, de venir et d'amener la Pucelle vers lui. La Pucelle et la plupart de ceux de la compagnie en furent très marris ; néanmoins ils obéirent à la volonté du roi, dans l'espérance qu'ils trouveraient entrée pour prendre Paris par l'autre côté, en passant la Seine sur un pont que le duc d'Alençon avait fait jeter sur la rivière vis-à-vis de Saint-Denis ; et ils vinrent ainsi vers le roi.

Le lendemain, samedi, une partie de ceux qui avaient été devant Paris pensèrent aller bien matin passer la Seine sur ledit pont, mais ils ne le purent, parce que le roi, ayant su l'intention de la Pucelle, du duc d'Alençon et des autres de bon vouloir, avait fait passer toute la nuit à le mettre en pièces. Et ils furent ainsi empêchés de passer. Ce jour, le roi tint son conseil auquel plusieurs opinions furent émises ; il demeura à Saint-Denis jusqu'au mardi XIIIe jour de septembre, tendant toujours à revenir sur la Loire, au grand déplaisir de la Pucelle.

Comment le Roi partit de Saint-Denis

Le mardi XIII, le roi, d'après l'avis de quelques-uns de son conseil et de quelques seigneurs de son sang, enclins à accomplir son vouloir, partit après dîner dudit lieu de Saint-Denis. Quand la Pucelle vit qu'elle ne pouvait trouver aucun remède à son départ, elle donna et déposa tout son harnois complet devant l'image de Notre-Dame et devant les reliques de l'abbaye de Saint-Denis ; et à son très grand regret, elle se mit en la compagnie du roi, qui s'en revint le plus rapidement qu'il put, et parfois en faisant son chemin d'une manière désordonnée et sans cause. Le mercredi XXIe, dudit mois, il fut à dîner à Gien-sur-Loire. Ainsi fut rompu le vouloir de la Pucelle, et fut rompue l'"armée du roi.

Comment le duc d'Alençon se partit du Roi

Le duc d'Alençon avait toujours été en la compagnie de la Pucelle : c'était lui qui l'avait toujours conduite sur le chemin du couronnement du roi à Reims, et de Reims jusqu'à Paris. Quand le roi fut arrivé à Gien, ledit d'Alençon s'en alla vers sa femme en sa vicomté de Beaumont, et les autres capitaines chacun en sa frontière ; la Pucelle resta près du roi, très ennuyée de pareil départ, et surtout de celui du duc d'Alençon qu'elle aimait très fort, faisant pour lui ce qu'elle n'eût pas fait pour un autre.

Peu de temps après, ledit d'Alençon assembla des gens pour entrer au pays de Normandie, vers les marches de Bretagne et du Maine. À cette fin il requit et fit requérir le roi pour qu'il lui plût de lui envoyer la Pucelle, et que, par son moyen, plusieurs se mettraient en sa compagnie qui ne bougeraient pas, si elle ne se mettait pas elle-même en campagne. Messire Regnault de Chartres, le seigneur de La Trémoille, le sire de Gaucourt, qui gouvernaient alors la personne du roi et le fait de sa guerre, ne voulurent jamais y consentir ; ils ne voulurent ni faire, ni consentir que la Pucelle et le duc d'Alençon fussent ensemble ; et il ne put depuis la recouvrer.

Comment le Roi hésite à continuer la guerre

Quand le roi fut arrivé audit lieu de Gien, lui et ceux qui le gouvernaient firent semblant de penser que c'était assez du voyage qu'il avait fait ; et de longtemps après, le roi n'entreprit sur ses ennemis aucun dessein où il voulût être en personne. On pourrait bien dire que c'était par fol conseil, si lui et eux eussent voulu considérer la très grande grâce que Dieu lui avait faite, et avait faite à son Roiaume, par l'entreprise de la Pucelle, messagère de Dieu sur ce point, comme on pouvait le reconnaître par ses faits.

Elle fit des choses incRoiables à ceux qui ne les avaient pas vues, et l'on peut dire qu'elle en aurait fait encore, si le roi et ses conseillers se lussent bien conduits et bien maintenus envers elle. C'est en tout point manifeste, car en moins de quatre mois, elle délivra et mit en l'obéissance du roi sept cités, à savoir Orléans, TRoies-en-Champagne, Châlons, Reims, Laon, Soissons et Senlis, et plusieurs villes et châteaux ; elle gagna la bataille de Patay ; par son moyen le roi fut sacré et couronné à Reims, et tous, chevaliers, écuyers et autres gens de guerre, furent très bien contents de servir le roi en sa compagnie, encore qu'ils fussent petitement soldés.

À la suite de ce qui vient d'être rapporté, le roi passa son temps aux pays de Touraine, de Poitou et de Berry. La Pucelle fut la plupart du temps auprès de lui, très marrie de ce qu'il n'entreprenait pas de conquérir de ses places sur ses ennemis. Le roi étant en sa ville de Bourges, elle prit quelques capitaines et conquit trois ou quatre places sur la rivière de la Loire, dans les environs de la ville de La Charité, qui était tenue par les Bourguignons. Après ces succès, le maréchal de Boussac et d'autres capitaines se joignirent à elle, et bientôt après elle mit le siège devant ledit lieu de La Charité. Elle y resta un certain espace de temps, mais parce que le roi n'en vint pas à lui envoyer des vivres et de l'argent, pour entretenir sa compagnie, elle dut lever son siège et se retirer à sa grande déplaisance.

En l'an MCCCCXXX, vers la fin du mois d'avril, la Pucelle, très mécontente des gens du conseil du roi sur le fait de la guerre, partit d'auprès du roi, et s'en alla en la ville de Compiègne, sur la rivière de l'Oise.

Comment la Pucelle se partit du Roi

En l'an MCCCCXXX (v. st.) le jour de mars, le roi étant en la ville de Sully-sur-Loire, la Pucelle qui, pour l'avoir vu et entendu, savait tout le fait, et la manière que le roi et son conseil tenaient pour le recouvrement du Roiaume, et en était très mal contente, trouva moyen de se retirer d'auprès d'eux. Sans que le roi le sût et sans prendre congé de lui, elle fit semblant d'aller se récréer, et, au lieu de retourner, elle alla à la ville de Lagny-sur-Marne, parce que ceux de la place faisaient bonne guerre aux Anglais de Paris et d'ailleurs. Elle n'y fut guère sans que les Anglais se réunissent pour faire une course devant ladite place. Elle sut leur venue, fit monter ses gens à cheval, et alla à leur rencontre malgré leur nombre supérieur, entre la dite place et, elle ordonna à ses gens de se jeter sur leurs rangs.

Ils trouvèrent peu de résistance, et de trois à quatre cents Anglais restèrent sur le terrain. La venue de la Pucelle fit grande rumeur et grand bruit à Paris, et dans d'autres places opposées au roi. Après cet exploit, la Pucelle passa le reste de son temps jusqu'au mois de mai, à Senlis, à Crépy-en-Valois, à Compiègne et à Soissons.

Comment elle vint à Compiègne et là fut prise

En l'an MCCCCXXX, le XXIVe jour dudit mois de mai, la Pucelle informée à Crépy où elle était, que le duc de Bourgogne avec grand nombre de gens d'armes et d'autres, et le comte d'Arondel, étaient venus assiéger Compiègne, partit de Crépy sur le minuit, à la tête de trois à quatre cents combattants. Comme on lui observait qu'elle avait peu de gens pour passer au milieu de l'armée des Bourguignons et des Anglais, elle répondit : « *Par mon Martin, nous sommes assez, j'irai voir mes bons amis de Compiègne* ». Elle arriva vers le soleil levant ; et sans perte ni empêchement, soit pour elle, soit pour ses gens, elle entra dans la cité. Ce même jour les Bourguignons et les Anglais vinrent à l'escarmouche, en la prairie, devant la ville. Il fut fait de grands faits d'armes d'un côté et de l'autre. Les Bourguignons et les Anglais, sachant que la Pucelle était dans la ville, pensèrent bien que ceux de dedans sailliraient à grand effort, et pour cela les Bourguignons mirent une grosse troupe de leurs gens en embuscade derrière une grande montagne voisine, appelée le Mont de ClaiRoi. Sur les neuf heures du matin, la Pucelle apprit que l'escarmouche était forte et grande en la prairie devant la ville. Elle s'arma, fit armer ses gens, les lit monter à cheval, et vint se jeter dans la mêlée. Aussitôt après sa venue les ennemis reculèrent et furent mis en chasse. La Pucelle chargea fort du côté des Bourguignons. Ceux qui étaient en embuscade, voyant leurs gens revenir en grand désarroi, sortirent du lieu où ils étaient cachés, et à coups d'éperons vinrent se mettre entre le pont de la ville, la Pucelle et sa compagnie. Une partie d'entre eux tournèrent droit à la Pucelle ; ils étaient si nombreux que ceux de sa compagnie ne purent en réalité soutenir l'attaque, et dirent à la Pucelle : « *Songez à rentrer dans la ville, ou, vous et nous, sommes perdus !* »

La prise de la Pucelle

Quand la Pucelle les eut ouï ainsi parler, elle leur dit très marrie : « *Taisez-vous, il ne tiendra qu'à vous qu'ils soient déconfits. Ne pensez qu'à frapper sur eux.* » Pour chose qu'elle dit, ses gens ne voulurent point la croire, et de force la firent retourner vers le pont. Quand les Bourguignons et les Anglais virent qu'elle revenait sur ses pas pour regagner la ville, ils se postèrent en grand nombre au bout du pont. Là se firent de grands exploits. Le capitaine de la place, voyant la grande multitude d'Anglais et de Bourguignons prêts à entrer sur son pont, dans la crainte de perdre la place à lui confiée, fit lever le pont de la ville et fermer la porte. La Pucelle demeura ainsi fermée dehors, n'ayant que peu de gens avec elle. Quand les ennemis la virent en cet état, tous s'efforcèrent de la prendre ; elle résista très fort contre eux, et en la parfin elle fut prise par cinq ou six ensemble, les uns mettant la main sur elle, les autres sur son cheval, chacun d'eux disant : « *Rendez-vous à moi, et baillez la foi !* » Elle répondit : « *J'ai juré et baillé ma foi à autre qu'à vous, et je lui tiendrai mon serment* » ; et en disant ces mots, elle fut menée au logis de Messire Jean de Luxembourg.

Comment la Pucelle fut mise en prison

Messire Jean de Luxembourg la fit garder en son logis trois ou quatre jours, et après cela, tandis qu'il restait au siège devant la ville, il fit mener la Pucelle en un château nommé Beaulieu, en Vermandois. Elle y fut détenue prisonnière l'espace de quatre mois ou environ. Ensuite ledit de Luxembourg, par l'entremise de l'évêque de Thérouanne, son frère, chancelier de France pour le roi anglais, la livra, pour le prix de quinze ou seize mille saluts, comptés au même Luxembourg, au duc de Bedford, lieutenant en France du roi d'Angleterre, son neveu. La Pucelle fut ainsi mise entre les mains des Anglais, et menée au château de Rouen, où ledit Bedford faisait pour lors sa demeure. Comme elle était en prison au château de Beaulieu, celui qui avait été son maître d'hôtel avant sa prise, et qui la servit en prison, lui dit un jour : « *Cette pauvre ville de Compiègne que vous avez tant aimée, sera cette fois remise ès mains et en la subjection des ennemis de France* », et elle lui répondit : « *Non sera, car toutes les places que le roi du ciel a réduites et remises en la main et obéissance du gentil roi Charles, par mon moyen, ne seront pas reprises par ses ennemis en tant qu'il fera diligence de les garder.* »

Comment la Pucelle fut jugée à mort

En l'an 1431, le XXIIIe jour du mois de mai, le duc de Bedford, l'évêque de Thérouanne et plusieurs autres du conseil du roi d'Angleterre, avaient vu et connu les très grandes merveilles advenues à l'honneur et au profit du roi, par l'arrivée et les entreprises de la Pucelle (ainsi que je l'ai déclaré ci-dessus, ses paroles et ses faits semblaient miraculeux à tous ceux qui avaient été en sa compagnie). Donc Bedford et les dessus nommés la tinrent en leurs prisons à Rouen. Très envieux de sa vie et de son état, ils la questionnèrent et la firent questionner de toutes les manières qu'ils purent et surent, désirant de tout leur pouvoir savoir trouver en elle et sur elle quelque semblant d'hérésie, soit en ce qu'elle se disait messagère de Dieu, soit en ce qu'elle se tenait en habit désordonné, vêtue en homme, chevauchait armée, et par paroles et par faits se mêlait de tous les faits d'armes que le connétable et les maréchaux pourraient et devraient faire en temps de guerre. Sur ces cas ils la prêchèrent, et en présence de plusieurs évêques, abbés et autres clercs, ils firent lire plusieurs articles contre elle ; en la parfin ils émirent leurs avis, et par eux elle fut jugée, et condamnée à être brûlée.

Quand la Pucelle fut brûlée

On devine que pour une exécution de si grand cas, les gens de la justice du roi d'Angleterre à Rouen firent préparer un lieu convenable, et ordonnèrent tous les apprêts de justice, pour que cette exécution put être vue de très grand peuple. Ledit XXIV jour de mai, environ l'heure de midi, la Pucelle fut amenée, le visage enveloppé, du château au lieu où le feu était prêt. Certaines choses furent lues en ladite place, et après, elle fut liée au poteau et brûlée. Ainsi l'ont rapporté ceux qui disaient l'avoir vu.

Comment le Roi voulut traiter avec les Anglais et le duc de Bourgogne

Depuis que le roi s'en vint de la ville de Saint Denis, il montra si petit vouloir de se mettre sus pour conquérir son Roiaume que tous ses sujets, chevaliers et écuyers et les bonnes villes de son obéissance, s'en étonnaient fort. Et il semblait à la plupart que ses proches conseillers partageaient son point de vue, et leur suffisait de laisser passer le temps et de vivre tranquilles, plus particulièrement depuis la capture de la Pucelle, par laquelle le roi avait pourtant reçu et eu de très grands honneurs et biens dessus déclarés, seulement par son moyen et bonne entreprise.

Le roi et ses dit conseillers, depuis la dite prise, se trouvèrent plus démunis de volonté que par avant, à tel point qu'aucun d'entre eux ne savait proposer au roi d'autre alternative, pour vivre et demeurer en son Roiaume, que de trouver un arrangement avec le roi d'Angleterre et le duc de Bourgogne, pour demeurer en paix. Le roi montra bien qu'il en avait très grand vouloir, et aima mieux à donner ses héritages de la couronne et de ses meubles très largement, plutôt que de s'armer et de supporter les faits de la guerre.

Achevé d'imprimer en France
par Maury Imprimeur
45330 Malesherbes